Dr Famahan SAMAKÉ

LE NATURALISME ZOLIEN DANS LES ROUGON-MACQUART: UNE FATALITÉ DE LA SEXUALITÉ

A submission presented in partial fulfilment of the
Requirements of the University of Glamorgan/Pryfisgol Morgannwg
For the degree of Doctor of Philosophy

May 2003

Dr Famahan SAMAKÉ

LE NATURALISME ZOLIEN DANS LES ROUGON-MACQUART: UNE FATALITÉ DE LA SEXUALITÉ

A submission presented in partial fulfilment of the
Requirements of the University of Glamorgan/Pryfisgol Morgannwg
For the degree of Doctor of Philosophy

May 2003

ABSTRACT

My proposed PhD, titled ***Zola's Naturalism in The Rougon-Macquart: The Fatality of Sexuality***, aims to study the foundation of the naturalistic novel in the second half of the nineteenth-century France.

Firstly, I have looked back at previous critical studies that were dedicated to the themes of sexuality and/or fatality in Zola's writing. This introductory chapter helped me assess how far critics have investigated this matter and what a long way we still have to go before we can fully appreciate the importance of these themes in the context of Zola's naturalism.

Throughout the twenty novels that make up **The Rougon-Macquart** series, I studied the characters in their being, their appearance and their evolution in space and time. To that effect, I investigated whether or not those characters were masters or slaves of their space and time, and beyond that, I questioned what influences they had on each other. Afterwards, I questioned the fecundity of the theme of sexuality in Zola's work to find out both the aspects of originality in his writing and his contribution to the modern novel as a whole. Nevertheless, I have criticized Zola on a wider angle as an emeritus writer despite the scientific "weaknesses" in his theory of naturalism.

Methodologically, I have largely used the semiotics approach along with psychoanalysis due to the specificity of the theme of sexuality. Despite the wide range of critical studies on Zola's novels, in my sense, most of them have so far failed to tackle naturalism at its foundation, i.e. sexuality. In fact, if one attempts to free **The Rougon-Macquart** series from the theme of sexuality, neither the Rougon-Macquart family would ever exist nor would be written the twenty novels they generated. Studying sexuality, therefore, appeared to be essential to the understanding of the naturalistic theory. However, and surprisingly so, most of Zola's critics have avoided that rather inescapable theme, perhaps more likely for reasons of decency, rather than for scientific ones. It was in such a context that I decided to bring it to light for the sake of truth about the knowledge of Zola and the understanding of his works.

STATEMENT OF THE CANDIDATE

Ever since I started studying Émile Zola back in 1992, I was struck by his tendency to constantly mention sexuality in all of his novels. In Zola's works, dramas and tragedies were the direct consequences of adultery, infidelity, incest, paedophilia, and so on. I then questioned his motives in doing so: was it as if he were a sex maniac, or did he have a morally higher - and a better - reason to mention sexuality so ceaselessly in his works?

Meanwhile, I noticed that Zola's specialists almost neglected that iterative and essential theme, seemingly avoiding it as much as they could, maybe because they would not afford to sound low or immoral. That is when I decided to investigate the matter more deeply, avoiding going about it with any preconceived ideas, but with the sole aim of discovering the naked truth.

I found out, as this study shows, that although Zola had reasons to be sexually frustrated - as he failed to father a single child for nearly thirty years, despite living with his partner, Gabrielle-Alexandrine Meley -, he genuinely focused on the theme of sexuality as the foundation of his naturalistic theory. I then investigated the reasons why it had to be sexuality rather than any other theme, and what substantial benefit sexuality actually brought to his aesthetic theory. I also questioned Zola's contribution to the modern novel in general, and why this writer has been subjected to so many outrageous pamphlets, as well as so many laudatory applauses.

Famahan SAMAKÉ

DÉDICACE

Je dédie cette thèse à mon oncle Yaya Samaké, l'illettré qui, toujours, cultiva et entretint chez son fils, le goût des études poussées.

Mention spéciale est faite aussi de mes frères et amis, qui me soutinrent inlassablement sur le chemin harassant mais exaltant de la recherche du savoir. Ce sont parmi tant d'autres, Dosso Namizata dite ''Nami'', Kouamé Kouakou Célestin, Tiémoko Diomandé dit ''Tshisékédi'', Daouda Ouattara dit ''Watson'', Kouamé Brou Faustin, Coulibaly Adama, Koffi Adjoua Clémence, Konaté Bakary, Adopo Achi Aimé, Doumbia Bakary, Siaka Soumahoro, Samaké Fatim Sarah, Samaké Aboubakar Siriki, et tous ceux que je n'ai pu citer ici.

Je dédie cette thèse également à tous mes élèves et étudiants du Collège Municipal d'Ouragahio (1991-1995) ; du Lycée Moderne de Gagnoa (1995-1996) ; du Lycée Technique de Bouaké (1996-1998) ; du Lycée Moderne Belleville de Bouaké (1996-1999) et de l'Université de Bouaké (1996-1997) en Côte d'Ivoire et, enfin, à mes élèves à travers le Bedfordshire (2002-2003), en Angleterre.

REMERCIEMENTS

Nous ne remercierons jamais assez Monsieur le Professeur LEZOU DAGO Gérard, pour nous avoir encadré, aussi bien dans le cadre de notre D.E.A. (Diplôme d'Études Approfondies) que pour la thèse présente. Du reste, nous avons suivi assidûment, non sans intérêts, ses cours théoriques sur *La Question du Héros* et son séminaire *d'Intertextualité*. Que le maître soit toujours remercié et vénéré, afin de continuer à suivre son élève que nous sommes.

Quant à Monsieur le Maître-assistant expérimenté, KOUASSI KOUADIO Mermoz, notre gratitude envers lui restera toujours intacte. Nous ayant suivi efficacement en année de maîtrise ès lettres, dans le cadre de notre T.E.R. (Travail d'Étude et de Recherche), il nous aura encore suivi en tant que co-directeur de la recherche pour le D.E.A. Il en fut de même quand il s'est agi de cette thèse. Que sa disponibilité ne nous fasse jamais défaut, car nous avons soif d'apprendre à son ombre.

Ailleurs, nous remercions tout particulièrement le professeur Margaret Majumdar et le professeur Sharif Gemie de l'université de Glamorgan, pour avoir accepté de poursuivre notre encadrement ici, au Royaume-Uni, et surtout d'avoir promptement lu et critiqué avec tant d'acuité, notre seconde mouture. Chers maîtres, sachez que je tâcherai d'être digne de votre disponibilité et de votre compétence.

C'est sans doute le lieu de remercier aussi les docteurs Gordon Cumming et Graine Ní Dhuíll de l'université de Galles – Cardiff – qui ont établi le contact entre nous et le professeur Majumdar. Merci d'avoir cherché et trouvé les voies et moyens me permettant de terminer cette recherche.

Remercions enfin Monsieur Yao Akpo, conservateur du C.D.I. (Centre de Documentation et d'Information) du Lycée Moderne des Jeunes Filles de Bouaké, qui mit à notre disposition des documents très précieux dans le cadre de cette recherche.

PRÉAMBULE

Dans notre projet de thèse, il y a environ cinq ans, nous annoncions que nous nous bornerions à huit romans du cycle des **ROUGON-MACQUART**. Mais, un souci d'exhaustivité et d'objectivité nous a conduit, par la suite, à travailler sur l'ensemble des vingt volumes qui le constituent.

Cependant, sur instruction de notre directeur de la recherche, nous avons finalement opté pour sept titres comme corpus de base. Toutefois, devant de ponctuelles nécessités absolues, nous avons dû faire référence à certains des treize romans restants. Aussi devons-nous prier les lecteurs de bien vouloir accepter ces débordements intentionnels, qu'il faut voir comme des compléments d'analyse à caractère plus ou moins essentiel, et dont nous n'avons pu faire l'économie.

Par ailleurs, dans la thèse qui suit, un esprit de concision nous a commandé de n'analyser que les aspects les plus récurrents, et les plus pertinents, dans la thématique de la sexualité, dans notre corpus, et ce, malgré l'abondance des informations recueillies. La brièveté de nos analyses est donc la résultante d'un choix délibéré.

Ce livre dérive de ma thèse de doctorat soutenue à l'université de Glamorgan – devenue la University of South Wales depuis 2013, au Royaume-Uni, le 23 août 2003. Il en est une version éditée pour tenir compte des besoins de l'imprimerie et du nouveau public auquel il s'adresse désormais. Toutefois j'ai décidé de minimiser les retouches autant que faire se peut afin de rester le plus près possible de la version originale.

Par ailleurs, dans l'étude qui suit, un esprit de concision m'a commandé de n'analyser que les aspects les plus récurrents et les plus pertinents dans la thématique de la sexualité dans le corpus et ce, malgré l'abondance des informations recueillies. La brièveté de mes analyses est donc la résultante d'un choix délibéré.

SOMMAIRE

	Pages
ABSTRACT	3
STATEMENT OF THE CANDIDATE	4
DÉDICACE	5
REMERCIEMENTS	6
PRÉAMBULE	7
SOMMAIRE	8
INTRODUCTION	9
Liminaire : état de la critique zolienne par rapport à la sexualité et à la fatalité	18
Ière PARTIE : FONDEMENTS ET CARACTÉRISTIQUES DE LA SEXUALITÉ DANS LES ROUGON-MACQUART	29
CHAPITRE 1 : LES FONDEMENTS DE LA SEXUALITÉ DANS LES ROUGON-MACQUART	30
CHAPITRE 2 : LES CARACTÉRISTIQUES DE LA SEXUALITÉ DANS NOTRE CORPUS	41
IIème PARTIE : LES ACTANTS SEXUELS ET LA QUESTION DE LA SEXUALITÉ	71
Arbre généalogique des ROUGON-MACQUART	72
CHAPITRE 1 : L'ÊTRE DES PERSONNAGES OU LE FOISONNEMENT DES MARIONNETTES	73
CHAPITRE 2 : LE FAIRE ET LE DEVENIR DU PERSONNAGE OU SA PERFORMANCE ET SA SANCTION	103
CHAPITRE 3 : FONCTION MÉTALINGUISTIQUE ET FONCTION POÉTIQUE DANS LES ROUGON-MACQUART OU LA PRÉVISIBILITÉ DE LA FATALITÉ LIÉE À LA SEXUALITÉ	137
IIIème PARTIE : LA PERTINENCE DE LA COMBINATOIRE SPATIO-TEMPORELLE DANS LA FATALITÉ DE LA SEXUALITÉ	172
CHAPITRE 1 : LE TEMPS DANS LES ROUGON-MACQUART : UNE SEXUALITÉ PROGRAMMÉE ET CHRONOMÉTRÉE	173
CHAPITRE 2 : L'ESPACE DANS LES ROUGON-MACQUART : UNE SEXUALITÉ ÉCLATÉE MAIS DÉLIMITÉE	202
IVème PARTIE : FÉCONDITÉ DE LA THÉMATIQUE DE LA SEXUALITÉ DANS LES ROUGON-MACQUART	225
CHAPITRE 1 : LA SEXUALITÉ ET LE RENOUVELLEMENT DE L'ÉCRITURE ROMANESQUE	226
CHAPITRE 2 : ZOLA ET LE NATURALISME	236
CONCLUSION	272
BIBLIOGRAPHIE	279
TABLE DES MATIÈRES	302

> « Quoiqu'on inventât, le roman ne pouvait se résumer à ces quelques lignes : savoir pourquoi Monsieur Untel commettait ou ne commettait pas l'adultère avec Madame Une telle »[1].

---

[1] Joris-Karl Huysmans : *Préface* de la seconde édition d'**À Rebours,** Paris, Édition Gallimard, 1977, p. 57.

INTRODUCTION

INTRODUCTION

Si le dix-septième siècle français fut marqué par le théâtre dans sa diversité - tragédie, comédie, tragi-comédie, mélodrame, etc.- et le dix-huitième siècle par la *philosophie des lumières*, le dix-neuvième siècle fut, quant à lui, marqué à la fois par la poésie - romantisme, symbolisme, parnasse, etc.- et par le roman - réalisme et naturalisme notamment. Alors que la première moitié de ce siècle était dominée par les poètes romantiques tels Victor Hugo et Lamartine, la seconde moitié doit sa notoriété surtout au roman naturaliste.

En effet, dès la fin des années 1860, Émile Zola suscita une école nouvelle dénommée *le naturalisme* et qui regroupait autour de lui, de jeunes auteurs romanciers subjugués par les avancées en biologie et surtout par la méthode expérimentale initiée par Claude Bernard et ses pairs[2]. Dès lors, la littérature et la science allaient conjuguer leurs efforts pour donner une explication du monde, la première empruntant à la seconde, ses outils et sa méthode d'investigation.

Comme un généticien qui étudie une espèce donnée[3], Zola se proposa d'étudier dans les vingt romans qui composent **Les Rougon-Macquart**, *l'histoire naturelle et sociale d'une famille sous le Second Empire.* Du coup, la reproduction et les transmissions génétiques au sein de ce groupe *humain* devaient faire l'objet d'une investigation particulière de la part du romancier se considérant comme un chercheur et plus spécifiquement, un *savant*. Il n'y a donc aucune surprise à constater la récurrence de la thématique de la sexualité dans les romans en question.

Par contre, ce qui est sujet à interrogations, c'est que chez Zola, la sexualité se caractérise par une certaine fatalité[4] ; car ses personnages ne peuvent être, faire ou devenir autre chose que ce que leur programme héréditaire aura inscrit dans leur destinée. De ce point de vue, les personnages zoliens ressemblent fort à des marionnettes exécutant passivement des programmes conçus par leur ascendance et transmis par les gènes qu'ils ont reçus de leurs parents.

On peut remarquer par ailleurs que chez Zola, il y a comme une obsession qui l'amène à évoquer dans ses œuvres, consciemment ou inconsciemment, la sexualité. Tantôt végétale, tantôt animale ou humaine, elle apparaît dans **Les Rougon-Macquart** sous plusieurs aspects - chaste et reproducteur, morbide et dépravé, voire incestueux, etc. Les conséquences en sont alors ou vivifiantes ou fatales, avec la complicité des éléments de la temporalité, des espaces divers ou même des différentes structures narratives, toutes choses qui m'ont poussé à

---

[2] J'y reviendrai dans la 1ère Partie, chapitre I. 4. Les fondements épistémologiques.
[3] J'étudierai ce point à la lumière des études de Jean Kaempfer toujours dans la 1ère Partie, chapitre I. 4.
[4] Brian Nelson estime que le thème central de la fiction zolienne est << *the disruptive nature of a sexuality seen as an irresistible fatality* >>, dans **Zola and the Bourgeoisie**, London, MacMillan, 1983, pp-96-97.

choisir comme sujet de ce livre - thèse de doctorat ès lettres à l'origine - **le naturalisme zolien dans les Rougon-Macquart : une fatalité de la sexualité**.

Je voudrais ainsi participer aux différents débats suscités aujourd'hui par le naturalisme en m'intéressant d'abord à la question de la sexualité, thème unificateur du fameux cycle romanesque - œuvre majeure du naturalisme -. Néanmoins, il me faudra procéder à la définition de certains lexèmes de l'intitulé de mon sujet afin de lever toute équivoque.

Le mot-clé de cet intitulé, celui autour duquel tout gravite, est le substantif **sexualité**. La première acception de ce vocable renvoie à l'instinct sexuel et à satisfaction[5]. Cette définition du **Petit Robert** reste incomplète par rapport à ce que j'envisage : la sexualité sous un angle plus dynamique, c'est-à-dire qu'on s'étendra jusqu'aux conséquences de la pratique sexuelle. En psychanalyse, le vocable désigne les pulsions et comportements liés à la libido[6]. C'est dans ce contexte psychanalytique que Freud distinguait la *génitalité* de la *sexualité*, la première se manifestant à partir de la puberté, la seconde dès les premières années de l'enfance[7]. Cette seconde définition convient mieux à mon ambition et au contexte dans lequel j'entends étudier la sexualité dans le corpus, en tant que toute attitude, tout comportement face à la pulsion sexuelle et toute conséquence de la pratique sexuelle : la séduction, les conflits interpersonnels et individuels dus à la jalousie, les relations sexuelles, la génération, les transmissions génétiques et les sanctions immanentes qui frappent les personnages sexuellement marqués ainsi que leur descendance dans le corpus.

Le second lexème à définir est la **fatalité** conçue comme une force surnaturelle par laquelle tout se qui arrive est prédéterminé[8]. On sait que Zola réfutait cette fatalité classique avec véhémence et lui préférant le vocable de déterminisme[9]. Le mot admet en effet pour synonymes le << *destin* >>, la << *destinée* >>, le << *fatum* >>[10], c'est-à-dire, selon Littré, l'<< *enchaînement de choses fatales, de ce qui est réglé d'avance, qui porte en soi une destinée irrévocable* >>[11]. Mais la fatalité, c'est aussi une

---

[5] **Le Petit Robert 1,** Paris, Le Robert, 1979, p. 1810.
[6] **Le Grand Robert de la Langue Française, VIII**, Paris, Dictionnaires Robert, 1992, p. 749.
[7] **Ibidem**, p. 749.
[8] **Le Petit Robert 1**, op. cit. p. 761.
[9] Émile Zola dénonçait, dans son article *Le Roman Expérimental* paru pour la première fois dans *Le Messager de l'Europe* en août 1879, puis dans *Le Voltaire* du 16 au 20 octobre de la même année avant d'être publié l'année suivante en un essai de son propre chef, les adversaires des naturalistes qui leur reprochaient d'être fatalistes du moment que chez eux, l'homme devenait une machine animale agissant sous l'influence de l'hérédité. Il définissait ensuite les naturalistes non comme des fatalistes mais des déterministes, puisqu'ils cherchent à déterminer les conditions des phénomènes sans jamais sortir des lois de la nature, tandis qu'on ne saurait agir sur le fatalisme qui s'exerce nécessairement et en dehors de toute condition, voir Émile Zola : **Le Roman Expérimental**, in **Œuvres Complètes**, sous la direction de Henri Mitterand, Tome 9 : **Nana 1880**, présentation, notices, chronologie et bibliographie par Chantal Pierre-Gnassounou, Paris, Nouveau Monde Éditions, 2004, p. 336. .
[10] **Le Petit Robert 1**, op. cit. p. 761.
[11] Maximilien Paul Émile Littré : **Dictionnaire de la Langue Française, Q-Z**, Paris, Librairie Hachette et Cie, 1883, p. 1623.

<< *suite de coïncidences fâcheuses, inexpliquées, qui semblent manifester une finalité supérieure et inconnue ; un hasard malencontreux, malheureux, une malédiction* >>[12]. Cette définition s'oppose à celle de Zola qui entend expliquer scientifiquement ce que les anciens avaient expliqué divinement. En résumé, la fatalité liée à la sexualité, c'est cette sorte de malédiction qui couronne la sexualité, ce hasard malheureux qui sanctionne l'aboutissement de l'acte sexuel, ce mauvais fatum qui détermine l'être, le faire et même le devenir du personnage engendré.

L'autre mot-clé de cet intitulé, le **naturalisme**, apparut en 1582, dérivé du latin *naturalis,* et qui à l'origine, désigne la doctrine philosophique selon laquelle rien n'existe en dehors de la nature. De facto, le naturalisme excluait toute explication surnaturelle ou à caractère métaphysique. Gérard Gengembre rappelle que dans **l'Encyclopédie**, Diderot en donne la définition suivante : << *Les naturalistes sont ceux qui n'admettent point de Dieu, mais qui croient qu'il n'y a qu'une substance matérielle... Naturaliste en ce sens est synonyme d'athée, spinoziste, matérialiste, etc.* >>[13]. Cette acception du mot est proche de celle de Littré qui estime que le naturalisme est le << *système de ceux qui attribuent tout à la nature, comme premier principe,* [la] *religion de la nature* >>[14].

Alors qu'au seizième siècle, le mot naturaliste désignait plus spécialement un savant qui s'occupait de sciences naturelles en général et de biologie en particulier, il est à noter qu'il connut un glissement sémantique vers la fin du siècle pour désigner également un philosophe adepte du naturalisme. Ainsi Furetière définissait le naturaliste, dans son **Dictionnaire** en 1727, comme celui qui explique << *les phénomènes par les lois du mécanisme et sans recourir à des causes surnaturelles* >>[15].

Cependant, le lexème naturalisme prit son sens esthétique à partir de 1839 avec une école nouvelle en peinture qui prétendait représenter la nature avec réalisme, mieux, réussir une imitation exacte de la nature. Le concept littéraire naquit de là avec Émile Zola qui, en 1865, reprit le mot à son compte en lui octroyant les trois sens ci-dessus. En littérature donc, le *naturalisme* est la << *doctrine et* [l'] *école qui proscrit toute idéalisation de la nature et insiste principalement sur les aspects qui, dans l'homme, relèvent de la nature et de ses lois* >>[16]. Pendant quelques années, l'on confond souvent – et à tort - naturalisme et réalisme. La principale distinction entre les deux mouvements littéraires réside dans l'intention scientifique clairement affichée par les naturalistes.

---

[12] **Le Petit Robert 1**, op. cit. p. 761.
[13] Gérard Gengembre : *''Au Fil du Texte'* dans **La Faute de l'Abbé Mouret** de Zola, Paris, Édition Pocket Classiques, 1993, p. XXXVII.
[14] Maximilien Paul Émile Littré : **Dictionnaire de la Langue Française, I-P**, Paris, Librairie Hachette et Cie, 1883, p. 693.
[15] Gérard Gengembre, p. XXXVII, voir note 13.
[16] **Le Grand Robert de la Langue Française, VI**, Paris, Dictionnaires Robert, 1992, p. 695.

Ajoutons que l'adjectif *zolien* spécifie le canevas dans lequel je vais travailler, à savoir le naturalisme dans la perspective propre à Zola, car comme David Baguley le note si bien, il n'y a pas de théorie naturaliste unique et unifiée[17]. En gros, on peut admettre avec lui que le naturalisme est moins une rhétorique qu'une méthode[18] - celle de l'objectivité scientifique - visant à réconcilier l'humanité avec la nature[19].

Au total ma tâche consistera à repérer et à analyser tout ce qui est relatif à la sexualité dans le corpus, depuis ses origines, ses motivations jusqu'à ses implications diverses et ses conséquences fâcheuses sur le personnage. On se demandera pourquoi et comment les personnages sont victimes d'un tel déterminisme ; pourquoi un mauvais fatum semble s'acharner sur eux de génération en génération et comment cela se manifeste-t-il ? De la même manière, on se demandera pourquoi et comment Zola dépeignait-il tout cela aussi inlassablement que de manière redondante dans ses romans ? Quelles furent donc les motivations psychologiques, psychanalytiques, et surtout littéraires qui poussèrent Zola à accorder une aussi grande importance à ce thème demeuré tabou plusieurs siècles durant ? Quel sens faut-il donner à cette omniprésence de la sexualité dans **Les Rougon-Macquart** et qu'est-ce qui la particularise dans le corpus ? Quelle est la place du temps et de l'espace dans le processus de l'accomplissement de l'acte sexuel ? Les personnages sont-ils maîtres ou esclaves de la composante spatio-temporelle ? C'est dire en gros que j'ambitionne de saisir la thématique de la sexualité dans toutes ses latitudes afin d'expliquer la fatalité qui s'y trouve liée.

Pour ce faire, je ferai appel à deux méthodes de lecture : la sémiotique et la psychocritique. La première n'est rien moins qu'une approche structurale du récit, une investigation à travers les éléments immanents du texte littéraire. Le Groupe d'Entrevernes, décrivant la sémiotique, la comparait tout simplement à un jeu : << *En se donnant pour but l'examen des racines du sens, en mettant les textes << **sens dessus dessous** >>, afin d'élucider << **les dessous du sens** >>, la sémiotique ne ressemble-t-elle pas à un jeu de la déconstruction ? >>*[20].

Pour le sémioticien donc, la question fondamentale à poser est : << *non pas << **que dit ce texte ?** >> - non pas << **qui dit ce texte ?** >>, mais << **comment ce texte dit ce qu'il dit ?** >> >>*[21]. Partant, la sémiotique consacre le texte comme objet suffisant

---

[17] David Baguley écrit à ce propos: << *The problem is due in part to the fact that there was no coherent, unified body of theory among the naturalists. Not only did the French naturalists, to take them again as our primary object of study, tend, surprisingly so, to be largely indifferent to theoretical questions, but also many of their programmatic statements were in fact directed against the views of Zola, who was supposedly their chief theoretician* >>, dans **Naturalist Fiction. The Entropic Vision**, Cambridge, Cambridge University Press, 1990, p. 40.
[18] **Ibidem,** p. 45.
[19] **Ibidem,** p. 44.
[20] Le Groupe d'Entrevernes : **Analyse Sémiotique des Textes**, Lyon, Presses Universitaires de Lyon, 1984, p. 7.
[21] **Ibidem,** p. 7.

d'étude qu'il suffit d'interroger pour en saisir le sens. Elle recherche la signifiance dans la production, c'est-à-dire dans la structuration du récit, dans les procédés d'écriture. J'étudierai ainsi les personnages dans leur être et dans leurs faires, à travers leur évolution dans l'espace et dans le temps, puis à travers leurs relations interpersonnelles. Cela permettra notamment de saisir le niveau de surface avec ses deux composantes - discursive et narrative-, puis le niveau profond qui comprend le réseau des relations et le système d'opérations. Pour ce faire, je me servirai des travaux du Groupe d'Entrevernes dans une large mesure sans laisser de côté ceux de Philippe Hamon, de Gérard Genette, de Michel Raimond, de Roland Barthes et de Claude Bremond pour ne citer que ceux-là.

La seconde méthode est la psychocritique et elle se justifie par la nature de la sexualité dite libido. La libido est essentiellement faite de pulsions, de sublimations, de refoulements, de transferts et de névroses. Par conséquent, elle relève aussi et surtout du domaine de la psychanalyse. En partant des travaux de Sigmund Freud et de Charles Mauron[22], j'aborderai les quatre moments de la psychocritique que sont :

L'opération fondamentale qui consiste en la superposition des textes d'un même auteur, en l'occurrence Zola, afin d'y découvrir << *les réseaux d'associations ou des groupements d'images, obsédants et probablement involontaires* >>[23], c'est-à-dire les réseaux de métaphores ainsi que les figures mythiques répétitives, voire obsédantes.

Ensuite, il faudra identifier à partir de ce qui précède, le mythe personnel de l'auteur[24] comme structure d'ensemble de son œuvre. Il s'agira, à ce niveau, de voir << *comment se répètent et se modifient les réseaux, les groupements, ou d'un mot plus général, les structures révélées par la première opération. Car, en pratique, ces structures dessinent rapidement des figures et des situations dramatiques [...] la seconde opération combine ainsi l'analyse des thèmes variés avec celle des rêves et de leurs métamorphoses. Elle aboutit normalement à l'image d'un mythe personnel* >>[25].

La troisième opération est une interprétation des résultats obtenus en partant du principe selon lequel le mythe est une mise en scène du fantasme inconscient de l'auteur, inconscient trahi par son œuvre[26].

Enfin l'ultime opération vise à contrôler les résultats des précédentes opérations en les mettant en rapport avec la biographie de l'auteur en vue d'une simple vérification.

---

[22] Charles Mauron : **Des Métaphores Obsédantes au Mythe Personnel**, Paris, José Corti, 1952.
[23] **Ibidem,** p. 8.
[24] **Ibidem**, p. 8. Sur ce même point, Maarten Van Buuren précise, dans **Les Rougon-Macquart d'Émile Zola. De la Métaphore au Mythe**, Paris, José Corti, 1986, que le mythe personnel, dans ce contexte, a un sens réduit, désignant seulement l'inconscient de l'auteur révélé par la hantise d'un petit groupe de personnages et du drame qui se joue entre eux, p. 46.
[25] Charles Mauron : **Des Métaphores Obsédantes au Mythe Personnel**, op. cit. p. 8.
[26] **Ibidem**, p. 8.

Mon vocabulaire, il va sans dire, sera pluriel selon que la méthode utilisée sera différente ou que les auteurs critiques ou théoriciens seront différents au sein même d'une méthode donnée. Le lecteur voudra bien être indulgent à cet égard pour cette pluralité de la méthode qui se justifie du reste par ma volonté de saisir avec le plus de clarté possible, la signifiance des **Rougon-Macquart** dans le cadre particulier de la sexualité.

On commencera par faire un tour rapide des études critiques antérieures qui ont été publiées sur Zola dans les cadres précis de la sexualité et de la fatalité. Ce rappel permettra de situer où la critique en est sur ce sujet et aussi d'expliquer l'opportunité même du présent travail. C'est seulement à partir de là qu'on pourra établir l'originalité de cette contribution dans le concert des études zoliennes.

Ensuite, la première partie proprement dite va se consacrer aux fondements et aux caractéristiques de la sexualité dans le corpus. On s'intéressera alors aux motivations religieuses, biologiques, épistémologiques, idéologiques et littéraires qui ont conduit Zola à poser la sexualité comme pierre angulaire de sa théorie littéraire, le naturalisme. Sur la même lancée, on étudiera les différentes approches animale, diabolique, mythique, apocalyptique et infernale que l'auteur a de ce thème.

La seconde partie sera consacrée aux actants sexuels face à la question centrale de la fatalité. On prendra ce mot d'actant dans son acception greimasienne, c'est-à-dire non pas comme personnage, mais comme toute entité susceptible de jouer un rôle dans un schéma actantiel donné, soit en tant que sujet ou objet, soit en tant qu'adjuvant ou opposant, ou encore en tant que destinateur ou destinataire[27]. On distinguera l'être des actants sexuels de leur paraître, avant d'évaluer leurs différents faires et leurs sanctions diverses. Il reste évident qu'on ne négligera pas le schéma actantiel à ce stade puisqu'il permet de visualiser de façon synthétique les réseaux de relations interpersonnelles. On terminera cette partie par l'étude succincte des fonctions poétique et métalinguistique pour autant qu'elles accentuent la prévisibilité de la fatalité de la sexualité.

La troisième partie traitera de la pertinence de la combinatoire spatio-temporelle dans ladite fatalité. On verra alors comment les temps externes et internes peuvent constituer des éléments pertinents dans la programmation et le chronométrage de la sexualité dans le corpus. Ensuite, on abordera la question de la composante spatiale qui semble en conflit ouvert avec l'actant sexuel qu'elle transforme au point qu'il se sent parfois obligé de se venger d'elle dans un élan de nihilisme.

Enfin, la quatrième et ultime partie fera état de la fécondité de la thématique de la sexualité chez Zola, notamment avec les nouveautés artistiques qu'elle introduisit

---

[27] Pour de plus amples informations sur cette question, se référer aux deux ouvrages essentiels d'A. J. Greimas que sont **Sémantique Structurale**, Paris, Larousse, 1966, et **Maupassant : La Sémiotique du Texte**, Paris, Larousse, 1976.

dans le roman dit naturaliste. On terminera sur un acte final qui servira à jeter un regard sur l'homme Zola face à la question du naturalisme. Cela permettra de saisir d'autres dimensions de l'auteur romancier et d'interroger ses rapports avec ses pairs contemporains, sans oublier l'accueil à lui réservé par la critique littéraire de son époque.

LIMINAIRE

LIMINAIRE : ÉTAT DE LA CRITIQUE ZOLIENNE PAR RAPPORT À LA SEXUALITÉ ET À LA FATALITÉ

Depuis la publication de **Thérèse Raquin** en 1867 jusqu'à nos jours, la critique littéraire n'a cessé de s'intéresser à Émile Zola. Le constat marquant à ce propos est le suivant : alors qu'au début de l'aventure naturaliste de Zola ses critiques - ses confrères journalistes et écrivains - s'acharnaient à dénoncer son penchant pour les monstruosités de la chair[28], les critiques de nos jours - exégètes et spécialistes de la littérature -, ont adopté une approche positive. En effet, au lieu de se focaliser sur les aspects moraux de l'univers romanesque de Zola - ainsi qu'on le verra au chapitre 2. 2 - quatrième partie - avec Anatole France et Louis Ulbach par exemple -, ces derniers s'intéressent à sa littérarité.

Ce changement de direction aura permis d'analyser l'œuvre de Zola à la lumière des méthodes sociocritique, thématique, psychanalytique, narratologique et sémiotique. En somme, il s'agit pour cette critique nouvelle - si l'on considère la précédente comme << *la critique traditionnelle* >>[29] -, non pas tant de dénoncer la propension zolienne à élever des << *tas d'immondices* >>[30], encore moins d'étudier la fidélité de ses textes par rapport à la réalité de l'époque du Second Empire, mais plutôt d'établir les principes formels de l'esthétique zolienne (parce qu'il y en a une). Ensuite, on a cherché à découvrir la signification profonde desdits textes en les passant au peigne fin de la sémiotique.

Cependant, la grande question de la chair dans le roman zolien n'est pas tombée dans l'oubli. Des études assez perspicaces ont été publiées au cours des trois dernières décennies, qui ont abordé la thématique de la sexualité et/ou celle de la fatalité dans l'œuvre de Zola. Parmi les plus connues et les plus décisives, on peut citer **Zola et les Mythes, ou de la Nausée au Salut** de Jean Borie en 1971 et **L'Éros et la Femme chez Zola** de Chantal Bertrand-Jennings en 1977. Il y a eu également **La Logique du Sens** de Gilles Deleuze en 1969, sur la fêlure chez Zola. Dans la même veine psychanalytique, Michel Serres tentait d'expliquer **Les Rougon-Macquart** en 1975 dans **Feux et Signaux de Brume. Zola**, à partir des théories de l'hérédité et de la thermodynamique du 19ème siècle. On peut signaler également **Le Romancier et la Machine, I. L'Univers de Zola** de Jacques Noiray en 1981, sur les rapports entre la machine et le corps humain dans le texte zolien tandis que Maarten Van Buuren, en 1986, s'intéressait aux rapports entre les réseaux de métaphores et les mythes chez Zola dans **Les Rougon-Macquart d'Émile Zola. De la Métaphore au Mythe**.

---

[28] On peut se référer à cet effet à l'ouvrage de Claude Seassau : **Émile Zola, le Réalisme Symbolique**, Paris, José Corti, 1989, p. 7.
[29] Alain Pagès: **Émile Zola, Bilan critique**, Paris, Nathan, collection Nathan Université, 1993, p. 28.
[30] Anatole France: Article paru dans *Le Temps* du 28 août 1887, rappelé par Marcel Girard dans ses *Archives de l'œuvre*, **La Terre** de Zola, Paris, Garnier-Flammarion, 1973, p. 501.

Quant à Sylvie Collot, elle fit publier, en 1992, une étude sur les rapports entre l'espace et le thème de l'amour chez Zola dans **Les Lieux du Désir. Topologie Amoureuse de Zola.** Sans ressasser tous ces travaux antérieurs, on s'intéressera aux deux principaux ouvrages de Bertrand-Jennings et de Jean Borie, dont on donnera un résumé analytique pour voir en quoi ces études antérieures, tout en restant précieuses, ne me satisfont pas entièrement en cela qu'elles se caractérisent toutes à la fois par leur singularité et leurs généralités. On rappellera ensuite brièvement les autres études critiques qui ont touché à ce thème et j'insisterai enfin sur la nouveauté de ma démarche qui est essentiellement d'ordre sémiotique.

D'inspiration thématique et psychanalytique, **L'Éros et la Femme chez Zola** de Bertrand-Jennings pose la femme comme étant l'Autre, opposée à un Moi - l'homme - qui se méfierait d'elle. La justification de cette méfiance serait à chercher du côté de la femme qui hanterait l'inconscient masculin parce qu'elle est protéiforme, c'est-à-dire à la fois déesse et démon[31]. Ce projet permet sans doute d'approfondir la connaissance de la femme par rapport à la question de la sexualité, mais il présente le danger de n'offrir qu'une lecture sexiste du corpus. De prime abord, parlant d'une **Descente aux enfers**, l'auteur insiste sur la vision catastrophique et infernale de la sexualité dans les livres de Zola où le sexe semble lié au péché et soumis à une rançon, car << *on ne jouit jamais impunément dans les romans de Zola* >>[32]. Ce point paraît indiscutable et cette étude le montrera également. Bertrand-Jennings déduit à partir de cette sanction de la sexualité, le pendant moralisateur du texte zolien même si l'idée du péché chez lui ne serait pas une tendance à magnifier la religion qui resterait l'ennemie du peuple aux yeux de Zola. Ce point semble également indiscutable ainsi qu'on le verra dans la toute dernière partie de cette étude. L'auteur constate en plus que la catastrophe et la chute ne seront conjurées que dans les deux derniers cycles romanesques de Zola : << *Le discours de Zola sur la sexualité part de la catastrophe de la chute abordée dès les premiers romans et ressassée à travers la totalité de l'œuvre pour s'ouvrir sur la rédemption et la vision d'un paradis retrouvé, loin des anciennes valeurs corruptrices et décadentes* >>[33]. Il s'agit là d'un constat judicieux qu'on ne peut non plus lui disputer.

Plus loin, Bertrand-Jennings affirme que chez Zola, la femme est un personnage essentiellement maléfique. Elle dégage ensuite une classe de femmes qu'elle appelle les << indomptées >>[34] telles que les vierges, les lesbiennes et autres femmes indifférentes à l'homme, donc capables d'agressivité, de révolte et de résistance - ce qu'on évoquera dans la rubrique des modalités discursives. L'auteur affirme en outre que la femme hystérique et superstitieuse entraîne l'homme dans le péché. Si ceci se vérifie dans certains cas, par exemple avec Marthe Mouret et Nana, il faut dire cependant que sa fréquence est peu élevée -

---

[31] Chantal Bertrand-Jennings : **L'Éros et la Femme chez Zola**, Paris, Klincksieck, 1977, pp.7-9.
[32] **Ibidem**, p. 13.
[33] **Ibidem**, p. 36
[34] **Ibidem**, p. 37.

pour ne pas dire marginale - dans le corpus au point qu'il serait dangereux de généraliser à ce niveau.

Cependant, tout le mérite revient à Bertrand-Jennings lorsqu'elle évoque le << **péril érotique** >>[35] lié à la Femme Fatale, nymphomane et croqueuse d'hommes. Toutefois, la femme fatale trouverait son contraire dans la femme idéale qui est présente chez Zola quoique rare. Maternelle, quelquefois mère adoptive et stérile, elle aurait le visage de Mme Caroline de **L'Argent** ou de Pauline dans **La Joie de Vivre**.

En somme, << *le mal féminin* >>[36] viendrait de ce que la femme est la faille par où pénètre le maléfice et c'est pourquoi Nana serait l'allégorie de l'Empire, à dessein, la décomposition de l'une trouvant son écho dans celle de l'autre. Il est impératif de relever à ce niveau qu'il existe aussi un mal masculin - que l'auteur n'évoque malheureusement pas, sans doute parce que son sujet limité à la femme constitue un handicap - et qui s'empare par exemple de Jacques Lantier, Buteau Fouan et de Victor Saccard.

Cependant face à la femme fatale, il y aurait, selon Bertrand-Jennings, des << *ripostes masculines* >>[37] à travers des personnages misogynes - Archangias de **La Faute de l'Abbé Mouret** et l'abbé Faujas de **La Conquête de Plassans** - ou portés sur des intérêts autres que libidinaux, comme Eugène Rougon et Gundermann. Ces derniers, en résistant à la femme, deviendraient des << *conquérants* >>[38]. On les étudiera dans la classe des personnages chastes tout simplement.

Poursuivant son argumentation, Bertrand-Jennings constate que les femmes d'église sont hystériques et négatives, tandis que les femmes athées sont positives, ce qui impose un << *rejet de l'église* >>[39]. Cette assertion semble d'ailleurs faire l'unanimité parmi les critiques ainsi que ce que Bertrand-Jennings nomme la << *maternité panacée* >>[40] en raison de ce que beaucoup de femmes mauvaises seraient privées d'enfants chez Zola[41]. À part le rejet de l'église et de la maternité panacée, il semblerait que l'ultime voie de rédemption pour la femme soit l'appartenance à la classe privilégiée des << *vierges martyres, saintes femmes, Immaculée Conception* >>[42]. En partant en effet des exemples de jeunes filles

---

[35] Chantal Bertrand-Jennings : **L'Éros et la Femme chez Zola**, op. cit. p. 54.
[36] **Ibidem**, p. 72.
[37] **Ibidem**, p. 77.
[38] **Ibidem**, p. 81.
[39] **Ibidem,** p. 88.
[40] **Ibidem**, p. 92.
[41] **Ibidem,** Chantal Bertrand-Jennings écrit : *<< Il est vrai que la maternité devient le rachat de la faute sexuelle, que seule la femme considérée comme une bonne mère peut être acceptée, alors que les autres sont présentées soit comme des personnages négatifs soit comme des femmes fatales >>*, op. cit. p. 97.
[42] **Ibidem**, op. cit. p. 102.

mortes au seuil de leur puberté, l'auteur résume que : « *Toutes ces enfants sacrifiées avant la faute à une conception puritaine de la sexualité n'accèdent à la sainteté que par leur état de virginité symbolique ou réelle* »[43].

Enfin, l'auteur dénonce chez Zola un « *patriarcat* »[44] flagrant, marqué par le couple composé d'une femme beaucoup plus jeune et soumise à un homme beaucoup plus vieux, qui serait son maître. Le « *Pygmalion* »[45] couronnerait le patriarcat car l'homme, en imprégnant la femme, la marque à jamais et la crée pour ainsi dire ou la recrée dans le but de la sauver. En définitive, l'auteur rappelle que « **la femme castrée** »[46] seule serait valorisée chez Zola en tant que femme sainte, vierge martyre. Toute autre femme serait à la fois, « *bouc émissaire* », « *monstre* », et « *diable* »[47].

Au total, Bertrand-Jennings met l'emphase sur la femme seule comme étant la force qui régule la dynamique de la sexualité. Pour ma part, j'estime que la monstruosité et la diablerie ne sont pas l'apanage des femmes seules chez Zola ; car elles marquent également beaucoup de personnages masculins dans le corpus, ce que l'auteur critique ne souligne guère. C'est pourquoi, je propose une autre approche qui posera la problématique du rôle de chaque sexe et de l'interaction des deux sexes dans la dialectique de la sexualité dans l'œuvre romanesque de Zola.

Si Bertrand-Jennings ne s'intéresse à l'Éros que par rapport à la femme - laissant l'homme de côté - elle n'accorde non plus aucune place à la mise en situation du personnage sexuellement marqué, c'est-à-dire sa situation par rapport à son espace et à son temps. Je considère que non seulement il y a un espace de la sexualité dans le corpus, mais aussi un temps de la sexualité bien définis et qui prennent une importance certaine dans le processus de l'accomplissement et de la sanction de l'acte sexuel. Et contrairement à la position commune chez Bertrand-Jennings et chez Philippe Hamon, il y a bien des personnages masculins dans l'œuvre romanesque de Zola qu'on ne peut guère passer sous silence et qui n'ont rien à envier à Don Juan. Octave Mouret en est une preuve achevée, lui qui est séducteur patenté de jeunes filles, de femmes au foyer et de bourgeoises aussi bien dans **La Conquête de Plassans** que dans **Pot-Bouille** et **Au Bonheur des Dames**. Pour Baguley, il reste « *un fieffé coureur de jupons* »[48] qui « *passe de ménage en ménage pour séduire les dames* »[49]. Par ailleurs, comment cerner Renée Saccard sans considérer en même temps Maxime ? Comment étudier Nana sans le comte Muffat, ou Albine sans l'abbé Mouret ? Il s'agit là de couples

---

[43] Chantal Bertrand-Jennings : **L'Éros et la Femme chez Zola**, op.cit., p. 103.
[44] **Ibidem**, p. 115.
[45] **Ibidem**, p. 121.
[46] **Ibidem**, p. 128.
[47] **Ibidem**, p. 129.
[48] David Baguley : **Le Naturalisme et ses Genres**, Paris, Nathan, 1995, p. 122. Ce livre est la version française revue et corrigée du livre paru en Anglais, **Naturalist Fiction. The Entropic Vision**, op. cit.
[49] **Ibidem**, p. 122.

indissociables qu'il faut étudier ensemble et non séparément car enfin, la sexualité, chez Zola, fonctionne comme une dialectique.

Pour sa part, Jean Borie aborde la question sous un angle plus théorique et plus général dans **Zola et les Mythes, ou de la Nausée au Salut**, en ce sens qu'il ne se focalise pas sur la sexualité en tant que telle, encore moins sur le personnage féminin en particulier. Dans une approche psychanalytique largement inspirée de Freud, Jean Borie tente d'établir le mythe générateur de l'univers fictionnel zolien. Si cette méthode éclaire le texte zolien dans le sens d'une introduction à l'étude de son œuvre, elle a cependant le défaut de ne pas rester suffisamment proche de l'œuvre, puisque ni les personnages, ni les structures narratives ne sont pris en compte. De fait, cette étude se contente d'analyser une série de figures récurrentes ayant trait à la nausée. Dès le départ, l'auteur oppose les mythes de la Nausée et de la Démission d'une part aux mythes messianiques et impérialistes d'autre part ; ceux-ci correspondant aux **Trois Villes** et aux **Quatre Évangiles**, ceux-là correspondant aux premiers romans et aux **Rougon-Macquart**.

Abordant ce qu'il appelle *Les fatalités du corps dans les Rougon-Macquart*, Borie s'intéresse d'abord à la << *fêlure* >>[50] comme une hérédité, une fatalité et même la mort. Cependant l'auteur n'entre pas dans les détails pour montrer comment se manifeste cette fatalité ainsi que j'ai l'intention de le faire ici.

S'intéressant au corps dans son ensemble, Borie affirme que : << *Zola est vraiment obsédé par le corps et la malédiction de l'ordure* >>[51]. Pour preuve Borie renvoie à la récurrence dans les textes zoliens de la notion du ventre, qui ne va pas sans celles de la nourriture, de la digestion, des excréments, de la fécondité avec les liquides de l'enfantement. Si la fécondité sanctifie l'acte sexuel - en accord ici avec Bertrand-Jennings et d'autres critiques[52] comme Philippe Hamon -, il n'en demeure pas moins vrai que le corps et les instincts revêtent une vision infernale et catastrophique. Mais ce qui est << *descente aux enfers* >>[53] chez Bertrand-Jennings, annonce plutôt une sortie des enfers chez Borie : << *Or, sortir des enfers, c'est précisément le sens de l'entreprise de Zola, de son difficile nettoyage du corps et du monde* >>[54]. Borie justifie cet optimisme en comparant l'œuvre de Zola à celle de Freud en ces termes : << *Comme celle de Freud, elle libère des secrets honteux, part de la révélation d'un scandale et tâtonne vers sa guérison* >>[55]. On remarquera que d'après ces critiques, on obtient le portrait d'un Zola moralisateur et d'un Zola guérisseur. Ces qualificatifs positifs sont déjà une révolution dans le contexte de la critique zolienne qui est restée longtemps focalisée sur les ordures dans le roman zolien ainsi qu'il a été déjà mentionné.

---

[50] Jean Borie: **Zola et les Mythes, ou de la Nausée au Salut**, Paris, Seuil, 1971, p.p.20-21.
[51] **Ibidem**, p. 36.
[52] **Ibidem**, p. 31. Notons que Bertrand-Jennings revient sur cette même idée, dans **L'Éros et la Femme chez Zola**, op. cit. p. 94.
[53] **Ibidem**, pp. 11-36.
[54] **Ibidem**, p. 38.
[55] **Ibidem**, p. 39.

Jean Borie pose ensuite l'hypothèse d'une << *anthropologie mythique de Zola* >>[56] dont le fondement serait l'homme primitif, brutal et prêt à éventrer sa femme qui le trahirait, trahison originelle entraînant le ressentiment chez leur descendance. Borie met cette conception en rapport avec celle de Freud où, au contraire, c'est plutôt le mythe d'Œdipe qui prévaut avec une mère-femme que le fils voudrait épouser, après avoir tué son père. Si le sexe et la mort sont liés, Borie constate que c'est parce que le meurtre est virilisant puisqu'il permettrait de retrouver l'ancêtre. Pourtant, une étude minutieuse des personnages du corpus ne confirme pas cette donne ; il suffit de voir le cas de Roubaud qui tue son rival dans **La Bête Humaine** et qui perd toute virilité ou tout intérêt pour le sexe dès ce moment. Il en est de même pour Laurent qui élimine l'époux - Camille - dans **Thérèse Raquin**, sans plus être capable de virilité devant Thérèse, la veuve.

En gros, la sexualité, pour Borie, n'aboutirait qu'à trois issues possibles : asphyxie, assassinat et épuisement, d'où nausée : << *la nausée, le dégoût de la vie organique, pullulante et pourrissante, sale et malodorante, n'ont pas fini de reparaître dans l'œuvre de Zola* >>[57]. Le grand mythe zolien serait celui de l'hérédité, qui n'est que la fatalité d'un retour, d'une répétition au sein de la même famille ainsi que cette étude le montrera.

Enfin, s'intéressant à la *Maison*[58], l'auteur fait remarquer que le mur est un lieu stratégique, car il exprimerait à la fois une rêverie et une intimité chez Zola. L'ouverture d'une maison serait donc diabolique comme chez Nana, ou chez Clorinde dans **Son Excellence Eugène Rougon**. Il en serait de même pour les maisons hermétiquement fermées - comme chez ceux qu'il nomme << *les tartufes des **Rougon-Macquart*** >>[59] - dans **Pot-Bouille** et **Le Ventre de Paris**. Je m'étendrai davantage sur tous ces aspects dans le chapitre consacré à l'espace - troisième partie. Borie termine son étude par << *les sanctuaires* >> que sont << *la chambre* >> et << *l'église* >>. Il part du principe que la chambre est un abri suave et bon lorsqu'elle est ouverte, alors qu'elle devient maudite si elle est fermée[60]. La chambre de femme aurait la particularité de refléter la parure du corps, un lieu où les métaphores du satin renvoient à la gorge de la femme, celle de la soie à ses cuisses[61], tandis que le lit serait d'autant plus grand que l'occupante serait marquée par la lubricité. Il y a là un argument solide qui ne souffre aucune contestation.

À l'opposé, l'église serait promise à la destruction, parce que flèche - montée vers le ciel - et caverne - tombeau, ensevelissement, profondeur, vagin-. Habitée par

---

[56] Jean Borie: **Zola et les Mythes, ou de la Nausée au Salut,** op. cit., pp. 43-45.
[57] **Ibidem**, p. 62.
[58] **Ibidem**. pp. 125-229.
[59] **Ibidem**, p. 142.
[60] **Ibidem**, p. 191 et p. 201.
[61] **Ibidem**, p. 195.

un homme-femme en robe, donc homosexuel virtuel[62], l'église constituerait une menace extérieure autant qu'une menace intérieure. Au plan extérieur, elle volerait en effet l'épouse à l'époux, comme Marthe Mouret à François, dans **La Conquête de Plassans** et, au plan intérieur, elle volerait la raison à la femme, la rendant hystérique, avec des rêves érotiques, comme chez Marthe encore une fois. Cette vision semble faire l'unanimité. Seulement, je le montrerai à partir d'une étude immanente du roman zolien, notamment en me référant à l'église des Artaud, paroisse de l'abbé Mouret. Jean Borie conclut donc par un refus de Jésus dans l'écriture zolienne : << *Zola ne montre guère, à quelque moment de son œuvre que ce soit, une grande admiration pour le Christ qui demeure toujours une figure de renoncement, de démission, de masochisme et de mort* >>[63].

En définitive, Jean Borie étudie les rapports entre l'imaginaire et le mythe chez Zola sous un angle assez théorique et magistral. Son étude de l'anthropologie mythique zolienne ne prend malheureusement pas en compte les mythes clairement exprimés dans l'œuvre et qui sont pourtant aussi nombreux que variés. La fatalité qui l'intéresse semble se limiter au seuil de la nausée et du salut. Pourtant, ainsi que cette étude le montrera, ces mythes-là constituent une fatalité de leur propre chef, en plus d'être autrement plus révélateurs des tendances sexuelles des personnages identifiés à des héros mythiques. Chez Borie, il manque également un rapprochement entre le personnage et son univers spatio-temporel malgré le long chapitre consacré à la maison, traitée comme une instance indépendante et signifiante en soi, en dehors de son investissement par un personnage.

Pour en revenir brièvement aux autres études que mentionnées plus haut, on pourrait commencer par Jacques Noiray pour qui la perversion et la mort sont des fatalités provenant de la machine[64]. Il me semble que la lecture de **La Bête Humaine** confirme cette assertion de Noiray si l'on se réfère d'une part aux rapports ambigus que Jacques Lantier entretient avec la Lison et, d'autre part, à tous les assassinats dont cette machine fut le théâtre. On ne perdra pas de vue non plus les cataclysmes dont elle fut l'agent et la victime. Si donc le progrès scientifique et technologique doit fatalement être poursuivi, il convient de garder en mémoire son pendant catastrophique pour mieux le conjurer.

Cependant Gilles Deleuze ne va pas chercher si loin ; car, à ses yeux, la fatalité s'appelle d'un nom, la fêlure, cette cassure qui transcende l'individu : << *[...] il n'y a de commun et de transindividuel que la fêlure elle-même, passant d'une histoire ou d'un corps à l'autre, formant le fil rouge des* **Rougon-Macquart** *et la transcendance d'un*

---

[62] Ibidem, p. 218.
[63] Jean Borie: **Zola et les Mythes, ou de la Nausée au Salut**, op. cit., p. 226.
[64] Jacques Noiray : << *C'est comme corps mécanique érotisé que la machine développe avec l'homme ou la femme des rapports pervertis et finalement meurtriers ; c'est comme incarnation des instincts de mort qu'elle trouve à la fois sa suprême puissance et sa fin cataclysmique. Ainsi l'univers de la technique est-il saturé de forces meurtrières, dont la machine est à la fois l'instrument et la victime* >> in **Le Romancier et la Machine I. L'Univers de Zola**, Paris, José Corti, 1981, p. 448.

destin épique. À cet égard, **La Bête Humaine** *est exemplaire* »[65]. Philippe Hamon partage pleinement cette idée de fatalité héréditaire lorsqu'il fait remarquer que les noms de famille tels que Rougon et Macquart, marquent la persistance d'une hérédité, d'un destin et, partant, la persistance d'une catastrophe menaçante[66]. « *Le fil rouge* » de Deleuze n'est autre que le symbole du sang, de la catastrophe et de la mort, toutes choses que Michel Serres regroupe sous le concept d'« *entropie* » : « *Rien ne dit mieux que* **Les Rougon-Macquart** *l'écrasement, le gaspillage, la dissémination, la perte, l'irréversible jusant vers la mort-désordre ; la déchéance, l'épuisement, la dégénérescence. Ils le disent : ça brûle trop vite. Épopée d'entropie* »[67]. Le concept d'entropie se manifeste également par la chute irréversible des personnages zoliens, puisque David Baguley constate à juste titre, que « *les personnages "régressent" pour sombrer dans la poursuite de la satisfaction de leurs appétits, de leurs instincts, de leur animalité* »[68].

D'une façon globale, Baguley, comme Bertrand-Jennings, dénonce la «*la misogynie habituelle du discours naturaliste* »[69]. Dès la première partie de cette étude, j'abonderai dans le sens de cette entropie dans la rubrique de la vision catastrophique de la sexualité dans **Les Rougon-Macquart**. Dans la rubrique consacrée à la vision animale de la sexualité, on étudiera le phénomène de la régression des actants sexuels à forme humaine, vu qu'ils subissent une métamorphose saisissante qui les mythifie, les animalise, puis les réifie fatalement.

Quant à Philippe Hamon, il estime que le personnage est victime d'une fatalité première, à lui infligée par l'auteur déjà à partir des ébauches de romans : « *Avant d'être déterminé par une hérédité, des influences, des milieux etc., le personnage zolien est donc prédéterminé, ce qui n'était pas évident a priori pour un personnage relevant de l'esthétique réaliste-naturaliste* »[70]. Abordant la rubrique importante du « *sexe du personnage* »[71], Hamon, prenant appui sur Bertrand-Jennings, affirme que les personnages féminins - parce que siège des pulsions, des répulsions, puis instigateurs et régulateurs de l'érotisme - sont dépositaires de la sexualité car, en un mot, « *la sexualité est, d'abord, celle de la femme* »[72]. Point n'est besoin de rappeler que je ne partage pas cet avis.

---

[65] Gilles Deleuze : **La Logique du Sens**, chapitre *Zola et la fêlure*, Paris, Édition de Minuit, 1969, p. 91.
[66] Philippe Hamon : **Le Personnel du Roman. Le Système des Personnages dans les Rougon-Macquart d'Émile Zola**, Genève, Droz, seconde édition, 1998, p. 108.
[67] Michel Serres : **Feux et Signaux de Brume**, Paris, Grasset, 1975, p. 78.
[68] David Baguley : **Zola et les Genres**, chapitre III: *La Curée : La Bête et la Belle*, Glasgow, University of Glasgow French and German Publications, 1993, p. 39.
[69] **Ibidem**, chapitre VII : *L'Œuvre, künstlerroman à thèse*, p. 87.
[70] Philippe Hamon : **Le Personnel du Roman. Le Système des Personnages dans Les Rougon-Macquart d'Émile Zola**, op. cit. p. 55.
[71] **Ibidem**, p. 188-204.
[72] **Ibidem**, p. 190.
[72] **Ibidem**, p. 191.

Philippe Hamon, pour justifier son assertion, avance que la sexualité masculine est à la fois moins représentée, moins différenciée et moins riche que sa consœur féminine dans le corpus[73]. J'aurai l'occasion de démontrer que ceci n'est pas soutenable, puisque les personnages masculins offrent en réalité une sexualité plus variée que celle de leurs homologues féminins. N'empêche, Hamon semble se fonder sur l'absence d'un Don Juan dans **Les Rougon-Macquart**[74], et cela paraît particulièrement discutable, voire carrément infondé.

Notons que ces études sont parfois trop générales en ce sens qu'elles ne s'appuient pas vraiment sur une analyse rigoureuse des signes textuels en vue de dégager leurs signifiés, ce que seule une lecture sémiotique poussée saurait faire à mon sens. Hamon et Seassau se sont essayés à cet exercice sémiotique, mais uniquement au niveau onomastique[75] et non au plan de la sexualité et de la fatalité.

Ma contribution, précisons-le, n'a pas une vocation révolutionnaire dans le concert des études zoliennes, mais plutôt complémentaire. En effet, loin de rejeter les travaux de Bertrand-Jennings, de Jean Borie, de Philippe Hamon ou ceux de Claude Seassau, de Roger Ripoll et de Van Buuren, on les complètera en rappelant le fil conducteur qui les relie tous : la sexualité. Car, ces travaux ont très souvent abordé des éléments essentiels du naturalisme zolien, mais chaque fois, ils l'ont fait sous un angle fragmentaire et disparate, donc de manière incomplète.

Je compte par exemple abandonner la démarche sexiste de Chantal Bertrand-Jennings pour prendre en compte le sexe masculin. En plus, je compléterai l'étude de Jean Borie en y ajoutant une analyse des mythes chrétiens et gréco-romains clairement indiqués dans le corpus. Dans le même ordre d'idées, je prendrai en compte l'étude des personnages qui intéresse tant Philippe Hamon, en la mettant en rapport étroit avec l'étude de Roger Ripoll sur les mythes dans le roman zolien. Je veillerai également à prendre en compte les aspects stylistiques de la métaphore et des symboles que Maarten Van Buuren et Claude Seassau ont déjà étudiés séparément. Je vais donc présenter, pour la toute première fois, une étude unique qui comprend à la fois le système des personnages et leur situation dans le temps et dans l'espace, les métaphores, les symboles ainsi que les mythes et les différentes structures narratives dans le cadre de la sexualité. Ceci montrera à quel point la sexualité est un thème fécond et unificateur chez Zola. Si je n'abandonne pas totalement la méthode psychocritique telle qu'appliquée par Maarten Van Buuren, Jean Borie et Bertrand-Jennings, je la garderai seulement en arrière-plan, en insistant davantage sur une lecture sémiotique. C'est dire que je donnerai la primauté au texte, ou plus exactement à l'analyse des signes textuels.

---

[73] **Ibidem**, p. 191.
[74] Philippe Hamon : **Le Personnel du Roman. Le Système des Personnages dans Les Rougon-Macquart d'Émile Zola**, op. cit. p. 191.
[75] On y reviendra dans la seconde partie de cette étude consacrée aux actants sexuels.

En somme, contrairement à Bertrand-Jennings et à Borie, j'envisagerai une étude de la thématique de la sexualité aussi globale que possible et aussi pointilleuse que possible. Mon hypothèse est que la sexualité est fondamentale dans **Les Rougon-Macquart** et que seule une étude sémiotique peut permettre une plus large manifestation de la vérité la concernant. Il s'agira d'étudier les actants sexuels sur un pied d'égalité - les féminins étant égaux aux masculins - et de traiter toutes les variantes de la sexualité que l'on retrouve chez Zola - comme l'hétérosexualité, le lesbianisme, la pédérastie, la pédophilie, l'immaturité sexuelle, le sadisme et le masochisme, l'arrêt sur les relations intermédiaires, le travestissement et l'hermaphrodisme - ainsi que leurs conséquences, c'est-à-dire les diverses maladies héréditaires, la dégénérescence, l'animalisation, la réification, l'évanescence et la mort. On ajouterait à cette étude celle des mythes clairement indiqués dans le corpus : leur classification, leurs représentations et leur incidence sur le personnage et sur le texte naturaliste – ce qui manque cruellement chez Jean Borie. En outre, il me paraît important de relever que chez Zola, il y a trois formes de fatalités : l'une étant liée à l'hérédité, une autre à l'assimilation des personnages romanesques à des figures mythiques, limitant ainsi leur liberté de manœuvre et enfin, une dernière liée à l'influence du milieu naturel et social sur le personnage. C'est dire que la notion de fatalité est plus dynamique chez Zola que statique, plus polymorphe que monolithique, ainsi qu'on le verra dans la seconde partie de cette étude.

On mettrait ensuite le personnage sexuellement marqué dans son milieu temporel et spatial pour observer leur interaction et ses effets, toutes choses que Philippe Hamon évacue très rapidement. Ce tableau enfin ne saurait être complet que lorsqu'on mènerait une investigation d'ordre poétique pour chercher à découvrir les contraintes que la thématique de la sexualité impose au romancier ainsi que les retombées de ladite thématique au niveau littéraire. Roger Ripoll, Maarten Van Buuren et Claude Seassau qui ont fait un travail remarquable sur ce dernier point, ont cependant oblitéré encore une fois la composante spatio-temporelle.

Toutefois avant de procéder à cette étude des structures profondes des textes du corpus, il m'est loisible de m'interroger sur les principales caractéristiques de la sexualité dans le roman zolien.

PREMIÈRE PARTIE :
FONDEMENTS ET CARACTÉRISTIQUES DE LA SEXUALITÉ DANS LES ROUGON-MACQUART

Cette partie comprendra deux chapitres distincts. Le premier étudiera les fondements de la sexualité dans le roman naturaliste en général et, pour ce qui me concerne, dans l'échantillon spécifique des **Rougon-Macquart.** Il s'agira de tâcher d'y répondre aux préoccupations suivantes : pour quelles raisons ou pour quels motifs littéraires, psychologiques, sociologiques, psychanalytiques et religieux, la sexualité constitue-t-elle la grammaire générative du naturalisme zolien ? Qu'est-ce qui justifie cette place prépondérante de la sexualité dans le corpus ? Et pourquoi la sexualité plutôt qu'un autre thème ?

Dans un second temps, je me consacrerai à l'étude immanente de la thématique de la sexualité en vue de découvrir comment la sexualité est abordée et traitée par Zola, ce qui la caractérise, bref, tous les éléments permettant de l'appréhender, de la spécifier et de produire sa signification.

CHAPITRE 1 : LES FONDEMENTS DE LA SEXUALITÉ DANS LES ROUGON-MACQUART

Par fondements, j'entends les motivations profondes qui ont amené Zola à placer la sexualité au centre de son naturalisme. Ces fondements me semblent être de plusieurs ordres. Aussi vais-je m'attacher à les saisir individuellement pour plus de clarté, en commençant par les fondements religieux de son choix esthétique.

1. AU PLAN RELIGIEUX

L'on sait que d'après **La Bible**, c'est suite au déluge que Dieu ordonna à Noé d'aller de par le monde avec les siens et de peupler la terre[76]. D'un point de vue théologique donc, la sexualité revêt d'abord un caractère sacré ; elle répond à une prescription divine. Dès lors, satisfaire sa libido, c'est surtout obéir à une prescription divine, montrer pour ainsi dire son allégeance à Dieu en remplissant le contrat qu'il a passé avec l'ancêtre biblique.

Ensuite seulement, la sexualité sème la graine vivifiante et reproductrice qui permet de conserver les espèces. Il ne faut cependant pas perdre de vue la valeur éthique de la sexualité car Dieu, bien que préoccupé par la continuité de la race humaine sur la terre, n'autorisa pour autant pas la concupiscence et la souillure. C'est pourquoi, toutes les religions révélées s'accordent sur la prescription qui fait du mariage une institution sacrée et recommandée par le créateur premier.

Dès l'introduction de cette étude, j'ai insisté sur le fait que toute la fresque des **Rougon-Macquart** est celle d'une famille ; Adélaïde Fouque dite Tante Dide étant le noyau de ce premier tissu social. Dans **La Fortune des Rougon**, le narrateur donne à voir six mariages : celui d'Adélaïde Fouque et de Rougon d'abord, puis

---

[76] **La Sainte Bible** : *La Genèse*, chapitre 8, versets 15 à 18, Traduction de Louis Segond, Genève-Paris, Société biblique de Genève, 1979, p. 8.

celui de son fils aîné, Pierre Rougon, avec Félicité Puech ; celui de leur fils, Aristide Rougon, avec Angèle Sicardot ; celui de leur fille, Marthe Rougon, avec François Mouret ; puis celui qui unit << *le bâtard* >> d'Antoine Macquart à Joséphine Gavaudan et enfin, celui de leur fille, Ursule Macquart, avec le chapelier Mouret.

Paradoxalement, cette première cascade de mariages sera suivie d'un grand vent de débauche qui soufflera sur les personnages des **Rougon-Macquart** et qui ne tolérera qu'une poignée de mariages presque stériles (Aristide et Renée, puis Maxime et Louise dans **La Curée** ; Jean Macquart et Françoise Mouche dans **La Terre** ; Angélique et Félicien de Hautecour dans **Le Rêve**, pour ne citer que ces cas typiques). Ces mariages infructueux sont le signe annonciateur d'une part de l'extinction programmée de la race des Rougon-Macquart et, d'autre part, de celle d'un monde condamné à dispara6itre. Le Second Empire en effet est condamné à la stérilité et à la disparition du point de vue de Zola car c'est un monde qui a péché en abandonnant la voie de la reproduction pour emprunter celle de la débauche et de la lubricité. Ce qui est remis en cause dans le roman zolien, ce n'est pas la légitimité de la pratique sexuelle tant qu'elle reste attachée à la morale mais plutôt la licence qui la caractérise.

En effet, marquée par la débauche et par toutes les dépravations et perversions que j'étudierai dans le chapitre prochain, la sexualité semble s'être échappée de la voie divine, sans doute pour ne pas démentir les autres fondements qui justifient son statut privilégié dans le corpus.

Car enfin rappelons qu'il existe dans les romans de Zola, une sorte de voix divine qui tente désespérément de restreindre le champ de la sexualité au seul fondement religieux et éthique. Cette voix est celle des prêtres et assimilés - les abbés Madeline et Godard dans **La Terre**, Frère Archangias dans **La Faute de l'Abbé Mouret** - et de personnages religieux comme Venot dans **Nana**. Toutefois la sexualité chez Zola n'est pas seulement motivée par des considérations religieuses. Bien au contraire, en tant que naturaliste, la physiologie ne saurait renoncer à ses droits dans sa création romanesque.

2. AUX PLANS BIOLOGIQUE ET SOCIOLOGIQUE

La physiologie humaine a clairement distingué deux genres fondamentaux, à savoir le mâle et la femelle. Cette diversité biologique n'est cependant pas sans conséquence puisque les lois de la nature les attirent l'un vers l'autre. Cette attirance réciproque est à la fois d'ordre naturel et animal, en ce sens que les contraires s'attirent ostensiblement comme pour se compléter autant que des signes opposés en électricité ou en chimie. De plus, biologiquement parlant, l'homme n'est rien moins qu'un animal constitué d'organes ayant des fonctions spécifiques. Or ces organes - en particulier les appareils génitaux - ont des besoins dont la satisfaction passe par la copulation.

Pour Zola, il convient de composer avec ce qu'il appelle << *la bête humaine* >>. Faut-il préciser que ce groupe nominal est un condensé sémantique que l'on peut décomposer de la manière suivante : le constituant nominal essentiel /la bête/ a les traits [+animal], [+sauvage], [+instinctif], [+brutal], [+agressif], [-réfléchi] alors que le constituant adjectival facultatif /humaine/ a les traits [+humain], [-sauvage], [+réfléchi], [+intelligent] et [+civilisé]. Autant avouer que la combinaison de tous ces traits donne un programme narratif complexe, voire ambivalent et ambigu.

Par ailleurs, il n'échappe à personne le caractère animal et profondément instinctif du coït et à ce propos, les assauts de Buteau dont Françoise est la victime dans **La Terre**, sont désignés à dessein par le vocable de << *rut* >>[77].

Au niveau arithmétique, on dénombrera trois actants pour la première génération : Adélaïde, Rougon et Macquart. La seconde qui est issue de ce noyau primaire, comprend trois autres actants : Pierre Rougon, Ursule Macquart et Antoine Macquart. La troisième se compose de cinq enfants pour le couple Pierre-Félicité ; de trois enfants pour le couple Ursule-Mouret et de trois autres enfants pour le couple Antoine-Joséphine. Au total donc, cela donne onze personnages générés par ces trois enfants de l'aïeule Tante Dide. La quatrième génération va jusqu'à dix-sept enfants tandis que la cinquième, paradoxalement, n'en compte que cinq ! En tout, on obtient trente individus issus d'Adélaïde Fouque mais pour comprendre la chute subite et drastique de la natalité au sein de la famille des Rougon-Macquart, notamment à la cinquième génération[78], il faudra se référer à notre troisième partie - **2. Reconnaissance et sanction du personnage**.

Établissons pour l'heure un diagramme représentant le nombre d'individus nés dans la famille des Rougon-Macquart pour évaluer la courbe de fécondité en son sein. Je partirai du principe que le père Fouque constitue la génération zéro, car n'ayant pratiquement pas d'intérêt narratif dans le corpus. L'histoire commence véritablement avec sa fille unique Adélaïde, qui est notre génération première. La seconde sera composée de sa progéniture à elle.

En partant de ce principe, l'on obtient le diagramme suivant :

---

[77] Se référer au point précédent où j'annonçais la sanction suprême qui frappe le monde du Second Empire au-delà de la famille des Rougon-Macquart.

[78] Roger Ripoll rappelle dans sa thèse de doctorat d'État, **Réalité et Mythe chez Zola**, tome I, Paris, Honoré Champion, 1977, p. 168, ce passage du Dr Prosper Lucas, qui estimait, dans son **Traité Philosophique et Physiologique de l'Hérédité Naturelle**, page 590, que le sort inéluctable de toute famille était la dégénérescence : << *Il est digne de remarque que le mouvement ascendant des hautes facultés d'un assez grand nombre de fondateurs de races, s'arrête presque toujours à la troisième, se continue rarement jusqu'à la quatrième, et presque jamais ne dépasse la cinquième génération* >>, ce déclin se manifestant par une impuissance, un défaut de virilité et, au bout, la mort. On reviendra sur l'influence de cette étude scientifique de Lucas sur Zola au moment de l'élaboration des **Rougon-Macquart**, dans le point 4. Les fondements épistémologiques.

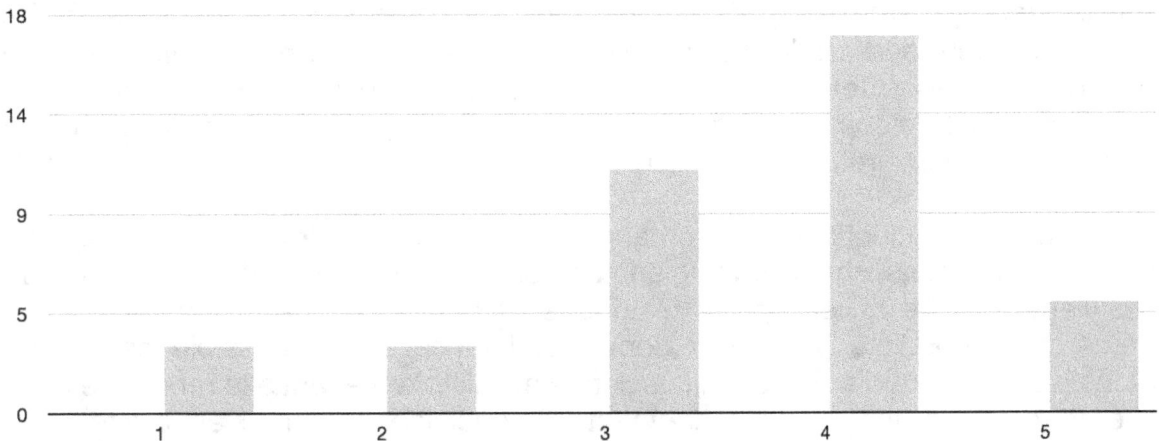

Ce diagramme montre que la génération zéro - le père Fouque - n'a engendré qu'un seul individu - Adélaïde - qui, à son tour, fonda la première génération avec ses unions successives avec Rougon puis Macquart. À trois, ils engendrèrent trois enfants qui se démultiplièrent pour donner naissance à onze nouveaux individus, puis à dix-sept. Si la quatrième génération fut la plus féconde avec ses dix-sept filles et fils, la cinquième amorça une chute vertigineuse avec seulement cinq enfants nés et, pis encore, aucun de ces derniers ne procréa à son tour, laissant ainsi la race des Rougon-Macquart mourir aux alentours de l'an 1874.

Au-delà de ces données démographiques, il faudra interroger les fondements purement littéraires et idéologiques de la sexualité dans le corpus puisque l'écrivain est aussi porteur d'une idéologie.

3. LES FONDEMENTS LITTÉRAIRES ET IDÉOLOGIQUES.

Dans le point 4 suivant, je vais aborder le contrat fiduciaire qui liait l'auteur à ses personnages dès la préface du 1er juillet 1871. Cette préface qui était valable pour toute la série des **Rougon-Macquart**, faisait allusion à << *cette race* >>[79], terme volontairement génétique, à ses << *instincts* >>[80] et à << *l'hérédité* >>[81]. C'est que l'auteur voulait se situer dans le contexte esthétique absolument nouveau qu'était *le naturalisme*.

Au plan de la création littéraire, le naturalisme se voulait une approche scientifique de la littérature avec l'introduction en son sein de la méthode expérimentale inspirée de Claude Bernard. En effet Zola entendait en finir avec le cloisonnement qui semblait tenir les hommes de science loin des hommes de lettres : << *[...] si nous mettons la forme, le style à part, le romancier expérimentateur n'est plus qu'un*

---

[79] Émile Zola : **Les Rougon-Macquart,** tome I, édition de la Bibliothèque de la Pléiade, réalisée sous la direction d'Armand Lanoux et de Henri Mitterand, Paris, Gallimard, 1960, p. 3. Toutes les références ultérieures à cette édition seront marquées du sigle **R. M.**, suivi des chiffres romains de I à V, selon le tome concerné.
[80] **Ibidem**, p. 3.
[81] **Ibidem**, p. 3.

savant spécial, qui emploie l'outil des autres savants, l'observation et l'analyse. »[82]. La génétique étant son credo, la nouvelle école pilotée par Zola faisait une large ouverture sur tous les facteurs liés à la reproduction des personnages - les phénomènes de la copulation, de la fécondation, de la gestation et de la parturition - à un niveau primaire.

À un niveau secondaire, le romancier devait suivre l'évolution biologique, physiologique et psychologique de son personnage sans dissocier ces aspects de ses liens avec le milieu social, historique et familial auquel il appartient. La démarche naturaliste se voulait donc aussi efficace que possible parce que globalisante et pluridisciplinaire ; la science et l'histoire venant à la rencontre de la littérature pour éviter tout cloisonnement. Ce décloisonnement, c'est-à-dire le fait de les saisir ensemble comme elles existent dans la nature, constituait un motif littéraire et idéologique tout à la fois.

En effet, Zola et ses émules, en amorçant le naturalisme, opéraient ainsi une révolution idéologique dans l'histoire de la littérature en général et du roman en particulier. Pour Zola, le naturalisme devait opérer un changement de cap par rapport à la littérature classique en rejetant les tendances métaphysiques de celle-ci et en y substituant une explication scientifique des faits sociaux. Aussi écrivait-il en octobre 1879 : *« Justement, nous voulons recommencer* **Phèdre**. *[...] Nous trouvons que le terrain métaphysique cédant la place au terrain scientifique, la littérature théologique et classique doit céder la place à la littérature naturaliste [...]. Phèdre est malade, eh bien ! voyons sa maladie, démontons-la, rendons-nous-en les maîtres, s'il est possible [...] »*[83].

Par ailleurs Zola était opposé idéologiquement à Malthus et à sa tendance à prôner la limitation des naissances ou, au pire des cas, à encourager la guerre comme moyen efficace pour freiner la démographie galopante. Fondamentalement populiste, le romancier était par essence un nataliste dont le drame était d'autant plus dur à supporter qu'il fonda un foyer stérile avec son épouse, Alexandrine Meley. Sa production romanesque, des **Rougon-Macquart** aux **Trois Villes**, peut se voir justement comme une échappatoire, mieux comme une catharsis.

En effet, la création littéraire, parce qu'elle lui octroyait le pouvoir de créer des personnages et de leur faire vivre différentes expériences, et surtout de les faire procréer à sa guise, semble avoir contribué à combler son manque essentiel initial qu'était la stérilité. Les romanciers ne se targuent-ils pas d'être les émules de Dieu ? Certes ce sont des dieux qui procèdent par substitution en remplaçant leurs manques essentiels par une omnipotence littéraire, donc factice. Chez Zola, cela

---

[82] Émile Zola : **Le Roman Expérimental**, in **Œuvres Complètes**, sous la direction de Henri Mitterand, Tome 9 : **Nana 1880**, présentation, notices, chronologie et bibliographie par Chantal Pierre-Gnassounou, op. cit. p. 346.
[83] Réponse à Charles Bigot, dans **Le Salut Public** en octobre 1879, article repris ensuite dans l'ouvrage ci-dessus, p. 454.

se traduit dans sa toute-puissance à faire naître des bébés dans ses romans quand, dans la vie réelle, il en restait privé.

Peut-être faut-il se demander pourquoi précisément le thème de la sexualité a obnubilé Zola dans le corpus plutôt qu'un autre ? En réalité, cette question a été partiellement résolue dans le point précédent. Il convient d'ajouter seulement que le sexe est l'élément reproducteur des espèces animales et donc l'instance qui transmet toutes les données génétiques et héréditaires en même temps qu'elle donne la vie. Or là, se trouve résumée toute l'esthétique naturaliste.

Que ce soit donc aux plans religieux, biologique et sociologique ou même littéraire et idéologique, tout concourt manifestement à justifier la prépondérance de la thématique de la sexualité dans **Les Rougon-Macquart**. Il s'agit, ni plus ni moins, de ce qu'il faut percevoir comme la pierre angulaire de ce monumental édifice littéraire. Il ne reste plus qu'à analyser les fondements épistémologiques qui ont justifié cette place de choix qu'occupe la sexualité dans le corpus.

4. LES FONDEMENTS ÉPISTÉMOLOGIQUES

Je me propose ici de revenir à la préface générale de juillet 1871. Le texte de cette préface comporte en effet un très fort accent de prévisibilité et de lisibilité[84] des vingt romans qui allaient suivre, du moins pour ce qui est des fondements épistémologiques. Par exemple, Zola écrivit, quelque peu péremptoire : « *L'hérédité a ses lois, comme la pesanteur* »[85]. Le ton était ainsi donné qui consacrait l'hérédité, donc la génétique, comme le socle de son entreprise romanesque. La mission de l'auteur étant alors d'une part, de formuler des hypothèses qui seraient soumises à une expérimentation rigoureuse sur un matériau "humain" et, d'autre part, de dégager et d'identifier lesdites lois en guise de conclusions qui s'imposent "scientifiquement".

Comme un biologiste expérimentateur, Zola se proposait de partir d'une hypothèse : « *la famille que je me propose d'étudier, a pour caractéristique le débordement des appétits, le large soulèvement de notre âge qui se rue aux jouissances* »[86]. Manifestement, ce prédicat de base ne constitue point une analyse mais simplement un constat qui fait appel aux questions pourquoi et comment. Pour répondre à ces questions fondamentales, l'auteur envisageait de trouver et de suivre « [..] *le fil qui conduit mathématiquement d'un homme à un autre homme* »[87]. Les velléités épistémologiques ainsi dévoilées sont renforcées par la présence des termes « *étude* », « *analyse* » et « *scientifique* » dans la même préface. On peut en déduire que le romancier, homme de lettres par essence, a été quelque peu subjugué par les avancées scientifiques et plus exactement par la méthode

---

[84] On peut parcourir sur ce sujet, le livre de Philippe Hamon : **Le Personnel du Roman. Le Système des Personnages dans les Rougon-Macquart d'Émile Zola**, op. cit. p. 55 et suivantes.
[85] Émile Zola : **R. M, I**, op. cit. p. 3.
[86] **Ibidem**, p. 3.
[87] **Ibidem**, p. 3.

expérimentale dont il appréciait la rigueur au point d'entreprendre de plier le subjectif - la création littéraire romanesque - à la rigidité scientifique[88].

Plus tard, en 1880, il fit publier **Le Roman Expérimental** qui n'est qu'une synthèse adaptée de **l'Introduction à l'Étude de la Médecine Expérimentale** de Claude Bernard parue en1865. Ce n'est pas sans naïveté que Zola écrivait dès le chapitre introductif de cet essai : << *Je n'aurai à faire ici qu'un travail d'adaptation car la méthode expérimentale a été établie avec une force et une clarté merveilleuses par Claude Bernard, dans son **Introduction à l'étude de la médecine expérimentale**. Ce livre, d'un savant dont l'autorité est décisive, va me servir de terrain solide. Je trouverai là toute la question traitée, et je me bornerai, comme arguments irréfutables, à donner les citations qui me seront nécessaires. Ce ne sera donc qu'une compilation de textes ; car je compte, sur tous les points, me retrancher derrière Claude Bernard. Le plus souvent, il me suffira de remplacer le mot << médecin >> par le mot << romancier >> pour rendre ma pensée claire et lui apporter la rigueur d'une vérité scientifique* >>[89].

S'il est légitime de reprocher à Zola sa tendance fâcheuse à assimiler le romancier au médecin sans prendre de gants, on doit lui concéder le fait que le romancier expérimental est le produit d'un siècle dominé par les scientistes tels Darwin et Claude Bernard. Justement Zola écrivait à ce propos : << *J'en suis donc arrivé à ce point : le roman expérimental est une conséquence de l'évolution scientifique du siècle ; il continue et complète la physiologie, qui elle-même s'appuie sur la chimie et la physique ; il substitue à l'étude de l'homme abstrait, de l'homme métaphysique, l'étude de l'homme naturel, soumis aux lois physico-chimiques et déterminé par les influences du milieu ; il est en un mot la littérature de notre âge scientifique, comme la littérature classique et romantique a correspondu à un âge de scolastique et de théologie* >>[90].

Dans la seconde moitié du dix-neuvième siècle en effet, la doctrine d'Auguste Comte décrivant une humanité guidée par la raison et la découverte progressive des lois intellectuelles qui seules seraient capables d'expliquer les phénomènes naturels, ratisse large. Maarten Van Buuren a déjà montré qu'on doit la notion de lésion à Broussais qui la définissait en 1828 comme une perturbation grave et que Comte s'est emparé du mot à sa suite. Zola l'aurait découvert probablement en lisant Auguste Comte[91]. Cependant, la lésion étant une blessure, une fente par laquelle le moi s'échappe de l'individu dominé alors par ses seuls instincts[92], Van Buuren relève que la notion même de lésion est désuète aujourd'hui et n'a plus de valeur scientifique. La librairie Hachette - on se souvient que Zola y a travaillé -

---

[88] On ne va pas perdre du temps à relever le scepticisme inhérent à une telle visée programmatique. Qu'il suffise de renvoyer le lecteur au livre de David Baguley : **Naturalist Fiction. The Entropic Vison**, op. cit. p. 59.
[89] Émile Zola : **Le Roman Expérimental**, in **Œuvres Complètes**, sous la direction de Henri Mitterand, Tome 9 : **Nana 1880**, présentation, notices, chronologie et bibliographie par Chantal Pierre-Gnassounou, op. cit. p. 324.
[90] **Ibidem**, op. cit. p.333.
[91] Maarten Van Buuren : **Les Rougon-Macquart d'Émile Zola. De la Métaphore au Mythe**, op. cit. p. 190.
[92] **Ibidem**. p. 191.

édita des ouvrages de toutes sortes dont le fameux **Dictionnaire** de Littré de 1863 à 1877. L'influence de Littré, médecin, historien et philologue positiviste sur Zola est indéniable[93].

De l'Origine des Espèces de Darwin est traduit en français en 1862 et constitue également une révolution à cette époque. On sait que pour ce dernier, les espèces vivantes se transforment à cause de l'action du milieu dans lequel elles vivent, et à la suite de ce qu'il appelle le mécanisme de la sélection naturelle et la transmission héréditaire des caractères acquis. Cependant, Zola ne s'est pas inspiré véritablement de Darwin comme ce fut le cas avec Lucas et Claude Bernard. À en croire Ripoll, la référence à Darwin reste brève et presque anecdotique : << *Par exemple Zola cite le nom de Darwin sans qu'on puisse savoir s'il s'est réellement attaché à le lire ou s'il s'est contenté de reprendre l'image que l'on se faisait couramment de sa pensée. Dans **Le Roman Expérimental** il parle des théories de Darwin comme d'hypothèses qui seraient susceptibles d'aider le romancier dans son travail, mais il ne s'y attarde pas* >>[94].

Le dix-neuvième siècle voit donc la science quitter le cercle fermé des seuls scientifiques pour atteindre le grand public et Taine - que Zola connaissait - fut le premier à appliquer les théories darwiniennes aux sciences humaines en estimant que la race, le milieu et le moment sont les facteurs essentiels du déterminisme humain. Zola admirait surtout le critique littéraire Hippolyte Taine dont il appréciait la méthode scientifique[95].

Lorsqu'il se met dans la peau du critique littéraire, Zola assimile allègrement l'œuvre à un bébé que le critique-savant doit disséquer[96]. Cette dissection métaphorique relève du sadisme qui demeure un aspect fondamental du naturalisme selon Jean Kaempfer[97]. Après avoir révélé l'absurdité référentielle de cet énoncé zolien qui relève de la folie furieuse quoique inoffensive[98], Kaempfer estime qu'il s'agit d'un énoncé pervers : << *Telle est l'efficacité de la formule qui nous arrêtait tout à l'heure : faire l'autopsie d'un nouveau-né, littéralement, ça ne veut rien dire ; aussi le lecteur est-il seul responsable de l'esprit qu'il voudra bien prêter à cet énoncé absurde. Quant à l'auteur, il l'a bien dite, la formule, mais il ne s'y trouve pas... Contrairement à son perplexe lecteur, qui s'y perd, et finit par porter le chapeau d'une folie qui n'est pas la sienne ! C'est un comble, - le comble machiné par un pervers* >>[99].

---

[93] Roger Ripoll a suffisamment montré, dans **Réalité et Mythe chez Zola**, tome I, l'influence directe de Littré sur Zola; le second admirant la modestie et l'abnégation du savant qu'était le premier, op. cit, p. 160.
[94] **Ibidem**, op. cit. pp. 159-160.
[95] Émile Zola : **Le Roman Expérimental**, in **Œuvres Complètes**, sous la direction de Henri Mitterand, Tome 9 : **Nana 1880**, présentation, notices, chronologie et bibliographie par Chantal Pierre-Gnassounou, op. cit, p. 422.
[96] **Ibidem**, Zola, poursuivant la comparaison entre le romancier expérimental et le médecin légiste, écrivait, à propos des romanciers naturalistes dont Balzac et Stendhal, que << *Leur besogne consistait à prendre l'homme, à le disséquer, à l'analyser dans sa chair et dans son cerveau* >>, p. 376.
[97] Jean Kaempfer : **D'Un Naturalisme Pervers**, Paris, José Corti, 1989, p. 202.
[98] **Ibidem**, p. 191.
[99] **Ibidem**, op. cit. p. 193.

N'empêche, Zola revendiquera fermement l'utilisation de la méthode expérimentale qui ferait la différence entre les romanciers naturalistes et les poètes - surtout les romantiques - et les philosophes : *« En un mot, nous travaillons avec tout le siècle à la grande œuvre qui est la conquête de la nature, la puissance de l'homme décuplée. Et voyez à côté de la nôtre, la besogne des écrivains idéalistes, qui s'appuient sur l'irrationnel et le surnaturel, et dont chaque élan est suivi d'une chute profonde dans le chaos métaphysique. C'est nous qui avons la force, c'est nous qui avons la morale »*[100]. Mais comment les romanciers naturalistes devaient-ils s'y prendre pour atteindre un si haut sommet ?

Eh bien, pour Zola, la voie semble toute trouvée : *« Et c'est là ce qui constitue le roman expérimental : posséder le mécanisme des phénomènes chez l'homme, montrer les rouages des manifestations intellectuelles et sensuelles telles que la physiologie nous les expliquera, sous les influences de l'hérédité et des circonstances ambiantes, puis montrer l'homme vivant dans le milieu social qu'il a produit lui-même, qu'il modifie tous les jours, et au sein duquel il éprouve à son tour une transformation continue. Ainsi donc, nous nous appuyons sur la physiologie, nous prenons l'homme isolé des mains du physiologiste, pour continuer la solution du problème et résoudre scientifiquement la question de savoir comment se comportent les hommes dès qu'ils sont en société »*[101].

Cette étude de l'interaction entre l'homme et la société est ce que Zola appelle « *la sociologie pratique* » dont il attend des résultats pour le moins utopiques : *« C'est ainsi que nous faisons de la sociologie pratique et que notre besogne aide aux sciences politiques et économiques. Je ne sais pas, je le répète, de travail plus noble ni d'une application plus large. Être maître du bien et du mal, régler la vie, régler la société, résoudre à la longue tous les problèmes du socialisme, apporter surtout des bases solides à la justice en résolvant par l'expérience les questions de criminalité, n'est-ce pas là être les ouvriers les plus utiles et les plus moraux du travail humain ? »*[102].

Utopique sans doute et jamais avant lui, ni après lui, pareil défi n'avait été tenté par aucun de ses pairs. L'audace était de taille et le mérite de Zola était surtout d'avoir osé relever le défi. Peu importe si certains critiques continuent d'affirmer que c'était un pari perdu d'avance[103], car il faut saluer sans retenue l'initiative

---

[100] Émile Zola : **Le Roman Expérimental**, in **Œuvres Complètes**, sous la direction de Henri Mitterand, Tome 9 : **Nana 1880**, présentation, notices, chronologie et bibliographie par Chantal Pierre-Gnassounou, op. cit. p. 337.
[101] **Ibidem** p. 332.
[102] **Ibidem**, chapitre III. op. cit. p. 183.
[103] David Baguley reconnaît, à la suite de Céard et Brunetière, l'impossibilité d'une expérimentation littéraire : *«Obviously, as Céard and Brunetière pointed out, a novelist cannot strictly speaking perform an experiment whose outcome is unknown, since the novelist is constantly in control of the conditions and the result»*, dans **Naturalist Fiction. The Entropic Vison**, op. cit. p. 59.

Claude Seassau, en partant de la différence entre **Le Roman Expérimental** et les œuvres de Zola, dénonce le hiatus entre la théorie et la pratique naturaliste, dans **Émile Zola, Le Réalisme Symbolique**, op. cit. p. 275.

courageuse en elle-même. Dans une fin de siècle marquée par les triomphes des scientistes tels Claude Bernard et Lucas, il appartenait aux hommes de lettres de suivre l'élan général et d'innover au besoin, en montrant que les cloisons étanches érigées entre les différents domaines du savoir humain étaient sans fondement. Roger Ripoll a insisté sur le fait que l'apport de Claude Bernard fut décisif dans la formation des idées scientifiques chez Zola[104] et énoncé judicieusement qu'il y a une similitude de méthode entre la science et la littérature naturaliste (qu'il ne faut pas confondre avec une application de la méthode expérimentale aux romans naturalistes[105]). Il aura surtout montré à quel point les théories de l'hérédité de Zola sont fidèles à celles du docteur Prosper Lucas en ce qui concerne par exemple le lien entre l'animalité et la tare héréditaire[106], la dégénérescence inéluctable des familles au seuil de la cinquième génération[107], ou encore la perception de l'hérédité comme une fatalité pesant sur toute la famille, et enfin, des parents ivrognes engendrant des enfants fous[108]. C'est pour toutes ces raisons que pour Ripoll, il n'y a pas à opposer **Le Roman Expérimental** à **Nana** qui sont plutôt complémentaires[109].

Avec Zola, le roman, la génétique, la psychanalyse, la sociologie et l'histoire allaient se fondre désormais en un creuset unique pour analyser un monde (celui du Second Empire) et l'expliquer globalement. Claude Bernard lui-même n'a pas échappé à cette tentation lorsque le généticien s'est doublé d'un philosophe et d'un écrivain assez prolixe. Cela peut être vu comme un juste retour des choses, car dans la Grèce antique, les grands philosophes tels Thalès, Platon, Aristote ou Pythagore, étaient aussi des géomètres, des mathématiciens, physiciens, astronomes, voire des théoriciens de la littérature.

À tout prendre, les fondements étudiés ici ne sont guère contradictoires. Bien au contraire, ils restent complémentaires pour montrer que l'auteur avait beaucoup de raisons de placer la sexualité au centre de sa conception littéraire non pas parce qu'il était le voyeur ou le pornographe que d'aucuns voyaient en lui, en l'occurrence ses irréductibles détracteurs, mais pour des raisons plus nobles comme nous venons de le voir.

Quant à Maarten Van Buuren, il estime que les prétentions scientifiques de Zola ne sont pas prises au sérieux et que son scientisme est miné par le mythe, voir **Les Rougon-Macquart d'Émile Zola. De la Métaphore au Mythe**, op. cit. p. 15.

On peut signaler enfin **D'Un Naturalisme Pervers** de Jean Kaempfer, pour qui, la théorie naturaliste est une usurpation (p. 163) d'autant que le naturalisme n'existe pas, ou plutôt les romans dits naturalistes devraient être autrement (p. 162).

[104] Roger Ripoll : **Réalité et Mythe chez Zola**, op. cit. p. 161.
[105] **Ibidem**, p. 162.
[106] **Ibidem**, p. 167.
[107] **Ibidem**, p. 168.
[108] **Ibidem**, p. 169.
[109] **Ibidem**, p. 479.

N'oublions pas au demeurant, d'assouvir notre curiosité en allant interroger **Les Rougon-Macquart** au sujet des caractéristiques effectives de la sexualité, cette thématique qui nous est chère.

CHAPITRE 2 : LES CARACTÉRISTIQUES DE LA SEXUALITÉ DANS NOTRE CORPUS

Le substantif caractéristique désigne ce qui sert à caractériser, à particulariser. Par caractère, on entendra tout signe textuel permettant de reconnaître et de spécifier la sexualité du personnage anthropomorphe ou non. Il s'agit de tout élément d'appréciation qui permet de distinguer la sexualité dans le texte naturaliste de ce qui peut se trouver ailleurs. En résumé donc, nous entendons étudier dans ce chapitre tout ce qui permet de reconnaître, de particulariser et de faire l'originalité de la sexualité dans les textes de notre corpus. En quoi le traitement de la thématique de la sexualité dans **Les Rougon-Macquart** est-il spécifique et, partant, différent de ce que l'on peut voir ailleurs ? La réponse à ces interrogations se laissera découvrir tout au long des six points suivants. Le premier de ces points est sans conteste la récurrence des maladies héréditaires qui frappent la plupart des personnages principaux de la série sur laquelle porte notre étude.

1. MALADIES HÉRÉDITAIRES ET GRAMMAIRE NARRATIVE

Depuis **La Fortune des Rougon** jusqu'au **Docteur Pascal**, la figure lexématique qu'est la fêlure constitue le noyau des **Rougon-Macquart**. Elle connaît, le long des vingt romans, plusieurs parcours sémémiques, c'est-à-dire différentes possibilités de réalisation ou divers emplois et acceptions. Parmi ces parcours sémémiques, on retrouvera la folie lucide, la folie meurtrière, le détraquement, la nervosité, l'animalité, l'appétit féroce, la brutalité et l'agressivité, pour ne citer que ces exemples majeurs. Finalement, la fêlure se positionne comme une isotopie parce qu'elle garantit l'homogénéité du message ou du discours naturaliste zolien. On peut dire avec Jean Borie que la fêlure est une fatalité et une hérédité[110] tandis que pour Gilles Deleuze : <<*L'hérédité n'est pas ce qui passe par la fêlure, elle est la fêlure elle-même : la cassure ou le trou, imperceptibles*>>[111].

En effet, la fêlure de l'aïeule Tante Dide explique le comportement de chacun des membres de sa nombreuse descendance par le jeu fatal et inexorable de l'hérédité qui pèse sur eux[112]. Il reste indéniable également que là réside le condensé de toute la théorie de l'hérédité ou plutôt du naturalisme selon Émile Zola, principe qui a présidé à la gestation des **Rougon-Macquart**. La fêlure que Tante Dide transmet donc à sa descendance (comme une maladie héréditaire s'entend) constitue à n'en point douter la grammaire générative du cycle en

---

[110] Jean Borie : **Zola et les Mythes, ou de la Nausée au Salut**, op. cit. p. 20-21.
[111] Gilles Deleuze : **La Logique du Sens**, *chapitre : Zola et la fêlure*, op. cit. p. 91.
[112] Roger Ripoll écrit que Tante Dide est la <<*Figure de la fatalité*>> et qu'<<*En Tante Dide, il faut reconnaître, malgré la différence d'âge, cette figure de femme fatale dominée par les puissances de destruction*>>, dans **Réalité et Mythe chez Zola**, op. cit. p. 478.

question, car sans elle, aucune organisation logique des différents éléments discursifs et narratifs ne saurait être possible.

À preuve, dès ce que Zola appelait le roman des origines, Adélaïde Fouque a <<*le cerveau fêlé comme son père*>>[113] tandis que son arrière-petit-fils, Claude Lantier, victime d'un <<*détraquement héréditaire*>> deviendra <<*un fou*>> à cause du <<*déséquilibrement des nerfs dont il souffrait*>>[114]. Son cadet, Jacques Lantier, est <<*emporté par l'hérédité de violence, par ce besoin de meurtre*>>[115] qui fait de lui un autre type de fou. Nana, la demi-sœur des deux précédents, est dite <<*folle*>>[116] par son amant Muffat[117].

Toutefois, à chacun sa forme particulière de folie. Ainsi Renée est victime d'un détraquement nerveux qui la pousse à exiger une fuite en Amérique avec son amant incestueux, Maxime Rougon dit Saccard, le fils à son époux légitime dans **La Curée**. Dans un roman réaliste, cette entreprise irréaliste échoue naturellement et l'héroïne en devient quelque peu amnésique et s'efface peu à peu jusqu'à extinction totale[118].

En ce qui concerne Georges Hugon par exemple, sa folie est plutôt passagère dans Nana et elle découle directement de la jalousie à partir du moment où il découvre la liaison incestueuse de son frère aîné Philippe avec sa maîtresse Nana. C'est seulement à cet instant qu'il perd la ''raison'' au point de se donner la mort devant ''la coupable''.

Dans **La Bête Humaine**, la situation de Roubaud est assez spécifique en ce sens qu'ayant assassiné le président Grandmorin par jalousie, il reste paradoxalement comme amnésique et amorphe devant l'infidélité ultérieure de sa femme, Séverine. Sa virilité semble s'être éteinte avec le meurtre commis par passion, donnant alors l'impression qu'à la folie furieuse et violente, succède la folie lucide et passive. Dans le même roman, Flore manifeste une folie carrément violente puisqu'elle provoque un carnage – le déraillement d'un train – pour venger son amour insatisfait et punir ce qu'elle conçoit comme une trahison, à savoir la liaison amoureuse de Jacques Lantier avec Séverine.

---

[113] Émile Zola : **R. M. I**, op. cit. P41.
[114] Émile Zola : **R. M. IV**, Paris, Gallimard, 1966, p. 245.
[115] **Ibidem**, p. 1299.
[116] Émile Zola : **R. M. II**, Paris, Gallimard, 1961, p. 1411.
[117] Dans **Les Rougon-Macquart d'Émile Zola. De la Métaphore au Mythe**, op. cit. pp. 193-195, Maarten Van Buuren a montré la richesse de la notion de fêlure chez Zola, qui accepte pour comparés, à la fois la tare héréditaire, la déchéance sociale, le déséquilibre mental et la fièvre. Il a ensuite fait le décompte des métaphores de la maladie dominées par <<*la fièvre*>>, 355 occurrences contre <<*maladie*>>, 31; <<*mal*>>, 24; <<*peste*>>, 20; <<*épidémie*>>, 8; <<*choléra*>>, 8; <<*contagion*>>, 9; <<*virus*>>, 1; <<*pourrir*>>, 56; <<*gâter*>>, 79. À côté de ces métaphores, il a souligné les synonymes du déséquilibre avec <<*bouleverser*>>, 130 occurrences ; <<*ébranler*>>, 82 ; <<*chanceler*>>, 10 et <<*chavirer*>>, 3.
[118] Ce phénomène a pour noms, <<*poetics of dissolution*>> et <<*the dynamics of disintegration*>> chez David Baguley, dans son **Naturalist Fiction. The Entropic Vision**, op. cit. p. 200 et p. 202.

Pour tout dire, la folie se retrouve à chaque bout des **Rougon-Macquart** non pas en tant qu'attirail, mais comme l'essence même de la doctrine naturaliste. La fêlure de l'aïeule Dide est le point de départ de la grammaire narrative du célèbre cycle romanesque zolien, donc l'élément générateur du récit. On sait que la grammaire générative et transformationnelle donne de la phrase-noyau (P), la structure suivante :

P ⟶ SN + SV + (SP) n119.

Cela signifie que le noyau de la phrase noté (P) se réduit à la concaténation d'un syntagme nominal (SN) et d'un syntagme verbal (SV) à un niveau primaire et obligatoire. À un niveau secondaire ou facultatif, il faut y ajouter un ou plusieurs syntagmes prépositionnels (SP) compléments de la phrase. D'une façon très théorique, on peut projeter l'image de cette structure canonique de la phrase sur la doctrine naturaliste de Zola en ces termes :

P ⇔ le naturalisme.
SN ⇔ les parents fêlés ou tarés.
SV ⇔ la sexualité (V) + l'hérédité (COD).
SP ⇔ des enfants typés ou stéréotypés mais tous contaminés.

Il faut comprendre par là que si le naturalisme se lisait comme une grande phrase, les parents fêlés ou tarés en seraient les sujets, c'est-à-dire les actants premiers qui font l'action. Ces sujets conjugueraient la sexualité comme verbe transitif direct admettant alors un complément d'objet direct (COD) qui ne serait rien d'autre que l'hérédité. Les compléments de la phrase sont connus pour leur caractère facultatif. Aussi, seraient-ils constitués d'enfants. Toutefois, si ces enfants venaient à naître, ils seraient tous typés ou stéréotypés selon les cas mais toujours contaminés[120] par les gènes reçus de leurs parents.

Ce qui frappe aussi le lecteur des **Rougon-Macquart**, c'est cette panoplie d'aberrations et autres perversions sexuelles dans pratiquement chacun des vingt tomes du cycle. Une des originalités de Zola se trouve être justement cette perception qu'il nous offre de la sexualité faite d'aberrations et de perversions.

2. LES ABERRATIONS SEXUELLES

Rappelons que Freud nommait ainsi l'ensemble des perversions et déviations sexuelles dans ses **Trois Essais sur la Théorie de la Sexualité** parus en 1905. Je me référerai à Freud non seulement parce qu'il était un contemporain de

---

[119] Louis Lalaire : **Le Verbe et le Classement Syntaxique du Verbe**, collection Les Cahiers de Grammaire, no. 4, Abidjan, ENS, 1990, p. 4.

[120] Dans **Les Rougon-Macquart d'Émile Zola. De la Métaphore au Mythe**, Maarten Van Buuren admet, non sans raison, que le seul personnage qui échappe à la fêlure est Clotilde Rougon (dans **Le Docteur Pascal**) encore que ce sursis n'est pas inné puisque son hérédité a été <<*corrigée*>> par son oncle qui l'a transplantée dans le milieu naturel et scientifique de la Souleiade à Plassans, op. cit. p. 195.

l'auteur, mais surtout parce que ses théories sont conformes d'une part aux vues de Zola[121] sur la question de la sexualité, et, d'autre part, parce qu'en son temps il fit autorité en la matière. Freud classait les aberrations en deux catégories : les déviations par rapport à l'objet sexuel d'abord, puis les déviations par rapport au but sexuel.

2.1. Les déviations par rapport à l'objet sexuel

Ces déviations concernent les inversions qui se subdivisent en trois classes dans la théorie freudienne : *les inversions absolues, les inversions amphigènes* et *les inversions occasionnelles.*

2.1.1 Les inversions absolues

Tout sujet sexuel ayant une aversion pour le sexe opposé et de facto, celui dont l'objet sexuel est toujours homosexuel, est dit *inverti absolu* car l'inversion dont il est alors victime revêt le plus souvent un caractère inné. Dans cette catégorie, l'on retrouve les hermaphrodites, les homosexuels et les immatures sexuels.

Dans le corpus, il n'existe pas d'hermaphrodites véritables. En revanche, on y retrouve un pédéraste absolu dans **La Curée**, Baptiste, le maître d'hôtel d'Aristide Rougon dit Saccard ainsi que deux lesbiennes absolues dans **Nana**, Satin et Mme Robert. L'épithète *"absolu"* les caractérise pour la simple raison que ces trois protagonistes n'ont de rapports sexuels qu'avec leurs semblables du même sexe. Freud cite Ferenczi qui proposait le vocable d'*homoérotique* pour qualifier ceux-là en lieu et place d'*homosexualité*. Pour ce dernier, un *homoérotique d'objet* est celui << *qui est pleinement viril et ne fait qu'échanger l'objet féminin contre un objet du même sexe que lui* >>[122]. C'est à juste titre donc que Freud classe de tels sujets sexuels dans la catégorie des névrosés obsessionnels, vu qu'ils peuvent jouir du sexe opposé et qu'ils s'en détournent obstinément.

Dans cette catégorie, il convient de trouver une place également pour les immatures sexuels, c'est-à-dire les sujets sexuels qui exercent leur virilité sur des

---

[121] Philippe Hamon reconnaît le caractère *pré-freudien* et *para-freudien* de l'œuvre de Zola, c'est-à-dire que sans être une œuvre psychanalytique, elle comporte parfois des accents de psychanalyse alors que Zola a fait publier la plupart de ses **Rougon-Macquart** bien avant que Freud ne donne à cette science, ses lettres de noblesse. Hamon rappelle notamment que Zola avait choisi **L'Inconscient** comme titre du roman qui est devenu **La Bête Humaine**, avant de se raviser au dernier moment, voir **Le Personnel du Roman. Le Système des Personnages dans Les Rougon-Macquart d'Émile Zola,** op. cit. p. 16.

Ailleurs, Claude Seassau a établi, dans **Émile Zola. Le Réalisme Symbolique**, le lien étroit entre la perception zolienne de l'analité-sadisme dans **L'Assommoir** et celle de Freud exposée dans **Trois Essais sur la Théorie de la Sexualité**, une trentaine d'années plus tard. Seassau en conclut que << *Le plus fascinant de cette quête* [du réel] *est qu'elle témoigne, avant Freud, de la liaison fondamentale entre le conscient et l'inconscient* >>, op. cit. p. 430.

De même, dans **Les Rougon-Macquart d'Émile Zola. De la Métaphore au Mythe**, op. cit. p. 54, Van Buuren reconnaît la conformité de la définition zolienne du *ça* avec celle donnée par les psychanalystes Laplanche et Pontalis en 1967.

[122] Sigmund Freud citant Ferenczi dans **Trois Essais sur la Théorie de la Sexualité**, op. cit. p.32.

enfants - les pédophiles dont le président Grandmorin est le porte-flambeau dans **La Bête Humaine** - ou sur les animaux, ou encore sur des objets ayant appartenu à l'être aimé. On dispose de deux immatures sexuels dans le corpus : Saturnin Josserand de **Pot-Bouille** et Cabuche dans **La Bête Humaine**. Celui-ci se contente de chérir et d'adorer les mouchoirs de la femme aimée, Séverine Roubaud, limitant ainsi ses velléités sexuelles aux plaisirs préliminaires tels la caresse et le reniflement de la senteur de l'objet détenu. Celui-là se délecte des liaisons amoureuses extraconjugales de sa sœur. Ici, seul Grandmorin est puni sévèrement car Zola abhorre la pédophilie, la forme la plus abjecte de la corruption des mœurs à ses yeux. Son égorgement sanctionne la lubricité de la haute bourgeoisie sous Napoléon III et suggère la nécessité de nettoyer un système pourri en vue de l'éclosion d'un monde meilleur.

Le corpus n'offre donc que ces cinq protagonistes dits invertis absolus, Cabuche, Baptiste, Satin, Saturnin et Mme Robert. Cependant, si on doit donner une explication scientifique de cette aberration sexuelle, il n'y a qu'à se référer encore à Sigmund Freud : << *Nous avons établi de tous les cas examinés que les futurs invertis traversent, au cours des premières années de leur enfance, une phase de fixation très intense et cependant éphémère à la femme (le plus souvent la mère) et qu'après avoir surmonté cette phase, ils s'identifient à la femme et se prennent eux-mêmes comme objets sexuels, autrement dit que, partant du narcissisme, ils recherchent de jeunes hommes semblables à leur propre personne, qu'ils veulent aimer comme leur mère les a aimés eux-mêmes* >>[123]. Plus loin, Freud affirme qu' << *Il n'est pas rare que l'absence d'un père fort dans l'enfance favorise l'inversion* >>[124]. Malheureusement le narrateur zolien ne donne à "voir" presque aucun élément permettant d'appréhender l'enfance des cinq personnages invertis absolus - sauf dans **Pot-Bouille** où Josserand, le père, est trop faible et s'efface devant la domination grossière et dédaigneuse de madame Éléonore Josserand -, ce qui aurait permis de confirmer ou d'infirmer les théories que développe Freud dans ces deux citations à une échelle plus large.

Pour utiliser le vocabulaire de Barthes, aucun *informant*[125] ou donnée pure immédiatement signifiante ne vient instruire directement le lecteur de leur inversion. Seuls quelques *indices*[126] disséminés çà et là, une fois recoupés et analysés, laissent deviner leurs pédérastie, lesbianisme et immaturité sexuelle.

On peut en déduire que les critiques faites à Zola à propos de l'immoralité et de la souillure dans ses romans doivent être relativisées puisque le narrateur zolien n'expose jamais crûment les aberrations sexuelles des personnages. Seul le

---

[123] Sigmund Freud : **Trois Essais sur la Théorie de la Sexualité**, op. cit. p. 50.
[124] **Ibidem**, p.52.
[125] Roland Barthes : *Introduction à l'Analyse Structurale des Récits* dans **Communications, 8**, Paris, Seuil, 1982, p. 15.
[126] **Ibidem**, p. 15.

recoupement d'indices anodins et disparates permet de déceler ces tares[127]. Ceci explique sans doute la narration des aberrations sexuelles dans **Les Rougon-Macquart** sous le régime de la *focalisation externe*[128] - et jamais sous celui de la *focalisation zéro*[129] -, pour reprendre la terminologie de Genette, c'est-à-dire lorsque le narrateur en sait autant que n'importe lequel des personnages.

Par exemple, dans le cas de Baptiste, le narrateur en sait moins que ses personnages ; il se limite alors à ne traduire que ce que l'on entend et que l'on voit. Enfin, exceptionnellement, la focalisation est *interne*[130] dans le cas de Jacques Lantier et de Cabuche lorsque le narrateur en sait alors plus que n'importe lequel de ses personnages, pénétrant dans leur conscience ainsi que dans leur inconscient, pour narrer tout ce qui s'y passe.

Pour ce qui est du premier cas de figure - la focalisation externe - le narrateur semble en savoir moins que Céleste, la femme de chambre de Renée, qui divulgue en effet le secret du pédéraste à l'intention de sa patronne d'abord avant que le narrateur, auditeur additionnel indiscret par nature, ne le livre à ses narrataires fictifs ou réels. Le romancier semble se dédouaner ainsi en prenant ses distances par rapport à la conduite de ses êtres de papier. Il feint de n'être pas informé de leurs écarts. Dans le cas de la focalisation interne, il en sait tout juste autant que les personnages qui voient et interprètent la conduite suspecte de Satin dans les bras de Nana et celle de Cabuche thésaurisant les mouchoirs de Séverine en sa ''grotte''.

Au demeurant, la richesse des propos freudiens que j'ai mentionnés plus haut, se révèlera hardiment à travers l'étude des inversions acquises, qu'elles soient amphigènes ou occasionnelles.

2.1.2. Les inversions amphigènes.

Dans la conception freudienne, les invertis amphigènes sont des hermaphrodites psychosexuels, c'est-à-dire ceux dont l'objet sexuel peut être homo et hétérosexuel. Dans la langue d'aujourd'hui on parlerait de bisexuels. Maxime Rougon dit Saccard, les inséparables Adeline d'Espanet et Suzanne Haffner dans **La Curée** et Nana dans **Nana**, viennent meubler cette classe d'invertis. Ceux-là ne sont pas victimes d'une inversion innée mais plutôt d'une inversion acquise et voulue. Contrairement à leurs homologues << *absolus* >> que le lecteur doit appréhender en recoupant les *indices,* les amphigènes se laissent directement saisir grâce aux *informants* puisque le narrateur semble n'éprouver aucune gêne à exposer sur la place leurs perversions conscientes et volontaires - qu'ils se

---

[127] Pour Zola il s'agit bien de tares, de régression et de décadence. Zola croyait en une sexualité hétérogène qui fait de l'homme un père et de la femme une mère. Les aberrations sexuelles se posent dès lors comme la dénonciation d'un monde frappé de dégénérescence et condamné à disparaître.
[128] Gérard Genette : **Figures III**, Paris, Seuil, 1973, p. 74.
[129] **Ibidem**, p. 74.
[130] **Ibidem**, p. 74.

dispensent eux-mêmes de dissimuler. La dénonciation de la part du romancier est d'autant plus nette qu'il condamne fermement ce libertinage sans vergogne, cette recherche délibérée de la débauche qui perdra le Second Empire. Car la débauche est la maladie de la bourgeoisie impériale oiseuse et insouciante. Quand l'argent et le luxe sont débordants, qu'on n'a rien à faire, il ne reste plus qu'à rechercher une jouissance rare - comme chez Renée -, qu'à se débaucher pour meubler le temps.

C'est ainsi qu'il faut lire le travestissement de Maxime[131]. Plus tard, le jeune homme devient comme une femme aux mains de sa maîtresse phallique, Renée, surtout lorsqu'ils consomment l'inceste dans la serre. Cette inversion des rôles durant le coït constitue une inversion acquise et volontaire dont la conséquence prévisible est la dégénérescence des individus et par extension, de la société impériale[132] dont ils sont, après tout, un échantillon représentatif. Il faut rappeler aussi que ces deux personnages ont tous flirté avec l'homosexualité dans leur enfance : Maxime avec ses condisciples d'internat au collège de Plassans et Renée chez les dames de la Visitation. L'internat et le couvent, en regroupant des jeunes personnes du même sexe, les poussent à nourrir des tendances homoérotiques dans le roman zolien. Ces deux espaces deviennent dès lors ce que Greimas appelle des *espaces paratopiques*[133], c'est-à-dire des espaces où s'acquiert une compétence donnée. Cela vaut aussi bien pour Adeline d'Espanet que pour Suzanne Haffner qui, malgré leurs mariages respectifs, continuent leurs pratiques lesbiennes acquises au couvent où elles s'étaient connues[134].

Lassée des hommes, Nana finit par être initiée au lesbianisme par son amie Satin qu'elle avait recueillie en son hôtel particulier. Là encore l'espace est investi exclusivement par trois femmes : Nana, Zoé - sa femme de chambre - et son amie Satin[135].

---

[131] Maxime porte en effet les robes de Renée et se pavane devant les clientes du couturier Worms qui étaient censées admirer son féminisme élégant !

[132] Maarten Van Buuren, dans **Les Rougon-Macquart d'Émile Zola. De la Métaphore au Mythe**, op. cit. écrit : << *Les métaphores qui représentent l'homme comme une femme et la femme comme un homme, servent des buts divers. Leur fonction principale est d'exprimer la corruption sous le Second Empire, mais ce n'est pas leur seule fonction* >> p. 185 et, plus loin, << *Mais, le changement de sexe symbolise en premier lieu la dégénérescence que Zola considère comme caractéristique de l'époque du Second Empire* >>, p. 187.

[133] A. J. Greimas et J. Courtès écrivent : << *Eu égard à un programme narratif donné, défini comme une transformation située entre deux éléments narratifs stables, on peut considérer comme* espace topique *le lieu où se manifeste syntaxiquement cette transformation, et comme* espace hétérotopique *les lieux qu'il englobe, en le précédant et/ou en le suivant* >>, p. 397, et << *Sous composante de l'*espace topique, *et opposé à l'*espace paratopique *(où s'acquièrent les compétences); l'*espace utopique *est celui où le héros accède à la victoire; c'est le lieu où se réalisent les performances* >>, voir **Sémiotique. Dictionnaire Raisonné de la Théorie du Langage**, Paris, Hachette, 1979, p. 413.

[134] Naomi Schor écrit à ce propos : << *According to Zola (here, too, following in Balzac's footsteps), boarding schools are hotbeds of vice, breeding grounds for homosexuality* >>, dans **Zola's Crowds**, Baltimore and London, The Johns Hopkins University Press, 1978, p. 94.

[135] On peut voir cela comme une sorte d'internat vu qu'il n'existe aucune autorité - ni de règle à suivre - dans cette maison, que ses habitants cohabitent comme de simples camarades de collège avec toute la licence que cela suppose.

Il n'empêche que la seule configuration spatiale ne suffit pas pour justifier l'inversion acquise ou amphigène, car comme le soutenait Freud plus haut ici même, elle peut être due à l'absence d'un père fort ou à l'attrait intense d'une mère sur son enfant.

À ce sujet, Aristide Rougon dit Saccard a été totalement absent durant l'enfance de son fils, Maxime, profondément marqué par sa mère, Angèle Sicardot, molle et passive. Il s'ensuivit la mollesse, la passivité et l'efféminination du fils devenu narcissique à profusion. À ce bagage héréditaire, il faut ajouter l'influence néfaste des milieux où il vécut, notamment l'internat du collège de Plassans où il fut initié à l'homosexualité. Ensuite, le milieu pourri de Paris[136], embaumé par l'odeur des femmes et surtout le milieu familial quasi-inexistant chez les Saccard, sont autant d'éléments qui exacerbent ses appétits natifs. Si on tient compte du luxe[137] dans lequel il vécut et de l'argent dont il disposait et qui lui permettait de se payer toutes les demi-mondaines et autres débauches de son goût, on obtient un Maxime que tout prédisposait à la perversion et à la dégénérescence.

À l'opposé, quoique le père Béraud du Châtel fût autoritaire, il n'eut pas le temps d'éduquer sa fille, Renée, qui a été élevée principalement au couvent après la mort de sa mère. C'est chez les dames de la Visitation qu'elle devient narcissique à l'excès et s'initie au lesbianisme avant de couronner sa mauvaise éducation par le viol subi. Ce viol représente en effet son véritable baptême, un baptême du feu placé sous le signe de la luxure et de la décadence et qui la prépare à entre de plain-pied dans la société impériale où elle sera célébrée et couronnée. Ensuite, son mariage avec Aristide ne lui apporte qu'un nom et un toit au lieu d'un foyer conjugal[138]. C'est pourquoi, le luxe et l'argent aidant, elle se distrait comme elle peut, se débauchant sans retenue, se lassant et voulant retrouver le bonheur dans une jouissance rare.

La même absence paternelle a désorienté Nana, autre adepte du miroir dont le père Coupeau, handicapé, ivrogne et dépourvu d'autorité[139], mourut bien trop tôt pour pouvoir s'occuper de son éducation. Le milieu pauvre qui l'a vue naître fonctionne comme un motif de ressentiment envers la société, d'où le concept de la vengeresse. À cela il faut ajouter l'ivrognerie de ses parents qui achève ensuite

---

[136] Maarten Van Buuren avait bien perçu cette dimension *coquette, dangereuse* et *frivole* de Paris, dans **Les Rougon-Macquart d'Émile Zola. De la Métaphore au Mythe**, op. cit. p. 73.
 Roger Ripoll revient aussi sur l'assimilation métaphorique de Paris aux cités maudites bibliques, Sodome et Gomorrhe, pour prophétiser la chute de l'Empire, voir **Réalité et Mythe chez Zola,** op. cit. pp 100-101.

[137] **Les Rougon-Macquart d'Émile Zola. De la Métaphore au Mythe**, op. cit., p. 259, Maarten Van Buuren y note que << *les vices sont le produit du luxe qui est à son tour le produit des changements sociaux* >>.

[138] **Ibidem**, p. 175, Maarten Van Buuren estime que Renée est juste un bien matériel pour Saccard et que le désir érotique est souvent occasionné dans le corpus par l'argent, entremetteur qui a favorisé par exemple le mariage de Lisa Macquart avec Quenu dans **Le Ventre de Paris**, ou encore celui de Renée avec Saccard ainsi que celui de Louise avec Maxime dans **La Curée**.

[139] Pour Claude Seassau, dans **Émile Zola, Le Réalisme Symbolique**, Coupeau est un homosexuel latent, op. cit. p. 53.

de forger son tempérament de future prostituée ; car on sait que dans la théorie de l'hérédité façon Zola, des parents ivrognes sont susceptibles de procréer des prostituées.

Au total, on se rend compte ici du degré d'exactitude de la conception freudienne dans le cas de ces *personnages anaphores*[140] que sont les personnages - la famille noyau des Rougon-Macquart et leurs alliés par les liens du mariage, les Mouret et les Lantier -. Je reviendrai en détail sur cette classification des personnages dans la deuxième partie. Pour ce qui est des *personnages embrayeurs*[141], Adeline et Suzanne - qui ne sont que des alliées des personnages-anaphores -, on ne dispose pas d'informants suffisamment explicites au sujet de leurs parents respectifs susceptibles de statuer sur l'influence de leur milieu familial dans le processus d'acquisition de leur inversion. Il faut signaler cependant que le couvent fut le milieu où elles furent initiées à la débauche. Revenues vivre dans le milieu parisien, mariées à des hommes riches[142] et bénéficiant de toutes les libertés, elles ne rencontrent aucun obstacle sur le chemin de la débauche.

Il reste entendu que l'inversion peut prendre d'autres formes moins rigides et moins permanentes.

2.1.3. Les inversions occasionnelles

Pour Freud, les sujets sexuels qui, sous certaines conditions extérieures, peuvent prendre une personne du même sexe qu'eux et en jouir, sont des invertis occasionnels. Dans le corpus, il n'existe hélas aucun inverti occasionnel de ce type mais il faut quand même retenir qu'il s'agit d'une aberration sporadique qui ne survient que lorsque la pulsion sexuelle du sujet est si impérieuse qu'il ne saurait la différer[143].

Globalement, si l'on admet que chez Zola, les déviations par rapport à l'objet sexuel existent, il convient d'en saisir la signification. En effet, toutes les aberrations sexuelles déjà énumérées constituent autant de griefs que Zola formule à l'encontre de la société impériale qu'il accusait de tous les maux. Pour lui, l'Empire avait vidé les fils de France de toute leur substance vitale et vivifiante, puis favorisé la dégénérescence au point que les petits-fils - parodie des Français sous Napoléon III - échouèrent là où les grands-pères furent victorieux - hommage aux Français sous Napoléon 1er -. Tout le cycle des **Rougon-Macquart** ne vise-t-il pas à parodier, dans tous ses compartiments, le modèle de société que le

---

[140] Philippe Hamon : *Pour un Statut Sémiologique du Personnage* dans **Poétique du Récit**, Paris, Seuil, 1977, p. 125.
[141] **Ibidem**, p. 125.
[142] Maarten Van Buuren souligne le lien étroit existent entre le désir érotique et l'argent, dans **Les Rougon-Macquart d'Émile Zola. De la Métaphore au Mythe**, op. cit. p. 175.
[143] Maarten Van Buuren montre que Zola rend compte de la pulsion sexuelle impérieuse dans la métaphore du coup de fouet qui dirige la bête humaine obéissante, voir **Les Rougon-Macquart d'Émile Zola. De la Métaphore au Mythe**, op. cit. p. 57.

premier instaura ? À ce propos, il semble que les dépravations sexuelles qu'il décrit relevaient davantage de son engagement littéraire et/ou de ses propres fantasmes [144].

C'est le lieu d'aborder une autre déviation sexuelle qui consiste à demeurer hétérosexuel mais à porter son désir sur un but sexuel inhabituel, comme la partie anale ou les vêtements de l'objet sexuel désiré.

2.2. *Les déviations par rapport au but sexuel*

Le but sexuel normal, selon la classification freudienne, est l'appareil génital lui-même. Ainsi l'homme cherchera à atteindre le sexe de la femme qui, à son tour, misera sur les organes génitaux de son partenaire mâle. Il s'agit, ni plus ni moins, de jouir du sexe de l'autre pendant le coït et d'apaiser alors la pulsion sexuelle. Il y a déviation par rapport au but sexuel dès lors qu'un sujet sexuel valorise toute autre partie du corps de son objet sexuel - ou un objet inanimé lui appartenant - au détriment des parties génitales. Freud estime qu'il existe en gros deux perversions de ce type : *les transgressions anatomiques* et *la limitation* du coït *aux relations intermédiaires*.

2.2.1. Les transgressions anatomiques

Elles concernent toutes les attitudes visant à la surestimation de l'objet sexuel. Un sujet capable de toutes les transgressions remplace aisément la vulve par l'anus ou par la cavité buccale de son objet sexuel féminin. Si le sujet indiqué est une femme, les gonades et le pénis de l'objet sexuel seront sucés. Cette dernière manœuvre porte le nom de fellation tandis que la précédente est la sodomie. Il y a *fétichisme* lorsque des objets inanimés - vêtements, bijoux, etc. - ou certaines parties du corps - pieds, chevelure, entre autres - de l'objet sexuel deviennent exclusivement les buts visés par le sujet sexuel.

On remarquera que le narrateur zolien n'est guère friand de détails relatifs au déroulement de l'acte sexuel lui-même comme pour faire preuve de chasteté et de bienséance. C'est en cela que Zola diffère du marquis de Sade pour qui la morale est contre-nature. Sade militait en effet en faveur de la liberté sexuelle en faisant l'apologie des instincts criminels[145]. Pour Zola justement, le marquis de Sade était le Satan triomphant : « *Pour moi, il sort logiquement du catholicisme, il arrive à l'agonie du dix-huitième siècle, après les négations des philosophes, et il joue le rôle de Satan triomphant, le vieux Satan du Moyen Âge, monstrueux et lubrique, éventrant les femmes à coups de fourche, broyant les petits enfants d'une caresse, prêchant l'inceste*

---

[144] Claude Seassau estime, dans **Émile Zola, le Réalisme Symbolique,** que les structures de la sexualité dans le corpus ne reflètent pas la réalité de l'époque du Second Empire, mais qu'elles reflètent plutôt les propres fantasmes de l'auteur Zola, op. cit. p. 203.

[145] **Les 120 Journées de Sodome ou l'École du Libertinage** du marquis de Sade restent le prototype de l'école du libertinage sexuel dans les termes on ne peut plus sordides, avec tout ce que cela suppose en termes d'inceste, de sodomie, de pédophilie, de sadisme criminel, de monstres nés d'unions insensées et de négation de Dieu.

et le meurtre, rêvant la désorganisation et l'écroulement final. [...] C'est, je le répète, le catholicisme retourné, Satan à la place de Dieu, l'enfer à la place du ciel, la flamme, les crocs, les tortures, les plaies, le sang, à la place de la musique des séraphins et de l'éternité sereine des bienheureux »[146].

Contrairement à ce que l'on peut voir chez le marquis de Sade, chez Zola, seule l'atmosphère autour des amants et les sensations conscientes ou inconscientes qu'ils éprouvent, sont décrites avec force détails. On ne peut donc pas objectivement avancer que des sodomies - sauf en ce qui concerne Baptiste dans **La Curée** - ou des fellations sont réalisées dans le corpus[147].

En revanche, j'ai pu signaler un cas de *fétichisme* notoire avec Cabuche et les mouchoirs de Séverine dans **La Bête Humaine**. On pourrait y ajouter le voyeurisme du berger Soulas qui garde toujours un œil ouvert pour épier Jacqueline dite La Cognette dans ses innombrables accouplements dans **La Terre**. On constatera que ces deux protagonistes satisfont leurs pulsions sexuelles par le seul plaisir scopique - pour le premier - et par les seuls plaisirs tactile et olfactif - pour le second. Aucun d'eux ne cherche à profiter davantage de son objet sexuel et c'est à ce niveau qu'ils constituent des cas pathologiques. Ces névrosés[148] se résignent dans leur refoulement de tout désir de s'accoupler avec la femme aimée. Le cas Cabuche est d'autant plus impressionnant qu'il craint de salir Séverine en couchant avec elle, la trouvant trop parfaite pour un homme tel que lui. Le fétichisme et le voyeurisme restent donc des déviations non violentes par rapport au but sexuel. C'est ce qui explique sans doute l'indulgence, voire la pitié de Zola envers les sujets qui en souffrent. Le fétichisme et le voyeurisme ont leurs symétriques violentes : le sadisme et le masochisme qui sont des arrêts aux relations intermédiaires.

2.2.2. Arrêts aux relations intermédiaires

Deux formes dominent les relations dites intermédiaires : « *La plus fréquente et la plus significative de toutes les perversions, le penchant à infliger de la douleur à l'objet sexuel et sa contrepartie, a été nommée par Von Krafft-Ebing, sadisme et masochisme, en fonction de ses deux formes active et passive* »[149]. Sans être d'essence pathologique, le sadisme n'en est pas moins une composante agressive de la

---

[146] Émile Zola : **Documents Littéraires** (1882) puis dans les **Œuvres Complètes**, Paris, Tchou, Cercle du Livre Précieux, sous la direction de Henri Mitterand et d'Armand Lanoux, 15 volumes, 1966-1970. Ici, tome XI, p. 453.

[147] Dans **Émile Zola, Le Réalisme Symbolique**, Claude Seassau montre que **L'Assommoir** est dominé par le thème sexuel de l'analité et que la bougresse, qui revient souvent dans le texte zolien, signifie à l'origine, hérétique et sodomite, op. cit. pp. 216-218.

[148] Ceci contredit l'assertion de Van Buuren, dans **Les Rougon-Macquart d'Émile Zola. De la Métaphore au Mythe**, op. cit. pp. 191-192, selon laquelle les génies seuls (Octave, Claude, Pascal et Lazare) seraient victimes de la névrose, de la fêlure, car ces névrosés que j'ai relevés plus haut sont totalement dépourvus de génie.

[149] Sigmund Freud : **Trois Essais sur la Théorie de la Sexualité**, op. cit. p. 68.

pulsion sexuelle[150] dans la mesure où le sujet sadique se procure du plaisir en asservissant, en humiliant et en mortifiant son objet sexuel[151]. Un sujet masochiste, au contraire, jouit dans la douleur ressentie, douleur à lui infligée par son objet sexuel sadique[152].

Le personnage de Nana représente le mieux ces deux formes de perversions. Avec le comédien Fontan, elle devient masochiste, l'adorant dans la douleur et dans les larmes. Quant à son amant, il se classe logiquement dans la catégorie des sadiques. C'est au rythme régulier des claques qu'elle l'aime plusieurs mois durant. Plus tard, Nana se mue en sadique en infligeant des traitements similaires à Muffat, son nouvel amant qui occupe à partir de ce moment, la position du masochiste. À titre d'exemple, lorsque sa belle le poursuit à coups de pied, Muffat lance : « *Tape plus fort [...]. Hou ! Hou ! Je suis enragé, tape donc !* »[153]. On en déduira que le même sujet sexuel peut être à la fois sadique et masochiste puisque les deux tendances vont de pair. À l'image de Nana, ces deux perversions sont la double face de la même pièce de monnaie. À travers le comte Muffat, Zola fait le procès de la vieille aristocratie française qui n'a pas échappé au vent de débauche qui s'est abattu sur l'Empire. L'aristocratie subit la même décadence que la bourgeoisie et le demi-monde dans cet univers dépourvu d'idéal moral.

Comment passer sous silence la forme particulière du sadisme de Jacques Lantier dans **La Bête Humaine** ? Ce sujet associe en effet pulsion sexuelle et pulsion de meurtre[154]. Plus la pulsion sexuelle chez lui est impérieuse, plus grande est alors la tentation de commettre un meurtre sur son objet sexuel[155]. S'il évite de coucher avec sa cousine, Flore, c'est tout simplement pour éviter de l'égorger car la perception de la gorge nue et blanche de la jeune fille lui causait une envie despotique de saisir son coutelas et de l'y enfoncer. C'est cette conjugaison des deux pulsions - sexuelle et meurtrière - qui causera la perte de sa maîtresse adorée, Séverine. C'est elle aussi qui explique son hostilité à la lumière pendant les moments intimes et de facto, sa préférence pour l'obscurité qui a l'avantage de dissimuler les gorges blanches dont la vue aiguise son instinct de meurtre. La

---

[150] Claude Seassau écrit : « *La femme est l'objet principal de cette violence* [liée à la sexualité] *et l'orientation spécifique donnée à la sexualité dans chaque roman en est l'indice : l'analité, l'oralité et la mort sont, en effet, prépondérantes* », dans **Émile Zola, Le Réalisme Symbolique**, op. cit. p. 203.

[151] **Ibidem**, Claude Seassau estime que la violence est au cœur du roman zolien en tant que facteur essentiel et vision du monde, p. 188.

[152] Chantal Bertrand-Jennings montre, dans **L'Éros et la Femme chez Zola**, op. cit. p. 12, que *les violences sado-masochistes*, les viols, *les assassinats* et *le meurtre* sont des *délices sexuels* dans le corpus.

[153] Émile Zola : **R. M. II**, op. cit. p. 1461.

[154] Geoff Woollen reconnaît que : « *he approached the correlation between sexuality and psychopathic killing* », dans *Jacques The Ripper*, **Émile Zola Centenary Colloquium: 1893-1993**, edited by Patrick Pollard, London, The Émile Zola Society, 1995, p. 73.

[155] Pour Roger Ripoll, la férocité animale est née de Tante Dide, dans **Réalité et Mythe chez Zola**, op. cit. p. 479.

Quant à Claude Seassau, il admet à partir de Chaval, Étienne, Roubaud, Pecqueux et Jacques Lantier, que la jalousie est à l'origine du désir de tuer, voir **Émile Zola, Le Réalisme Symbolique**, op. cit. pp. 198-199.

forme de sadisme qui est la sienne est totalement pathologique[156] et il s'agit du résultat d'une névrose grave de type paranoïaque. Le sujet devient totalement impuissant devant le réveil impérieux de son inconscient, et, incapable d'opérer le moindre refoulement salvateur, il aspire à couronner sa pulsion sexuelle par l'écoulement du sang chaud de son objet sexuel. Par exemple, Jacques ignore d'où lui vient ce mal mystérieux qui consiste à vouloir égorger ses maîtresses[157]. En outre, il est incapable de s'y soustraire tant il s'impose à lui[158]. Tant bien que mal, à cinq reprises, s'il réussit la prouesse de différer le meurtre, il ne peut empêcher son déroulement final puisqu'il finit par égorger Séverine. C'est seulement à partir de ce moment qu'il connaît une accalmie passagère marquée par une plénitude et une félicité totales. Toutefois, le processus se déclenche à nouveau quand il est dans les bras de Philomène. Comme la pulsion sexuelle, la pulsion du meurtre se renouvelle chez le sujet névrosé de type psychopathique. Il est le théâtre d'une lutte féroce entre Éros et Thanatos. Avec Lantier, c'est la société industrielle qui est clouée au pilori en ce sens qu'elle détraque la machine et le machiniste ; l'homme devient une machine à tuer sous l'enivrement de la fumée et des graisses.

D'une façon générale, les aberrations sexuelles ne sont pas très fréquentes chez Zola. Cependant, elles sont très caractéristiques en ce sens qu'elles touchent nombre de cas pathologiques que les psychanalystes[159] ont dû élucider bien après l'achèvement des **Rougon-Macquart**. Le mérite de Zola fut donc d'avoir été un précurseur dans le domaine de la psychanalyse qui ne relevait pas spécifiquement de sa compétence. C'est donc à juste titre que Freud lui a rendu hommage en le qualifiant de << *parfait connaisseur de l'âme humaine* >>[160], au sujet notamment de la façon dont Pauline Quenu se dépouille continuellement pour faire le bonheur de son bien-aimé, Lazare Chanteau, dans **La Joie de Vivre**, sans rien attendre en retour.

---

[156] Claude Seassau réaffirme que chez le héros de **La Bête Humaine**, la jalousie est d'essence pathologique, voir **Émile Zola, Le Réalisme Symbolique**, op. cit. p. 199.

[157] Ce mal héréditaire est ce que Jacques Noiray nomme *la dégénérescence criminelle*, dans **Le Romancier et la Machine, tome I : L'Univers de Zola**, op. cit. p. 179, et chez David Baguley, il porte le nom d' *atavistic regression* ou mieux, selon un mot qu'il emprunte au romancier naturaliste américain Frank Norris, Jacques est un *hereditary evil*, dans **Naturalist Fiction. The Entropic Vision**, op. cit. p. 213 et p. 214.

[158] Claude Seassau, dans l'ouvrage ci-dessus, p. 257, oppose deux êtres distincts, le *moi* et la *bête* toujours aux prises à l'intérieur de Jacques.

Maarten Van Buuren renchérit, dans **Les Rougon-Macquart d'Émile Zola. De la Métaphore au Mythe**, op. cit., pour dire que le *ça* (qui n'est rien d'autre que la *bête* de Seassau) est ce qu'il y a d'inné et de non-personnel dans l'homme, le *ça* étant le cheval ou la force supérieure (p. 54) et le *moi* le cavalier régulateur du *ça* (p. 55). Jacques, qui subit *la fuite de son moi,* (p. 193), serait dégagé de la *responsabilité de son acte* meurtrier tout comme Sylvine de **La Débâcle** (p. 57) puisque ces personnages sont dominés par leur *ça* irrésistible.

[159] Maarten Van Buuren montre avec force détails, dans **Les Rougon-Macquart d'Émile Zola. De la Métaphore au Mythe**, op. cit, pp. 54-55, que les psychanalystes Groddeck, Freud, Laplanche et Pontalis ont confirmé la conception zolienne du *ça* et du *moi*.

[160] Sigmund Freud : **Trois Essais sur la Théorie de la Sexualité**, op. cit. p. 169.

D'un autre point de vue, la présence des aberrations sexuelles dans **Les Rougon-Macquart** doit être vue comme une disqualification de la société impériale vue comme une société immorale et amorale, névrosée, pathologique et paranoïaque. Il reste entendu qu'une telle société risque de subir le même sort que les cités bibliques de Gomorrhe et de Sodome[161] ou de la prostituée de Babylone. **La Bible** révèle à propos de cette dernière : *« Autant elle s'est glorifiée dans le luxe, autant donnez-lui de tourment et de deuil. Parce qu'elle dit en son cœur : Je suis assise en reine, je ne suis point veuve, et je ne verrai point de deuil ! À cause de cela, en un même jour, ces fléaux arriveront, la mort, le deuil et la famine, et elle sera consumée par le feu. Car il est puissant, le Seigneur Dieu qui l'a jugée »*[162].

Outre cette sanction d'ordre biblique, on peut évoquer d'autres caractéristiques frappantes de la sexualité dans le corpus en commençant par l'approche animale.

3. UNE APPROCHE ANIMALE DE LA SEXUALITÉ

Dans **Les Rougon-Macquart**, la sexualité se caractérise effectivement par son approche fondamentalement animale. Les personnages *anthropomorphes*[163], pour emprunter le mot de Philippe Hamon, en tant que sujets ou objets sexuels, subissent un processus de métaphorisation[164] que l'on peut désigner par le terme explicite d'animalisation. Philippe Bonnefis en dénombre plusieurs milliers dans l'œuvre de Zola dont 83 dans **La Fortune des Rougon** ; 86 dans **La Curée** ; 102 dans **Le Ventre de Paris** ; 122 dans **Son Excellence Eugène Rougon** ; 340 dans **L'Assommoir** ; 245 dans **Germinal** ; 251 dans **Nana** ; 140 dans **Pot-Bouille** ; 120 dans **La Débâcle** ; 35 dans **Le Docteur Pascal** ; 25 dans **Le Rêve** ; 22 dans **L'Œuvre** ; 293 dans **Les Trois Villes** et 150 dans **Vérité**[165]. Sans étudier chacun de ces milliers de métaphores animalisantes - ce serait peine perdue -, on tentera, à partir du sème « animalité », de retrouver les paradigmes correspondants selon le sexe des actants. On commencera par les personnages féminins que l'on peut recenser sous le sème *animalité* et les paradigmes qui leur correspondent d'un roman à l'autre.

Ensuite, on procédera de la même manière pour ce qui concerne les personnages masculins équivalents. Il va sans dire que ce recensement ne sera pas exhaustif puisque l'objectif visé est de faire ressortir les aspects pertinents et redondants qui

---

[161] Roger Ripoll écrit, dans **Réalité et Mythe chez Zola**, op. cit. : *« Ce mythe des cités maudites, appelé dans **Germinal** par l'annonce de la ruine à la fin de la série des **Rougon-Macquart**, prophétisent ou racontent l'effondrement du Second Empire. Reprenant un motif abondamment exploité par les romantiques, Zola assimile Paris aux cités frappées par la colère divine dont la **Bible** a transmis le souvenir »*, pp. 100-101.
[162] **La Sainte Bible** : ''Apocalypse'', chapitre 18, versets 7-8, op. cit. p. 1248.
[163] Philippe Hamon : *Pour un Statut Sémiologique du Personnage* dans **Poétique du Récit**, op. cit. p. 126.
[164] Claude Seassau avoue que cette imagerie animale ou bestiaire a le mérite de catégoriser les personnages (pp. 38-39) même si elle a le défaut de transfigurer le réel (p. 39), dans **Émile Zola, Le Réalisme Symbolique**, op. cit.
[165] Philippe Bonnefis : *Le bestiaire d'Émile Zola: valeur et signification des images animales dans son œuvre romanesque* dans **Europe : Zola**, avril-mai 1968, no. 468-469, op. cit. p. 98.

donnent à la sexualité un aspect animalier, donc fortement instinctif, dans l'œuvre romanesque de Zola. Bien entendu, par *paradigmes,* je voudrais signifier toutes les variantes qui aboutissent à la constitution du *sème* de l'animalité. Ce travail de classement et d'interprétation détaillée du bestiaire que j'entends mener n'existe ni chez Bonnefis - qui préfère donner une explication d'ensemble au phénomène du bestiaire – ni chez Maarten Van Buuren.

Ce dernier voyait, à travers l'animalisation, une représentation tendancieuse de la réalité et une prise de position de l'auteur dans le conflit social, ce qui contredirait la prétendue exactitude zolienne[166].

3.1. Les personnages féminins et l'animalisation

Sèmes	**Paradigmes**
Animalité :	Bête, couleuvre, couleuvre vive, jolie bête domestique, petite souris, chèvre, sphinx, (**La Bête Humaine**).
	Chatte, les yeux de jeunes chats, vermine, cigale, mouton, bête entêtée, pauvre bête, agneau, chèvre, louve, (**La Fortune des Rougon**).
	Chienne en chaleur, rat, chatte, dinde, mouche d'or, mouche d'or vengeresse, couleuvre, (**Nana**).
	Chèvre, chatte, (**La Terre**)
	Bête amoureuse, chatte, serpent, ours, sphinx, monstre, (**La Curée**).

L'étude de l'axe paradigmatique ci-dessus donne les résultats suivants : les actants désignés par la métaphore de << *la chatte* >> seront toujours en quête d'affection et de câlineries à l'instar de Miette dans **La Fortune des Rougon** ou de Renée dans **La Curée**. << *La chatte en chaleur* >> sera associée aux actants sexuellement insatiables et exigeants. D'un point de vue mythologique, c'est un animal qui renvoie à la débauche et à la luxure, pis encore, le chat est dit serviteur des Enfers. En résumé donc, à la figure << *chatte* >> correspond le noyau sémique : /+ affective /, /+ insatiable /[167], /+ exigeante /, /+ débauchée / et /+ infernale/.

---

[166] L'expression est de Maarten Van Buuren, dans **Les Rougon-Macquart d'Émile Zola. De la Métaphore au Mythe**, op. cit. p. 35. Il fait ainsi allusion aux professions de foi de Zola qui a clamé pratiquer une littérature qui peignait la vie avec exactitude, avec clarté et vérité, donc une littérature dépourvue d'imagination, d'invention et d'exposition fallacieuse des faits sociaux. Pour le critique, la métaphore est tout simplement le lieu privilégié de l'imagination créatrice chez Zola.

[167] Claude Seassau insiste sur les métaphores de la chatte et de la chienne appliquées à Gervaise Macquart dans **L'Assommoir** et qui impliquent la faim sexuelle qui la caractérise (inutile de dire que la figure fonctionne pareillement dans le cas de sa fille Nana), voir **Émile Zola, Le Réalisme Symbolique**, op. cit. p. 56.

C'est pourquoi, dans le roman zolien, les personnages féminins ainsi désignés sont des nymphomanes, des débauchées qui corrompent et pourrissent la société parisienne à l'image de Nana et de Renée. Ce sont des figures infernales comme leur homologue biblique de la prostituée de Babylone.

Les figures << *couleuvres* >> et << *serpents* >> renvoient au noyau sémique qui suit : /+ souplesse /, /+ félonie /, /+ venimeux /, /+ mortel /, /+ corrupteur/. Séverine, Nana et Renée sont les composantes de cette catégorie particulière. Paraissant inoffensives comme la couleuvre, elles n'en demeurent pas moins venimeuses et redoutables tant elles sont capables de causer la mort[168]. La première a contribué à l'exécution de son premier amant, le président Grandmorin, et planifié le meurtre de son époux tandis que les deux autres ont connu l'avortement. Nana, particulièrement, s'est rendue responsable de plusieurs homicides involontaires car si ce n'est pas sa main qui frappe, du moins ses amants éconduits se suicident par dépit amoureux.

À << *la chienne* >> convient la chaîne : /+ sans gêne /, /+ débauchée /, /+ enragée /, /+ contagieuse / et /+ domestique/ si bien que Nana reste insatiable, frivole, carrément impudente et éhontée malgré les ravages qu'elle fait dans les familles et spécialement au sein de la haute société parisienne et européenne. En tant que << *mouche d'or Vengeresse* >>, elle a les traits : /+ origine ordurière /, /+ infecte /, /+ dorée /, /+ plaisante /, /+ frustrée /, /+ vengeresse/, /+ empoisonneuse /[169].

Quant à Renée, elle est un << *sphinx* >> et un << *monstre* >>. Ces deux figures sont d'une nature complexe puisqu'elles tiennent à la fois de la bête et du mythe. Leur aspect mythique fera l'objet d'une étude ultérieure mais pour l'heure, qu'il suffise de saisir leur dimension simplement animale. Leur noyau sémique peut se décomposer de la façon suivante : /+ nature composite /, /+ fabuleux/, /+ dangereux /, /+ tenace /, /+ meurtrier /, /+ énigmatique /. Combattre Renée ou Séverine nécessite donc une force et une intelligence dignes d'Œdipe à cause de leur nature composite et mythique.

Sans pour autant ambitionner d'étudier chacune des composantes de l'axe paradigmatique ci-dessus, il faudra s'intéresser à ces deux figures que sont << *l'agneau* >> et << *la louve* >>. Ces deux animaux rappellent les protagonistes de la fable de La Fontaine et Zola semble les avoir actualisés à dessein. Joséphine Gavaudan, épouse Macquart, est un << *agneau* >> alors que Tante Dide est une << *louve* >> et que Miette est une << *chèvre* >> dans **La Fortune des Rougon**. <<

---

[168] Chantal Bertrand-Jennings énumère, dans **L'Éros et la Femme chez Zola**, un noyau de femmes fatales et croqueuses d'hommes réunies autour de Nana et Renée, dont Clarisse de **Pot-Bouille**, Irma Bécot et Christine de **L'Œuvre**, op. cit. pp. 66-67.

[169] Pour Patrick Wald Losowski, la mouche représente << *[...] le défi à la structure: "remontant" du peuple à l'aristocratie en une fermentation puissante digne de tout germinal, la mouche dénonce la division des classes, et passe allègrement toutes les barrières, faisant communiquer en son vol innocent les charognes abjectes aux palais protégés, se revêtant de soleil à partir de l'ordure, disséminant le poison dans l'éclat des pierreries et des cuisses de neige* >>, voir **Syphilis. Essais sur la Littérature Française du XIXème Siècle**, Paris, Gallimard, 1982, p. 52.

La chèvre >> et << *l'agneau* >> ont les traits : /+ inoffensifs /, /+ naïfs /, /+ innocents /, /+ victimes /, /+ résignés / tandis que << *la louve* >> est : /+ belliqueuse /, /+ injuste/, /+ cruelle /, /+ coupable /, /+ meurtrière /. Joséphine honore parfaitement ces traits sémiques en devenant la victime résignée de son époux, Antoine Macquart, qui est capable de tous les crimes et de toutes les forfaitures sous l'effet de l'alcool[170]. Pour sa part, Miette reste naïve et inoffensive jusqu'à sa mort brutale causée par l'armée[171]. Ce qu'il faut retenir globalement, c'est qu'en ce qui concerne les figures féminines et leurs paradigmes métaphoriques, il existe une certaine forme de surcharge référentielle pour montrer à quel point la nature féminine peut être complexe et ambiguë. Belle et aimable, la femme chez Zola n'en est pas moins ignoble et cruelle des fois. Réelle et innocente, elle reste mythique, fabuleuse et capable des pires monstruosités. Il y a chez Zola, une énigme de la femme, une énigme pas toujours évidente à élucider. Toutefois, dans l'axiologie de la sexualité, la femme ne saurait aller sans son corollaire mâle.

3.2. Les personnages masculins et l'animalisation.

Sèmes : **Paradigmes :**

Animalité : Petit serpent, brute, bonne bête, bête hurlante, autre espèce, l'animal, un vrai loup, sanglier, lion, bétail humain, bête humaine, bête enragée, bête traquée, bête attaquée, cochon, cheval, chien, loup-garou, rat, chien fourbu, chien fidèle, grande bête, (**La Bête Humaine**).
Monstre, chat, crapaud, veau, mouton, vipère, vermine, pauvre chat, (**La Fortune des Rougon**).
Vautour, oiseau de proie, taureau, lapin, coq, brutes meurtrières, vieille bête, bêtes dévorantes, vampires, (**La Terre**).

Sur cet axe paradigmatique, les figures du << *cochon* >>, du << *coq* >>, du << *chien* >>, du << *lapin* >> et du << *cheval* >> sont les plus significatives sur le plan purement sexuel. Cependant, au plan comportemental, il serait bon d'interroger << *le petit serpent* >>, << *la brute* >>, << *le lion* >>, << *la vipère* >>, << *le sanglier* >>, << *les bêtes meurtrières* >> et << *les vampires* >>.

---

[170] Selon Claude Seassau, dans **Émile Zola, Le Réalisme Symbolique**, op. cit. p. 39, il est évident que les images sont plus riches en connotations que les discours si bien que le mot *loup* exprime mieux un personnage violent et cruel qu'un discours descriptif de son comportement.

[171] Maarten Van Buuren souligne qu': << *Il suffit pour le moment de remarquer que l'ensemble des métaphores s'organise selon trois grandes articulations : la chasse, la domestication et la bête humaine qui ont toutes en commun l'opposition entre une partie soumise et une partie dominante* >>, dans **Les Rougon-Macquart d'Émile Zola. De la Métaphore au Mythe**, op. cit. p. 40.

« *Le cochon* » obéit à ce noyau sémique révélateur : /+ sale /, /+ dépravé/, /+ immoral /, /+ répugnant /. L'appellation de "cochon" convient parfaitement au président Grandmorin dans **La Bête Humaine**, amateur et violeur de petites filles[172].

« *Le coq* » se caractérise par les traits sémiques : /+ chaleur/, /+ constance/, / + harcèlement /, /+ agressivité /. Buteau Fouan, dans **La Terre**, cumule tous ces traits qu'il développe à l'hypertrophie. Comme un coq en chaleur, il ne cesse de harceler sa belle-sœur, Françoise, même après qu'elle a épousé Jean Macquart et qu'elle tombe enceinte.

« *Le sanglier* » a les traits /+ agressif /, /+ sombre /, /+ sournois /, /+ instinctif / et /+ démoniaque /. Jacques Lantier et sa locomotive reçoivent la métaphore du sanglier à cause de leur caractère énigmatique, dangereux et démoniaque[173].

Il faut associer << *le chien* >> à << *la chienne* >> déjà étudiée pour faire l'économie de toute redondance fâcheuse. Par contre, << *le lapin* >> est une figure assez intéressante car il se décompose de la manière suivante : /+ chaleur /, /+ viril/, /+ constance / et /+ insatiable /. Une fois de plus, Buteau Fouan est "un lapin" insatiable dont la pulsion sexuelle est aussi impérieuse que constante. En conséquence, il franchit les frontières de la morale en violant la sœur cadette de son épouse en présence de cette dernière. Pas même le ventre de huit mois de la victime ne peut le dissuader de son entreprise névrotique. << *Le cheval* >> rejoint << *le lapin* >> car l'étalon est /+ viril /, /+résistant /, /+ robuste /. Le comte Muffat, en jouant le cheval chez sa maîtresse, Nana, extériorise ainsi son caractère d'homme extrêmement viril et robuste qui ne peut s'abstenir devant sa jeune et belle maîtresse. Mais, parce qu'il est "cheval", il se laisse monter et chevaucher par elle dans les scènes sado-masochistes d'autant plus que le cheval obéit à son cavalier[174].

La figure du << *petit serpent* >> est à rattacher à celle du << *serpent* >> déjà citée. Chez les mâles, Roubaud est le << *petit serpent* >> qui tue de sang froid son rival, Grandmorin, dans **La Bête Humaine**. Il est aussi la << *brute* >> aux traits /+

---

[172] Claude Seassau affirme, dans **Émile Zola, Le Réalisme Symbolique**, que Zola a une vision bourgeoise du peuple qu'il défend pourtant, peuple qu'il animalise tandis qu'il se garderait d'animaliser les bourgeois, op. cit. p. 55. Je pense que cette dernière assertion n'est pas fondée puisque le président Grandmorin est bien assimilé à un cochon dans **La Bête Humaine** et que les bourgeois de Plassans réunis autour de Pierre sont tous animalisés par le docteur Pascal dans **La Fortune des Rougon**.

[173] Claude Seassau écrit à ce propos : << *Ce qui est particulièrement intéressant dans ce roman est que l'image du sanglier n'est pas seulement attribuée à Jacques, elle intervient à propos de la locomotive folle à la fin du roman, elle aussi, comparée à un « sanglier ». Cela prouve la similitude entre Jacques et la machine folle, cette dernière est aussi une « bête humaine », le double de Jacques; ce sont deux éléments des plus tératologiques du roman. Par ce rapprochement entre Jacques et la machine, le comportement de Jacques s'explique mieux; Jacques malade est comme une mécanique* >> in **Émile Zola, Le Réalisme Symbolique**, op. cit. p. 60.

[174] **Ibidem**, Claude Seassau regroupe *le cheval, la fourmi* et *les insectes humains* en une seule classe, celle des bêtes de somme victimes d'un déterminisme ou encore celui de l'asservissement de l'homme par l'homme, op. cit. p. 57.

déraisonnée /, /+ violente /, /+ grossière /, /+ spontanée/, et, selon le mot de Geoff Woollen, /+ sauvage /, /+ rude /, /+ inachevé /, /+ incomplet /, /+ primitif /, /+ agressif/[175].

Ces traits sont aussi ceux des << *brutes meurtrières* >> que sont Buteau et son épouse, Lise, dans **La Terre**, sauf qu'il convient de leur attribuer un nouveau trait /+ récidivistes /, car ils assassinent d'abord la figure paternelle, Fouan, puis leur belle-sœur et sœur, Françoise. Ce couple infernal reçoit aussi les figures attributives de << *bêtes dévorantes* >> et de << *vampires* >>. À ce titre, la décomposition de leurs traits admet la nouvelle concaténation révélatrice suivante : /+ cannibales /, /+ sanguinaires /, /+ nécrophages /, /+ gloutons /, /+ assoiffés de sang /, /+ démoniaques /, /+ sombres /. On comprend ainsi pourquoi ils ne reculent jamais devant aucune horreur puisqu'ils tuent et rôtissent le père pour lui dérober sa bourse. Plus tard, après le viol de Françoise - auquel Lise a pris part en aidant Buteau à maîtriser la pauvre victime -, dans un élan de criminel qui n'a pas de nom, Lise enfonce une faux dans le ventre de sa sœur. Le fœtus de huit mois s'en trouve perforé et la mère saigne comme un bœuf, témoignant ainsi du vampirisme du couple assaillant. Le mobile de leur forfait, la récupération de l'héritage en terres arables que laisserait la défunte, est identique à celui du premier crime commis sur le père. Cela montre que pour ces criminels sans foi ni loi, seul l'argent compte et peu importe comment il est acquis, surtout s'il est bonifié par une gratification sexuelle[176]. Les basses classes sont aussi détraquées dans **Les Rougon-Macquart** car à l'heure de la révolution industrielle, l'homme a perdu de son humanité ; il ne vaut plus que par sa valeur fiduciaire. L'argent, tel est le nouveau dieu qui gouverne le monde décadent du Second Empire.

Cette étude du sème << animalité >> n'est pas exhaustive, loin s'en faut. Mais elle aura permis de faire deux constats : primo, elle situe la sexualité dans un contexte intertextuel et, secundo, sur l'axe sémantique << sexualité >>, s'instaure une relation d'opposition entre les sèmes << vie >> et << désir >> - Éros - et << mort >> - Thanatos -. Au niveau intertextuel, on peut constater que le narrateur zolien s'est servi d'un hypotexte polymorphe tenant du mythe, de la fable, du sacré biblique et du conte pour construire son hypertexte romanesque. Aussi, dans son roman, œuvre de fiction, on retrouvera des figures animalières qu'il n'a point inventées mais qu'il a plutôt empruntées à d'autres formes de récits, et à des

---

[175] Geoff Woollen : *Des brutes humaines dans La Bête Humaine* dans **Zola: La Bête Humaine : Texte et Explication**, Colloque du Centenaire à Glasgow édité par Geoff Woollen, Glasgow, University of Glasgow French & German Publications, 1990, pp. 150-168.
[176] David Baguley considère, dans **Naturalist Fiction. The Entropic Vision**, que le sexe et l'argent sont chez Zola le ferment social, op. cit. p. 210.

auteurs qui existaient avant lui[177]. La présence desdites figures constitue un facteur de prévisibilité et de lisibilité du roman zolien[178].

En effet, selon que le protagoniste sera << *une chatte* >> ou << *une vipère* >>, le lecteur s'attendra à un sujet sexuel sensible, attachant, sentimental et débauché, ou à un sujet sexuel qui détruira plutôt tous ses objets sexuels, vu son *a priori* venimeux et mortel. Le texte romanesque vient corroborer ces programmes narratifs primaires au fur et à mesure que le lecteur découvre les différentes pages de chaque volume des **Rougon-Macquart**. En plus ce procédé a une valeur caricaturale et satirique indéniable[179] puisqu'il permet de souligner tantôt une atrophie ou une hypertrophie, tantôt une pénurie des forces vitales chez les personnages animalisés. Pour Philippe Bonnefis, << *Elle* [l'animalisation] *est aussi l'instrument d'une satire, parce qu'elle sanctionne les ridicules d'une humanité au sang pauvre [...], et sclérosée par le labeur, la lâcheté ou l'inintelligence* >>[180].

Bonnefis, en partant du principe que l'animalisation est une déshumanisation, va jusqu'à consentir à une << *fatalité biologique* >> en ce sens que << *le taureau* >> serait le gouvernement, << *les chiens* >> étant les bourgeois, << *les rapaces* >>, les financiers et le peuple, << *le troupeau* >> qui sera mené à l'abattoir[181] dans **La Débâcle**[182]. D'une manière générale, on peut convenir également avec David Baguley pour qui l'animalisation est à coup sûr la marque d'une régression car << *les personnages "régressent" pour sombrer dans la poursuite de leurs instincts, de leur animalité [...]* >>[183]. Cette régression croissante ne se termine que par la mort. Chez Zola, l'humanité court à sa propre perte et un des instruments conduisant à cette perte est la sexualité, le sexe donnant à la fois la vie et la mort[184].

En plus de bénéficier d'une approche animale, la sexualité est également présentée sous un jour diabolique et satanique dans **Les Rougon-Macquart**.

4. UNE APPROCHE DIABOLIQUE ET SATANIQUE DE LA SEXUALITÉ

---

[177] Maarten Van Buuren parle du rôle pédagogique de l'intertextualité chez Zola avec l'intervention des spécialistes (médecins, prêtres) en début ou en fin de chapitres ou de romans, voir **Les Rougon-Macquart d'Émile Zola. De la Métaphore au Mythe**, op. cit. p. 36.

[178] **Ibidem**, Maarten Van Buuren écrit : << *Zola n'invente pas ses métaphores. Il les puise dans un réservoir d'images transmises de génération en génération et dont l'origine se perd dans la nuit des temps* >>, pp. 36-37.

[179] Claude Seassau écrit : << *Le bestiaire des personnages est d'une importance capitale, il soutient la vision imagée que Zola a du monde. Il est la traduction en images de la réalité de chaque individu, il est un moyen expressif de dévoiler la vérité de façon saisissante* >>, dans **Émile Zola, Le Réalisme Symbolique**, op. cit. p. 53.

[180] Philippe Bonnefis : *Le bestiaire de Zola : valeur et signification des images animales dans son œuvre romanesque*, dans **Europe : Zola**, avril-mai 1968, op. cit. p. 99.

[181] Philippe Bonnefis : *Le bestiaire de Zola : valeur et signification des images animales dans son œuvre romanesque*, dans **Europe : Zola**, avril-mai 1968, op. cit., p. 105.

[182] Émile Zola : [l'armée débandée de Napoléon III est un] << *troupeau expiatoire qu'on envoyait au sacrifice, pour tenter de fléchir la colère du destin* >>, dans **R. M. V**, op. cit. p. 460.

[183] David Baguley : **Zola et les Genres**, chapitre III : *La Curée : la Bête et la Belle*, op. cit. p. 39.

[184] Chantal Bertrand-Jennings : **L'Éros et la Femme chez Zola**, op. cit. p. 13.

Satan ou le diable, du point de vue religieux, est un ange déchu. Adversaire de Dieu, il est le prince des démons et s'assigne pour devoir de faire chuter l'humanité en la poussant à pécher. Il sera question d'étudier ici l'approche diabolique de la sexualité dans ce sens religieux en partant de l'aspect purement métaphorique - fonction poétique - à l'aspect chrétien référentiel - fonction métalinguistique.

Les métaphores diabolisantes sont les figures ci-après : « *la chatte* », « *le chat* » dans **Nana** et « *le serpent* » dans **Nana** et dans **La Curée**. En face, il existe des références directes et immédiatement signifiantes telles que : « *les damnés de Rognes* », « *les flammes* », « *le dieu cochon* » dans **La Terre**, les « *braises* » et « *le feu* » dans **La Curée**, **La Faute de l'Abbé Mouret** et dans **Nana**.

À ce qui a déjà été avancé au sujet de « *la chatte* » ou du « *chat* », il faut ajouter que cet animal est le symbole de la sexualité féminine pervertie, le symbole de la luxure et de la sorcellerie. Tous ces référents en font le serviteur des Enfers selon la mythologie grecque. Nana et Renée sont donc des agents infernaux qui viennent recruter de nouveaux adeptes de Satan dans l'espace parisien principalement et sous le règne de Napoléon III, choix narratifs non neutres. Ce sont deux figures féminines qui sont toujours auprès d'un feu ardent comme si elles servaient volontairement cet enfer où elles espèrent entraîner de nombreuses victimes[185]. Incestueuses, débauchées à outrance, le péché charnel est leur *credo* et leur raison de vivre. Naturellement, tous les hommes qui ont le malheur de se frotter à elles descendent inéluctablement en enfer comme le comte Vandeuvres, pour raccourcir la funeste liste nécrologique dressée par Nana.

« *Le serpent* » est l'animal qui a trompé Ève dans le Jardin d'Éden selon **La Bible**, dans le chapitre II de *la Genèse*. Il s'ensuivit que l'homme connut le bien et le mal et qu'il devint mortel, après que le serpent a séduit la femme, la convainquant de désobéir à Dieu en mangeant du fruit de l'arbre défendu. Dans **Les Rougon-Macquart** aussi, la tentation vient de la femme, puissance séductrice qui entraîne le mâle dans le tourbillon du mal et du péché. Ainsi, Renée attire Maxime dans l'inceste et l'inconnu Georges dans l'adultère, tandis que Nana entraîne le comte Muffat, anciennement fervent croyant, dans les méandres de la débauche et de toutes les perversions et aberrations sexuelles. Elle parvient à étouffer en lui la voix de Dieu qu'il n'avait cessé d'entendre et de vénérer pendant les cinquante années précédentes.

En gros, au plan narratif, la femme fonctionne comme une brèche ouverte par laquelle entre le diable qui vient gouverner alors la société impériale[186]. Ce dernier s'installe d'autant plus aisément en ce terrain impérial qu'il s'agit d'un espace

---

[185] Chantal Bertrand-Jennings écrit : « *[...] Zola entretint peut-être plus qu'aucun autre de ses contemporains [...] une vision infernale de la sexualité* », dans **L'Éros et la Femme chez Zola**, op. cit. p. 9.
[186] Dans **L'Éros et la Femme chez Zola**, op. cit., Bertrand-Jennings, s'appuyant sur les propos de Frère Archangias, affirme que les femmes sont le commencement de l'enfer, la porte d'accès à l'enfer (p. 14) et la faille par où pénètre le maléfice (p. 74).

conquis par son messager, la femme, qui est la tentation suprême et qui ignore toute résistance dans ce monde pourri du Second Empire. Autant l'Empereur que le prêtre Mouret dans **Son Excellence Eugène Rougon** et **La Faute de l'Abbé Mouret** respectivement, tous les protagonistes mâles peuvent connaître la chute fatidique par la faute du "sexe faible"[187].

Il existe pourtant des références directes à Satan et à l'enfer dans le corpus. La serre, qui représente l'antre de Satan dans **La Curée**, est pénétrée d'une << *flamme si lourde* >>[188]. Cet endroit surchauffé sera l'espace de prédilection de Renée pour la consommation de l'inceste[189] dans les bras de Maxime. C'est pareil pour Nana à propos de qui le narrateur avoue : << *Elle vint s'asseoir par terre, devant le feu. C'était sa place favorite* >>[190]. Dans un cas comme dans l'autre, la flamme rappelle la punition qui attend les damnés. Fort justement dans **La Terre**, l'abbé Godard pense que << *le bon Dieu...enverrait tous rôtir en enfer, ces damnés de Rognes* >>[191]. L'enfer et le diable sont constamment cités dans **La Terre**, dans **La Faute de l'Abbé Mouret** et dans **Nana**[192] pour tenter de dissuader les adeptes du démon afin qu'ils se rachètent. Mais les seules voix de l'abbé Godard, de Frère Archangias et de monsieur Venot dans les trois romans ne suffisent pas pour racheter l'âme de toute cette multitude de pécheurs endurcis. N'est-il pas plus facile en effet de chuter du Bien dans le Mal que de réussir l'ascension salvatrice et rédemptrice qui ferait émerger du Mal pour atteindre le Bien ?

Toutefois la situation du pécheur devient désespérée surtout lorsqu'il va jusqu'à blasphémer gravement. Par exemple, devant les dégâts énormes causés par la grêle dans les champs de blé, Buteau devient furieux et lance sans vergogne : << *Sacré cochon de bon Dieu !* >>[193]. Il faut noter que la lutte entre le Bien et le Mal tourne exclusivement à l'avantage du Mal tant et si bien que tout espoir de rédemption se trouve ruiné dans la mesure où les sujets sexuels s'enlisent inexorablement dans les péchés de la chair. La dérive infernale va jusqu'à assimiler les hommes à des diables dans **Nana**, et même un enfant au diable dans **L'Œuvre**, pour signifier que les personnages en question sont entièrement investis par le diable et non plus simplement tentés par lui. Pareille fusion entre l'homme et le diable exprime la damnation à jamais du protagoniste anthropomorphique.

---

[187] Maarten Van Buuren montre que le Paradou devient hostile après la faute de l'abbé Mouret, d'une part par les métaphores animales appliquées aux plantes maladives, et d'autre part, avec la prépondérance des images du serpent, voir **Les Rougon-Macquart d'Émile Zola. De la Métaphore au Mythe**, op. cit. pp. 141-142.

[188] Émile Zola : **R. M. I**, op. cit. p. 485.

[189] Maarten Van Buuren montre de manière décisive, que *la mer de feu* de la serre exacerbe le désir incestueux chez Renée et les excroissances végétales, voir l'ouvrage ci-dessus, (pp. 142-143).

[190] Émile Zola : **R. M. II**, op. cit. p. 1272.

[191] Émile Zola : **R. M. IV**, op. cit. p. 860.

[192] Pour Roger Ripoll, il ne fait aucun doute que les images de l'enfer ont davantage d'importance dans **Nana** et dans **La Curée** que dans **La Faute de l'Abbé Mouret**, voir **Réalité et Mythe chez Zola**, op. cit. p. 96.

[193] Émile Zola : **R. M. IV**, op. cit. p. 696.

Finalement, lorsqu'on lit **Les Rougon-Macquart**, on se rend compte de que les frontières sont minces entre l'humain, le divin, le mythique, le diabolique et l'animal[194]. Cette fragilisation des frontières entre les différents règnes énumérés est imputable à la sexualité qui reste un thème excessivement unificateur[195]. La sexualité, dans **La Curée** - ainsi que dans l'ensemble du cycle -, comme l'a montré Alain Rochecouste, constitue un cercle vicieux où ces règnes se meuvent et s'imbriquent dans une concaténation jamais rompue.

Schématiquement, on peut représenter ce cercle vicieux avec Alain Rochecouste de la manière suivante[196] :

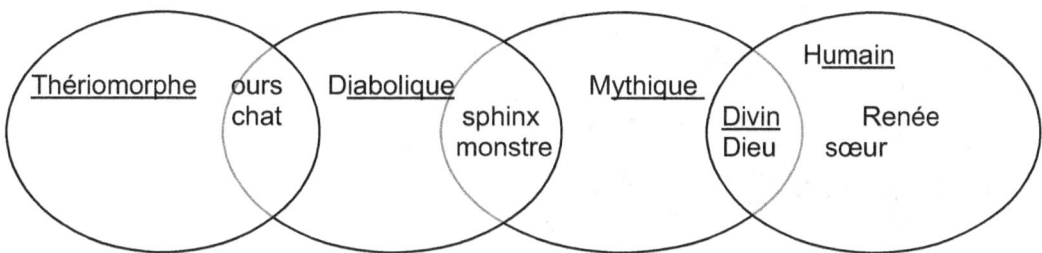

On comprend, en exploitant ce cercle vicieux, que dans la thématique de la sexualité, il n'existe plus de hiérarchie ni d'échelle des valeurs. Par exemple, dans la bouche de Buteau, << *Dieu* >> est devenu un simple << *cochon* >> et son action de destruction des champs est considérée comme diabolique. Il est admis par la conscience collective que l'homme a été fait à l'image de Dieu. Cela n'empêche pas que Renée et Nana aient un côté << *animal* >>, un côté << *diabolique* >> et un côté << *mythique* >> prononcés. Leur nature composite - Vénus, déesse de l'Amour, chattes, sphinx, femmes, diables, etc.- est un frein à toute velléité d'élévation spirituelle et de rémission.

---

[194] Ceci s'apparente au décloisonnement chez Maarten Van Buuren (**Les Rougon-Macquart d'Émile Zola. De la Métaphore au Mythe**, op. cit. pp. 180-181), c'est-à-dire cette absence de frontière entre les espaces tels l'église, le bordel, le salon, le théâtre et l'assommoir. Cette uniformité des espaces va de pair avec une uniformité des espèces et des règnes.

[195] David Baguley écrit: << *In the most thorough thematic study of the **Rougon-Macquart** series, Auguste Dezalay has shown that Zola's novels most heavily charged with sexual themes, works like **La Curée** and **Nana**, deal fundamentally with such disappearing discriminations, recounting the assimilation of men and women with machines, plants, animals, and are characterized by mixture, mobility, flux, a promiscuity of states and forms* >>, voir **Naturalist Fiction. The Entropic Vision**, op. cit. pp. 209-210.

[196] Alain Rochecouste : *Isotopie catamorphe*, dans **La Curée de Zola ou << la vie à outrance >>**, Paris, SEDES, 1987, p. 47.

Au plan individuel, le cercle vicieux est maintenu chez Renée par son évolution psychologique telle que représentée par Anthony Zielonka de la manière suivante[197] :

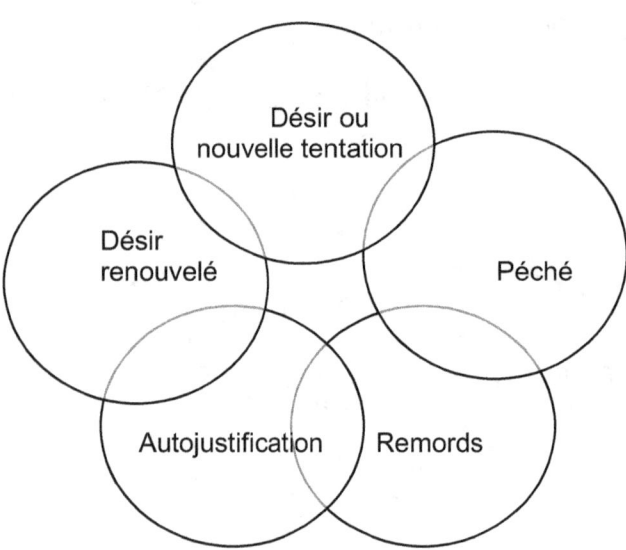

Il reste à compléter enfin le tableau des caractéristiques de la sexualité avec la composante mythique avant de conclure ce chapitre sur une note tout à fait apocalyptique.

5. UNE APPROCHE MYTHIQUE DE LA SEXUALITÉ

Les mythes de la sexualité qui émaillent le récit romanesque de Zola sont essentiellement d'origine païenne et chrétienne[198]. Cependant, on ne les étudiera tous dans le détail ici puisque j'y consacrerai le chapitre III suivant. Pour l'heure, on peut retenir simplement que le retour du mythe ancien dans le roman moderne fonctionne finalement comme une restriction du champ de la liberté du narrateur d'abord, puis des protagonistes ensuite. Programme narratif préétabli, le mythe ancien s'impose au créateur romancier qui ne saurait s'arroger la liberté de le rénover suffisamment au risque de faire du faux et usage de faux. De la même manière, le personnage identifié ou comparé à un héros mythique subira l'ascendance et l'influence de ce dernier et devra logiquement assumer la destinée de son référent, aussi tragique soit-elle[199]. C'est sans doute une des raisons pour

---

[197] Anthony Zielonka : *Renée et le problème du mal*, dans **La Curée de Zola << ou la vie à outrance >>**, op. cit. p. 165.
[198] On retrouvera les termes d'*origine gréco-latine* et d'*origine judéo-chrétienne* chez Roger Ripoll, dans **Réalité et Mythe chez Zola**, op. cit. p. 60.
[199] Roger Ripoll, dans **Réalité et Mythe chez Zola**, op. cit. écrit : *<< Les dieux sont les forces qui défient tous les interdits; les êtres humains, en transgressant ces interdits, se font semblables aux dieux pour un*

lesquelles Philippe Hamon affirme que le personnage zolien est << *prédéterminé* >>[200]. Aussi faut-il convenir de ce qu'il est presque impossible d'atteindre à travers une œuvre de fiction, le naturalisme pur, c'est-à-dire une écriture qui échapperait à tous les avatars de l'imagination et de la création artistique. Devant de telles contraintes en effet, le créateur romancier est réduit à aspirer au naturalisme, au lieu d'en faire[201].

Par exemple, des mythes sexuellement connotés[202] émaillent **Nana**, notamment les mythes de << *Vénus* >>, de << *Jupiter* >>, de << *Mars* >> et de << *Vulcain* >>. Dès le chapitre premier du roman, Nana, en jouant le rôle principal dans **La Blonde Vénus** au Théâtre des Variétés, tétanise et électrise la foule au seul moyen de son pouvoir de séduction[203] et ce, malgré son piètre talent de comédienne. Plus jamais Paris ne pourra lui résister. Pour Philippe Hamon, si la foule reprend en chœur le nom de l'actrice, c'est qu'elle se retrouvera ensuite << *dans tous les lits* >>[204]. *Vénus* - dont la dénomination grecque est Aphrodite -, était la déesse de l'Amour, capable d'insuffler une passion orageuse à ses victimes comme Phèdre. En début de roman, cet épisode mythique vise à prévenir le lecteur de la capacité de séduction du personnage concerné, voire sa capacité de destruction également. À ce propos, David Baguley écrit : << *Cette scène d'ouverture, qui se joue dans la salle du théâtre des Variétés, est extraordinairement* programmatique >>[205]. C'est dire que l'on ne doit plus être surpris de constater que Nana subjugue le comte Muffat jusqu'à causer sa dégringolade sociale, financière, morale et politique. D'autres victimes se laissent consumer au propre comme au figuré - voir la deuxième partie. Cette première apparition de Nana, selon le mot de Baguley, marque aussi le rythme effréné qu'elle imprimera au roman : << *Le mouvement de cette première scène annonce déjà le rythme de plus en plus accéléré, un rythme furieux, frénétique, frémissant* [...] >>[206].

---

temps, mais pour un temps seulement, car ils ne peuvent incarner ces forces effrénées sans se détruire >>, p. 83.

[200] Philippe Hamon : **Le Personnel du Roman. Le Système des Personnages dans Les Rougon-Macquart d'Émile Zola**, op. cit. p. 38.

[201] Pour Roger Ripoll, les mythes bafouent l'exactitude à laquelle prétend Zola, voir l'ouvrage ci-dessus, p. 62. Maarten Van Buuren ne dit pas autre chose lorsqu'il affirme que le scientisme de Zola est miné par le mythe au point que le contenu thématique réel s'oppose au contenu métaphorique mythique, voir **Les Rougon-Macquart d'Émile Zola. De la Métaphore au Mythe**, op. cit. p. 15.

Claude Seassau abonde dans le même sens, voir **Émile Zola, Le Réalisme Symbolique**, op. cit. p. 320.

[202] Roger Ripoll remarque que : << *Les noms qui reparaissent le plus souvent, bien plus souvent que tous les autres, sont ceux de Vénus et des Amours ; viennent ensuite les satyres et les faunes. Cette fréquence est déjà instructive : on trouvera souvent un rapport établi entre les mythologies et les puissances de la sexualité* >>, dans **Réalité et Mythe chez Zola**, op. cit. p. 61. Plus loin, à la page 80, Ripoll va jusqu'à concéder que la particularité du mythe zolien est l'érotisme païen.

[203] Maarten Van Buuren évoque le *pouvoir royal* de Nana, dans **Les Rougon-Macquart d'Émile Zola. De la Métaphore au Mythe**, op. cit. p. 156.

[204] Voir Philippe Hamon, dans **Le Personnel du Roman. Le Système des Personnages dans Les Rougon-Macquart d'Émile Zola**, op. cit. p. 149.

[205] David Baguley : **Zola et les Genres**, chapitre VI : *Nana, roman baroque*, op. cit. p. 66.

[206] **Ibidem,** p. 66.

La seconde mise en abyme, toujours dans le chapitre I, met face à face *Vénus* et *Vulcain* - Aphrodite et Héphaïstos -. Ce couple mal assorti[207] - la plus belle des déesses et son époux, le plus laid des dieux, bancal et infirme mais fort -, est représenté par Nana et son amant Fontan, le comédien tout en laideur. L'important à noter ici est le cocuage, c'est-à-dire la relation adultère entre *Vénus* et *Mars* et qui provoqua le courroux de leurs partenaires légaux - Vulcain et Athéna -. Dans le récit romanesque, Nana et Fontan opèrent un glissement qui les délivre de la rigidité du récit mythique et qui leur permet de vivre une relation amoureuse véritable. Si personne ne vient les persécuter de l'extérieur, Fontan se charge en revanche de martyriser sa belle dans la conjugaison d'un sadisme et d'un masochisme évidents. L'un prend en effet plaisir à dominer et à faire souffrir sa partenaire qui, à son tour, aime à se retrouver dans cette position de souffre-douleur de son amant. Nana acquiert ainsi l'expérience de la femme qui jouit lorsqu'elle est battue et violentée. Elle se montre alors comme une autre elle-même, transformée par l'amour ainsi que l'avait si bien vu Valerie Minogue: *« On a less trivial level, it is the 'regard de femme enceinte qui a envie de manger quelque chose de malpropre' which she directs at Fontan that introduces the episode of Nana's infatuation with the actor, in which we see Nana, the queen and goddess who subjects men to her every whim, striving after housewifely property, and herself subjected and enslaved »*[208].

La pièce **La Blonde Vénus** cite également << *Jupiter* >> - Zeus - connu pour ses divagations sexuelles. Certes, le narrateur ne dit pas qui joue son rôle dans la pièce, mais la mythologie grecque situe sur l'ampleur de ses infidélités qui irritent constamment sa compagne, Junon.

Le dernier mythe païen digne d'être étudié est aussi d'origine grecque puisqu'il s'agit du << *Monstre* >>. C'est dans le chapitre IV de **La Curée** que Renée est métaphoriquement assimilée à un << *monstre* >>. À partir de ce moment, elle perd de son humanité et gagne à la fois en animalité, en hybridisme et en négativité car le monstre est impliqué dans la mort tragique d'Hippolyte. Rappelons que Maxime avait identifié sa maîtresse à un << *monstre* >> dans la chaleur torride de la serre et cela, sans réaliser qu'il était lui-même Hippolyte. À partir de ces référents, on peut s'attendre à la mort prochaine de Maxime causée par sa maîtresse monstrueuse. Certes, cela ne paraît pas exact dans **La Curée** ; car Renée y trouve la mort tandis que Maxime lui survivra environ douze ans, avant de mourir à son tour dans **Le Docteur Pascal**, dans sa trente-troisième année. Mais si l'on tient compte de ce que chez Zola, la sexualité précoce et la débauche causent la mort précoce, on peut admettre alors que l'inceste abondamment consommé dans les bras de Renée n'est pas étranger à l'écourtement de l'espérance de vie de Maxime[209].

---

[207] Ce couple représente l'harmonie universelle parce qu'il allie la force à la beauté selon Roger Ripoll, dans **Réalité et Mythe chez Zola**, op. cit. p. 74.
[208] Valerie Minogue : *Venus Observing, Venus Observed : Zola's Nana* dans **Émile Zola Centenary Colloquium: 1893-1993**, édité par Patrick Pollard, London, The Émile Zola Society, 1995, p. 59.
[209] Cela relève de ce que Roger Ripoll nomme la puissance de création de Zola à partir des mythes empruntés, voir **Réalité et Mythe chez Zola**, op. cit. p. 111.

Pour clore ce chapitre, on doit retenir que les mythes situent les protagonistes le plus souvent dans un monde païen ou plutôt polythéiste. Or l'on sait que Dieu - le Dieu unique de la Bible s'entend - n'existe pas dans un tel monde en proie à tous les vices et aberrations sexuels. Le monde des **Rougon-Macquart**, dans l'entendement zolien, est amoral et prédisposé à la disparition totale[210] dès que la colère divine s'abattra sur lui ; telle est en tout cas une des dimensions significatrices de la présence dans le corpus d'éléments relevant du paganisme. Cette sentence se vérifiera avec les dimensions sémiotique - dans le paragraphe suivant - et psychocritique - notamment au chapitre III de la deuxième partie. La récupération de tels éléments culturels ancre **Les Rougon-Macquart** dans le patrimoine culturel occidental[211] et rappelle, si besoin en était, que l'écrivain ne saurait créer ex-nihilo puisqu'on ne peut s'affranchir de sa culture. On peut deviner déjà le sort réservé à tout ce monde au plan immanent

6. UNE APPROCHE APOCALYPTIQUE DE LA SEXUALITÉ

Le dernier livre de **La Bible** évoque l'apocalypse comme la fin des temps et du monde, caractérisée par de terribles catastrophes. Le moins que l'on puisse dire, c'est que le corpus n'est pas à court de pareilles situations. On retiendra seulement deux incendies géants et deux accidents ferroviaires suscités par la jalousie et les frustrations sentimentales.

Le premier de ces incendies vient sinistrer la maison des Mouret dans **La Conquête de Plassans**. Espace de la frustration sexuelle, cette maison est ainsi purifiée par le feu des mains de son propriétaire légitime, François Mouret. C'est un feu purificateur[212] qui le consume lui-même mais il semble avoir préféré ce nouveau sort décidé par lui seul. En effet, l'abbé Faujas avait investi cet espace et en avait dépossédé François qu'il est allé jusqu'à faire interner dans un asile de fous. La maison était alors apparue aux yeux de François comme un espace de félonie et de trahison, que seul le feu devait purifier[213]. Cette connexion entre la sexualité et la mort avait été désignée par Jean Borie comme une << *interpénétration de la libido et de la mort* >>[214]. Tout le long du cycle des **Rougon-Macquart**, cette interpénétration ne se démentira point.

---

[210] Roger Ripoll souligne que : << *La dégradation que subissent les dieux symbolise la décadence de toute valeur et la corruption de toute une société ; au second acte de la **Blonde Vénus**, Nana salit le mythe même qu'elle incarne [...]. La fin du roman, poussant à l'extrême ce rabaissement de la divinité, traduit brutalement cette corruption d'un monde :* << Vénus se décomposait >> >>, **ibidem**, p. 75.

[211] Comme le dit Roger Ripoll, la récupération des mythes hypotextuels est une preuve de culture, sinon de brassage culturel, voir **Réalité et Mythe chez Zola**, op. cit. tome II, p. 926.

[212] Maarten Van Buuren oppose le *feu destructeur* au *feu vital intérieur,* dans **Les Rougon-Macquart d'Émile Zola. De la Métaphore au Mythe**, op. cit. 254. Il établit ensuite le paradigme du feu destructeur ou organique comme suit: *flamboyer 392* emplois, *brûler 366, ardent 227, allumer 191, feu 110, chaud 76, braise 34* (p. 255).

[213] Claude Seassau estime que : << *La destruction nihiliste a un aspect mystique, seuls le sang et le feu peuvent purifier la terre comme dans les rites purificateurs* >>, voir **Émile Zola, Le Réalisme Symbolique**, op. cit. p. 251.

[214] Jean Borie : **Zola et les Mythes, ou de la Nausée au Salut**, op. cit. p. 63.

Pareil incendie ravage en effet la Borderie dans **La Terre**, au chapitre V, lorsque Tron, éconduit par sa maîtresse, Jacqueline Cognet dite La Cognette, vint y mettre le feu après avoir causé la mort de son rival, M. Hourdequin. On peut noter dans tous les cas que le sujet sexuellement frustré - par la séparation d'avec sa femme ou sa maîtresse - revient se venger en mettant le feu à l'espace de la trahison et de la frustration. Ces flammes rappellent ainsi celles mentionnées dans le livre de l'apocalypse autant que celles de l'enfer. Toutefois, si Baguley accorde à toutes les morts violentes qui émaillent **La Terre**, une << *notion tragique ou catastrophique* >>, il croit y voir aussi le << *renouveau perpétuel du cosmos* >>, un << *retour éternel de la nature* >>[215]. Il est de notoriété en effet que chez Zola, les scènes de mort se déroulent souvent au moment où une naissance a lieu comme pour dire que l'une appelle l'autre et qu'au fond, la vie ne s'arrête jamais puisqu'elle ne fait que changer de forme.

Par ailleurs deux autres catastrophes se produisent dans **La Bête Humaine**, respectivement aux chapitres X et XII. Ce sont en l'occurrence deux accidents de train. Premièrement, il s'agit d'un déraillement planifié et exécuté de sang-froid par Flore qui est déçue de se voir négligée au profit d'une rivale. Pour supprimer Jacques et Séverine, elle met la vie de tous les passagers de la Lison en danger sans se soucier de l'hécatombe dont elle se rendrait responsable. Selon le narrateur, le train de sept wagons se présentait alors ainsi : << *Les trois premiers [wagons] étaient réduits en miettes, les quatre autres ne faisaient plus qu'une montagne, un enchevêtrement de toitures défoncées, de roues brisées, de portières, de chaînes, de tampons, au milieu de morceaux de vitres* >>[216].

Pareille volonté d'éliminer tant de monde s'il le faut afin de se venger d'un(e) seul(e) rival(e) anime Pecqueux au dernier chapitre du roman. Ce dernier voulait supprimer Jacques - encore lui - à cause de sa liaison qu'il avec Philomène. Sans tenir compte de la vie des centaines - ou des milliers ? - de soldats que son mécanicien et lui transportaient, Pecqueux provoque une double chute où tous les deux sont déchiquetés. Pendant ce temps, le train sans guide désormais et lancé à toute vitesse dans la nuit noire, offre une vision tout à fait apocalyptique[217] surtout que cela se passe à l'explicit du roman. Le suspense se trouve renforcé par le fait que le narrateur clôt son récit sur cette image de sorte que le narrataire est appelé à imaginer ce qui peut bien se passer pour finir. Il semble que le narrateur répugne à dresser le bilan de cette énième catastrophe inévitable. Le lecteur reste impuissant devant l'accident toujours présent, toujours suspendu comme une

---

[215] David Baguley : **Zola et les Genres**, chapitre IX : *le réalisme grotesque et mythique de **La Terre**.*, op. cit. p. 100.
[216] Émile Zola : **R. M. IV**, op. cit. p. .1260.
[217] Il faut rappeler que cette même idée cataclysmique liée à la machine se retrouve chez Jacques Noiray : << *Que ce soit directement, comme machine meurtrière, ou métaphoriquement, la machine apparaît toujours comme un instrument ou une image de mort. On dirait même que, pour Zola, la présence de l'objet technique est indissociable d'une représentation de la mort : c'est en tant que machine, c'est-à-dire sujet au détraquement, que le corps humain se révèle fragile et mortel ; c'est comme corps mécanique érotisé que la machine développe avec l'homme ou la femme des rapports pervertis et finalement meurtriers ; c'est comme incarnation des instincts de mort qu'elle trouve à la fois sa suprême puissance et sa fin cataclysmique* >>, voir **Le Romancier et la Machine. I. L'Univers de Zola**, op. cit. p. 448.

véritable épée de Damoclès qu'on ne peut empêcher de s'abattre sur la tête de ces victimes innocentes. Le sujet sexuellement frustré est un nihiliste redoutable et il vaut mieux ne pas se retrouver dans sa ligne de mire, d'où l'admission de McLynn de la présence d'une concaténation de chaos dans ce roman : « *There is, it seems, chaos within chaos, the aleatory within the contingent* »[218].

Au total, pour ce qui est des accidents, le narrateur zolien met en garde contre les avatars des progrès techniques qui peuvent, à la longue, nuire à l'homme dans des proportions très inquiétantes quand bien même la sexualité serait incriminée comme étant la principale cause des catastrophes énoncées ici. Au delà, c'est un signe avant-coureur de l'effondrement de toute la société du Second Empire et on peut conclure ce point avec McLynn pour qui : « *The world of* **La Bête Humaine**, *set in 1869-1870, mirrors the descent of the Second Empire itself into the darkness of the chaos world* »[219].

Il y a, chez Zola, comme une phobie et une obsession pour le sexe[220] qu'il semble considérer comme l'instrument responsable de tant de souffrances humaines. Mythique ou naturaliste, la sexualité se présente dans son œuvre toujours sous un jour diabolique et catastrophique. Cependant, Zola a le courage de ne pas éluder ce qu'il craint ; il n'en fait pas un tabou. Bien au contraire, il l'affronte pour l'analyser, pour l'expliquer et, au besoin, il l'exorcise avec lucidité : « *Or, sortir des enfers, c'est précisément le sens de l'entreprise de Zola, de son difficile nettoyage du corps et du monde* »[221]. Ses personnages, parce qu'il leur a manqué cette lucidité, sont emportés par le tourbillon de leur libido envahissante et dépourvue de toute morale. On peut postuler que si l'auteur des **Rougon-Macquart** n'a pas inventé l'introduction de la thématique de la sexualité dans la littérature en général et dans le roman en particulier, il est tout de même évident qu'il fit preuve d'une originalité certaine[222] dans ce domaine.

À travers ces deux chapitres, on a vu que la sexualité est le thème essentiel du naturalisme zolien, l'élément central autour duquel tout gravite. La dénomination et la qualification du personnage dépendent de sa sexualité autant que son être et son faire. L'homme, chez Zola, est d'abord un être sexué et c'est sa sexualité qui dicte sa conduite générale au sein de la société. La sexualité est donc la vraie

---

[218] Pauline McLynn : *Human Beasts ? Criminal perspectives in La Bête Humaine*, dans **Zola, La Bête Humaine : texte et explication**, Geoff Woollen (éd), op. cit. p. 133.

[219] Pauline McLynn : *Human Beasts ? Criminal perspectives in La Bête Humaine*, dans **Zola, La Bête Humaine : texte et explication**, op. cit. p. 133.

[220] On peut lire chez Jean Borie : « *Zola est vraiment obsédé par le corps et par la malédiction de l'ordure* », dans **Zola et les Mythes, ou de la Nausée au Salut**, op. cit. p. 36.

[221] **Jean Borie : Zola et les Mythes, ou de la Nausée au Salut**, op. cit., p. 38.

[222] Claude Seassau estime, dans **Émile Zola, Le Réalisme Symbolique,** que l'une des originalités de Zola réside dans la tension qui existe entre le mythe et le réel, op. cit. p. 320 et plus avant, à la page 215, que l'univers zolien est constitué d'un imaginaire avec ses mythes originaux.

Roger Ripoll abonde dans le même sens, dans **Réalité et Mythe chez Zola,** en affirmant que Zola procède à un renouvellement des mythes qu'il récupère et que l'une des originalités du traitement du mythe chez l'auteur serait « *l'accent mis sur le côté érotique du paganisme* », op. cit. p. 65 et p. 80.

nature de l'homme - physiologiquement et psychologiquement - puisqu'elle justifie la violence inhérente à l'homme, violence de la bête humaine[223] qui aura différents parcours sémémiques tels que le sadisme, le masochisme, le meurtre passionnel, la pyromanie, la pédophilie, etc.

La vision zolienne du monde est celle d'une fatalité irréversible liée à la sexualité. Si être hermaphrodite ou asexué constitue une dégénérescence grave, avoir une sexualité "normale", c'est aussi devenir le foyer d'une violence atavique. Le sexe sert à donner la vie et, fatalement, il est vecteur de mort dans le roman naturaliste, comme il fut l'outil du péché originel. Les personnages du corpus, qui entendent représenter la société impériale, ont eux aussi péché par le sexe depuis Tante Dide, nouvelle Ève mythique ayant commis la faute avec le braconnier Macquart. Et toute sa descendance en sera maudite, frappée de plein fouet par la fêlure. C'est le lieu de diriger la lanterne de notre investigation dans la direction d'une autre composante capitale du récit à savoir l'étude des personnages. Il s'agira de les appréhender dans leur être, dans leur paraître et à travers leurs différents faires et leur devenir dans le domaine exclusif de la sexualité.

---

[223] Émile Zola écrit : << *Il y a un fonds de bête humaine chez tous, comme il y a un fonds de maladie* >>, dans **Le Naturalisme au Théâtre** in **Le Roman Expérimental**, in **Œuvres Complètes**, sous la direction de Henri Mitterand, Tome 9 : **Nana 1880**, présentation, notices, chronologie et bibliographie par Chantal Pierre-Gnassounou, op. cit. p. 379.

DEUXIÈME PARTIE :
LES ACTANTS SEXUELS
ET LA QUESTION DE LA FATALITÉ

ARBRE GÉNÉALOGIQUE DES ROUGON-MACQUART

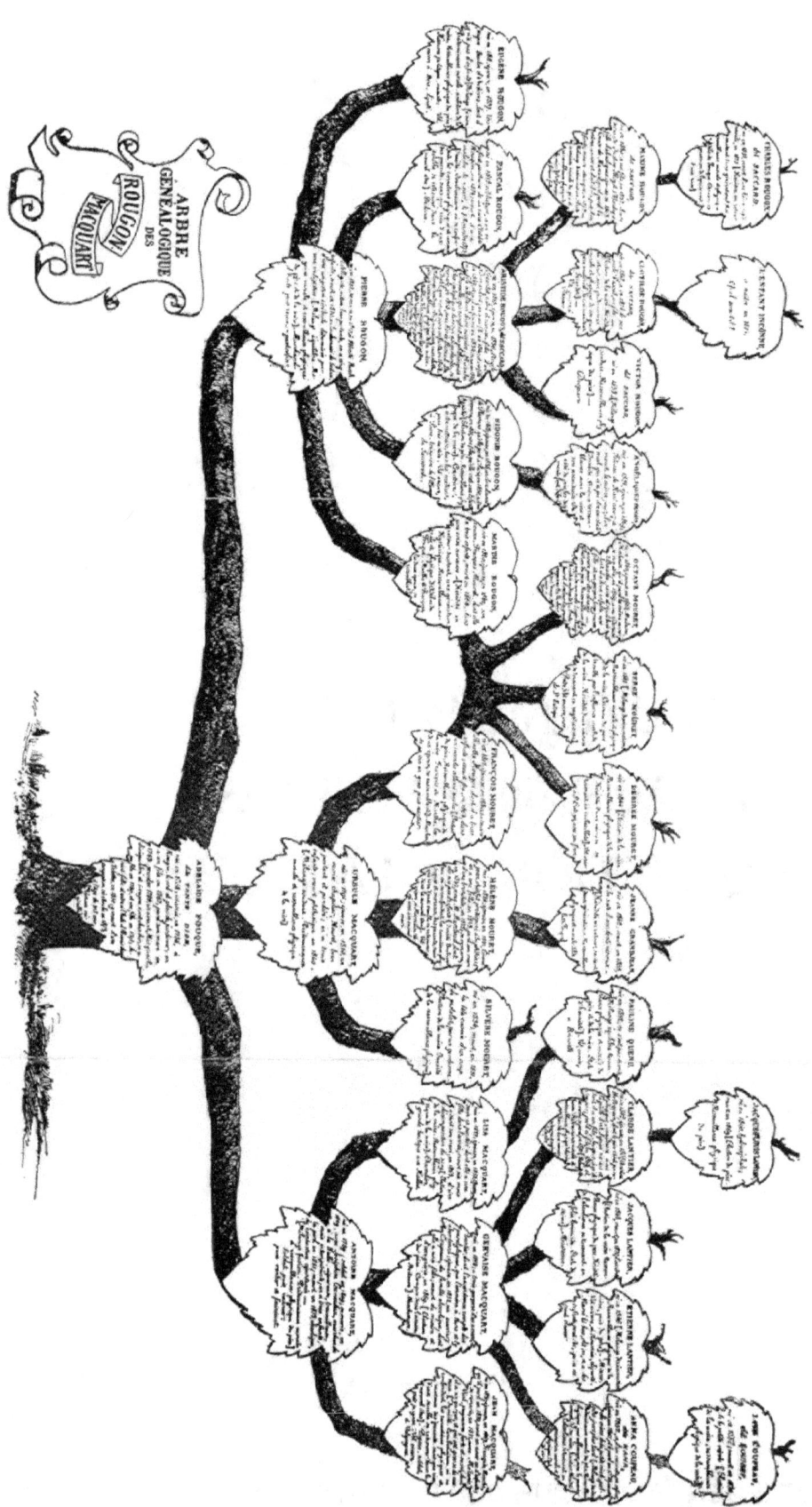

Cette étude vise premièrement à appréhender les personnages, éléments éminents et obligatoires du récit. Ils constituent, selon le mot de Roland Barthes, << *la grammaire du récit* >>[224]. Tout comme le verbe est le constituant obligatoire du groupe verbal, ou que le nom sujet commande la phrase, le personnage constitue le premier élément de lisibilité du récit. Cette importance capitale du personnage par rapport au récit avait été fort justement perçue par Barthes pour qui il demeure l'élément irréductible de toute narration en cela qu'aucun récit au monde ne saurait en faire l'économie alors qu'on peut très bien faire une narration sans évoquer ni le temps ni l'espace référentiels par exemple[225].

Toutefois, on ne va pas, une fois les personnages étudiés, s'empêcher, deuxièmement, de les mettre en situation, c'est-à-dire de les saisir dans le temps et dans l'espace narratifs dans lesquels ils se meuvent. J'emploierai le terme d'*actant*[226] à la suite de Greimas, pour désigner non le personnage traditionnel, mais toute entité qui joue un rôle actantiel fondamental dans le récit, soit en tant que sujet ou objet, destinateur ou destinataire, ou encore en tant qu'adjuvant ou opposant. On y adjoindra l'épithète *sexuel* pour spécifier le type d'actant qui m'intéresse, car ceux qui sortent de cette thématique ne feront pas l'objet de notre analyse. Le personnage, donc, a un nom, il a un statut social et se laisse attribuer des qualificatifs. J'appellerai *l'être du personnage* toute information de ce type et qui vise à l'identifier.

CHAPITRE 1 : L'ÊTRE DES PERSONNAGES OU LE FOISONNEMENT DES MARIONNETTES

Le personnage littéraire a ceci de particulier qu'il n'entretient aucun rapport avec la réalité contingente. Il est en effet une créature fictive qui n'a d'existence que textuelle, car il n'est constitué que d'encre et de papier. Paul Valéry résumait la situation du personnage en ces mots : << *Superstitions littéraires – j'appelle ainsi toutes croyances qui ont de commun l'oubli de la condition verbale de la littérature. Ainsi existence et psychologie des personnages, ces vivants sans entrailles* >>[227]. L'étude du personnage, ce désormais célèbre << *être de papier* >>[228], est passionnante à plusieurs égards. Cependant, on ne va pas étudier ici chacun des deux milliers de personnages anthropomorphes qui pullulent dans **Les Rougon-Macquart**. Tout au plus, je m'intéresserai exclusivement aux plus importants parmi eux sur l'axe thématique de la sexualité. Les actants non anthropomorphes ne seront pas

---

[224] Roland Barthes : *Introduction à l'Analyse Structurale des Récits,* dans **Communications, 8 : L'Analyse Structurale du Récit**, Paris, Seuil, 1982, p.10 et p.18, (1 ère Édition, Paris, Com, 1966).
[225] **Ibidem**, p.15.
[226] A. J. Greimas : **Du Sens II : Essais Sémiotiques**, chapitre 1 : Structures Narratives, *Actants et Acteurs,* Paris, Seuil, 1983, pp. 49-55.
[227] Paul Valéry : **Tel Quel**, Tome 2, Paris, Gallimard, 1960, p. 61.
[228] **Ibidem**, p. 61.

laissés en marge dès lors qu'ils sont redondants ou auront une influence tranchée sur la sexualité de leurs homologues anthropomorphes.

Selon les sémioticiens du Groupe d'Entrevernes, une séquence narrative obéit à une organisation logique comme suit : à partir d'une phase de *manipulation* ou de *faire-faire*, un *destinateur* entre en relation avec un *sujet-opérateur* en vue de lui faire acquérir une *compétence* ou *être du faire*. Cette seconde phase met en relation le sujet-opérateur avec les *objets modaux* nécessaires à la réalisation de sa quête. Une fois devenu *compétent*, le sujet-opérateur doit entrer en relation avec les *objets-valeurs* pour établir une *performance* ou *faire-être*. Au bout de la chaîne, s'établit à nouveau une relation entre le destinateur et le sujet-opérateur en vue d'arrêter la *sanction* ou *l'être de l'être* et qui consiste à interpréter et à évaluer le résultat de la quête entreprise par ce dernier. J'essaierai, tout au long de cette seconde partie, de voir comment ces quatre moments du programme narratif sont traités dans le corpus.

1. LA MANIPULATION OU LE FAIRE-FAIRE

1.1. L'auteur et ses personnages

L'on doit la toute première manipulation à l'auteur qui, le 1er juillet 1871, à Paris, écrivait à propos de ses personnages, dans la préface générale des **Rougon-Macquart** : << *[...] ils racontent ainsi le Second Empire à l'aide de leurs drames individuels, du guet-apens du coup d'Etat à la trahison de Sedan* >>[229]. Le contrat fiduciaire était dès lors tacite entre un destinateur - l'auteur Zola lui-même - et ses personnages à qui il insufflait un vouloir ou un désir afin d'entamer la quête d'un objet-valeur - la dénonciation d'un régime politique précis -.

Encore eut-il fallu leur rendre une certaine compétence nécessaire à la quête dudit objet. Cette compétence était explicite dans la préface évoquée tantôt : << *Les Rougon-Macquart, le groupe, la famille que je me propose d'étudier, a pour caractéristique le débordement des appétits, le large soulèvement de notre âge qui se rue aux jouissances. Physiologiquement, ils sont la lente succession des accidents nerveux et sanguins qui se déclarent dans une race, à la suite d'une première lésion organique, et qui déterminent, selon les milieux, chez chacun des individus de cette race, les sentiments, les désirs, les passions, toutes les manifestations humaines, naturelles et instinctives dont les produits prennent les noms convenus de vices et de vertus. Historiquement, ils partent du peuple, ils s'irradient dans toute la société contemporaine, ils montent à toutes les situations [...]* >>[230]. À cette préoccupation première de raconter le Second Empire, voilà donc les << êtres de papier >> victimes de leur hérédité. Zola n'hésita pas en effet à proclamer que << *L'hérédité a ses lois, comme la pesanteur* >>[231]. On peut affirmer, avec Philippe Hamon, que : << *Le personnage zolien, posons-le ici tout de*

---

[229] Émile Zola : **R. M. I**, op. cit p. 3.
[230] **Ibidem**, p.3.
[231] **Ibidem**, p. 3.

suite, sera un personnage lisible et délégué à la lisibilité. [...] Lieu et objet de lisibilité, il sera aussi opérateur de lisibilité »[232].

Une fois le contrat auteur-personnages conclu, il ne faut pas croire que la phase de manipulation est pour autant terminée.

1.2. Identification et catégorisation de l'actant sexuel

À la suite de Philippe Hamon, on peut distinguer les personnages *anthropomorphes* des *non anthropomorphes*[233]. Pour ce théoricien, le vocable *anthropomorphe* s'applique à un personnage littéraire à forme humaine. Hamon distingue trois catégories de personnages anthropomorphes comme suit :

1) Les personnages *anaphores,* c'est-à-dire ceux qui sont propres à l'œuvre : dans notre contexte, ce sont tous les personnages dont le nom de famille[234] est Rougon, Macquart, Lantier et Mouret. Ils sont la famille initiale que Zola se proposait d'étudier.

2) Les personnages *référentiels,* c'est-à-dire ceux qui sont d'essence historique et non purement de type fictionnel, comme Napoléon ou Bismarck.

3) Les personnages *embrayeurs* enfin, sont ceux qui constituent un chœur à côté des personnages anaphores puisqu'ils ont une fonction phatique à l'instar de Watson, cette sorte de doublure de Sherlock Holmes chez Conan Doyle. On peut citer parmi eux, les Fouan de **La Terre** qui ne font pas partie de la famille originelle mais qui revêtent cependant un intérêt narratif tout particulier.

1.2.1. Les personnages anthropomorphes

1.2.1.1. Les personnages anaphores

Tout part d'Adélaïde Rougon née Fouque qui est *fêlée* dès le premier volume, **La Fortune des Rougon**. Pour Zola, *la fêlure* est *la tare originale*, le grain de folie transmis à Adélaïde par son père et qui se propage dans sa descendance de trente et cinq individus répartis dans les vingt romans des **Rougon-Macquart**. Tel un virus, la fêlure infecte chacun des membres de la famille en se manifestant différemment selon le tempérament de chacun et selon son milieu social. Les personnages anaphores sont ainsi catalogués et aucun d'entre eux - à l'exception de Clotilde Rougon ainsi qu'on l'a vu plus haut - ne pourra se défaire de sa condition ni de << *la pesanteur* >> qu'est << *la fêlure* >>. C'est pourquoi, Hamon n'a

---

[232] Philippe Hamon : **Le Personnel du Roman. Le Système des Personnages dans les Rougon-Macquart d'Émile Zola**, op. cit. p. 38.
[233] Philippe Hamon: *Pour un Statut Sémiologique du Personnage* dans **Poétique du Récit**, op. cit. p. 125.
[234] Maarten Van Buuren estime que << *L'unité du cycle est assurée en grande partie par la famille dont les membres se retrouvent dans chaque roman* >>, dans **Les Rougon-Macquart d'Émile Zola : De la Métaphore au Mythe**, op. cit. p. 13.

sans doute pas tort d'affirmer qu'« *Avant d'être déterminé par une hérédité, des influences, des milieux, etc., le personnage zolien est donc prédéterminé, ce qui n'était peut-être pas évident a priori pour un personnage relevant de l'esthétique réaliste-naturaliste* »[235].

Par exemple, les Rougon[236] qui sont la branche légitime, sont *sanguins*. Dans la théorie de Zola, cela produit chez eux un « *appétit violent* » qui les pousse « *à monter à toutes les situations* »: Aristide est banquier, Eugène est avocat puis ministre, Pascal est médecin et Sidonie est femme d'affaires, pour ne citer que ceux-là. Par contre, les Macquart[237] qui constituent la branche bâtarde, sont *nerveux* et ce tempérament, dans l'entendement zolien, les rendra alcooliques et dissipés. Ils seront globalement pauvres, ouvriers, paysans, soldats, braconniers, ivrognes et débauchés, bref, ce sont des « *canailles* ».

Ensuite, par le jeu des alliances - les mariages notamment -, deux autres branches surviennent. La première est celle des Mouret qui est à cheval sur les deux branches initiales ci-dessus. C'est qu'Ursule Macquart, en épousant le chapelier Mouret, a engendré François Mouret, le futur époux de Marthe Rougon. En conséquence, les Mouret ont hérité à la fois du tempérament *sanguin* des Rougon à l'image d'Octave Mouret - qui devient ainsi un grand marchand de nouveautés -, et du tempérament *nerveux* des Macquart, qui surgit par exemple chez François Mouret - qui finit fou[238] et suicidaire - et chez Silvère Mouret, petit ouvrier dépourvu de la moindre aptitude pour les choses de l'esprit. La seconde est celle des Lantier nés de Gervaise Macquart. Ces derniers sont tous *nerveux* et, par conséquent, ils sont fous comme Jacques[239], ouvriers comme Étienne, artistes dépourvus de génie, comme Claude.

Les personnages anaphores connaissent des fortunes sexuelles diverses. Si on prend l'exemple d'Eugène Rougon, on voit qu'il est comme asexué aussi bien dans **La Curée** que dans **Son Excellence Eugène Rougon** et **La Fortune des Rougon**. Il en va de même pour son cadet, Pascal Rougon, dans le dernier roman cité. Quant à Aristide Rougon dit Saccard, il « *avait partagé sa femme* (Renée) *avec son fils, vendu son fils, vendu sa femme, vendu tous ceux qui lui étaient tombés sous la main [...]* »[240]. Il est intéressant de rappeler qu'Aristide s'est choisi lui-même un

---

[235] Philippe Hamon : **Le Personnel du Roman. Le Système des Personnages dans les Rougon-Macquart d'Émile Zola**, op. cit. p. 55.

[236] Pour Maarten Van Buuren, les Rougon sont des arrivistes, voir **Les Rougon-Macquart d'Émile Zola. De la Métaphore au Mythe**, op. cit. p. 13.

[237] Pour Maarten Van Buuren, les Macquart sont des souffrants, voir **Les Rougon-Macquart d'Émile Zola. De la Métaphore au Mythe**, op. cit. p. 13.

Claude Seassau estime pour sa part que la branche Macquart est caractérisée par une forte hérédité, dans **Émile Zola, Le Réalisme Symbolique**, op. cit. p. 18.

[238] On se rappelle que d'après Roger Ripoll, Zola s'est très largement inspiré de la théorie de l'hérédité de Lucas qui stipulait que les parents ivrognes étaient susceptibles d'engendrer des enfants fous, voir **Réalité et Mythe chez Zola**, op. cit. p. 169.

[239] **Ibidem**, p. 169.

[240] Émile Zola : **R. M. V**, Paris, Gallimard, 1967, p. 221.

[240] Émile Zola : **R. M. I**, op. cit. p. 485-486.

nouveau nom de famille, en l'occurrence, Saccard. Philippe Hamon a déjà révélé de fort belle manière l'importance capitale de ce changement d'identité : << *Le nom peut renvoyer à tel ou tel contenu moral, esthétique, caractériel, idéologique, stéréotypé [...]. Les cas les plus intéressants à étudier seront sans doute ceux où l'on voit, dans un texte, un personnage s'inventer lui-même un nom ou un pseudonyme. Par exemple, dans* **La Curée** *de Zola, nous voyons le financier et spéculateur Aristide Rougon se choisir un nom de << guerre >> (où l'on reconnaît << sac >> (d'or) + le suffixe – ard ; << Saccard ! – avec deux c... hein ? Il y a de l'argent dans ce nom-là ; on dirait que l'on compte les pièces de cent sous [...] >>, << Oui, un nom à aller au bagne ou à gagner des millions >> (lui répondit son frère Eugène). De tels noms << transparents >> fonctionnent comme des condensés de programmes narratifs, anticipant et laissant préfigurer le destin même des personnages qui les portent >>*[241].

Maxime Rougon dit Saccard << *cet être neutre, hermaphrodite étrange venu à son heure [...] devenait une femme aux bras de Renée >>*[242]. David Baguley avait résumé ce personnage en une formule simple, estimant qu'il << *figure le prince trop charmant, dépourvu de la moindre trace d'énergie héroïque >>*[243]. Ainsi que Maarten Van Buuren le note, l'image de l'homme efféminé est toujours défavorable chez Zola[244].

Sidonie Rougon[245] est << *cet hermaphrodisme étrange de la femme, être neutre, homme d'affaires et entremetteuse à la fois >>*[246]. Elle rejoint donc son neveu, Maxime, dans l'hermaphrodisme latent et dans l'inversion sexuelle.

Marthe Rougon, épouse Mouret, aime l'abbé Faujas et la religion avec ambiguïté dans **La Conquête de Plassans** pendant qu'elle délaisse son époux, François. Elle est victime de ce que Bertrand-Jennings nomme l'hystérie féminine qui se manifeste d'une part, par l'occultisme et la superstition mystique, et d'autre part, par une déviation sexuelle[247].

Ursule Macquart est plutôt tempérée dans **La Fortune des Rougon** contrairement à son frère, Antoine, qui fait trois bébés coup sur coup à sa femme, Joséphine Gavaudan.

Gervaise, la seconde née du couple, est fortement attirée par le mâle[248] et elle fait deux "bâtards" avec son amant, Lantier, respectivement à quinze et dix-huit ans,

---

[241] Philippe Hamon : *Pour Un Statut Sémiologique du Personnage* dans **Poétique du Récit**, op. cit. p. 150.
[242] Émile Zola : **R. M. I**, op. cit. p. 485-486.
[243] David Baguley : **Zola et les Genres**, *chapitre III : La Curée : La Bête et la Belle*, op. cit. p. 38.
[244] Maarten Van Buuren : **Les Rougon-Macquart d'Émile Zola. De la Métaphore au Mythe**, op. cit. p. 186.
[245] Claude Seassau écrit à ce propos : << *Zola semble avoir été fasciné par la dualité de l'individu et particulièrement par la faculté pour un être donné de présenter les caractéristiques du sexe opposé simultanément à celles de son propre sexe >>*, dans Émile Zola, **Le Réalisme Symbolique**, op. cit. p. 39.
[246] Émile Zola : **R. M. I**, op. cit. p. 373.
[247] Chantal Bertrand-Jennings : **L'Éros et la Femme chez Zola**, op. cit. p. 50.
[248] Claude Seassau écrit dans l'ouvrage ci-dessus: << *Après l'acquisition de la boutique, Gervaise enrichie ne songe qu'à manger << comme une chatte >>, l'image de la chatte sous-entend que la faim réelle n'est*

dans le même roman. Leur fils, Claude Lantier, est victime << *de ces brusques poussées de colère dont il était coutumier* >>[249] et d'une << *rage impuissante de création* >>[250], lorsque son fils à lui est << *si laid, si comique* >> et qui, de surcroît, << *devient idiot* >>[251] au fil du temps. Le frère cadet de Claude, un autre Jacques, a une double personnalité. Il a en effet << *une abominable faim d'égorgement* >>[252] et c'est lui "la bête humaine"[253]. Leur benjamin, Étienne Lantier, a la sourde angoisse de la lésion dont il couvait l'inconnu et avait << *un de ces besoins de tuer où il voyait rouge* >>[254]. En règle générale, on peut affirmer que la jalousie violente est le motif de nombre de meurtres et d'assassinats dans **Les Rougon-Macquart**[255].

Terminons enfin le paragraphe des personnages anaphores avec Victor Rougon dit Saccard qui est un *« monstre »*[256] et un << *enfant mûri trop vite* >>[257] du fait des << *appétits exaspérés de sa race, une hâte, une violence à jouir* >>[258]. En un mot, Victor est une << *boue humaine* >>[259].

À partir de ces données, on peut remarquer que les personnages anaphores sont des actants sexuels globalement déséquilibrés à cause de la pesanteur de leur hérédité. Ils portent en eux les germes d'une sexualité invertie ou pervertie[260], parfois aberrante et névrosée ainsi que l'étude des caractéristiques de la sexualité dans la première partie l'aura montré.

2.1.2. Les personnages embrayeurs

Les personnages embrayeurs sont fort nombreux dans **Les Rougon-Macquart**. C'est pourquoi j'étudierai parmi eux seulement ceux qui auront un intérêt vif et déterminant sur l'axe paradigmatique de la sexualité. À ce jeu, Nana est l'actant le plus décisif de la catégorie et sans doute le plus complexe aussi. Héroïne de Nana, elle a le statut ambigu d'un << dedans-dehors >>, car si elle est la fille de Gervaise Macquart, elle est aussi la fille de Coupeau. Elle bénéficie d'une forme de métissage qui fait d'elle le produit d'une mère personnage anaphore et d'un

---

que l'apparence d'une autre faim, sexuelle, que Gervaise apaise symboliquement en allant à la forge de Goujet >>, op. cit. p. 56.
[249] Émile Zola : **R. M. IV**, op. cit. p. 21.
[250] **Ibidem**, p. 342.
[251] **Ibidem**, p. 217.
[252] **Ibidem**, op. cit. p. 1123.
[253] Claude Seassau fait remarquer dans **Émile Zola, Le Réalisme Symbolique**, op. cit. (p. 60), que La Lison et Jacques sont également identifiés au sanglier et à la bête humaine, d'où la dégradation que subit le mécanicien : humanisation, animalisation et mécanisation.
[254] Émile Zola : **R. M. III**, op. cit. p. 1246.
[255] Voir Claude Seassau sur ce point dans l'ouvrage cité ci-dessus, p. 199.
[256] Émile Zola : **R. M. V**, op. cit. p. 152.
[257] **Ibidem**, p. 157.
[258] Émile Zola : **R. M. V**, op. cit. p. 157.
[259] Jean Borie : **Zola et les Mythes, ou de la Nausée au Salut**, op. cit. p. 160.
[260] David Baguley estime, dans **Naturalist Fiction. The Entropic vision**, que la perversion et l'inversion constituent la normalité sexuelle chez Zola, op. cit. p. 210.

père personnage embrayeur. Elle n'est donc ni tout à fait anaphore, ni tout à fait embrayeur, d'où notre terme ambigu de << dedans-dehors >>. Nana est une << *chienne en chaleur* >>, une << *femme-empire* >>, une << *chatte* >>, << *une mouche d'or* >>, << *une couleuvre* >>, << *un monstre* >>, << *un fauve* >> dans << *sa folie de destruction* >>[261]. Toutes ces métaphores[262] consacrent son caractère bestial et satanique[263], puis renforcent la prévisibilité de son faire. À ce propos, Roger Ripoll a montré que si Nana était assimilée au diable dès l'Ébauche du roman, son identification à une déesse - Vénus - n'est intervenue que plus tard[264]. L'exploitation onomastique des traits sémiques de cet actant sexuel - déesse maléfique -, révèle un riche programme narratif comme on l'a vu dans la partie précédente. Ajoutons cependant que pour Neide de Faria, << *Nana est le symbole le plus puissant du sexe dans **Les Rougon-Macquart*** >>[265], c'est-à-dire une << *femme fatale* >>[266] selon la terminologie de Chantal Bertrand-Jennings : << *Nana, il va sans dire, détient les records de tous les maléfices féminins [...]. Dans une sorte de cannibalisme sexuel qui s'apparente à la mante religieuse, elle massacre ses amants ou cause leur mort indirectement* >>[267].

Vient ensuite Renée Béraud du Châtel, épouse Rougon. Ayant quitté la vieille France morale que son père incarne[268], elle est aussi frileuse[269] que Nana dans le nouveau Paris luxueux et étourdissant. Renée est à la fois << *bête amoureuse* >>, << *monstre* >>, << *sphinx* >>, << *sœur blanche du dieu noir* >>[270] sans pour autant cesser d'être << *Vénus* >>[271]. Elle est également une femme fatale, puisqu'elle agresse et possède Maxime. Rappelons que toutes ces ambiguïtés signifiantes ont été relevées et étudiées plus haut. Il est bon de mentionner à ce niveau la rencontre entre le récit romanesque et l'histoire du Second Empire autour des sujets sexuels Laure d'Aurigny et Blanche Muller de **La Curée**. Le professeur Henri Mitterand note à ce propos que : << *Le nom de Laure d'Aurigny est le croisement d'un prénom à la mode et du nom de Blanche d'Antigny, actrice qui, en janvier 1870, avait eu des démêlés avec son bijoutier pour n'avoir acquitté que 800 F sur les 13.000 F que coûtaient*

---

[261] Émile Zola : **R. M. III**, op. cit. p. 1157, p. 1267, p. 1269, p. 1271.
[262] Philippe Bonnefis affirme qu'elle subit 78 mutations successives pour 17 incarnations animales dans *Le bestiaire d'Émile Zola : valeur et signification des images animales dans son œuvre romanesque*, in **Europe : Zola**, no. 468-469, op. cit. p. 106.
[263] Maarten Van Buuren l'identifie au Moloch parce qu'elle est croqueuse d'hommes, dans **Les Rougon-Macquart d'Émile Zola. De la Métaphore au Mythe**, op. cit. p. 156.
[264] Roger Ripoll : **Réalité et Mythe chez Zola**, op. cit. p. 76.
[265] Neide de Faria : **Structure et Unité dans Les Rougon-Macquart de Zola (la poétique du cycle)**, Paris, Nizet, 1977, p. 282.
[266] Chantal Bertrand-Jennings : **L'Éros et la Femme chez Zola**, op. cit. p. 61.
[267] **Ibidem**, p. 63.
[268] Pour Van Buuren, dans l'ouvrage ci-dessus, lorsque Renée quitte le Paris de son père pour celui de Saccard, elle ne peut que subir l'influence néfaste de ce Paris corrompu (p. 145). De fait, les développements sociaux sous l'Empire auraient entraîné un excès des sensations (ou fièvre) : fièvre de dépenses, fièvre de spéculation et bien d'autres formes de fièvres encore (p. 196).
[269] Renée est décrite comme une << *fleur de serre* >> dans **R. M. I** d'Émile Zola, op. cit. p. 145.
[270] Émile Zola : **R. M. I**, op. cit. p. 485.
[271] **Ibidem**, p. 544.

ses diamants »[272]. Comme son modèle issu de la réalité, Laure sera associée à l'or qui sonne dans son nom, elle mangera des fortunes entières et ruinera ses amants dont le duc de Rozan. Blanche Muller s'inscrit dans la même logique. À côté des anaphores, tous les personnages embrayeurs peuvent se regrouper en sous axes thématiques :

1.2.1.2.1. La bestialisation des personnages embrayeurs

Tous les autres actants sexuels embrayeurs peuvent se retrouver en effet dans la même dialectique de l'animalité - ou de la bestialisation si l'on préfère - et de la sexualité triomphante. On peut citer parmi eux :

Dans **La Bête Humaine** : Séverine[273], Flore[274], Cabuche[275], Tante Phasie[276] et Grandmorin[277] ; dans **La Curée** : M. de Saffré, Laure d'Aurigny, Blanche Muller, Sylvia et Mme Michelin ; dans **La Faute de l'Abbé Mouret** : Albine, La Rosalie, Fortuné, Vincent et Catherine ; dans **Nana** : Le comte Muffat, le marquis de Chouard, Vandeuvres, Satin, Mme Robert, Steiner, Georges et Philippe Hugon ; dans **L'Œuvre** : Dubuche, Irma et Christine[278] ; dans **La Terre** : Hilarion, Palmyre, La Trouille, La Bécu, Buteau, La Cognette[279], Les Charles, Tron, Hourdequin et Lise et dans **Germinal**, on peut citer Maigrat, Chaval, Catherine Maheu, La Mouquette[280], Négrel et Mme Hennebeau.

---

[272] Émile Zola: **R. M. I**, op. cit. pp. 1584-1585.
[273] Dans **Émile Zola, Le Réalisme Symbolique**, Claude Seassau estime que Séverine joue le rôle masculin du séducteur et Jacques, le rôle féminin de l'être séduit. Il estime aussi que la vision de la sexualité est cauchemardesque dans la perspective des héroïnes Gervaise Macquart, Catherine Maheu et Séverine Roubaud, op. cit. p. 207 et p. 211
[274] **Ibidem**, Claude Seassau convient de la dualité du personnage de Flore qui reçoit les deux métaphores de la louve et de la chèvre, p. 59.
[275] **Ibidem**, Seassau admet que le nom a parfois une valeur ironique qui viserait à induire délibérément le lecteur en erreur (p. 36) et que ce principe s'applique à Cabuche qui signifie << << *caboche* » vide », c'est-à-dire un personnage simple et sans malice, une bête humaine en somme, alors qu'en réalité, Cabuche resterait le seul être sensible et inoffensif dans le roman (p. 38).
Par contre, dans son article *Des brutes humaines dans* **La Bête Humaine**, paru dans **Zola, La Bête Humaine : Texte et Explication**, Geoff Woollen (éd.), op. cit., Geoff Woollen voit en Cabuche, un être puéril, une vraie brute dont le développement mental est demeuré au stade infantile, p. 168.
[276] Claude Seassau, dans l'ouvrage ci-dessus, op. cit. p. 38, au nom du même principe ironique, relève que Phasie signifie ''qui a la faculté de parler'' alors que ce personnage est sécrétif au point de se laisser mourir à petit feu plutôt que de livrer à son mari, Misard, le secret de la cachette de sa fortune de 1.000 francs.
[277] Claude Seassau établit que ce nom donne grand + morin (maure/more = être noir), c'est-à-dire un personnage foncièrement noir, immoral et dont la maison de campagne, la Croix-de-Maufras, signifie *ce qui fait mal*, **ibidem**, p. 55.
[278] Pour Chantal Bertrand-Jennings, Christine fait partie de la classe des infâmes nymphomanes tout comme La Cognette. Elles appartiennent cependant au sous-groupe des maigres desséchées aux côtés de Gasparine de **Pot-Bouille**, Philomène de **La Bête Humaine** et La Sandorff de **L'Argent**. Ce sous-groupe s'oppose à celui des grasses appétissantes que sont Nana, Renée et Clorinde de **Son Excellence Eugène Rougon**, voir **L'Éros et la Femme chez Zola**, op. cit. p. 61.
[279] **Ibidem**, p. 61 : La Cognette est une autre maigre et infâme nymphomane.
[280] On peut classer aisément La Mouquette dans la classe des infâmes nymphomanes grasses et appétissantes quoique Bertrand-Jennings manque de la citer dans **L'Éros et la Femme chez Zola**, op. cit.

Une fois animalisés ces actants sexuels deviennent des << *chiens* >>, << *chiennes* >>, << *cochons* >>, << *chattes* >>, << *singes* >>, << *boucs* >>, << *chèvres* >>, << *godiches* >>, << *vaches* >>, << *taureaux* >>, << *chevaux* >>, << *fauves* >>, << *bêtes féroces* >>, << *loups* >>, << *carnassiers* >>, << *brutes* >>, << *serpents* >>, << *grandes bêtes* >>, etc., ou encore des créatures hybrides de type mythique : << *monstres* >>, << *centaures* >>, << *sphinx* >>. Il a été déjà relevé du reste la rapacité, la souillure et la luxure que sous-tendent tous ces sèmes. En plus de son animalisation, l'actant sexuel embrayeur peut toutefois subir le phénomène de la réification.

2.1.2.2. La réification des personnages embrayeurs et anaphores

<< Les passages précédents fournissent suffisamment d'exemples d'un phénomène que Marx avait dénoncé, une dizaine d'années avant la publication des **Rougon-Macquart***, en le baptisant de réification. Selon Marx, la société capitaliste réduit l'homme au statut d'un objet qui représente une certaine quantité d'argent : il est <<* **réifié** *>> >>*[281]. Dans **Les Rougon-Macquart**, l'actant sexuel embrayeur subit une réification étonnante qui fait de lui un << *Torchon* >>, comme c'est le cas pour Adèle dans **Pot-Bouille**. Cette réification devient intéressante lorsque le nom propre de l'actant sexuel inclut directement celui d'un objet spécifique exactement comme une épithète reste rattachée au nom noyau. Ainsi Adèle est désignée par le narrateur par les groupes nominaux suivants : << *Ce torchon d'Adèle* >> et << *La Torchon* >>. Ces désignations sont transparentes d'emblée, car elles laissent prévoir qu'Adèle sera une jeune fille sale et ignoble ; cette chose dont les hommes se serviront pour "se torcher" avant de la jeter avec dédain. La Cognette est un petit instrument qui cogne[282] et qui assomme les hommes dans **La Terre**. La Rosalie est une rose salie par la débauche dans **La Faute de l'Abbé Mouret**. Le nom est donc un élément éminemment révélateur du programme narratif particulier du personnage qui le porte, car << *Zola n'a pas laissé au hasard noms, prénoms et surnoms de ses personnages, ceux-ci ont été créés selon deux impératifs précis, leur valeur phonétique et leur valeur sémantique* >>[283], écrit Seassau. Il en va de ainsi pour La Mouquette - dans **Germinal** - qui sonne comme une /Moquette/. Avec sa croupe énorme, elle fonctionne comme une couchette souple et confortable, où les mâles aimeront à venir se prélasser. La dénomination du personnage est donc déjà une invite à coucher, une débauche programmée.

---

[281] Maarten Van Buuren : **Les Rougon-Macquart d'Émile Zola. De la Métaphore au Mythe**, op. cit. p. 175. Les passages auxquels l'auteur fait référence se trouvent dans Émile Zola : **R. M. V**, p. 252 et **R. M. I**, pp. 574-575 où il se raconte que Saccard a fait tatouer des slogans publicitaires sur des fesses de jeunes filles en les << *lançant dans la circulation* >>, puis celui qui assimile clairement Renée à un << *enjeu* >>, << *une mise de fonds* >>, << *un louis tombé dans la poche du spéculateur* >>, << *une valeur dans le porte-feuille* >>, << *un métal précieux* >>, etc.

[282] Philippe Hamon perçoit en effet la << *cognée* >> dans son nom, voir **Le Personnel du Roman. Le Système des Personnages dans les Rougon-Macquart d'Émile Zola**, op. cit. p. 125.

[283] Claude Seassau : **Émile Zola, Le Réalisme Symbolique**, op. cit. p. 28.

Au niveau interprétatif de l'être du personnage, la bestialisation déshumanise l'actant sexuel[284] qui la subit. Ensuite, la réification lui ôte son caractère animé[285], c'est-à-dire son énergie vitale. Du trait [+humain] à l'état initial, l'anthropomorphe passe aux traits [-humain, + animé] puis au dénouement, il n'est plus qu'un [-animé, -humain]. Cette décadence retrace les étapes de sa mise à mort inéluctable.

Au niveau des personnages anaphores, signalons la belle auto-réification de Clotilde Rougon qui voudrait devenir une << *chose* >> qui appartienne et qui plaise à Pascal, son oncle et amant : << *Tu entends ! Maître, que je sois un bouquet vivant, et que tu me respires ! Que je sois un jeune fruit délicieux, et que tu me goûtes ! Que je sois une caresse sans fin, et que tu te baignes en moi ! [...]. Je suis ta chose, la fleur qui a poussé à tes pieds pour te plaire, l'eau qui coule pour te rafraîchir, la sève qui bouillonne pour te rendre une jeunesse* >>[286].

En dépit de cette réification, Clotilde incarne << *la rédemptrice* >>, << *la femme idéale* >>[287], la force du renouveau que David Baguley oppose aux forces de la dégénérescence représentées par son frère Maxime, son neveu Charles et son arrière-grand-mère, Tante Dide[288]. Cette revalorisation, elle la doit à la naissance de son fils, l'enfant inconnu.

Que s'est-il donc passé entre la perturbation - la transmission de la fêlure, tare originelle - et le dénouement ? Cette préoccupation fera l'objet d'une étude approfondie au chapitre II suivant, qui vise à analyser la performance et la sanction de l'actant sexuel dans **Les Rougon-Macquart**. Pour l'heure, on note déjà qu'en gros, l'état final de ce schéma narratif est la disparition totale, aboutissement fatal du processus enclenché depuis l'acquisition de la tare héréditaire. Allant s'étiolant progressivement et inexorablement, le personnage anthropomorphe se dégénère, c'est-à-dire qu'il perd toute substance vivifiante, s'assèche et se meurt fatalement. Tout cela se passe entre 1787 - qui marque les noces d'Adélaïde Fouque et de Rougon dans **La Fortune des Rougon** - et 1870 - qui marque la fin du Second Empire avec la déroute devant la Prusse de Bismarck dans **La Débâcle** -.

2.1.3. Les personnages référentiels

Il ne reste plus qu'à visiter les personnages historiques ou référentiels. Ils ne sont pas très nombreux dans le corpus et pour cause. Leur foisonnement dans une œuvre littéraire, romanesque de surcroît, lui enlèverait son caractère fictionnel,

---

[284] Claude Seassau : **Émile Zola, Le Réalisme Symbolique**, op. cit., Seassau justifie ainsi la gradation descendante dont Jacques est victime lorsqu'il est animalisé en sanglier, puis mécanisé en machine, p. 60.
[285] Dans **Naturalist Fiction. The Entropic Vision**, David Baguley estime que l'assimilation des hommes et des femmes à des animaux, à des plantes et à des machines, est la preuve de la promiscuité des états et des formes, op. cit. p. 210.
[286] Émile Zola : **R. M. V.** op. cit. p. 1129.
[287] Chantal Bertrand-Jennings : **L'Éros et la Femme chez Zola**, op. cit. p. 69.
[288] David Baguley : **Zola et les Genres**: chapitre XI: *Du naturalisme au mythe: l'alchimie du Docteur Pascal*, op. cit. p. 124.

c'est-à-dire ce qui fait justement le charme du roman. Roland Barthes écrit à ce propos : << *C'est précisément ce peu d'importance qui confère au personnage historique son poids exact de réalité, ce peu est la mesure de l'authenticité [...]. Les personnages historiques réintègrent le roman comme famille, et tels des aïeuls contradictoirement célèbres et dérisoires, ils donnent au romanesque le lustre de la réalité, non celui de la gloire ; ce sont des pendants superlatifs du réel* >>[289].

Il s'agit essentiellement de l'Empereur, Napoléon III, et du Chancelier Bismarck. Le premier apparaît épisodiquement dans **La Curée** et dans **Son Excellence Eugène Rougon**. Il s'y laisse alors subjuguer visiblement, par Renée d'abord, puis par Clorinde, toutes deux mariées. Présenté comme pas beau, petit et amorphe, il ne prend pas assez d'importance au plan narratif même s'il participe d'une certaine manière à l'action, dans **Son Excellence Eugène Rougon**, en couchant avec Clorinde et en nommant son époux, Délestang, ministre de l'Intérieur, en lieu et place d'Eugène Rougon. Ce peu d'importance du personnage référentiel dans l'intrigue romanesque se justifie sans doute par la spécificité du domaine de la fiction qui diffère de celui du documentaire et du reportage. Ainsi, bien que commettant aux dires des autres actants, deux adultères dans chacun des romans évoqués ci-dessus, Napoléon III ne bénéficie pour autant pas d'une classification effective dans la catégorie des personnages qui participent activement à l'intrigue comme composantes essentielles de la fiction, bref, comme actants ainsi qu'il a déjà été admis plus haut. Pour Philippe Hamon : << *Citer un nom historiquement* << *plein* >> *de sens (Napoléon, Bismarck...) ; mais vide de signifié narratif (il ne* << *participe* >> *pas au récit, à l'intrigue, aux aventures des personnages), forme donc, dans le discours réaliste, le pendant superlatif de la promotion du* << *détail insignifiant* >> >>[290].

Comme je l'ai montré ailleurs[291], dans le chapitre III de **La Curée**, Napoléon III est subjugué par la beauté exquise de Renée alors que le lecteur est informé de ce qu'il a passé une nuit avec la duchesse de Sternich. L'Empereur aurait donc les mêmes vices sexuels que ses sujets. Si Renée le trouve quelque peu vieilli, avec un regard éteint, cela symbolise la fin du régime qu'il incarne[292]. Le second personnage référentiel est évoqué dans **Nana** sans qu'on ne le *voie* effectivement à l'œuvre. Il est également supposé laid, froid et possédant une maîtresse à Paris. Les raisons de son relatif effacement sont les mêmes que pour Napoléon III.

À côté des personnages anthropomorphes, évoluent ceux qu'on étudiera sous la nomenclature de personnages non anthropomorphes. Leur participation à la fatalité de la sexualité impose en effet que l'on s'y intéresse.

2.2. *Les personnages non anthropomorphes*

---

[289] Roland Barthes: **S/Z**, Paris, Seuil, 1970, pp. 108-109.
[290] Philippe Hamon : *Un discours contraint* dans **Littérature et Réalité**, Paris, Seuil, 1982, p. 175.
[291] Famahan Samaké : **Procès du Second Empire dans La Curée d'Émile Zola**, Abidjan, Mémoire de Maîtrise ès lettres modernes, Université de Cocody, Abidjan, mars 1995.
[292] **Ibidem,** p. 46.

Il va falloir les classer dans deux catégories distinctes selon qu'ils sont naturels ou non naturels.

2.2.1. Les non anthropomorphes naturels

2.2.1.1. La terre

Dans **La Terre**, s'il y a une héroïne au sens structuraliste du vocable, c'est bien la terre elle-même, éponyme de surcroît. Elle est présentée comme << *indifférente et ingrate* >>[293], immense, insatiable et frivole au point qu'elle épuise systématiquement les mâles - les paysans - dans toute l'œuvre, laminant les premiers avant de passer aux bras des suivants. On retrouve cette connotation de dévoreuse assimilée à la terre aussi bien dans **La Terre** que dans **La Faute de l'Abbé Mouret**. La terre a le trait [+ sexué] dans ce roman tant et si bien que sa possession, même celle d'un lopin de terre, est vécue par le paysan comme une jouissance rare, avec des frissons ambigus y afférents. À preuve, quand Buteau doit hériter des terres de Françoise, il ressent comme une pulsion sexuelle impérieuse qu'il ne peut ni contrôler, ni réprimer. Son état psychosomatique est ainsi traduit : << *Toute sa chair s'était mise à trembler de joie, comme au retour d'une femme désirée et qu'on a crue perdue. Un besoin immédiat de la revoir, dans sa crainte folle que l'autre* (Jean Macquart) *pouvait l'emporter, lui tourna la tête* >>[294]. Cette vision de la relation charnelle entre la terre et le paysan apparaît aussi dans **La Faute de l'Abbé Mouret** où le narrateur apprend à ses narrataires que << *Les Artaud, en plein soleil, forniquaient avec la terre, selon le mot de Frère Archangias* >>[295]. Pour Maarten Van Buuren, il s'agit bien d'une relation incestueuse, car << *la terre est une mère. Elle met au monde l'homme qui, devenu adulte, devient son amant* >>[296].

Si la terre est capable d'exciter autant l'actant sexuel anthropomorphe, si elle ne se refuse jamais à lui, elle échappe pourtant au contrôle de celui-ci. La terre est en effet une maîtresse capricieuse, qui quitte toujours ses amants après les avoir épuisés. Ce fut le cas de Fouan, qui << *y avait épuisé les muscles de son corps, il s'était donné tout entier à la terre, qui, après l'avoir à peine nourri, le laissait misérable, inassouvi, honteux d'impuissance sénile, et passait aux bras d'un autre mâle, sans pitié même pour ses pauvres os, qu'elle attendait* >>[297].

Au total, la terre est une maîtresse débauchée, nymphomane et nécrophage ; c'est pourquoi je ne partage pas le point de vue de Philippe Hamon lorsqu'il avance que

---

[293] Émile Zola : **R. M. IV**, op. cit. p.434.
[294] **Ibidem**, p. 777.
[295] Émile Zola : **R. M. I**, op. cit. p. 1240.
[296] Maarten van Buuren : **Les Rougon-Macquart d'Émile Zola. De la Métaphore au Mythe**, op. cit. p. 266.
[297] Émile Zola : **R. M. IV**, op. cit p. 434.

La Nature - tout comme Paris et la machine - est une entité non sexuée[298]. Dans le naturalisme zolien, tout vit, et tout est sexué. L'omnipotence de la terre s'explique par son statut d'élément naturel et éternel[299]. En effet, comment le fugace actant sexuel anthropomorphe pourrait-il triompher d'un pareil actant sexuel non anthropomorphe et éternel ? La flore se situe sur la même longueur d'onde.

2.2.1.2. Les bois

Les bois sont des actants sexuels qui se rattachent directement à la terre dont ils sont la couronne chevelue et odorante. Dans le corpus, ils ont pour noms, le Bois de Boulogne, dans **La Curée**, et le Paradou, dans **La Faute de l'Abbé Mouret**. L'odeur âcre des bois est si pénétrante qu'elle suggère l'alcôve et constitue un vibrant appel à l'amour, ce qui leur confère des pouvoirs dignes d'Aphrodite. Dans **Les Rougon-Macquart**, lorsque les bois sont naturels, ils sont beaux et se hissent au rang d'actants sexuels au même titre que leurs homologues anthropomorphes avec lesquels ils entrent en conjonction.

En effet, le Bois de Boulogne favorise l'inceste en suscitant l'idée de cette perversion chez Renée, puis l'adultère à grande échelle[300] tandis que le Paradou pousse littéralement l'abbé Mouret dans les bras d'Albine. On doit leur reconnaître dès lors leur qualité d'adjuvants, voire de destinateur[301] eu égard à leur complicité dans la quête de l'objet sexuel anthropomorphe. À titre d'exemple, dans **La Faute de l'Abbé Mouret**, le narrateur, pour expliquer la faute du prêtre et d'Albine, avoue avec insistance : << *C'était le jardin qui avait voulu la faute [...]. Maintenant, il était le tentateur dont toutes les voix enseignaient l'amour* >>[302]. On pourrait dire avec Philippe Hamon, que << [...] *telle est la Nature, construisant dans le Paradou, pour Serge et Albine, un itinéraire implacable menant à la faute* >>[303].

Les bois non naturels sont aussi en relation conjonctive avec les actants sexuels anthropomorphes et c'est pourquoi, la serre devient l'espace de prédilection où se consomme l'inceste[304] dénoncé plus haut. Plus qu'un simple espace, la serre constitue un véritable adjuvant pour Renée et Maxime, réchauffant leurs nuits froides d'amour hivernal tout en leur offrant le voile opaque nécessaire à la

---

[298] Philippe Hamon : **Le Personnel du Roman. Le Système des Personnages dans les Rougon-Macquart d'Émile Zola**, op. cit. p. 200.

[299] Henri Mitterand la présentait comme étant << *Alma mater, puissante vivante, femelle dominatrice et indifférente, la terre changeante et éternelle* >>, dans Émile Zola : **R. M. IV**, op. cit. p. 1514.

[300] Pour Maarten Van Buuren, dans **Les Rougon-Macquart d'Émile Zola. De la Métaphore au Mythe**, op. cit. p.179, on va au Bois de Boulogne pour voir (les autres) et pour être vu, la promenade est donc un spectacle.

[301] Philippe Hamon : **Le Personnel du Roman. Le Système des Personnages dans les Rougon-Macquart d'Émile Zola**, op. cit. p. 250.

[302] Émile Zola : **R. M. I**, op. cit. p. 1407.

[303] Philippe Hamon : **Le Personnel du Roman. Le Système des Personnages dans les Rougon-Macquart d'Émile Zola**, op. cit. p. 231.

[304] Chantal Bertrand-Jennings désigne la serre comme étant << *un aphrodisiaque* >>, dans **L'Éros et la Femme chez Zola**, op. cit. p. 65.

dissimulation de leurs ébats répréhensibles. En admettant que les bois constituent la couronne chevelue de la terre, ils prennent une dimension psychanalytique dans la théorie de Sigmund Freud, qui a établi la puissance évocatrice et de séduction des cheveux, odorants et faisant partie de ce qu'il a nommé *le fétichisme* sexuel. Pour lui, les cheveux éveillent la pulsion sexuelle chez le sujet libidinal par la seule excitation olfactive[305]. Neide de Faria a par ailleurs insisté sur l'importance des odeurs dans le processus de la séduction et de la chute, dans **Les Rougon-Macquart**[306] en particulier. La serre, pour emprunter le mot de Jean-François Tonard, représente << *la dégénérescence de la nature* >>[307]. Il reste que les actants sexuels non anthropomorphes enregistrent aussi dans leur rang, Paris.

1.2.2.1.3. Paris

Analogique aux bois, Paris est un personnage de << *folie et de honte* >>[308] couvrant les << *orgies* >>[309]. C'est un personnage géant qui occupe la position d'un destinateur poussant les autres actants sexuels à la débauche jusqu'au surmenage. Il apparaît ainsi dans **La Curée**, **L'Argent**, **L'Œuvre**, **L'Assommoir**, **Nana**, **Pot-Bouille** et **La Bête Humaine** ; pour ne citer que ces quelques exemples représentatifs. Dès la page 8 de **La Débâcle**, le narrateur dénonce << *Paris dévorateur* >> où Maurice Levasseur et bien d'autres jettent l'argent au feu et aux femmes. Cette image de Paris dévorateur[310] et théâtre de la prostitution à outrance ne quitte jamais **Les Rougon-Macquart** et l'on peut en multiplier les exemples à l'infini. C'est pourquoi, Clotilde Rougon témoigne de sa reconnaissance envers son oncle, Pascal, pour l'avoir enlevée à ce milieu corrompu de Paris au profit de la Souleiade, à Plassans, milieu de vérité et d'amour. Elle estime en effet que ce transfert a corrigé son hérédité : << *Comme tu l'as répété si souvent, tu as corrigé mon hérédité. Que serais-je devenue, là-bas, dans le milieu où a grandi Maxime ? [...]. Oui, si je vaux quelque chose, je le dois à toi seul, à toi qui m'as transplantée dans cette maison de vérité et de bonté* >>[311].

Ce là-bas qui fait si peur n'est autre que Paris, milieu de perdition dont il faut s'éloigner, comme l'ont fait Pascal et Clotilde. C'est pour cette raison justement que leur enfant échappe à l'emprise de toute tare héréditaire. Ainsi que le perçoit Van Buuren, le retour à la terre, à la nature, est source de renouveau chez Zola[312]. Sans doute, les cas de Clotilde et de Jean Macquart, dans **Le Docteur Pascal**,

---

[305] Sigmund Freud : **Trois Essais sur la Théorie de la Sexualité**, op. cit. p. 67.
[306] Neide de Faria : **Structure et Unité dans Les Rougon-Macquart de Zola (la poétique du cycle)**, op. cit. pp. 282-284.
[307] Jean-François Tonard : **Thématique et Symbolique de l'Espace Clos dans le Cycle des Rougon-Macquart d'Émile Zola**, op. cit. p. 67.
[308] Émile Zola : **R. M. I**, op. cit. p. 326.
[309] **Ibidem**, p. 326.
[310] Chez Maarten Van Buuren, on retrouve Paris comme ville << *coquette* >>, << *dangereuse* >> et << *frivole* >>, puis comme << *monstre dévorateur* >> et << *amante soumise* >>, voir **Les Rougon-Macquart d'Émile Zola. De la Métaphore au Mythe**, op. cit. p. 72 et p. 74.
[311] Émile Zola : **R. M. V**, op. cit. p. 1154.
[312] Maarten Van Buuren dans l'ouvrage ci-dessus, op. cit. p. 140.

semblent accorder du crédit à cette assertion, quoique les Fouan, dans **La Terre**, ne soient pas logés à la même enseigne, ni les Artaud dans **La Faute de l'Abbé Mouret**[313]. Pour ceux-ci comme pour ceux-là, la terre reste une dévoreuse, une amante ingrate et anthropophage. Que dire enfin des actants sexuels non anthropomorphes non naturels ?

2.2.2. Les non anthropomorphes non naturels

Il s'agit surtout de la peinture qui est présentée dans **L'Œuvre** - baptisée *künstlerroman à thèse* par David Baguley[314] - comme << *une rivale terrible* >>[315] et << *une assassine* >>[316], selon le point de vue de Christine, l'épouse de Claude Lantier. Pour Van Buuren : << *La peinture/maîtresse se métamorphose en une peinture/monstre qui finira par le* [Claude] *dévorer* >>[317]. En vérité, les deux actants sexuels, l'anthropomorphe et le non anthropomorphe, se disputent le même mari qui vit une véritable situation de bigamie à la limite du tragique : << *Dans ce genre "phallocentrique"* [künstlerroman]*, le génie est toujours mâle, la Muse femme et le choix qui s'offre à l'artiste, ne peut être qu'entre deux maîtresses : l'Art et la Femme. Celle-ci, manifestation de la vie, peut être la source de l'inspiration de l'artiste, mais elle peut devenir aussi la source de sa perdition selon le fonctionnement inexorable de cette loi du vampirisme qui semble dicter la vie sentimentale de l'artiste [...]* >>[318]. Et c'est justement pour n'avoir pas su éviter d'être déchiré entre ces deux amantes, Christine et la peinture, que Claude finit par perdre la raison et par se pendre devant sa grande toile inachevée au terme d'une ultime nuit dans les bras de la femme de chair : << *Leur ardente nuit d'amour sera parvenue à couper les derniers liens qui rattachent Claude à la peinture ; mais, au matin, elle le conduira au suicide devant sa toile inachevée. La femme a été pour lui un mauvais ange qui a réussi à anéantir son génie créateur. L'épisode du suicide de Claude entérine la victoire du corps sur l'esprit déjà annoncée par **Nana**, celle du principe féminin maléfique sur le personnage masculin bénéfique* >>[319].

Qu'ils soient donc naturels ou non, anthropomorphes ou non, les actants sexuels dans **Les Rougon-Macquart** ont une sexualité suspecte. Seulement avant de faire quoi que ce soit, l'actant doit remplir la conditionnalité de la compétence.

2. LA COMPÉTENCE DE L'ACTANT SEXUEL

---

[313] Voir plus haut, 1.2.2.1.1. La terre.
[314] David Baguley oppose le *künstlerroman* (roman de l'artiste) au *bildungsroman* (roman d'apprentissage), dans **Zola et les Genres**, chapitre VIII : *l'Œuvre, künstlerroman à thèse*, op. cit. p. 82.
[315] Émile Zola : **R. M. IV**, op. cit. p. 153.
[316] **Ibidem**, p. 344.
[317] Maarten Van Buuren : **Les Rougon-Macquart d'Émile Zola. De la Métaphore au Mythe**, op. cit. p. 60.
[318] David Baguley, ouvrage ci-dessus, op. cit. p. 86.
[319] Chantal Bertrand-Jennings : **L'Éros et la Femme chez Zola**, op. cit. p. 63.

La compétence d'un actant implique un *devoir-faire*, un *vouloir-faire*, un *pouvoir-faire* et enfin un *savoir-faire*[320]. L'actant peut acquérir cette compétence directement du narrateur, donc de façon innée. Ainsi, verra-t-on ici des actants sexuellement compétents de manière innée puisque leur dieu créateur leur aura attribué ladite compétence dès leur dénomination.

2.1. La décomposition des lexèmes nominaux

Abordons ce point sous un angle isotopique. Par isotopie, j'entends << *ce qui garantit l'homogénéité d'un message ou d'un discours* >>[321]. Plus précisément, on procédera par isotopie sémiologique, c'est-à-dire une isotopie assurée par la redondance et la permanence des catégories nucléaires ou sèmes. Une telle étude onomastique du personnage zolien est si importante que Philippe Hamon parle d'<< *isotopie sonore* >> et mieux, d'<< *actants phoniques* >>[322] alors que Claude Seassau estime que le nom renforce la signification et la cohérence du personnage[323]. On prendra soin de décomposer d'abord les noms propres absolus, puis ceux qui sont accompagnés d'un article ou d'un adjectif épithète.

2.1.1. Les noms propres absolus

<< *Qu'il soit transparent ou plus opaque, le système onomastique à valeur symbolique est un facteur permettant une connaissance plus profonde du personnage, contribuant à donner un sens à son rôle ; c'est un élément important mais qui ne saurait remplacer l'analyse des traits constitutifs des personnages* >>, écrit Seassau[324]. Pour ma part je limiterai m analyse onomastique aux seuls noms propres transparents, c'est-à-dire ceux qui sont *sexuellement pleins* comme Madame Lerat et Nana dans **Nana** ; M. Lequeu, Tron et Buteau pour **La Terre** ; Renée, Phèdre, Narcisse, Hippolyte et Écho dans **La Curée** ; Macquart et Miette pour **La Fortune des Rougon** ; Séverine et Flore dans **La Bête Humaine** et Dubuche pour **L'Œuvre**.

La décomposition de Madame Lerat donne /le/ + /rat/, animal rongeur vivant dans les égouts et responsable de la peste pandémique des temps anciens. Dans la tradition anglaise, le rat est associé justement à la félonie sexuelle. Avec pareil actant, on aura affaire à un agent corrupteur et destructeur de la société parisienne.

Nana se décompose de la façon suivante : /Anna/ dont l'anagramme /Nana/ rappelle le langage infantile. Nana, dans la langue d'aujourd'hui, c'est aussi le nom familier générique pour désigner la belle jeune fille[325]. Elle ne sera donc pas

---
[320] Le Groupe d'Entrevernes : **Analyse Sémiotique des Textes**, op. cit. p. 61.
[321] **Ibidem**, op. cit. p.123.
[322] Philippe Hamon : **Le Personnel du Roman. Le Système des Personnages dans les Rougon-Macquart d'Émile Zola**, op. cit. p. 116.
[323] Claude Seassau : **Émile Zola, Le Réalisme Symbolique**, op. cit. p. 27.
[324] **Ibidem**, p. 38.
[325] Cette interprétation est certes anachronique, puisque Zola a forgé le nom près de soixante-dix ans avant que la ''Nana'' ne désigne la jeune fille belle et séduisante. Cependant, cela n'empêche pas que mon

mariée et restera belle. Mais surtout, Nana restera une grande enfant tout au long du roman, en plus d'être déesse de l'amour. Comme l'écrit si bien Valerie Minogue, elle est le symbole de l'innocence perdue de l'humanité, d'où sa grandeur tragique : « *Pursuing the alteration of Nana observing and observed in the context of the child/seductress duality carries us into the heart of Zola's vision, for the persistence of the child in Nana represents not only Nana's lost innocence, but, in the epic dimension of Zola's imagination, the lost innocence of humanity at large. It is this extra dimension that endows the figure of Nana with a certain tragic grandeur* »[326]. Restée enfant donc, jamais elle ne sera habitée par la sagesse. D'ailleurs lorsqu'elle devient mère, elle se débarrasse de son fils Louiset qu'elle confie à sa tante, puisqu'une enfant ne saurait assumer l'éducation d'un autre enfant. Pour Jean Borie, Nana résume à elle seule, Dalila, Circé et Salomé et si elle est velue, c'est pour souligner son animalité dévorante, celle de la Méduse[327].

Son amant Muffat est un /mufle/, c'est-à-dire un museau de mammifère. Il sera donc stupide, désagréable, mal élevé, grossier et indélicat. Malgré son rang honorable de chambellan[328], il fera le cheval et le chien chez Nana. Sa débauche sonne le glas de ce que Minogue appelle « *The supposedly devout aristocracy* »[329].

Buteau Fouan sera /buté/ ou un instrument à /buter/[330]. Cela rappelle son statut de paysan et son caractère particulièrement entêté. Il est aussi /fou/ + /ant/ par son nom de famille. Le préfixe /fou/ indique la lésion psychique qui le frappe tandis que le suffixe /ant/ rappelle la désinence du participe présent qui situe sa folie dans la perspective d'un processus enclenché mais inachevé. Au niveau phonétique, /Fouan/ véhicule l'idée de ce qui pue comme un pet et qui produit beaucoup de bruit. Au total, il s'agit d'un personnage dépourvu de moralité et de conscience. Par conséquent, il est tout d'instincts - libidinal et homicide - et d'excréments, quoique, selon Bertrand-Jennings, il reste sans doute le seul pécheur qui échappe à toute sanction parce qu'il serait la : « *seule brute humaine que ne semble pas effleurer la notion de faute. Mais son appartenance à la race des conquérants explique sans doute cette impunité* »[331]. Cette explication paraît discutable dès lors que Bertrand-Jennings reconnaît le statut de conquérants à Eugène Rougon, au frère Archangias et à l'abbé Faujas, qui ont tous été sévèrement sanctionnés. Il semble plutôt que Buteau soit épargné de toute sanction uniquement parce qu'il

---

interprétation soit recevable. D'ailleurs, il est plausible que le succès de la Nana de Zola soit à l'origine de cet usage actuel de la ''Nana''.

[326] Valerie Minogue : *Venus Observing – Venus Observed : Zola's Nana*, dans **Émile Zola Centenary Colloquium: 1893-1993**, Patrick Pollard (éd.), op. cit. p. 62.

[327] Jean Borie : **Zola et les Mythes, ou de la Nausée au Salut**, op. cit. pp. 48-50.

[328] Pour Maarten Van Buuren, si Nana fait cracher Muffat sur sa tenue officielle comme pour se venger de sa classe et pour le détruire, il reste évident que cet autorabaissement a un effet bénéfique sur le personnage, puisqu'il le libère de sa froideur catholique et lui fait boire goulûment sa puberté, voir **Les Rougon-Macquart d'Émile Zola. De la Métaphore au Mythe**, op. cit. p. 231.

[329] Valerie Minogue : *Venus Observing – Venus Observed : Zola's Nana*, dans **Émile Zola Centenary Colloquium: 1893-1993**, Patrick Pollard (éd.), op. cit. p. 57.

[330] Philippe Hamon croit entendre « *fouir* » et « *enfouir* » dans le nom de Fouan, voir **Le Personnel du Roman. Le Système des Personnages dans Les Rougon Macquart de Zola**, op. cit. p. 123.

[331] Chantal Bertrand-Jennings : **L'Éros et la Femme chez Zola**, op. cit. p. 27.

représente la virilité et la fécondité mêmes. Au surplus, de toute la descendance du père Fouan, il reste le seul capable de rentabiliser les terres léguées par le patriarche. Il devient ainsi le symbole de l'espoir, du travail et de la pérennité de la race. Il n'y a qu'à se référer à notre ultime chapitre pour se convaincre de l'importance des notions du travail et de la fécondité chez Zola[332].

M. Lequeu donne /le/ + /queue/, soit celui qui est tenu uniquement par sa *queue*. Cette grossièreté familière dénonce son intérêt trop accentué pour le sexe, qui est son unique raison de vivre.

Tron est un /tronc/, massif et solide par conséquent comme un arbre. Il symbolise la virilité car il rappelle à la fois Apollon et Priape. C'est d'ailleurs pour cette raison que La Cognette le harcèle et le prend pour amant. Hélas Tron, parce qu'il est un tronc, n'aura pas plus de cervelle ni de morale qu'un arbre. Il est victime d'une jalousie exacerbée couplée d'une folie homicide.

Quant à Renée, elle a les traits masculin /René/ et féminin /-e muet/. Elle se présente par conséquent comme une femme phallique. Elle aime les hommes et joue à l'homme lorsqu'elle tombe sur un amant efféminé comme Maxime. Son caractère masculin est d'abord le signe de l'initiative qu'elle prend quand il s'agit des ébats sexuels avant d'être celui d'une dégénérescence. Car l'Empire aura réussi l'exploit de muer les hommes en femmes et les femmes en hommes. Devenant Phèdre par analogie, elle acquiert les traits [+ mythique], [+ incestueuse], [+ victime des dieux][333], [+ châtiée]. En jouant la Nymphe Écho, elle est devenue [+mythique], [+ inassouvie], [+ dédaignée] et [+ consumée]. Les différentes associations de Renée avec de nombreuses figures mythiques font que << *De tous les romans de la série des* **Rougon-Macquart**, **La Curée** *est peut-être celui qui exhibe le plus de relations transtextuelles* >>[334] selon le mot de Baguley. Elle appartient naturellement à la classe des << *femmes fatales* >> de Bertrand-Jennings et sera frappée de la fatalité implacable qui tue précocement les héros dissipés dans l'œuvre de Zola.

Parallèlement, Maxime, en jouant Hippolyte, acquérait les traits [+ mythique], [+ victime de Phèdre], [+ innocent]. Son rôle de Narcisse lui ajoutait ensuite les traits [+ mythique], [+ dandy] et [+ destinée fatale]. Les destinées de ces deux actants sexuels sont intimement liées comme on le constate à partir de la comparaison de leurs traits spécifiques ci-dessus. Partant, ils seront voués au même sort

---

[332] Voir la quatrième partie, chapitre 2, I.1. Un natalisme certes, mais un socialiste ?
[333] Émile Zola ne semblait pourtant pas se contenter de la dimension mythique de Phèdre. Il ambitionnait plutôt de la disséquer, c'est-à-dire de lui infliger un traitement naturaliste : << *Justement, nous voulons recommencer* Phèdre. *[...]. Nous trouvons que le terrain métaphysique cédant la place au terrain scientifique, la littérature théologique et classique doit céder la place à la littérature naturaliste. [...]. Phèdre est malade, eh bien ! voyons sa maladie, démontons-la, rendons-nous-en les maîtres, s'il est possible [...]* >>, *À M. Charles Bigot*, article polémique repris dans **Le Roman Expérimental** in **Œuvres Complètes**, sous la direction de Henri Mitterand, Tome 9 : **Nana 1880**, présentation, notices, chronologie et bibliographie par Chantal Pierre-Gnassounou, op. cit. p. 454.
[334] David Baguley : **Zola et les Genres**, chapitre III : *La Curée : la Bête et la Belle*, op. cit. p. 35.

fatal ainsi que l'écrit David Baguley : << [...] *Renée se délecte de son narcissisme et son être se désagrège* >>[335]. Ce qui va pour elle, va pour lui puisque la décadence et la dégénérescence qui frappent cet hermaphrodite latent ont déjà été montrées.

Macquart[336] est un /macaque/, singe particulièrement laid. Mais sa laideur sera aussi morale avec son ivrognerie et sa fainéantise. Les propos de son neveu, Pascal Rougon, confirment cet état de choses : << [...] *ce vieux bandit d'oncle, qui a mené, mon Dieu ! on peut le dire à cette heure, une existence peu catholique* >>[337]. Par ailleurs, Philippe Hamon a déjà relevé l'idée de mâchoire, de mâcher, dans le nom Macquart ainsi que la désinence /-ard/ qui est à la fois péjorative et populaire et qui plus est, demeure le << *leitmotiv onomastique de nombreux personnages négatifs* >>[338], comme Misard, Bachelard, Chouard et Péchard. Pour Zola, Macquart est le prototype du bâtard, c'est-à-dire celui qui, dès sa conception, était déjà une faute, un raté.

Miette est comme incomplète, inachevée, car elle n'est qu'un fragment d'humain, une /miette/ minuscule. Avec Philippe Hamon, on peut dire que le diminutif << *diminue l'héroïne ou le héros* >>[339]. Elle ne saurait donc perdurer sur la terre surtout que son nom complet, Marie, est celui d'une morte. Elle sera donc hantée par la mort[340].

Flore est une /flore/, une sauvageonne qui manque d'éducation et qui, par conséquent, ne peut différencier le bien du mal[341]. Ayant poussé librement comme la nature, elle a autant de jugement qu'un arbre ou une herbe. Il semble que le bénéfice de sa proximité avec la nature ait été compromis par l'autre proximité : celle de sa maison familiale avec le chemin de fer, symbole de la société industrielle décadente. Selon le mot de Bertrand-Jennings, elle est une << *vierge invaincue* >>, un << *danger* >> et << *un monstre* >>[342].

Séverine est /sévère/, mieux, le suffixe /-ine/ lui confère la qualité d'une substance chimique qui rendrait sévère tous ceux qui la côtoient, à l'image de Roubaud, son

---

[335] David Baguley : **Zola et les Genres**, chapitre III : *La Curée : la Bête et la Belle*, op. cit. p. 40.
[336] Dans **Les Rougon-Macquart d'Émile Zola. De la Métaphore au Mythe**, Maarten Van Buuren fait remarquer justement que Macquart bénéficie de la métaphore de la plaie, op. cit. p. 172.
[337] Émile Zola : **R. M. V**, op. cit. p. 1097.
[338] Philippe Hamon : **Le Personnel du Roman. Le Système des Personnages dans Les Rougon-Macquart de Zola**, op. cit. pp. 115-116.
[339] **Ibidem**, p. 119.
[340] En partant de la valeur positive de la Vierge Marie dans l'œuvre zolienne, Roger Ripoll fait remarquer la similitude entre Miette et Marie de **La Confession de Claude** : << *Vierge condamnée à la mort, comme Miette. Le choix même du prénom est significatif, Zola tenant à préciser que Miette est un diminutif de Marie*>, voir **Réalité et Mythe chez Zola**, op. cit. p. 107.
[341] Rappelons que Claude Seassau avait relevé la dualité de Flore, << *louve* >> et << *chèvre* >>, dans **Émile Zola, Le Réalisme Symbolique**, op. cit. p. 59.
[342] Chantal Bertrand-Jennings : **L'Éros et la Femme chez Zola**, op. cit. p. 39.

mari, et de Jacques, son amant[343]. *Femme fatale*, elle poussera ces deux actants à tuer pour elle. Cependant elle devient elle-même la victime de la folie meurtrière du second, devenant ainsi la tueuse tuée par un singulier retour des choses. Le vice, la perversion et le crime forment des cercles vicieux et c'est pourquoi, Jacques, bien qu'ayant tué une fois, est repris de velléités du meurtre peu après.

Enfin, Dubuche donne /du/ + /buche/, c'est-à-dire le monsieur qui se consume comme une bûche au contact de sa maladive d'épouse, la fille aux Margaillan, cette "race" pourrie et infectieuse. En dépit de ce que les noms propres forment une isotopie sémiologique signifiante par moments, ils ne sont pas les seuls qu'il convient de prendre en compte puisqu'il existe aussi, dans le corpus, des noms propres assez curieux et qui commencent par un article défini.

2.1.2. Les noms accompagnés d'un article ou d'un adjectif.

Il faudra étudier dans ce paragraphe, La Tricon dans **Nana**, La Torchon dans **Pot-Bouille**, La Mouquette dans **Germinal**, La Cognette et La Trouille dans **La Terre**, Le beau Narcisse et La Nymphe Écho dans **La Curée**, La Rosalie dans **La Faute de l'Abbé Mouret** et, pour finir, La belle Normande dans **Le Ventre de Paris**.

Par décomposition, la Tricon devient /la/ + /tri/+ /con/, vulgarité qui est censée faire trier les "cons", soit le symbole vivant de la débauche à outrance. La Cognette, La Torchon et La Mouquette ont déjà été décomposées en traits minimaux. La Trouille sème / la /+/ trouille / par sa précocité et sa nymphomanie. Elle se laisse constamment / trousser / par les galopins de Rognes. Pour son père, qui se nomme, comme par hasard, Jésus-Christ - la dimension parodique de cette dénomination montre clairement le peu d'estime qu'avait Zola pour le Christ et la chrétienté -, elle est une << *bougresse* >> or, comme l'écrit Seassau, << *le mot « bougresse » cache le mot derrière, car bougre, qui donne au féminin bougresse, signifie à l'origine hérétique et sodomite* >>[344].

À l'opposé, Le Beau Narcisse fait preuve de résistance devant l'ardeur des femelles. C'est un chaste car ce /beau/ est un / dandy /. L'épithète à elle seule est un gage de séduction et l'article défini / le / le spécifie et l'identifie absolument à cette valeur esthétique. Pour Baguley, il << *figure le prince trop charmant* >>[345] or tout excès nuit. Cet actant, au plan métalinguistique, est d'essence mythique et, au plan référentiel, il se conjugue avec Maxime qui joue son propre rôle au théâtre. Au plan poétique, il représente métaphoriquement le même Maxime qui ne cesse de se mirer et de faire preuve d'un dandysme exacerbé dans **La Curée**. De même, La Nymphe Écho est la métaphore de Renée, déesse inférieure habitant les bois. Il faut donc prendre Renée et Maxime ensemble dans la mesure où leurs destinées

---

[343] Claude Seassau estime, dans **Émile Zola, Le Réalisme Symbolique**, op. cit. p. 210-211, que la sexualité est placée sous un jour cauchemardesque dans la liaison Roubaud-Séverine, tandis que le sexe est une fatalité et une habitude dans la perspective de Séverine seule.
[344] Claude Seassau : **Émile Zola, Le Réalisme Symbolique**, op. cit. p. 217.
[345] David Baguley : **Zola et les Genres**, op. cit. p. 38.

sont intimement liées autant au plan mythologique qu'au plan narratif. Tous les deux ont les traits [+ mythique], [+ amoureux], [+ métamorphosé], [+ victime de la fatalité] et [+ réifié]. La différence entre eux se situe au niveau du sens de leur sexualité. En effet, en apparence, Narcisse est [+ inverti] alors que Renée est [+ extravertie]. Par le jeu des miroirs, Renée deviendra aussi une Narcisse femelle et sera frappée du même sort que Narcisse.

La Belle Normande dans **Le Ventre de Paris**, avec l'article défini / la /, est unique en son genre car l'épithète / belle / qui fait partie intégrante du syntagme nominal qui la désigne, fonctionne comme un appel à l'amour. Ensuite, le substantif / Normande / désigne en principe toute ressortissante de la région de Normandie[346]. Si son nom s'efface au profit de celui de toute sa région natale - par le jeu de la périphrase -, cela signifie qu'elle en est une digne représentante, une sorte de Miss Normandie, par exemple. N'empêche que sa beauté constitue aux yeux de Florent un aspect effarant. Par contre, La Rosalie est une / rose / + / salie / par le grand Fortuné dans **La Faute de l'Abbé Mouret**. Grande et robuste, elle serait sans doute une bonne dame si elle n'avait pas été séduite trop tôt par son vaurien de futur époux. Et il convient de prendre ici le terme séduire dans son sens fort : *<< La séduction de l'homme retrouve chez Zola son sens étymologique : séduire, c'est-à-dire << se-ducere >>, signifie, conduire à soi, amener à soi, donc détourner l'autre de sa voie, l'amener à l'écart >>*[347]. Le fruit de leur débauche est trop corrompu ensuite pour vivre plus de trois mois. C'est que chez Zola, le terrain de la débauche n'est point fertile et tout enfant né d'une femme dissipée est condamné à la dégénérescence et à la mort précoce[348].

Toutes les références métalinguistiques et intertextuelles relevées ici sont de nature à accentuer la prévisibilité de la sexualité des actants concernés tout en réduisant considérablement leur autonomie dans la fiction romanesque. Ils semblent marcher en effet sur les plates-bandes de leurs référents mythiques ou intertextuels de sorte qu'ils subissent la destinée de ceux-ci[349].

La référence au mythe - c'est-à-dire à récit *déjà écrit* et *trop connu* - restreint à la fois le champ de liberté du romancier créateur et celui du personnage associé à un héros mythique. Par ces temps d'appauvrissement du sang - ceci porte le nom de dégénérescence chez Zola -, tout personnage qui entend se hisser au rang des dieux est déjà défait, car le Second Empire n'est point la Grèce Antique. La race des demi-dieux s'est éteinte, c'est l'heure des nains qui ne sont plus grands que par leur orgueil et par leur corruption. Avec le recours au mythe, ce que le roman perd en prévisibilité, il le gagne sans doute en illusion référentielle.

---

[346] Maarten Van Buuren fait remarquer, dans **Les Rougon-Macquart d'Émile Zola. De la Métaphore au Mythe**, qu'elle est associée à une déesse en même temps qu'à une idole de l'immolation et du cannibalisme, op. cit. pp. 154-155.
[347] Claude Seassau : **Émile Zola, Le Réalisme Symbolique**, op. cit. p. 204.
[348] Ce fatum explique le triste sort de Louiset, fils de Nana, dans le roman qui porte son nom.
[349] Roger Ripoll affirme que : *<< Les images des dieux portent en elles l'énergie primitive d'une sexualité dévorante>>*, et c'est pour cela que les personnages qui s'identifient à des dieux (ou des héros mythiques) courent à leur propre destruction, dans **Réalité et Mythe chez Zola**, op. cit. p. 83.

C'est le moment de jeter un regard sur l'être des personnages pour voir s'il est conforme ou contraire à leur paraître. Cette démarche est à même de situer sur les éventuels cas de vérité, de fausseté, de secret et de mensonge.

2.2. / Être / versus / paraître / ou la catégorie de la véridication

Selon les sémioticiens du Groupe d'Entrevernes : « *Le discours construit et dispose sa propre vérité. Et l'une des tâches de la sémiotique est de rendre compte de cette disposition* »[350]. À ce titre, l'on oppose manifestation et immanence ou / paraître / versus / être /.

De manière détaillée, il y a quatre possibilités dans le contexte de la véridication :

$$/ \text{paraître} / + / \text{être} / = \text{vrai}$$
$$/ \text{non-paraître} / + / \text{non-être} / = \text{faux}$$
$$/ \text{non-paraître} / + / \text{être} / = \text{secret}$$
$$/ \text{paraître} / + / \text{non-être} / = \text{mensonger}$$

Les actants qui paraissent ce qu'ils sont, sont dans le vrai à l'image de Vénus, comme Renée et Nana, qui paraissent et sont des déesses de l'amour. Mais ce paraître devient un non être à partir du moment où, au lieu d'être porteuses d'amour véritable et pur, Renée et Nana sont des « *monstres* » sexuels, des « *sphinx* », des « *serpents* », des « *chattes* » et « *mouche d'or* », tuant et polluant tout autour d'elles. C'est ainsi qu'elles versent dans le phénomène mensonger. Pour Bertrand-Jennings, ce sont des « *infâmes nymphomanes* »,[351] ce qui signifie qu'elles sont potentiellement plus dangereuses pour les hommes que « *les hystériques* ».

Le secret intervient lorsque le protecteur Grandmorin est en réalité ce qu'il ne paraît point, c'est-à-dire le bourreau de Séverine[352], dans **La Bête Humaine**, un « *cochon* », un « *misérable* » trempé dans d'exécrables affaires tout comme le baron Gouraud, dans **La Curée**, dont le ruban rouge de sénateur ne l'affranchit pas de ses mœurs légères.

Le type mensonger dans ce dernier roman convient également au pédéraste Baptiste, qui semble sans sexualité. Il paraît à la fois celui qui ne ressent rien pour les femmes, qui ne ressent vraiment rien pour elles et qui passe pour un chaste absolu, tandis qu'en réalité, les palefreniers sont les victimes de ses pratiques

---

[350] Le Groupe d'Entrevernes : **Analyse Sémiotique des Textes**, op. cit. p. 45.
[351] Chantal Bertrand-Jennings : **L'Éros et la Femme chez Zola**, op. cit. p. 61.
[352] En partant de l'exemple du président Grandmorin qui abuse de sa position de « *paternité* » pour abuser de sa « *fille* » Séverine, Maarten Van Buuren en vient à la conclusion que la fraternité est le seul lien familial désintéressé et toujours positif chez Zola, voir **Les Rougon-Macquart d'Émile Zola. De la Métaphore au Mythe**, op. cit. p. 184.

pédérastes. Cette inversion étant une ignominie sexuelle, Baptiste devient par conséquent un faux chaste, un menteur, un imposteur[353].

Les deux dernières possibilités dans la catégorie de la véridication sont le << *vrai* >> et << *le faux* >> représentés d'une part, par Buteau et d'autre part, par Eugène Rougon. En ce qui concerne Buteau, il paraît brutal, voire bestial dans sa sexualité triomphante et immorale. Il est dans *le vrai* d'autant que son paraître est conforme à son être ; car il viole brutalement sa belle-sœur et commet sauvagement le parricide sur Fouan. Par contre, il est évident qu'Eugène Rougon est un faux actant sexuel parce qu'il ne paraît pas intéressé par le sexe et en réalité, il n'est pas sexuellement actif. Sa chasteté fait de lui un faux dans la catégorie des actants sexuels puisque sa libido semble s'être modifiée et transformée en un amour féroce pour le pouvoir en lui-même. Il ne jouit que dans la domination et l'asservissement des autres[354] dans **Son Excellence Eugène Rougon**. En tant que faux, son être est différent de son paraître.

En définitive, la désignation des personnages zoliens annonce leur << *programme narratif global* >>[355], donnant ainsi l'impression d'<< *un déjà-écrit* >>[356], ainsi qu'elle se caractérise par sa multiplicité. Mais il s'agit d'une diversité conjonctive qui se fond dans le même moule final : celui du déclin, de la chute[357]. La diversité de leurs désignations s'explique par la disjonction entre leur paraître et leur être : ce sont des imposteurs, mieux, des mutants d'un genre nouveau. Quand ils paraissent aimables, voire déesses de l'amour, ils sont en vérité des diables ou des monstres. Quand ils paraissent humains, ils ne cessent d'être des animaux, des créatures hybrides, fabuleuses ou mythiques. C'est ce qui confère aux **Rougon-Macquart** leur statut de nouvelles **Métamorphoses**, à la différence que les héros de celles-ci ont dégénéré en des nains dans ceux-la.

Pourtant, jusqu'ici, les actants sexuels n'ont été approchés que sous un angle individuel, c'est-à-dire au cas par cas. Le personnage littéraire n'étant pas isolé dans le récit, il s'intègre dans une classe d'actants qu'il faudra déterminer afin de mieux saisir sa fonctionnalité effective, donnée qui ressort dans ce qu'il est convenu de nommer le schéma actantiel.

3. LE SCHÉMA ACTANTIEL SUR L'AXE DE LA SEXUALIÉ

---

[353] **Ibidem**, Maarten Van Buuren appelle métaphore du théâtre, le décalage entre l'être et le paraître, p. 171.
[354] Philippe Hamon nomme ce type particulier de jouissance << *libido dominandi* >>, dans **Le Personnel du Roman. Le Système des Personnages dans Les Rougon-Macquart de Zola**, op. cit. p. 236.
[355] Philippe Hamon : **Le Personnel du Roman. Le Système des Personnages dans Les Rougon-Macquart de Zola**, op. cit., p. 108.
[356] **Ibidem**, p. 147.
[357] **Ibidem**, Philippe Hamon admet que le personnage zolien est condamné à la cyclothymie, c'est-à-dire la succession de << *hauts* >> et de << *bas* >>, p. 176.
   David Baguley note aussi : << *In naturalist works, however willing the spirit, the flesh is far too strong, for there is a kind of primitive 'nature', an irresistible, universal, depersonalized, instinctive (Schopenhauerian) Will that rises to the surface, saps the individual's sense of human values and brings about the decline* >>, dans **Naturalist Fiction. The Entropic Vision**, op. cit. pp. 212-213.

S'inspirant de Vladimir Propp, Souriau[358] a établi six *fonctions* du personnage sur *trois axes*. Ainsi, sur ce qu'il appelle *l'axe du vouloir*, il oppose *le sujet* à *l'objet* de sa quête, tandis que sur *l'axe du pouvoir*, *les adjuvants* contrarient de facto *les opposants* au sujet. Tout ce processus est enclenché sur ce qu'il nomme *l'axe de la communication* par *un destinateur* qui mandate le sujet à quérir l'objet dont le bénéficiaire est *le destinataire*, instance opposée au destinateur. Le schéma actantiel établi à partir de ces six fonctions essentielles, permet de saisir dans son ensemble et de façon synthétique, la somme des relations interpersonnelles dans un récit. Il visualise par exemple les grandes oppositions ou conflits d'intérêt entre deux ou plusieurs actants, ou encore les alliances entre eux. Il n'y a pas jusqu'aux commanditaires des actions et de leurs bénéficiaires qui échappent au schéma actantiel.

D'une manière générale, dans **Les Rougon-Macquart**, chacun des personnages devient sujet sexuel à un moment donné ou à un autre, désirant un objet sexuel qui peut être tout autre actant sexuel du corpus, anthropomorphe ou non. Posons tout de suite : le personnage zolien est sexuellement motivé aussi bien à partir de ses dénominations que dans ses qualifications. C'est pourquoi toute ségrégation entre les personnages zoliens par rapport à la sexualité serait fâcheuse et injustifiée. Dans cette perspective - où tout actant a la capacité de devenir sujet sexuel d'un moment à l'autre -, la fonction de destinateur premier est dévolue au narrateur principal qui est la *force vectorielle* suprême selon le mot de Claude Bremond[359]. Le narrateur zolien, tel un dieu grec rancunier, insuffle une passion orageuse et ravageuse à Phèdre, symbole de tous les sujets sexuels et la pousse à entamer une quête en vue de dompter un ou plusieurs objets sexuels. Les destinataires sont tantôt l'égoïsme du sujet sexuel lui-même ou sa volonté de devenir riche, tantôt la satisfaction d'instincts sexuels répréhensibles ou encore la justification de la théorie de l'hérédité élaborée par Zola. Les adjuvants sont l'époque historique du Second Empire, les temps et espaces narratifs, la passivité des parents et/ou des conjoints de l'objet sexuel. Devant cette panoplie d'adjuvants, on n'observe que quelques rares forces susceptibles de leur faire obstruction sur le chemin de la satisfaction de leur sexualité. Il s'agit des opposants. Naturellement, la fonction d'opposants dans le domaine de la sexualité, dans les romans de Zola, est réduite à la portion congrue. Il n'y a que les prêtres - et souvent la jalousie des conjoints de l'objet sexuel convoité - pour meubler cette catégorie. Il va sans dire qu'ils ne constitueront aucun contrepoids véritable qui puisse annihiler les velléités de la coalition des adjuvants.

---

[358] Michel Raimond emprunte cette théorie des fonctions à Bremond et à Souriau, dans **Le Roman**, Paris, Armand Colin, 1989, p. 86.
[359] Claude Bremond : *La Logique des Possibles Narratifs* dans **Communications, 8**, op. cit. p. 68.

Par exemple, dans **La Curée**, le milieu corrompu de Paris[360], plus l'époque non moins corrompue du Second Empire[361], sont un terrain favorable à la consommation de l'inceste entre Renée et Maxime d'autant que le mari - et le père - Aristide ne manifeste aucune jalousie[362] ni n'exerce aucun contrôle sur son épouse. Céleste et Mme Sidonie s'allient aux incestueux en tant que complices et du coup, il n'existe plus de véritable instance d'opposition qui puisse ou veuille contrarier les amants dans leur idylle. On peut tracer à cet effet un schéma actantiel - général et canonique - qui englobe toute la thématique de la sexualité dans **Les Rougon-Macquart** :

<u>Schéma n°. 1</u>

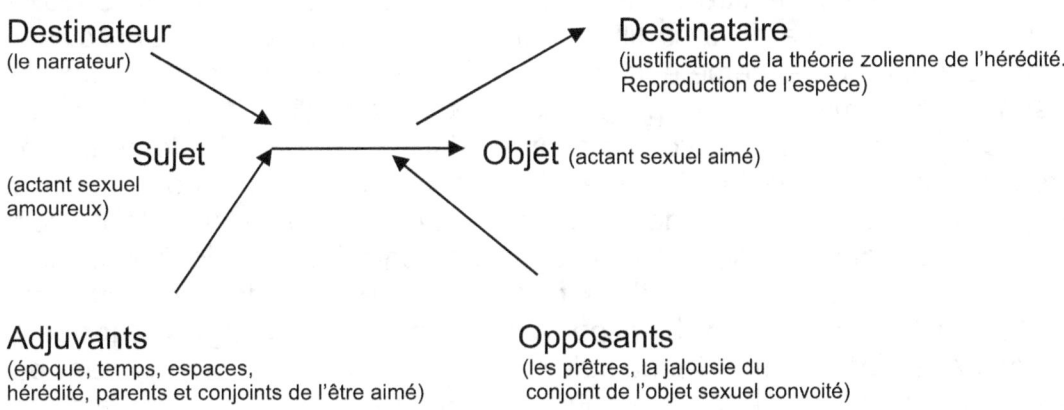

Destinateur
(le narrateur)

Destinataire
(justification de la théorie zolienne de l'hérédité.
Reproduction de l'espèce)

Sujet
(actant sexuel amoureux)

Objet (actant sexuel aimé)

Adjuvants
(époque, temps, espaces,
hérédité, parents et conjoints de l'être aimé)

Opposants
(les prêtres, la jalousie du
conjoint de l'objet sexuel convoité)

Ce premier schéma montre que dans le roman zolien, le narrateur n'est pas neutre. Au contraire, il est porteur d'une idéologie à la fois politique et littéraire puisqu'il tient le Second Empire pour responsable de la débauche outrancière[363] qui secouait la France d'alors. C'est en tout cas ce lien qu'avait perçu Bertrand-Jennings au sujet de **Nana** en particulier : *« C'est volontairement que Zola a fait de Nana l'allégorie de l'Empire, et de son roman sur la courtisane, la geste de la décomposition d'une société et d'une civilisation par la contagion du vice et de la débauche. Née avec le Second Empire, Nana mourra en 1870 avec lui, alors que la foule*

---

[360] Maarten Van Buuren : **Les Rougon-Macquart d'Émile Zola. De la Métaphore au Mythe**, op. cit. pp. 72-73.
[361] **Ibidem**, p. 144, Maarten Van Buuren écrit : *« La serre évoque la société sous le Second Empire en raccourci. C'est un symbole particulièrement puissant parce qu'il présente le progrès industriel, la révolution bancaire, l'altération des relations humaines comme le résultat d'une culture épuisante qui, aux yeux de Zola, doit mener inéluctablement à la dégénérescence des organismes sociaux »*.
[362] En cela, Saccard s'oppose diamétralement (et ironiquement) à Thésée selon Roger Ripoll, dans **Réalité et Mythe chez Zola**, op. cit. p. 73.
[363] À propos de la vente de charité organisée par la cour dans l'orangeraie des Tuileries dans **Son Excellence Eugène Rougon**, Maarten Van Buuren écrit qu' *« À cette occasion, les marquises et les baronnes vendent des bibelots à des prix exorbitants. Elles jouent le rôle de boutiquières de foire, mais on s'aperçoit bien vite qu'au lieu de dissimuler leur nature aristocratique sous une apparence canaille, ce rôle révèle leur nature véritable, révélation d'autant plus piquante que leur rôle se dégrade au fur et à mesure et aboutit à une prostitution mal cachée. La vénalité de ces aristocrates, l'étalage impudique qu'elles font de leurs marchandises et de leur corps, symbolisent en même temps la corruption de la cour et du régime entier »*, dans **Les Rougon-Macquart d'Émile Zola. De la Métaphore au Mythe**, op. cit. p. 179.

dans la rue hurle « À Berlin ! »[364]. La thématique de la sexualité permettait par ailleurs à Zola d'élaborer et de justifier la théorie de l'hérédité qui fut le fondement de son esthétique romanesque : le naturalisme. La toute-puissance de l'hérédité, dans le corpus, marque en outre la victoire de la biologie sur la culture comme l'exprime McLynn : *« [...] in this world there is no moral agent available to mediate the demands of culture and biology. Family, religion and all other agents of cultural formation seem absent, so that biology triumphs »*[365]. Ce triomphe de la biologie n'est rien d'autre cependant qu'une fatalité de la sexualité.

Parfois, il arrive que des personnages deviennent les destinateurs ponctuels de la sexualité d'autres personnages, les parents notamment. C'est le mariage par achat qui survient alors. À titre d'exemple, M. de Mareuil "achète" un époux - Maxime Rougon dit Saccard - à sa fille, Louise de Mareuil, dans **La Curée**. On peut également dire de ce même épisode narratif qu'Aristide Rougon dit Saccard "vend" son fils, Maxime, à Louise de Mareuil, pour la dot alléchante d'un million de francs qu'offre son père. Ce type de contrat fiduciaire a cours également dans **L'Œuvre** lorsque les Margaillan "achètent" littéralement Dubuche pour leur fille, Estelle. Il est à noter que les deux actants sexuels, Louise et Estelle, sont solidaires dans la maladie des poumons et dans la dégradation de leur physique - dans leur dégénérescence donc -, deux facteurs qui justifient la nécessité pour elles de "s'acheter" des époux bien portants. Dans **Les Rougon-Macquart**, l'argent compense la laideur et la maladie[366] mais l'objet sexuel bien portant est hors de prix si bien qu'il faut être riche pour se l'offrir. La société industrielle a ceci de particulier qu'elle ramène l'homme au statut de vulgaire marchandise vendue aux enchères. Cette traduction de l'homme en termes de monnaie est la preuve même de la décadence, puisque les épouses maladives vont bientôt propager la dégénérescence au sein de toute la société, par contagion.

Les destinataires sont donc non seulement les jeunes filles nubiles mais malades, mais aussi et surtout l'égoïsme et la vanité de leurs parents, et, à un degré moindre, les époux sains. Les premières ambitionnent de vivre une sexualité épanouie dans les bras de jeunes gens pleins de santé, les seconds veulent contenter leur vanité en mariant leurs filles. Les derniers ont simplement vendu leur santé au plus offrant.

On obtiendra les schémas actantiels 2 et 3 suivants pour illustrer pareils énoncés narratifs :

---

[364] Chantal Bertrand-Jennings : **L'Éros et la Femme chez Zola**, op. cit. p. 72.
[365] Pauline McLynn : *Human Beasts ? Criminal perspectives in* **La Bête Humaine** dans **Zola, La Bête Humaine : Colloque du Centenaire à Glasgow, texte et explication**, Geoff Woollen (éd.), op. cit. p. 133.
[366] À propos des liens entre l'argent et la sexualité, voir Maarten Van Buuren : **Les Rougon-Macquart d'Émile Zola. De la Métaphore au Mythe**, op. cit. p. 175.

Schéma n°. 2 :

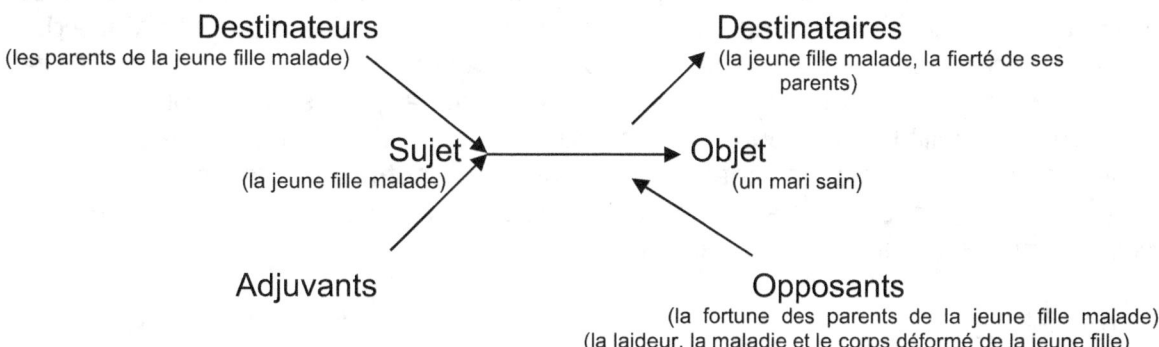

Schéma n°. 3 :

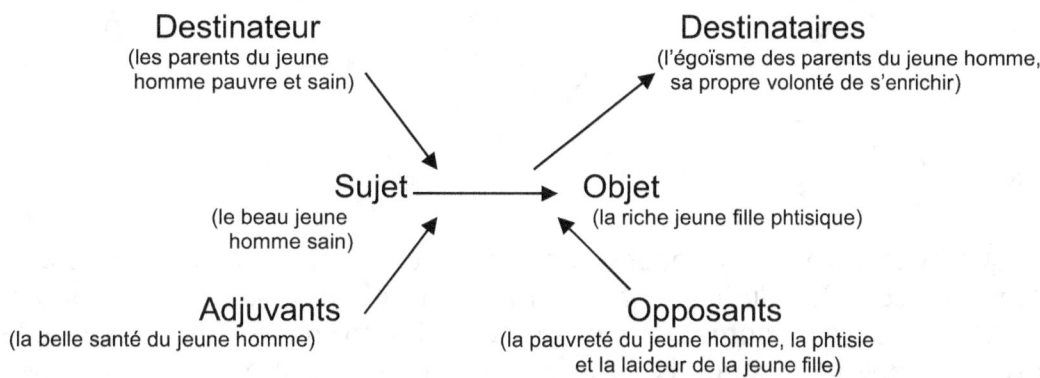

C'est ainsi que, dans **Les Rougon-Macquart**, la sexualité s'installe dans le domaine des transactions ou des affaires[367], au sens purement économique du vocable.

Toutefois, il faut signaler qu'il arrive souvent que la sexualité dépende d'un autre type de facteurs, par exemple les névroses et la pulsion sexuelle normale ou instinctive. Dans la perspective des névroses, la fonction de destinateur est détenue par une instance paradoxale qu'il est impossible de saisir avec précision et qui pousse le sujet sexuel à entreprendre sa quête en vue de s'approprier l'objet sexuel. Le destinataire est alors la satisfaction d'une pulsion homicide, d'un désir de tuer[368] - ou Thanatos -, ou d'un tout autre penchant pervers. Par exemple,

---

[367] David Baguley s'intéressant à l'absence d'affection entre Saccard et son épouse Renée, écrit : << *Et le seul baiser qu'il lui donne dans le roman, "le baiser sur le cou", devient "peu à peu la révélation de toute une nouvelle tactique" d'agiotage. C'est la curée qui "bénit" leur mariage* >>, dans **Zola et Les Genres**, op. cit. p. 37.
  Voir également à ce propos, **Les Rougon-Macquart d'Émile Zola. De la Métaphore au Mythe** de Maarten Van Buuren, op. cit. pp. 174-176.

[368] Sur ce point, se référer au livre de Maarten Van Buuren : **Les Rougon-Macquart d'Émile Zola. De la Métaphore au Mythe**, op. cit. p. 192.

Jacques Lantier, miné par une névrose d'origine aussi lointaine que confuse, connaît de brusques éveils de sa pulsion sexuelle uniquement pour satisfaire sa soif d'égorger une femelle à la gorge blanche[369]. Tout au long de **La Bête Humaine**, il subira le diktat de ce destinateur qu'il ignore et de ce destinataire dont il ne comprend pas la soif de sang. Tout se passe comme si son corps abritait deux personnalités étrangères ; l'une lui insufflant l'appétit sexuel pour contenter et gorger la velléité du meurtre chez l'autre. Leur influence pesante se heurte toujours à sa propre personnalité en termes de souffrances terribles et d'auto-incrimination chaque fois qu'il est vaincu par ses autres lui-même[370]. Schématisons en quatrième position cet énoncé narratif:

Schéma n°. 4 :

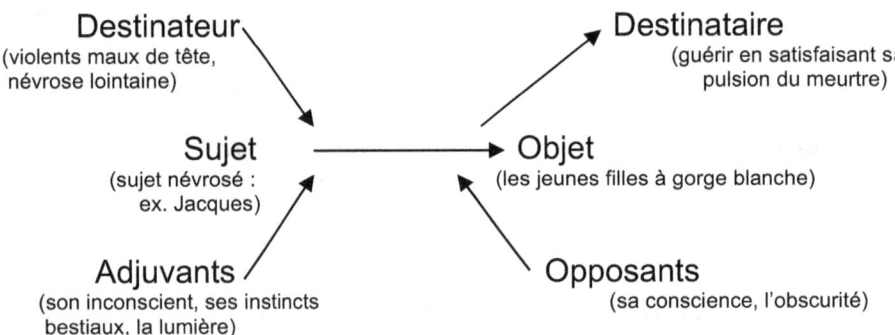

On voit là que la conscience et l'inconscient du sujet sexuel se livrent une bataille rangée pour le contrôle dudit sujet au niveau intérieur. Au plan extérieur, l'obscurité et la lumière se combattent également. La première étouffe la velléité du meurtre alors que la seconde l'éveille et l'accentue. C'est pourquoi, Jacques Lantier s'obstine à ne faire l'amour que dans l'obscurité la plus totale comme un sorcier des temps modernes, voire un vampire. L'obscurité est le seul moyen pour lui de ravaler sa pulsion du meurtre. Symboliquement, l'association de la conscience du sujet avec l'obscurité constitue à n'en point douter un phénomène de diabolisation qui le condamne à jamais[371], en tant que prince des ténèbres. On peut en déduire que Jacques est un sujet sexuel ambigu, énigmatique, paradoxal et diabolique tout à la fois.

Enfin, la pulsion sexuelle ordinaire en tant que destinateur, suscite la quête de l'objet sexuel chez certains sujets en vue de la satisfaction de leurs instincts ou tout simplement en vue de la procréation. Les adjuvants sont alors fort nombreux

---

[369] Claude Seassau estime que : << *Le personnage le plus proche de la bête est Jacques Lantier : en tuant Séverine il a un « grognement de sanglier ». Dans la symbolique chrétienne le sanglier est le symbole du démon. Jacques, à cause de sa maladie, semble habité par un démon dont l'action se traduit par l'obsession de tuer une femme* >>, **Émile Zola, Le Réalisme Symbolique**, op. cit. pp. 59-60.

[370] Sur la question de la supériorité du ça sur le moi dans l'homme, lire le livre de Maarten Van Buuren, ci-dessus, op. cit. pp. 60-61.

[371] Jacques Noiray fait remarquer que : << *Les ténèbres sont donc pour Zola, dans leur opacité liquide, un élément menaçant qui submerge et qui tue* >>, **Le Romancier et la Machine, I : L'Univers de Zola**, op. cit. p. 303.

au détriment des opposants peu nombreux - et souvent trop faibles - pour soutenir la puissance de l'adversité. On peut prévoir une forte débauche[372] dans **Les Rougon-Macquart** à partir de cette catégorisation des personnages qui ressort dans ce cinquième schéma actantiel :

Schéma n°. 5 :

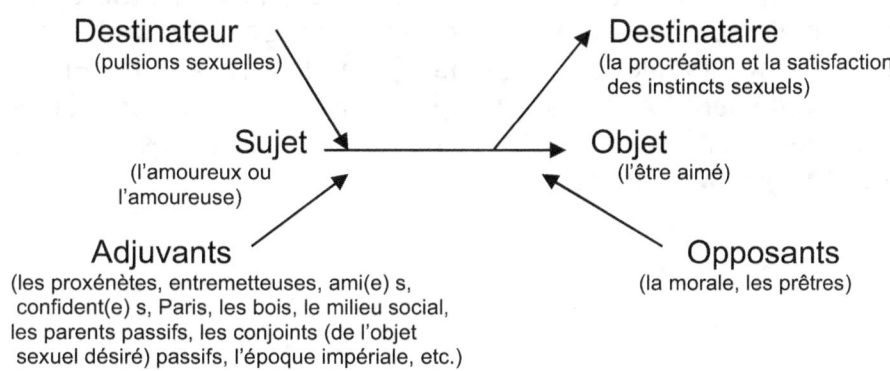

Cette étude de l'être des personnages aura montré qu'ils sont tous sexuellement déterminés, aussi bien les actants anthropomorphes que les non anthropomorphes – contrairement à ce qu'affirmait Philippe Hamon[373]. En effet, On a pu voir que la nature pouvait être un véritable destinateur, un objet et un sujet sexuel à la fois. De même, des sujets sexuels masculins extrêmement importants se sont révélés tout au long de ce chapitre, comme Cabuche, Grandmorin, Jacques et Claude Lantier, ou encore Octave Mouret et Florent. Cela me conforte dans ma prise de position en faveur d'un traitement équitable des personnages dans le domaine de la sexualité et contre toute ségrégation en faveur du seul sexe féminin[374]. On a pu constater également que toute étude des personnages zoliens qui ne prendrait pas en compte leur dimension mythique, serait incomplète à l'instar de celle effectuée par Philippe Hamon. Pour résumer, l'être du personnage zolien, c'est d'abord son sexe, qui est à l'origine de sa naissance, qui est souvent présent dans son nom, dans ses qualificatifs, et qui motive sa relation avec ses semblables. Le sexe est donc pour le personnage comme un fardeau dont il ne peut se défaire et qui peut le conduire à détruire les autres ou à s'autodétruire. Au bout de la chaîne, le sexe apparaît comme le ferment social qui empoisonne et qui emportera le monde du Second Empire.

---

[372] David Baguley considère que l'adultère est un thème éminemment littéraire et qu'il est surtout prépondérant chez les auteurs naturalistes en général, voir **Naturalist Fiction. The Entropic Vision**, op. cit. p. 207.

[373] Philippe Hamon assurait, dans **Le Personnel du Roman. Le Système des Personnages dans Les Rougon-Macquart d'Émile Zola**, que Paris, la Nature et la Machine étaient des entités non sexuées, op. cit. p. 20.

[374] Ceci constitue la faiblesse principale de l'étude effectuée par Chantal Bertrand-Jennings dans **L'Éros et la Femme chez Zola**, op. cit. Réitérons ici que Philippe Hamon avait eu la mme tendance dans l'ouvrage ci-dessus, op. cit. p. 191.

Après cette étape de superposition des textes du corpus, qui constitue la première des quatre opérations principales en ce qui concerne la méthode psychocritique, il va falloir interroger en profondeur les rapports interpersonnels qui constituent la dernière étape de l'analyse du personnage dans l'entendement des structuralistes. La relation sexuelle est, en effet, réflexive - pour les inversions - réciproque - pour la norme admise - et névrotique, pour ce qui est de la sublimation et du transfert neuropsychique de l'être aimé. Tous ces facteurs plongent la sexualité au cœur du domaine de la psychanalyse. C'est pourquoi, notre analyse sera profondément marquée par la méthode psychocritique, notamment avec les travaux de Freud dans le chapitre suivant. Elle sera tout aussi fortement marquée par la sémiotique en ce sens qu'il s'agira d'étudier les manifestations de la sexualité dans l'espace textuel spécifique des **Rougon-Macquart**.

CHAPITRE II : LE FAIRE ET LE DEVENIR DU PERSONNAGE OU SA PERFORMANCE ET SA SANCTION

Tout le chapitre qui suit sera traité à la lumière de la théorie des sémioticiens du Groupe d'Entrevernes à savoir *le faire-être* du personnage ou sa performance, puis *la reconnaissance* ou *la sanction* du personnage. Autrement dit, que font les actants sexuels et quelle conséquence découle de ce faire ? Sont-ils récompensés ou blâmés pour les diverses performances relatives à la satisfaction de leurs instincts sexuels ? Quelle est en un mot la fatalité qui se trouve au bout de leurs performances sexuelles ?

I. LE FAIRE-ÊTRE DU PERSONNAGE OU SA PERFORMANCE

Le faire-être, dans l'approche sémiotique, représente l'ensemble de ce que fait le personnage dans le récit. On l'étudiera dans ses différentes composantes en tâchant d'élucider les réseaux de relations et le système des opérations qui constituent le niveau profond dans l'étude sémiotique du récit.

1.1. Regard sur le système des opérations relatives à la sexualité

On a montré plus haut, dans l'exploitation onomastique des personnages, qu'ils étaient bestialisés ou mythifiés en vue d'accentuer la prévisibilité de leur sexualité bestiale ou monstrueuse, voire diabolique. Les sujets modalisateurs sont disposés d'une façon dichotomique dans le corpus ; car lorsqu'un sujet-opérateur veut entrer en relation de conjonction avec un objet-valeur donné, il se trouve conjointement un autre sujet-opérateur qui convoite ce même objet-valeur. À partir de là naît le phénomène de la jalousie qui est très fréquent[375] dans **Les Rougon-Macquart**.

La relation de conjonction entre un sujet-opérateur et son objet-valeur se note (S∧O), et la relation de disjonction, (SVO). J'utiliserai ces symboles à la suite des sémioticiens du Groupe d'Entrevernes. Rappelons qu'il y a conjonction lorsqu'un sujet entre en possession de son objet-valeur et qu'à l'inverse, la disjonction indique qu'il a perdu cet objet.

1.1.1. Conjonction et disjonction

Ainsi le (S1∧O) s'oppose au (S2VO), ou, globalement on obtient : (S1∧OVS2). Ce dédoublement de l'énoncé d'état indique que l'objet-valeur sexuel gagné par le sujet (S1) est perdu *de facto* par le sujet (S2). À titre d'exemple, dans **La Curée**, lorsque Maxime gagne l'amour de Renée, ses anciens amants - tels M. de Mussy

---

[375] Voir aussi à ce sujet, Claude Seassau : **Émile Zola, Le Réalisme Symbolique**, op. cit. pp. 198-199.

ou M. de Saffré - la perdent en tant qu'objet-valeur sexuel, car elle les trouve dès lors << *assommants* >>[376].

Mais le sujet acquéreur peut perdre son acquisition également à la suite de circonstances différentes comme la mort, la folie, le relâchement de la sexualité, etc. Ces relations de disjonction montrent que l'acquis sexuel est fragile et peu sédentaire. On voit ainsi dans **La Bête Humaine**, Roubaud (S1), qui adore et qui épouse Séverine (O), pour établir la conjonction (S1∧O), avant de la délaisser à la suite du meurtre perpétré sur le président Grandmorin, son rival, établissant ainsi une transformation d'état disjonctive (S1∧OVS1). Dans **La Conquête de Plassans**, Mouret (S1), interné par l'abbé Faujas, "perd" son épouse, Marthe Rougon (O)[377], dans une opération transitive ou de dépossession. La performance disjonctive ainsi réalisée par le prêtre (S2), est une dépossession dont est victime François Mouret, qui revient se venger par le feu : (S1∧O) ⟶ (S1VO), qui peut aussi bien se noter (S1∧OVS1). On reviendra plus loin sur cet énoncé narratif au chapitre II de la troisième partie.

Il peut toutefois arriver qu'un sujet sexuel cède volontairement son objet-valeur sexuel à un autre sujet sexuel concurrent. C'est l'opération du don.

1.1.2. Le don

On note effectivement des épreuves de don chez Zola. Mais il est utile de définir ce qu'il faut entendre par *épreuve* puis par *don* avant d'en citer quelques exemples. Le terme *épreuve* désigne la concomitance de l'appropriation et de la dépossession alors que le *don* est la concomitance de la renonciation et de l'attribution. Celui-ci a un background pacifique et celle-là, un background conflictuel. Concrètement, dans **La Bête Humaine**, l'attitude d'abandon de Séverine par Roubaud est une renonciation[378], et l'adultère de celle-là avec Jacques Lantier est une attribution, puisque le mari légitime, Roubaud, y consent au point de mettre l'amant de sa femme en garde contre les menées d'un autre soupirant - qui pourrait le déposséder -. Entre Roubaud et Jacques, il y a donc une opération de don.

Dans **Nana**, au contraire, le comte Muffat, en s'appropriant Nana en déposséde ainsi le banquier Steiner, au grand déplaisir de ce dernier. C'est dire que Muffat lui aura proposé une épreuve que son rival n'aura pas pu soutenir. Le background

---

[376] Émile Zola : **R. M. I**, op. cit. p.327.
[377] Voir l'argumentation de Chantal Bertrand-Jennings sur l'hystérie féminine et la déviation sexuelle, à partir des exemples de Marthe Mouret et de Clotilde Rougon, dans **L'Éros et la Femme chez Zola**, op. cit. p. 50.
[378] Pour Philippe Hamon, dans **Le Personnel du Roman. Le Système des Personnages dans les Rougon-Macquart d'Émile Zola**, l'activité ludique rend la sexualité inexistante chez Zola, op. cit. p. 204. En effet, Roubaud s'étant adonné tout entier au jeu, semble avoir transféré toute sa virilité sur l'activité ludique, au détriment de la chair.

conflictuel de l'épreuve disparaît lorsque les deux sujets sexuels rivaux s'entendent et consentent à échanger leurs objets-valeurs.

1.1.3. L'échange ou le contrat

Ainsi émerge le phénomène de l'échange qui s'avère être une double performance de don ; car si le sujet S1 entre en conjonction avec un objet O1, il se trouve d'un autre côté - concomitamment - en disjonction avec un objet O2 :

$$(S1 \wedge O1) \longrightarrow (S1 \vee O2).$$

Par contre, l'objet O2 se trouve en conjonction avec un sujet S2 : (S1) et (S2) exécutent alors une opération d'échange. C'est dans cette dialectique qu'il faut lire le mariage de Maxime (S1) et de Louise de Mareuil (S2), dans **La Curée**. Leurs objets-valeurs, respectivement (O1) et (O2) étaient alors, d'une part l'argent à gagner par le système de dot en vigueur, la santé, la beauté et l'amour à obtenir d'autre part. Le cas de Dubuche et d'Estelle de Margaillan, dans **L'Œuvre**, est analogique à cela en tous points.

Schématiquement, on peut poser : État 1 : $(O1 \wedge S1 \vee O2)$ vs $(O1 \vee S2 \wedge O2)$. Mais la transformation du faire performatif ou opération d'échange donne :

$$F(S) \longrightarrow [(O1 \vee S1 \wedge O2) \longrightarrow (O1 \wedge S2 \vee O2)].$$

Toutefois cette opération se fait selon un contrat fiduciaire, c'est-à-dire sur la base d'un accord sur la valeur des ''objets'' échangés. Ainsi le beau et ''sain'' Maxime vend ces qualités qui valent bien la laideur, la maladie chronique et le million de Louise. Le premier qui était en disjonction avec la fortune et en conjonction avec la santé, la beauté et partant, l'amour, finit donc par entrer en conjonction avec cette fortune tant désirée en épousant Louise. Cependant, il perd de sa santé au contact de cette malade qui l'empoisonne à petit feu. Quant à Louise, elle perd un million en épousant Maxime mais, en retour, elle gagne l'amour qu'elle recherche avec à la clé, une santé relative. Ce schéma narratif vaut autant pour Estelle - qui est la symétrique de Louise - et pour Dubuche - symétrique de Maxime.

C'est le lieu de signaler que chez Zola, le sujet-opérateur subit souvent la pression du sujet modalisateur ou destinateur. Par exemple, toujours dans **La Curée**, c'est Aristide Saccard, en tant que sujet modalisateur, qui convainc son fils, Maxime, afin qu'il accepte d'épouser Louise, bien qu'il ne soit pas vraiment amoureux de cette dernière. Rappelons toutefois que le sujet-opérateur ne pourrait rien accompli sans l'acquisition des différentes valeurs modales ou compétence. Cette acquisition se fait au cours des *modalités de la virtualité*, de *l'actualité*, de *la réalité*, ou simplement dans un *système de modalités*.

1.1.4. La virtualité

Pour ce qui est de la virtualité, on distingue le sujet-opérateur du destinateur. En effet, le sujet-opérateur veut faire ou doit faire quelque chose, à l'image Renée qui veut d'« *une jouissance rare* » qu'elle conçoit comme un besoin irréductible. Le destinateur, ou celui qui lui communique « *le désir de l'inceste* », n'est rien d'autre que « *l'ennui* », ou ce que Baudelaire nommait « *le spleen* ». Il y a *virtualité* dans le chapitre I de **La Curée** dès lors que Renée met en perspective un faire - non encore actualisé mais qui se spécifie dans la découverte de son amour pour Maxime - la consommation de l'inceste :

$$F(S) \longrightarrow [(S1 \vee Om) \longrightarrow (S1 \wedge Om)].$$

Le sujet (S1), Renée, qui n'a pas encore conquis son objet modal (Om), l'inceste, enclenche un processus d'accomplissement virtuel dudit inceste. Mais la performance d'attribution des modalités de virtualité ou *contrat de manipulation* se subdivise en *communication transitive* ou réciproque à l'instar de l'ennui - chez Maxime et Renée - et en *communication réfléchie*, comme pour Dubuche, qui seul cumule les rôles de destinateur et de sujet-opérateur. En effet, aucun autre personnage ne lui demande d'épouser Estelle de Margaillan, si ce n'est sa propre volonté de s'affranchir de sa condition pour accéder au moins à la bourgeoisie. Il en résulte qu'il demeure un sujet-opérateur engagé dans une quête motivée par lui-même. Aux antipodes de la virtualité se trouve l'actualité.

1.1.5. L'actualité

Les modalités de *l'actualité*, contrairement au /devoir-faire/ et au /vouloir-faire/ de *la virtualité*, sont un /pouvoir-faire/ et un /savoir-faire/. La performance qualifiante du /savoir-faire/ ou du /pouvoir-faire/ se meut dans les modalités qualifiantes, qui sont des progrès narratifs lorsque l'on passe de la virtualité à l'actualisation ou réalisation. Dans **L'Œuvre**, la relation de type libidinal névrotique qui unit Claude Lantier à sa peinture, relève d'un /savoir-faire/ - ou sa techné - et d'un /pouvoir-faire/ effectif. Sachant peindre, il réalise des tableaux auxquels il consacre tout son amour au détriment de son épouse légitime[379], versant ainsi dans le fétichisme sexuel. Le pas entre l'actualité et la réalité est facile à franchir, franchirons-le allègrement.

1.1.6. La réalité

En ce qui concerne la modalité de réalité ou le faire, il s'agit ni plus ni moins d'un faire à l'état brut, ou si l'on préfère, de la réalisation d'un sujet-opérateur. À ce titre, citons, entre autres faires, l'inceste entre Renée et Maxime. Renée établit

---

[379] Selon Philippe Hamon, dans **Le Personnel du Roman. Le Système des Personnages dans Les Rougon-Macquart d'Émile Zola**, Claude dilapide sa sexualité dans la peinture et les femmes peintes, op. cit. p. 88.

On peut lire également chez David Baguley, dans **Zola et les Genres**, que Claude se sacrifie à la femme idéale, op. cit. p. 88.

Pour Neide de Faria, la Femme (représentée sur la toile) mange la vie de Claude, voir **Les Rougon-Macquart d'Émile Zola (la poétique du cycle)**, op. cit. p. 262.

pareille modalité de réalité lorsqu'elle conquiert l'amour effectif de Maxime à partir du dîner au Café Riche. Dans **Nana**, Nana et les frères Georges et Philippe Hugon, Nana et le comte Muffat - et son gendre Daguenet -, puis avec le marquis de Chouard - celui qui choit ou qui déchoit[380] -, ou encore l'inceste entre le docteur Pascal Rougon et sa nièce Clotilde Rougon, dans **Le Docteur Pascal**, ou même les incestes entre Buteau et sa belle-sœur, Françoise, Hilarion et sa sœur, Palmyre, puis avec sa grand-mère, La Grande, dans **La Terre**, sont autant d'exemples de modalités de réalité dans le seul cadre de l'inceste. Il reste entendu que les exemples en sont légions pour ce qui concerne les autres aberrations sexuelles. Tout cela montre que la sexualité est un phénomène très répandu dans **Les Rougon-Macquart** et surtout qu'elle se réalise ou se consomme très souvent sans le moindre égard pour la morale sociale, encore moins pour la morale religieuse. Le monde romanesque de Zola est celui de la dépravation sexuelle à l'échelle universelle.

On citera, par extension, la cruauté dans la sexualité[381] dont on a des exemples dans **La Curée** avec le viol brutal de Renée à la campagne ; le viol et le meurtre de Françoise[382] dans **La Terre**. Les meurtres de Séverine, de Grandmorin, de Tante Phasie, de Jacques Lantier et de Pecqueux, le meurtre d'une vingtaine de passagers de La Lison, puis le meurtre collectif suggéré des centaines de soldats dont on ignore le sort dans **La Bête Humaine**, toujours pour des motifs de jalousie, font de ce roman celui << *où la bête humaine est vraiment déchaînée* >> selon Neide de Faria[383]. Les suicides de Vandeuvres et de Georges Hugon dans **Nana** ; la pyromanie de Tron, le meurtre d'Hourdequin dans **La Terre** ; enfin la pyromanie et le suicide de Mouret dans **La Conquête de Plassans**, sont autant de motifs pour persuader Bertrand-Jennings de ce que l' << *on ne jouit donc jamais impunément dans les romans zoliens où les personnages vivent comme Renée Saccard dans la crainte que << le mal fût puni tôt ou tard >>*[384]. Toutes ces occurrences sont autant de preuves qui accordent du crédit à notre remarque négativante de tantôt. Et, comme si cela ne suffisait pas, la sexualité précoce vient s'ajouter à cette liste funeste déjà très longue.

---

[380] Chantal Bertrand-Jennings pense que : << *Dans **Nana** le principe de mort est représenté par le vieux marquis de Chouard, << ce coin de charnier >> venu échouer dans le lit de la courtisane* >>, dans **L'Éros et la Femme chez Zola**, op. cit. p. 17.
[381] Sur la sexualité et la violence (dont la dévoration serait l'image cardinale), voir **Émile Zola, Le Réalisme Symbolique** de Claude Seassau, op. cit. pp. 187-260.
[382] En partant de l'argumentation de Jacques Noiray, dans **Le Romancier et la Machine, I : L'Univers de Zola**, pour qui le suicide de Flore est un viol et une défloration, op. cit. p. 423, on peut considérer que ce viol est la vraie défloration de Françoise puisqu'elle n'avait jamais ressenti le moindre plaisir sexuel, ni lors de sa défloration par Jean Macquart, encore moins pendant leur mariage. Pourtant elle connaît l'orgasme lorsque Buteau la viole, réalisant ainsi ce que le sexe devrait être. Ce viol est don son baptême du feu sexuel.
[383] Neide de Faria : **Structure et Unité dans Les Rougon-Macquart de Zola (la poétique du cycle)**, op. cit. p. 84.
[384] Chantal Bertrand-Jennings : **L'Éros et la Femme chez Zola**, op. cit. p. 13.

On l'observe surtout dans **La Fortune des Rougon** avec Miette, Silvère[385] et Gervaise ; dans **L'Argent** avec Victor Rougon dit Saccard ; dans **La Curée** avec Maxime et Renée ; Georges Hugon dans **Nana**, Nana dans **L'Assommoir** ; Delphin, Nénesse et La Trouille dans **La Terre** ; les domestiques dans **Pot-Bouille** ; Catherine Maheu dans **Germinal**, etc. Mais il faut rappeler que chez Zola, la sexualité précoce appelle la mort précoce qui s'inscrit dans le cadre du système des modalités.

1.2. Du système des modalités

Ce système se subdivise en *obéissance active* - /devoir-faire/ + /vouloir-faire/ -, en *obéissance passive* - /ne pas devoir-ne pas faire/ + /ne pas vouloir-ne pas faire/ -, en *résistance active* - /devoir-faire/ + /vouloir ne pas faire/ - et enfin en *résistance passive* - /ne pas devoir-ne pas faire/ + / ne pas vouloir-ne pas faire/. Le domaine de la sexualité, dominé qu'il est par les tentatives de séduction, de persuasion ou de conversion, est le domaine par excellence du système des modalités. On partira des actants sexuels obéissants pour aboutir à ceux qui sont résistants, avec bien sûr, les deux variantes passive et active dans chaque cas.

1.2.1. L'obéissance passive

Appliquée à le corpus, cette étude révèle que sur l'axe de l'obéissance passive, l'on retrouve une quantité incroyable d'actants sexuels parmi lesquels on ne retiendra que Duveyrier, le Torchon d'Adèle, Clarisse et toutes les conquêtes amoureuses dans **Pot-Bouille** ; Claude Lantier et Séverine dans **La Bête Humaine** ; Adélaïde Fouque, Macquart, Miette[386], Silvère, Antoine et Fine, Gervaise[387] et Lantier dans **La Fortune des Rougon** ; Nana et sa kyrielle d'amants dans **Nana** ; Hélène Grandjean et le docteur Deberle dans **Une Page d'Amour** ; La Cognette et ses nombreux amants dans **La Terre** ; la Mouquette et les siens, Maigrat et les épouses des mineurs dans **Germinal**, pour ne citer que ceux-là. Notons que les obéissants passifs sont les actants qui subissent les assauts sexuels de leurs homologues sans chercher à s'en défendre vraiment, même si leur propre appétit sexuel ne les attire pas vers lesdits actants. Par exemple, Nana qui n'aime guère le comte Muffat, devient passivement sa maîtresse uniquement parce qu'elle a besoin de son argent. Comme une prostituée, elle ne choisit pas la figure de son client. Il en est de même pour les épouses des mineurs qui couchent avec le commerçant, Maigrat, pour obtenir des denrées et autres articles qu'elles ne sauraient acheter autrement, attendu qu'elles

---

[385] Bertrand-Jennings considère que Miette et Silvère éprouvent un << *désir du néant, de la mort* >>, tout comme Serge Mouret et Étienne Lantier, dans : **L'Éros et la Femme chez Zola**, op. cit. p. 34.
[386] **Ibidem**, Chantal Bertrand-Jennings, estime que Miette attire et séduit Silvère, le poussant ainsi au péché, p. 54.
[387] Dans **Émile Zola, Le Réalisme Symbolique**, op. cit. pp. 208-212, Claude Seassau distingue un trio de jeunes filles (Gervaise, Catherine et Séverine) qui subissent le sexe sans plaisir, du moins pendant leur tendre jeunesse.

étaient démunies pour cause de grève[388]. L'obéissant passif est donc un actant qui n'est pas forcément amoureux de son partenaire, qui le subit par conséquent comme un poids et qui ne peut s'en émanciper parce que tenu par un certain intérêt. Toutefois dans le corpus, les obéissants actifs sont majoritaires, et de loin.

1.2.2. L'obéissance active

À un moment ou à un autre, tous les actants se ruent à l'assaut de leurs objets sexuels avec une seule devise : jouir au maximum, jouir à tout prix ! Ainsi l'obéissance active tous azimuts sur l'axe de la sexualité montre que les personnages des **Rougon-Macquart** sont quasiment tous partants pour la débauche : la pédophilie - le baron Gouraud dans **La Curée**, Grandmorin dans **La Bête Humaine** -, la pédérastie - Baptiste dans **La Curée** -, le lesbianisme - Satin et Mme Robert dans **Nana**, Suzanne Haffner et Adeline d'Espanet dans **La Curée** -, la morbidité sexuelle - Jacques et Cabuche dans **La Bête Humaine** et Claude Lantier dans **L'Œuvre** -, l'hermaphrodisme - Maxime, Renée et Mme Sidonie dans **La Curée**, Miette et Fine Macquart, née Gavaudan dans **La Fortune des Rougon** et Flore dans **La Bête Humaine** - et l'adultère à outrance dans quasiment tout le corpus - surtout avec Octave Mouret et Mme Berthe Vabre et Marie Pichon[389] dans **Pot-Bouille**, Jacques et Séverine, Pecqueux et Philomène, Séverine[390] et Grandmorin dans **La Bête Humaine**, Maxime et Renée, l'inconnu Georges, Renée et M. de Saffré, M. de Mussy, l'employé d'Ambassade des États-Unis, Mme Michelin, et avec le baron Gouraud dans **La Curée**, Rose Mignon et ses amants, puis Nana et les siens dans **Nana**, Tante Dide et le père Macquart dans **La Fortune des Rougon**, Buteau et Françoise, Jésus-Christ et la Bécu - il s'agit là du Christ fornicateur de Zola, blasphème et rejet suprême du vœu de chasteté prôné par l'église catholique -, la Trouille et ses petits amants, La Cognette et les siens dans **La Terre**, mais on s'arrêtera là par souci de concision. Dans une pareille ambiance, quelle serait l'étendue d'une éventuelle résistance, si jamais elle devait exister ? Quoique faible et sporadique, la résistance à la sexualité existe cependant sous deux formes, l'une passive et l'autre active.

1.2.3. La résistance passive

---

[388] Claude Seassau admet que << *Maigrat fait chèrement payer ses marchandises,*[et qu'] *il ne consent à faire crédit au mineur qui ne peut payer qu'à la condition que la femme ou les filles du mineur acceptent ses avances, afin d'abuser d'elles. Maigrat est un oppresseur et un exploiteur, tout autant que le capital (et les mineurs en révolte s'attaqueront à lui) ; il s'apparente aux riches, à ceux qui sont gras, que le mot maigre tente de cacher dans* << *Maigrat* >>, **ibidem**, p. 37.

[389] Pour Philippe Hamon, dans **Le Personnel du Roman. Le Système des Personnages dans Les Rougon-Macquart d'Émile Zola**, elle est victime d' << *une enfance prolongée* >>, tout comme Saturnin Josserand, Désirée Mouret, Cabuche, Flore, Colomban, Rosalie et Quenu, op. cit. p. 202.

[390] Chantal Bertrand-Jennings estime que la sexualité s'impose à certains personnages comme une fatalité de l'extérieur, donc en dehors de leur propre volonté ou de leur dissipation personnelle ; ce sont Étienne Lantier, Catherine, Jean, Françoise, Séverine, Cabuche, Louisette, Goujet et Gervaise, voir **L'Éros et la Femme chez Zola**, op. cit. p. 30.

Sur cet axe, l'on retrouve Françoise, qui résiste passivement à Buteau dans **La Terre**, Séverine en fait autant devant Cabuche dans **La Bête Humaine**, ainsi que Jacques Lantier devant Flore dans le même roman, Baptiste enfin résiste également aux femmes dans **La Curée**. Le peu d'abondance d'actants sur cet axe est la preuve manifeste que les personnages du corpus sont presque tous dépendants de leur libido et qu'ils sont peu maîtres de leurs instincts primaires. À côté des résistants passifs, il existe quelques résistants actifs qu'on va interroger avant de dresser le bilan du système des modalités.

1.2.4. La résistance active

Cette dernière composante du système des modalités n'est meublée que par une minorité d'actants sexuels, dont Louise devant Grandmorin, dans **La Bête Humaine**, le prêtre Faujas devant Marthe Mouret, dans **La Conquête de Plassans**, et Florent[391] devant La Belle Normande, dans **Le Ventre de Paris**. Ce sont donc, au total, trois actants sexuels résistants actifs devant leurs agresseurs ou harceleurs, comme pour dire que la résistance à la tentation est une tâche ardue à laquelle on ne peut s'attaquer que lorsqu'on dispose d'une bonne dose de chasteté, qualité qui fait cruellement défaut aux personnages zoliens la plupart du temps. On peut signaler un cas ambigu dans cette catégorie, à savoir, le ministre Eugène Rougon, qui s'intéresse peu à la femme malgré sa présence effective dans quatre titres des **Rougon-Macquart**. Mais il s'exclut de la catégorie des résistants actifs à cause de sa relation de type libidinal et intellectuel avec le pouvoir politique qu'il adore "amoureusement". Il finit cependant par coucher avec Clorinde, ce qui présage de sa disgrâce politique.

Pareillement, l'abbé Faujas[392] peut être exclu de cette catégorie car il aime voracement s'imposer aux autres, comme s'il y trouvait une jouissance particulière. N'est-ce pas en effet une autre forme de satisfaction libidinale[393] de type spécifique, que de jouir de sa propre puissance et de sa capacité à s'imposer aux autres ? La résistance de Florent est par contre un cas curieux de phobie du sexe. Or la phobie du sexe est un péché aux yeux de Zola, puisqu'elle suppose le refus de la fécondité et de la reproduction. C'est, en un mot, une forme de mort.

Pour plus de clarté, schématisons le système des modalités de la façon suivante :

---

[391] Selon Philippe Hamon, dans **Le Personnel du Roman. Le Système des Personnages dans les Rougon-Macquart d'Émile Zola,** Florent dilapide sa sexualité dans l'utopie et la rêverie, p. 204.
[392] Il s'inscrit dans ce que Philippe Hamon nomme la *libido dominandi,* **ibidem**, op. cit. p. 236.
[393] Chantal Bertrand-Jennings fait remarquer, dans **L'Éros et la Femme chez Zola**, qu'Eugène entre en disgrâce auprès de l'Empereur lorsqu'il devient faible devant Clorinde, op. cit. p. 81.
  Pour Maarten Van Buuren, Clorinde, Eugène Rougon et l'abbé Faujas sont tout simplement des << *personnages blindés, forts, impossibles* >>, qui résistent efficacement à la chair, voir **Les Rougon-Macquart d'Émile Zola. De la Métaphore au Mythe**, op. cit. p. 232.

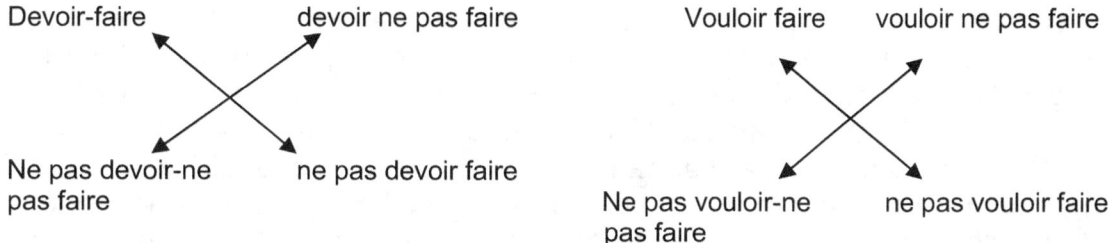

Les termes se situant sur le même axe ou sur la même ligne sont antinomiques et s'impliquent mutuellement et logiquement. Les flèches chiasmatiques ont le même caractère. Il reste entendu que tous les personnages cités entrent forcément dans une des catégories représentées dans ces deux schémas. La performance, ou le faire de l'être - du personnage -, se manifeste au total par une boulimie sexuelle, un excès de vices et d'ordures qui causera la perte du Second Empire : « *le thème majeur – thème prétexte, sans doute, mais qui a son importance – des* **Rougon-Macquart**, *c'est l'épopée d'un régime décadent et corrompu qui court à la catastrophe finale en causant tous les maux* »[394]. La remarque qui s'impose dès lors est que, dans les romans de Zola, l'adultère et les autres vices sexuels constituent un thème régulier et fortement itératif, comme si l'auteur était la victime inconsciente d'une obsession dans le domaine de la libido[395]. C'est le lieu de jeter un regard sur quelques performances sexuelles dans **Les Rougon-Macquart**.

1.3. *Étude de quelques performances spécifiques*

Il s'agit bien d'étudier les cas de sexualité chaste et vertueuse, avant d'aborder ceux qui sont entachés de perversion et d'inceste.

1.3.1. Les personnages << vertueux et chastes >>

L'usage des guillemets se justifie ici dans la mesure où cette chasteté et cette vertu sont tout à fait relatives et contextuelles, car en réalité, aucun personnage chez Zola n'est exempt de tout reproche sur l'axe thématique de la sexualité. Il en résulte que ces deux qualités deviennent plutôt des semblants de qualité, car la << vertu >> dont il est question se positionne comme une déviation ou une inhibition sexuelle, voire comme la résultante d'une névrose à proprement parler.

En outre, les personnages qui peuvent prétendre s'inscrire dans cette catégorie sont fort peu nombreux dans le corpus. Dans **La Fortune des Rougon** par exemple, les seuls personnages "chastes" et "vertueux" sexuellement sont Pierre Rougon et Félicité Puech[396], ces époux qui ne commettent point d'adultère dans

---

[394] Chantal Bertrand-Jennings : voir **L'Éros et la Femme chez Zola**, op. cit. p. 73.
[395] Je rappelle que selon Claude Seassau, dans **Émile Zola, Le Réalisme Symbolique**, il s'agit là d'une intention plus polémique et satirique qu'une peinture réaliste et véridique de la société impériale, op. cit. p. 203.
[396] Dans **L'Éros et la Femme chez Zola**, Bertrand-Jennings dégage un sous-groupe de femmes à intrigues politiques, que sont Félicité et Clorinde, op. cit. pp. 74-75. Les intrigues politiques représenteraient pour celle-ci une source de jouissance plus âcre que le sexe ne saurait remplacer.

le roman. On comprend ainsi les emportements de Pierre devant les inconduites et autres << adultères >>, vrais ou supposés, de sa mère, Tante Dide. Leur fils, Eugène, fait aussi preuve de chasteté, comme par charge héréditaire étant attendu qu'il est le premier né du couple. S'il esquive le contact féminin - comme l'abbé Faujas[397] de **La Conquête de Plassans** -, c'est parce qu'il tiendrait à rester un << *conquérant* >>, selon Bertrand-Jennings. Mais la vérité est qu'Eugène Rougon n'aime d'amour que la politique, cette autre maîtresse adorée. Philippe Hamon avait justement classé ce dernier titre dans une trilogie de la libido, avec **Le Docteur Pascal** et **Nana** ; trilogie qu'il nommait : << *Libido dominandi, libido sciendi, libido sentiendi* >>[398]. Eugène est un personnage névrosé qui considère la femme comme un facteur de déstabilisation, un être qui lui ôterait sa virilité, un gouffre capable de noyer et d'anéantir le mâle en lui, ou de compromettre sa carrière politique. Le sexe féminin n'est-il pas associé au << *poison* >>, dans **La Bête Humaine**[399], avant que la femme ne soit assimilée au << *monstre de l'Écriture* >>[400], à un être << *fatal* >>[401] et << *un ferment de destruction* >>[402], et enfin destinée à << *l'enfer* >>[403] ? Nana est, par exemple, selon le mot de Neide de Faria, la << *vraie idole d'une secte païenne* >>[404].

Pratiquement dans le même contexte, l'on retrouve Florent dans **Le Ventre de Paris**, qui redoute les avances de la Belle Normande comme on fuirait la peste. Autant à ses yeux qu'à ceux d'Eugène, la femme demeure un abîme insondable dont il faut se refuser à explorer. Sa camaraderie exclusive avec Mme François le fait passer pour une sorte d'homosexuel virtuel selon Naomi Schor : << *Indeed, Florent seems a model of male homosexuality as described by Freud in his article 'Certain Neurotic Mechanisms in Jealousy, Paranoia and Homosexuality'* >>[405]. Florent est en effet inhibé par le souvenir - ou plutôt le spectre - de la femme tuée sur les barricades et dont le corps reposait sur lui. Cette hantise devient dans la terminologie de Jean Borie, << *la nausée* >>[406], et dans celle de Philippe Hamon, << *la répulsion* >>[407], qui est opposée à << *la pulsion* >> - sexuelle. Comme Florent, Souvarine est hanté par le spectre de la femme pendue lors de la révolution

---

[397] Selon Maarten Van Buuren, l'homme est comme une substance malléable, ce qui représente une menace pour l'intégrité physique et qui permet à l'abbé Faujas de << *pétrir* >> Marthe à volonté, voir **Les Rougon-Macquart d'Émile Zola. De la Métaphore au Mythe**, op. cit. p. 230.

[398] Philippe Hamon : **Le Personnel du Roman. Le Système des Personnages dans Les Rougon-Macquart de Zola**, op. cit. p. 236.

[399] Émile Zola : **R. M. IV,** op. cit. p. 1019.

[400] Émile Zola : **R. M. II**, op. cit. p. 1271.

[401] **Ibidem**, p. 1269.

[402] **Ibidem**, p. 1435.

[403] **Ibidem**, p. 1410.

[404] Neide de Faria : **Structure et Unité dans Les Rougon-Macquart de Zola (la poétique du cycle)**, op. cit. p. 265.

[405] Naomi Schor: **Zola's Crowds**, op. cit. p. 32.

[406] Jean Borie : **Zola et les Mythes, ou de la Nausée au Salut**, op. cit. p. 62.

[407] Voir **Le Personnel du Roman. Le Système des Personnages dans Les Rougon-Macquart de Zola** de Philippe Hamon, op. cit. p. 252.

moscovite[408], dans **Germinal** ; Jacques Lantier est hanté par la femme vivante, dans **La Bête Humaine** ; Serge Mouret par la Vierge Marie[409], et Claude Lantier, par la Femme idéale et virtuelle. Hantises différentes certes, mais qui ont une source commune, la femme, et une victime commune, l'homme. C'est que chez Zola, la chasteté est contre-nature, c'est le résultat d'un dérèglement psychique et physiologique, car l'espèce humaine est faite pour se reproduire. La chasteté est donc à combattre - autant que la débauche -, car elle est annonciatrice de mort.

Probablement le seul vrai chaste dans **Les Rougon-Macquart** est M. Béraud Du Châtel, le père de Renée, l'héroïne de **La Curée**. M. Du Châtel est le parfait exemple du personnage entré en disjonction avec son espace - Paris - à cause des dépravations, débauches et corruptions multiformes qui y ont cours depuis l'avènement du Prince-Président. C'est pourquoi, tout au long du roman, on le "voit" se cloîtrer chez lui dans son vieil hôtel austère, comme pour échapper à la nouveauté corrompue et immorale.

En ce qui concerne **Nana**, l'on y dénombre deux actants assez vertueux mais impuissants devant la gangrène généralisée de la dissipation de leurs homologues. Ce sont Madame Hugon et M. Venot, le jésuite et ami du comte Muffat. Dans **La Faute de l'Abbé Mouret**, Frère Archangias est la réplique négative de M. Venot. Madame Hugon condamne, ouvertement et constamment, les excès de Nana dont elle répugne le voisinage à la campagne. C'est donc tout naturellement avec rage qu'elle apprend la liaison de la demi-mondaine avec ses deux fils, Georges et Philippe. Son martyre est d'autant plus insoutenable que ses enfants tombent dans l'inceste sans qu'elle ne s'en aperçoive. Le summum de sa souffrance intervient toutefois lorsque le cadet tente de se suicider chez Nana, navré de s'apercevoir que son aîné, Philippe, partage la même amante que lui. Malgré sa vertu donc, cette mère aura souffert dans sa chair à cause de la dévoreuse de Nana[410]. Nana consacre donc la victoire du mal sur le bien, représenté par M. Hugon.

Quant à M. Venot, il reste le porte-parole d'un Dieu de la repentance et du rachat. C'est lui qui tente d'ouvrir les yeux à son ami, le comte Muffat, tombé dans la débauche au contact de Nana et ce, après cinquante années de piété[411].

---

[408] Dans **Le Personnel du Roman. Le Système des Personnages dans Les Rougon-Macquart de Zola**, Philippe Hamon associe cela à une << *nausée* >>, le sujet Souvarine étant davantage gouverné par << *l'abject* >> que << *l'objet* >>, op. cit. p. 252.

[409] **Ibidem**, p. 252.

Maarten Van Buuren écrit, à propos de l'abbé Mouret : << *La vénération pour Marie est le premier signe de faiblesse qui préfigure son amour pour Albine* >>, dans **Les Rougon-Macquart d'Émile Zola. De la Métaphore au Mythe**, op. cit. p. 173.

[410] Elle désorganise les familles et la société selon Chantal Bertrand-Jennings, dans **L'Éros et la Femme chez Zola**, op. cit. p. 65.

Maarten Van Buuren renchérit pour dire qu'elle met ses amants et la société en feu, dans **Les Rougon-Macquart d'Émile Zola. De la Métaphore au Mythe**, op. cit. p. 262.

[411] Van Buuren évoque << *la froideur catholique* >> du comte ; cette froideur qui fait sans doute appel au feu de Nana, feu qui le guérira, in **Les Rougon-Macquart d'Émile Zola. De la Métaphore au Mythe**, op. cit. p. 231.

Moralisateur de premier ordre, Venot ambitionne de sauver le second des feux infernaux en l'extirpant du milieu pourri où il s'est fourvoyé. Frère Archangias, cet autre chaste et moralisateur, découvre le remède efficace à tous les coups pour déraciner le mal. Pour lui, ce sont les femmes qui ont le diable au corps, aussi faut-il leur tordre le cou : << *Elles ont la damnation dans leurs jupes. Des créatures bonnes à jeter au fumier, avec leurs saletés qui empoisonnent ! Ce serait un fameux débarras si l'on étranglait toutes les filles à leur naissance* >>[412]. Naturellement la misogynie de Frère Archangias[413] va jusqu'à un niveau anti-religieux et anti-naturaliste[414]. Cet homme de Dieu est un antéchrist et un agent de mort - symbolique et réelle -.

Au total, autant les personnages chastes sont peu abondants, autant ils sont peu efficaces, voire impuissants devant la toute-puissance du vice. En effet, dans le combat épique qui oppose le vice à la vertu dans **Les Rougon-Macquart**, le premier triomphe de la seconde sans coup férir. C'est ainsi qu'il faut prendre la défaite marquée de Madame Hugon qui pleure la mort de son fils cadet en même temps que l'emprisonnement - autre forme de mort - de l'aîné. Avec Bertrand-Jennings, on peut affirmer que << *[...] Zola aborde le plus grand problème qui hante toute son œuvre : celui du mal lié à la sexualité et à la conscience morale* >>[415].

S'agissant de M. Venot, ses victoires sur le vice sont tout à fait factices et alternatives ; car le comte Muffat ne devient réceptif à son discours moralisateur que lorsqu'il est anéanti par la douleur et par la jalousie. La résolution de Muffat d'emprunter désormais le droit chemin, résolution prise dans un état émotionnel négatif et oppresseur, ne résiste pas à l'effet de "normalisation" psychologique qui consiste à redevenir lucide et à pardonner. Alors, tel un mordu de drogue, il replonge dans la débauche avec plus de fièvre qu'auparavant. Faut-il en déduire que le diable en impose au jésuite Venot ? Sans doute et, il faut le souligner, ces victoires et défaites alternatives se succèdent inlassablement jusqu'à ce que le comte se décide à assurer la victoire finale du mal sur le bien, en restant attaché à Nana au détriment de son ami Venot et de sa famille. Frère Archangias se trouve sur la même longueur d'onde que le jésuite Venot, puisqu'il se propose de ramener l'abbé Mouret vers le seigneur. Pour seules différences, Archangias est davantage le porte-parole d'un Dieu du châtiment qu'un simple moralisateur. Il est aussi un antinaturaliste absolu qui condamne fermement les rapports charnels et reproducteurs. C'est pourquoi il ne bénéficie d'aucune sympathie de la part du narrateur zolien. Sa conduite est simplement condamnée dès lors que ses diatribes causent la séparation de Mouret d'avec Albine, drame amplifié par la mort de cette pauvre jeune fille et de son futur bébé. Archangias ou archange descendu sur la terre pour combattre la nature - en y substituant les lois du ciel -, est, à

---

[412] Émile Zola : **R. M. I**, op. cit. p. 1239.
[413] Dans **Réalité et Mythe chez Zola**, Roger Ripoll lui reconnaît son rôle symbolique de représentant du Dieu de colère qui doit surprendre Albine et Serge et les maudire, op. cit. p. 95.
[414] Chantal Bertrand-Jennings souligne que la religion est l'ennemie du couple zolien, dans **L'Éros et la Femme chez Zola**, op. cit. p. 19.
[415] **Ibidem,** p. 25.

certains égards, responsable de ce double homicide. Archangias s'éloigne ainsi de Dieu et, par extension, de l'auteur Zola, naturaliste et nataliste féroce. Par ailleurs, malgré les guets de Frère Archangias, l'abbé Mouret parvient à retourner chez Albine, au Paradou, en enjambant le grand corps du "gendarme de dieu" qui lui en barrait l'entrée. Le corps d'Archangias devenant ainsi un obstacle physique, la frontière entre le bien et le mal, entre le paradis et l'enfer, entre la religion et la nature, entre l'abstinence et le plaisir charnel. Symboliquement, enjamber, c'est passer outre, ne pas souscrire à, désobéir à. Ce pas franchi[416] par le jeune prêtre est donc le symbole de la désobéissance à Dieu et de la renonciation à son église, du moins pour un moment. Le vice est impérieux, imposant et violent ; il s'impose à l'actant sexuel avec despotisme[417].

1.3.2. Les personnages pervers

Le dictionnaire définit les "*pervers*" comme étant << *les sujets caractérisés par une perversion des instincts élémentaires, et qui accomplissent systématiquement des actes immoraux, antisociaux* >>[418]. La perversion elle-même sera entendue comme une << *dépravation, une déviation des instincts, des tendances, dues à des troubles psychiques* >>[419]. Cette définition du lexicologue est cependant trop vague d'autant qu'elle ne précise pas les troubles qui méritent d'être classés dans le cadre de la perversion, ni par rapport à quelle trajectoire il y a déviation des instincts. Pour moi, la perversion est essentiellement d'ordre sexuel, et je pense à l'ensemble des pratiques sexuelles condamnables au regard de la société. Elle a pour paradigmes : << *la bestialité, l'exhibitionnisme, le fétichisme, le masochisme, la nécrophilie, le sadisme, etc.* >>[420].

Les personnages pervers dans le corpus sont, en gros, Claude Lantier, Renée Saccard, Baptiste, Aristide Rougon dit Saccard et Maxime Rougon dit Saccard, Jacques Lantier, le président Grandmorin, Misard, Flore et Cabuche ; Hilarion et Buteau et, enfin, Nana, Satin et le comte de Muffat. Il reste entendu que chacun de ces actants manifestera sa perversion de façon spécifique.

Par exemple Claude Lantier manifeste sa perversion sous la forme d'un amour fou et ambigu pour ses toiles en y consacrant toute sa libido à partir d'un certain moment au grand désespoir de sa femme, un de ses modèles de chair. Claude accorde maladivement son amour à des femmes virtuelles et qu'il a représentées sur ses toiles. C'est sans doute la seule issue de libération qui s'offre à lui car : <<

---

[416] On peut paraphraser Philippe Hamon en disant que le mur qui entoure le Paradou marque la frontière entre la nature et la culture, le paradis et l'enfer terrestre, l'amour et la haine, l'aise et le malaise. Ce contraste est inspiré de l'étude de Philippe Hamon à propos du mur qui sépare les domiciles Rougon et Macquart, dans **Le Personnel du Roman. Le Système des Personnages dans Les Rougon-Macquart d'Émile Zola**, op. cit. pp. 211-212.
[417] Sur la supériorité du *ça* sur le *moi*, se référer à Maarten Van Buuren, **Les Rougon-Macquart d'Émile Zola. De la Métaphore au Mythe**, op. cit. pp. 56-60.
[418] **Le Petit Robert 1**, op. cit. p. 1413.
[419] **Ibidem**, p. 1413.
[420] Sigmund Freud : **Trois Essais sur la Théorie de la Sexualité**, op. cit. p. 39.

Dans cette guerre entre l'Art et la Femme [...] la loi exige, semble-t-il que l'artiste transforme la femme en objet d'art ou bien périsse entre ses bras »[421]. Pour Neide de Faria en effet, dans la perspective de Claude, le succès signifie réussir à peindre la Femme[422].

Quant à Baptiste, il est << **un inverti absolu** >>[423], car son objet sexuel est exclusivement homosexuel. Il en résulte qu'il a une véritable aversion pour le sexe opposé, la femme. Dans la terminologie freudienne, Maxime Rougon doit être vu comme << **un inverti amphigène** >>, ou un hermaphrodite psychosexuel dont l'objet sexuel peut être tantôt homosexuel, tantôt hétérosexuel. Son père, Aristide, est un sadique qui viole une voisine de palier dans les escaliers alors que Grandmorin est un violeur impénitent et un pédophile, donc un pervers et un sadique. Misard est aussi un sadique qui va jusqu'à empoisonner son épouse dans une lutte dont l'enjeu va au delà de la simple question du magot à débusquer. Nelly Wilson y voit en effet une lutte du mâle pour triompher de la supériorité de la femelle, sa femme : *<< Obsession with his wife's inheritance of a thousand francs has more of a symbolic than the monetary value, representing the desire to reassert male domination over his physically and financially stronger female partner >>*[424].

Cabuche, lui, est un immature sexuel qui prend les objets ayant appartenu à la femme aimée comme objets sexuels par substitution. Cabuche est une vraie brute dans le sens qu'il a chez Geoff Woollen, c'est-à-dire, la sauvagerie, la rudesse, l'inachèvement, l'incomplétion, la régression, le type primitif[425]. Son immaturité est semblable à celle de Saturnin Josserand[426] de **Pot-Bouille** qui est amoureux de sa petite sœur, Berthe, mais qui ne peut transformer son amour névrotique et incestueux en un amour physique. En conséquence, il deviendra l'ami des amants de sa sœur, partageant leur sexualité et leur bonheur, et devenant paradoxalement très agressif à l'égard de son l'époux de sa sœur, Auguste Vabre, qu'il considère comme son vrai rival. Cela fait de lui un éventreur virtuel, selon Geoff Woollen : *<< Another prototypical ripper is Saturnin Josserand in* **Pot-Bouille** *[...]. He occasionally gets hold of a knife, whence threats such "Je vais leur ouvrir la peau du ventre", "parlait d'embrocher le monde" and the final attempted bleeding of Auguste Vabre >>*[427]. Jacques Lantier en fait presque autant avec son amour *quasi* charnel pour La Lison, sa locomotive, entretenue comme une maîtresse bien-

---

[421] David Baguley : **Zola et les Genres**, chapitre VIII : *L'Œuvre, künstlerroman à thèse*, op. cit. p. 88.
[422] Neide de Faria : **Structure et Unité des Rougon-Macquart d'Émile Zola (la poétique du cycle)**, op. cit. p. 72.
[423] Sigmund Freud : **Trois Essais sur la Théorie de la Sexualité**, op. cit. p. 39.
[424] Nelly Wilson : *A question of motives : heredity and inheritance in La Bête Humaine*, Zola, La Bête Humaine: texte et explication, Geoff Woollen (éd.), op. cit. p. 185.
[425] Geoff Woollen : *Des brutes humaines dans La Bête Humaine*, Zola, La Bête Humaine: texte et explication, Geoff Woollen (éd.), op. cit. pp. 150-168.
[426] Saturnin Josserand, Victor Saccard et Florent sont des << *exclus* >> sociaux selon Philippe Hamon, dans **Le Personnel du Roman. Le Système des Personnages dans les Rougon-Macquart d'Émile Zola**, op. cit. p. 232.
[427] Geoff Woollen: *Jacques the Ripper* dans **Émile Zola Centenary Colloquium: 1893-1993**, Patrick Pollard (éd.), op. cit. p. 75.

aimée[428]. Dans la perspective de Jacques, cette machine n'est rien moins qu'un adjuvant et qu'un objet sexuel[429] : « *En plus, cette machine reçoit presque autant d'attributs que Séverine – la rivale humaine dont elle est « jalouse » - en tant que première « maîtresse apaisante » de Jacques* »[430]. Mais Jacques est aussi un sadique et un masochiste unique en son genre, avec ce mal héréditaire qui le torture et qui le pousse à jouir en répandant le sang d'une femelle. Le sadisme d'Hilarion ou celui de Buteau conduit à l'inceste et au meurtre, volontaire ou accidentel. Il s'agit-là de deux violeurs qui choisissent leurs victimes parmi leurs proches parents. Cet aspect précis sera toutefois abordé dans le point suivant.

Nana et Satin sont des lesbiennes au même titre que « *les inséparables* » de **La Curée,** Adeline et Suzanne. Tandis que seule Satin est invertie absolue, les autres sont des inverties amphigènes ou des bisexuelles. Comme les enfants, elles ont alors une conception sadique de l'acte hétérosexuel. Pour Freud, en effet : « *Lorsque les enfants sont témoins à un âge aussi tendre, de rapports sexuels entre des adultes, ils ne peuvent manquer de considérer l'acte sexuel comme une sorte de mauvais traitement ou de violence et de lui donner, par conséquent, un sens sadique* »[431]. Finalement ces lesbiennes apparaissent chez Zola comme des névrosées sexuelles.

Le comte Muffat est un indécrottable masochiste qui se plaît et se complaît dans la souffrance à lui infligée par son objet sexuel[432]. À ce propos, on peut lire dans **Nana** : « *Elle* (Nana) *le* (Muffat) *traita en animal, le fouailla, le poursuivit à coups de pieds […].*

Et lui aimait sa bassesse, goûtait la jouissance d'être une brute. Il aspirait encore à descendre, il criait :

-Tape plus fort […]. Hou ! hou ! je suis enragé, tape donc ! »[433].

On ne peut s'attendre qu'à une exacerbation de type paroxysmique des dépravations sexuelles chez Muffat lorsqu'il prend la forme d'un chien enragé. Au delà, toute cette peinture de la sexualité, dans **Les Rougon-Macquart**, constitue la satire d'une société perverse et vicieuse. C'est aussi la vision de Bertrand-Jennings qui avance qu' « *Il ne fait aucun doute que la « normalité » sexuelle est une des valeurs prônées par Zola, et que, tout comme le lesbianisme, l'homosexualité masculine se trouve être bafouée dans son œuvre. Chez les homosexuels des deux sexes*

---

[428] Dans **Le Romancier et la Machine, I : L'Univers de Zola**, Jacques Noiray insiste sur la nature du rapport érotique qui existe entre la machine et Jacques, la Lison considérée comme une maîtresse apaisante d'abord, puis comme une femme de chair avant de devenir acariâtre lorsque Jacques prend une maîtresse de chair, Séverine, op. cit. pp. 404-413.
[429] **Ibidem**, Jacques Noiray estime que la Lison est un « *substitut primitif de la femme* », tout comme le Bonheur des Dames ; ce sont deux « *parfaites machines à jouir* », p. 410.
[430] Neide de Faria : **Structure et Unité dans Les Rougon-Macquart de Zola (la poétique du cycle)**, op. cit. p. 138.
[431] Sigmund Freud : **Trois Essais sur la Théorie de la Sexualité**, op. cit. p.25
[432] Maarten Van Buuren : **Les Rougon-Macquart d'Émile Zola. De la Métaphore au Mythe**, op. cit. p. 231.
[433] Émile Zola : **R. M. II**, op. cit. p. 1461.

il s'agit de dénoncer le décadentisme d'une société corrompue, chez les lesbiennes, c'est avant tout à la rébellion contre un ordre établi masculin qu'on semble s'attaquer[434].

1.3.3. Les personnages vicieux

Le vice sera entendu ici comme une perversion sexuelle grave et dont le sujet sexuel est incapable de se défaire, malgré l'opposition de sa conscience - et celle de la morale sociale et religieuse - à ladite pratique vicieuse. Toutefois, l'inceste - qui constitue sans doute le vice le plus grave et le plus significatif - sera abordé dans un paragraphe particulier vu son occurrence et son traitement multiforme qui défient toute concurrence.

D'emblée, notons que tous les personnages pervers cités sont tous vicieux. Ainsi Maxime est << *un polisson* >> et, à treize ans, il semble s'amouracher de la jeune épouse de son père, Renée, qui se voit obligée de le ramener à l'ordre. Cette dernière, pour sa part, adore faire l'homme dans les moments intimes, sans oublier que toute petite, elle aimait à regarder le ventre nu des hommes. Nana est une vicieuse et une capricieuse qui se livre au lesbianisme et à la prostitution. Elle est également vicieuse lorsqu'elle favorise le mariage entre Daguenet et la fille du comte Muffat, à la seule condition d'être la première à passer dans le lit du marié la nuit de noces ! Son vice va jusqu'à imposer à Muffat, comte et chambellan de son état, de porter sa tenue officielle et de s'exhiber devant elle, puis de jouer au chien enragé qui aboie, à quatre << *pattes* >>, quand elle le bat en cadence. **Les Rougon-Macquart** célèbrent un monde à l'envers, car frappé par la fatalité de la sexualité : << *L'inversion progressive puis la destruction des classes riches s'y fait par le truchement de la femme, et de la femme sortie du peuple* >>[435], écrit Bertrand-Jennings.

Roubaud, en se faisant complice des adultères de sa femme légitime, Séverine, se met en marge de la morale. Grandmorin et le baron Gouraud sont tous les deux vicieux malgré leurs hautes positions sociales respectives de président du conseil d'administration de la société des chemins de fer et de sénateur. Dès lors, il apparaît que la haute société impériale n'avait aucun égard pour la morale, surtout lorsqu'on fait le rapprochement avec le comte Muffat et le marquis de Chouard[436] dans **Nana**, puis avec le personnage auguste de l'Empereur Napoléon III, auteur de quelques adultères et les infidélités. Les enfants n'échappent pas non plus à cette pandémie du vice car Delphin, Nénesse et La Trouille sont vicieux dès leur tendre enfance. Pour Marcel Girard, ces enfants sont : << *les adolescents, les enfants, trois vicieux, tous corrompus par l'âpreté et la sensualité ambiantes* >>[437], tandis que pour Jésus-Christ, père de la Trouille, sa fille est << *la bougresse qui me*

---

[434] Chantal Bertrand-Jennings : **L'Éros et la Femme chez Zola**, op. cit. p. 41.
[435] **Ibidem**, p. 68.
[436] **Ibidem**, Chantal Bertrand-Jennings stipule que << *Dans* **Nana**, *le principe de mort est représenté par le vieux marquis de Chouard,* << *ce coin de charnier* >> *venu échouer dans le lit de la courtisane [...]* >>, p. **17**.
[437] Marcel Girard : *Préface* de **La Terre** d'Émile Zola, Paris, Garnier-Flammarion, 1973, p. 23.

(le) *déshonore* »⁴³⁸. En réalité, dès leur treizième année déjà, ces enfants sont sexuellement très actifs. Les deux gamins y sont *servis* par la fillette qui semble très vite nymphomane⁴³⁹, tant sa soif exacerbée du mâle n'est jamais étanchée. La débauche de ces gamins est donc le symbole d'une humanité qui a perdu son innocence à force de vivre trop vite. La Trouille rejoint parfaitement la Cognette dans la débauche, car cette dernière ne sait pas dire non à un homme. De fait, la frivolité est érigée en loi contraignante dans son entendement. Pas même la jalousie noire de son maître et amant officiel, M. Hourdequin, ne peut la dissuader de la frivolité. Alors, à ce moment-là, elle transforme tous les espaces en alcôves, de la grange au grenier, en passant par les champs, l'écurie, la maison du maître, les chambres des valets, etc. La Cognette appartient à la catégorie de femmes du peuple qui pourrissent la haute société⁴⁴⁰.

Le vice de Buteau est un des plus originaux du genre. Vicieux indéfectible qui harcèle inlassablement sa belle-sœur sans même s'embarrasser de la présence de son épouse légitime, il parvient à commettre finalement le viol sur Françoise avec l'aide de Lise, son épouse et sœur de la victime. Le vice de Buteau conduit tout droit au dernier type de vice annoncé tantôt.

1.3.4. Les personnages incestueux.

L'inceste est de loin le vice sexuel le plus répandu et le plus immoral dans l'univers romanesque des **Rougon-Macquart**. De plus, il comporte beaucoup de variantes allant de l'inceste virtuel ou simulé à l'inceste réel, en passant bien sûr par l'inceste symbolique ou allégorique. Je signale au passage que j'aborderai le thème de l'inceste comme étant l'ensemble des relations sexuelles entre un homme et une femme, parents ou alliés à un degré qui interdit le mariage.

Pour les psychanalystes, comme Sigmund Freud, en partant de la mythologie grecque, l'inceste trouve son explication dans ce qu'il est convenu d'appeler le complexe d'Œdipe. Il n'y aurait que le << *sur-moi* >> pour censurer les velléités incestueuses qu'on doit au *ça*⁴⁴¹ à mesure que le sujet avance vers la maturité et que l'éducation lui eut montré l'absurdité de ses envies inconscientes.

<< *Le moi* >> se chargerait en effet de réguler ce penchant vicieux et pervers⁴⁴² en mettant le sujet en face des réalités sociales et de la raison individuelle. Toutefois, selon Freud, le refoulement de la tendance à l'inceste - c'est-à-dire la lutte engagée par l'homme contre lui-même pour étouffer son penchant incestueux

---

⁴³⁸ Émile Zola : **R. M. IV**, op. cit. p. 484.
⁴³⁹ Rappelons que pour Chantal Bertrand-Jennings, les nymphomanes sont pires que les hystériques, dans l'ouvrage ci-dessus, op. cit. 61.
⁴⁴⁰ Chantal Bertrand-Jennings : **L'Éros et la Femme chez Zola**, op. cit. p. 68.
⁴⁴¹ À partir des travaux de Groddeck, de Freud et de Laplanche-Pontalis, Maarten van Buuren en vient à la conclusion que le *ça* est le foyer de l'innéité et du refoulement, c'est-à-dire ce qu'il y a de non-personnel dans l'homme. Le *ça* serait en outre le cheval ou la force supérieure dont le *moi* - qui est son opposé - ne serait que le cavalier, in **Les Rougon-Macquart d'Émile Zola. De la Métaphore au Mythe**, op. cit. p. 54.
⁴⁴² **Ibidem**, p. 55.

-, peut mal se faire et conduire de ce fait le sujet à la névrose[443], ou même ne pas pouvoir se faire et conduire le sujet à chercher à réaliser son désir tyrannique. En ce qui concerne cette étude, les cas d'incestes sont réalisés par les couples Renée-Maxime, Nana-Georges Hugon, Nana-Philippe Hugon, Palmyre-Hilarion, Hilarion-La Grande, Buteau-Françoise, Victor-la mère Eulalie et enfin le couple Pascal et Clotilde Rougon dite Saccard.

1.3.4.1. Le pseudo-inceste ou l'inceste par allégorie

Cette dénomination regroupera les cas où l'appellation d'inceste est inappropriée pour désigner la relation sexuelle existant entre les personnages incriminés, mais que le narrateur ne cesse de considérer comme incestueuse. À ce titre donc, Victor Rougon dit Saccard et la mère Eulalie commettent un pseudo-inceste dans **L'Argent**. En recueillant l'enfant abandonné par son père et en l'éduquant, la mère Eulalie en devient la mère adoptive. La différence d'âge entre les deux protagonistes approchant les trente ans - 15 ans pour l'un et plus de quarante pour l'autre - renforce cette idée de relation de mère à fils. Leurs scènes sexuelles sont donc vues par le narrateur comme la manifestation d'un inceste consommé et une liaison pédophile. Pareille éducation fit en tout cas de l'enfant, Victor Rougon, << *une boue humaine* >> selon le mot de Jean Borie[444].

Un scénario identique intervient dans **Nana** où Georges Hugon appelle volontiers Nana, sa maîtresse, << *maman* >>[445], et surtout quand celle-ci se plaît dans cette situation en exigeant qu'il ne l'appelle que par ce nom-là, tandis qu'elle le nomme son << *bébé* >>. Certes la différence d'âge est négligeable entre Nana et Georges - 18 contre 17 ans -, mais il y a que la première est présentée comme une femme accomplie, une prostituée sexuellement très expérimentée alors que le second passe pour un bambin. Si elle cède devant lui, c'est d'ailleurs plus par charité que par amour. Comme le dit Valerie Minogue, Nana est très souvent présentée comme << *apitoyée* >> et << *attendrie* >>, sentimentalisme qui n'est pas sans conséquence, car << *such sympathetic feelings in fact often lead to her sexual capitulation* >>[446]. La relation sexuelle entre eux n'est rien moins qu'un inceste aux yeux du narrateur zolien. Ce pauvre garçon, selon la même critique, court à sa propre perte en se rendant chez Nana dès qu'on le voit << ***taking the first step on a path that leads to his own death and his brother's disgrace*** >>[447]. Il reste que l'inceste peut avoir une forme avérée dans le corpus.

---

[443] Dans **Les Rougon-Macquart d'Émile Zola. De la Métaphore au Mythe**, op. cit, Maarten Van Buuren estime que Serge subit un tel échec : << *L'observation rigoureuse des règles sacerdotales condamne Serge à une vie réglée et comme mécanique. Sous la poussée des forces passionnelles que Serge refoule, mais qui ne cessent de l'assaillir, cette mécanique se détraque* >>, p. 59.
[444] Jean Borie : **Zola et les Mythes, ou de la Nausée au Salut**, op. cit. p. 160.
[445] Maarten Van Buuren voit en elle effectivement une femme maternelle, dans **Les Rougon-Macquart d'Émile Zola. De la Métaphore au Mythe**, op. cit. p. 205.
[446] Valerie Minogue : *Venus Observing-Venus Observed : Zola's **Nana*** dans **Émile Zola Centenary Colloquium: 1893-1993**, Patrick Pollard (éd.), op. cit. p. 59.
[447] **Ibidem**, p. 57.

1.3.4.2. L'inceste véritable.

La relation sexuelle entre ces deux amants devient véritablement incestueuse à partir de l'instant où Nana démultiplie ses partenaires en s'amourachant de Philippe Hugon, aîné de Georges. Renée et Maxime s'inscrivent dans cette mouvance à une nuance près ; à savoir que leur inceste rappelle celui d'Œdipe et de Jocaste. Dans **La Curée**, Renée, *la mère*, est la maîtresse adorée de son *fils*, Maxime, et à l'instar de leurs illustres prédécesseurs de la mythologie, ces deux personnages sont sévèrement punis pour leur faute.

Françoise et Buteau, ces cousins germains commettent eux aussi un inceste qui aurait pu être tolérable si Buteau n'avait pas été marié à la sœur aînée de Françoise. La relation sexuelle de type triangulaire Françoise-Buteau-Lise dans **La Terre** n'est pas sans rappeler le triangle Georges-Nana-Philippe dénoncé plus haut. Néanmoins, il convient de reconnaître que tous ces personnages incestueux recensés jusque-là, à l'exception d'Hilarion, connaissent une sexualité dite << normale >> en marge de leur perversion. Hilarion, dans **La Terre**, est en effet le seul parmi eux à ne connaître les plaisirs du sexe qu'à travers sa relation incestueuse avec sa sœur aînée, Palmyre, exclusivement. À cette partenaire consanguine, certes, il aura tenté d'ajouter sa grand-mère, l'octogénaire surnommée La Grande, mais sans succès. Son problème, semble-t-il, se situe au niveau de son apparence physique qui n'est pas sans rappeler celle de Vulcain, puisqu'il est bancal et laid comme cet ancêtre mythique. Ce physique peu attrayant est un signe annonciateur de sa laideur morale. Violeur récidiviste, le névrosé qu'il est, se rabat sur sa grand-mère à la suite de la disparition de Palmyre. Aussi détestable qu'il paraisse aux yeux des gens moraux, Hilarion est pourtant un sujet sexuel des plus intéressants, car il est à la fois un névrosé et un immature sexuel, une espèce de psychopathe sexuel, violent et bestial dans le rut. Aussi faut-il distinguer les deux victimes de sa violence incestueuse en ce sens que Palmyre finit par être une victime consentante, puisqu'elle défend son bourreau contre les sarcasmes et autres commérages du bourg médusé.

Au contraire, la grand-mère ne se laisse pas compter puisque, décrivant les circonstances de son viol, le narrateur écrit : << *[...] il* (Hilarion) *avait trop jeûné depuis la mort de Palmyre, sa colère se tournait en une rage de mâle, n'ayant conscience ni de la parenté ni de l'âge, à peine du sexe. La brute violait, cette aïeule de quatre-vingt-neuf ans, au corps de bâton séché, où seule demeurait la carcasse fendue de la femelle. Et, solide encore, inexpugnable, la vieille ne le laissa pas faire, put saisir la cognée, lui ouvrit le crâne, d'un coup [...]. Hilarion ne mourut que le lendemain* >>[448]. La Grande, en tuant le mâle, rejoint La Brûlé de **Germinal**, émasculatrice de Maigrat, dans la catégorie des << *figures mythiques de la mère castratrice* >> chez Bertrand-Jennings[449].

---

[448] Émile Zola : **R. M. IV**, op. cit. p. 726.
[449] Chantal Bertrand-Jennings : **L'Éros et la Femme chez Zola**, op. cit. p. 45.

À propos de cette émasculation justement, Seassau estime qu'elle témoigne de ce que les femmes prises parfois d'un délire dionysiaque - ce qui fait d'elles des bacchantes -, sont les personnages les plus violents et les plus offensifs[450] chez Zola, même si Maigrat fut émasculé à cause de sa lubricité[451].

Le docteur Pascal entre en conjonction avec sa nièce, Clotilde Rougon, dans **Le Docteur Pascal**, au point de la féconder[452]. Leur fils, << *l'enfant inconnu* >>, semble lavé de la tare originelle et l'absence de nom chez lui, fonctionne comme une absence de marque. C'est l'être nouveau qui n'a pas à subir la pesanteur de l'hérédité, celui que le narrateur appelle << *le messie que le siècle prochain attendait* >>[453]. Notons ici la parfaite conjonction entre le sujet sexuel - Pascal - et son objet sexuel - Clotilde - surtout lorsque, pour la toute première fois, ils se livrent l'un à l'autre : << *Ce ne fut pas une chute, la vie glorieuse les soulevait, ils s'appartinrent au milieu d'une allégresse. La grande chambre complice, avec son antique mobilier, s'en trouva comme emplie de lumière [...]. Elle* (Clotilde), *éblouie et délicieuse, n'eut que le doux cri de sa virginité perdue ; et lui, dans un sanglot de ravissement, l'étreignit toute, la remerciant, sans qu'elle pût comprendre, d'avoir refait de lui un homme* >>[454]. Cette allusion à la virilité retrouvée de Pascal vient compléter l'indice de la page 1030 qui spécifiait qu'à son retour de Marseille, où il voyait des prostituées, << *[...] il revint comme foudroyé, frappé de déchéance, avec la face hantée d'un homme qui a perdu sa virilité d'homme* >>[455].

Cependant, en dépit de ce que l'inceste est perçu comme une thérapeutique salvatrice dans la perspective de Pascal, et comme une extase pour les deux amants, il reste un sujet à scandale à Plassans où vivent les amants. Le regard[456] des autres est impitoyable : << *Et cela tournait au scandale, cet oncle qui avait débauché sa nièce, qui faisait pour elle des folies de jeune homme, qui la parait comme une sainte vierge* >>[457]. Comme on peut le voir, Pascal centralise les critiques, car il occupe la position dominante[458] en sa qualité d'oncle, de << **maître** >>, et surtout de père adoptif qui a recueilli Clotilde, dès cinq ans, et qui l'a éduquée personnellement jusqu'à ses vingt-cinq ans, âge où elle lui offrit sa virginité, récompense suprême !

---

[450] Claude Seassau : **Émile Zola, Le Réalisme Symbolique**, op. cit. p. 254.
[451] **Ibidem**, p. 255.
[452] Pour Chantal Bertrand-Jennings, c'est l'enfant qui disculpe l'union libre et incestueuse de Pascal et de Clotilde, voir l'ouvrage ci-dessus, op. cit. p. 94.
[453] Émile Zola : **R. M. V**, op. cit. p. 1219.
[454] Émile Zola : **R. M. V**, op. cit. p. 1061.
[455] **Ibidem**, p.1030.
[456] Chantal Bertrand-Jennings montre que le regard des autres est une punition, un supplice, dans **L'Éros et la Femme chez Zola**, op. cit. p.24.
[457] Émile Zola : **R. M. V**, op. cit. p. 1074.
[458] Chantal Bertrand-Jennings écrit : << *Les deux éléments du couple idéal zolien ne sont jamais égaux. Toujours beaucoup plus jeune, la femme se soumet à un maître qu'elle admire et dont elle se fait l'humble servante reconnaissante* >>, dans l'ouvrage ci-dessus, p. 117.

Les personnages, dans le cadre des syntagmes narratifs, après être passés par les phases de manipulation, de compétence et de performance, méritent une sanction, dernière phase des programmes narratifs qu'il reste à étudier.

II. LA RECONNAISSANCE ET LA SANCTION

Selon les chercheurs du Groupe d'Entrevernes, *<<le destinateur évalue la véridication des états transformés, sanctionne (positivement ou négativement) le sujet-opérateur de la performance >>*[459]. J'ai montré dans la première partie du chapitre I, que l'auteur, dès sa préface, se posait en véritable destinateur ayant nanti ses personnages de compétences diverses. Leur ayant fait accomplir les performances ci-dessus, il doit les soumettre ensuite à la phase de la sanction qui va s'étendre sur quatre étapes principales. Je ne reviendrai pas *a priori* sur la première de ces étapes, qui est de type transcendantal, puisque le personnage qui en souffre ne peut s'en défaire dès lors qu'elle provient de son créateur tout-puissant, le romancier. Cette première sanction est la fêlure, c'est-à-dire la fatalité première, cette tare originelle qui frappe tous les personnages anaphores de même que nombre de personnages embrayeurs. On n'abordera pas ici non plus le problème de la dichotomie disjonctionnelle et conjonctionnelle qui fait du personnage zolien, un être à la fois en disjonction avec son espace, puis en conjonction avec son milieu historique. Cette question fera tout simplement l'objet de la troisième partie.

2.1. Les naissances manquées

Il est notoire de constater que dans **Les Rougon-Macquart**, il y a très peu d'enfants. Par contre, il y a beaucoup d'adultères et de couples constitués dans le corpus. Comment cela peut-il s'expliquer dans l'œuvre d'un naturaliste, voire d'un nataliste ? En tout cas, à l'exception de **La Fortune des Rougon** où l'on prend connaissance de plusieurs naissances, tous les autres romans du cycle relatent surtout des naissances manquées. Toutefois, cette exception s'explique aisément par le fait que ce roman est le tout premier du cycle, ce que Zola a lui-même appelé *<< le roman des origines >>* ou celui des fondations. Il va sans dire alors que l'auteur était dans l'obligation, pour des raisons littéraires et doctrinaires, d'y ébaucher l'arbre généalogique[460] de sa famille-cobaye. Dix-huit enfants sont ainsi nés successivement dans ce tome premier des **Rougon-Macquart** et très rapidement, Tante Dide devient mère, grand-mère et arrière-grand-mère dans la même diégèse. Il y a là des signes évidents d'une accélération particulière du récit que Zola ne pratiquera plus dans aucun des romans postérieurs. On peut affirmer qu'il s'est agi de jeter rapidement les jalons de l'étude *<< scientifique >>* qu'il allait mener ultérieurement sur ce *<< groupe humain >>*. À part ce volume qui fait aboutir le processus reproducteur, tous les romans suivants se caractérisent par un

---
[459] Le Groupe d'Entrevernes : **Analyse Sémiotique des Textes**, op. cit. p. 45.
[460] Dans **Les Rougon-Macquart d'Émile Zola. De la Métaphore au Mythe**, op. cit., Maarten Van Buuren souligne le fait que l'arbre généalogique, qui seul est sauvé des flammes de Madame Félicité et de Martine, est mythifié à travers sa qualification, à dessein, de << *relique sainte* >>, p. 159.

ralentissement notable dans le domaine de la reproduction. Cependant les vices et les perversions iront s'amplifiant au fil des épisodes. On pourrait donc être tenté de postuler que dans **Les Rougon-Macquart**, les vices et les perversions sont incompatibles avec la fécondité et la reproduction. Il apparaît que chez Zola, en effet, les personnages les plus débauchés ont très peu de chance de savourer les joies de la maternité - ou de la paternité - à laquelle ils auraient dû prétendre. Dans **La Curée** par exemple, Renée fait une fausse-couche à la suite de son viol subi à la campagne - sa première expérience avec le mâle -, Nana fait également une fausse-couche à dix-huit ans dans **Nana**. Françoise ne vivra pas jusqu'à la naissance de son bébé dans **La Terre**. Ce mauvais fatum frappe à nouveau Albine, qui meurt vers son troisième mois de grossesse[461], dans **La Faute de l'Abbé Mouret**. Enfin, le veau de la coliche des sœurs Mouche, Lise et Françoise, est perdu au cours de la parturition, malgré la *science* de la Frimat, dans **La Terre**. Même les femmes les plus dissipées comme La Cognette, La Trouille, Laure d'Aurigny, Irma et bien d'autres encore, ne connaissent pratiquement pas de gestation comme si elles étaient implicitement stériles. Bertrand-Jennings résume cette situation en postulant que de nombreuses mauvaises femmes sont dépourvues d'enfants dans l'œuvre de Zola et que seule la bonne mère peut être tolérée[462].

On peut soutenir en plus que cela était une des sanctions de la dissipation. Peut-être, faudra-t-il orienter, le moment venu, notre investigation vers une éventuelle explication d'ordre psychanalytique. On pourrait par exemple se demander si cette apparente infertilité chez ses personnages n'est pas la résultante d'une névrose ou d'une psychose de la part de l'auteur. Dans pareil cas de figure, les nombreuses naissances manquées pourraient être vues comme l'émanation de son inconscient, qui ferait ressurgir dans son œuvre de création romanesque, ces éléments autrefois refoulés dans son inconscient. Le chapitre III en dira davantage sur ce point précis.

Grosso modo, les naissances manquées constituent tout de même une concaténation d'éléments narratifs signifiants en ce sens qu'elles conduisent la société des **Rougon-Macquart**, donc la société impériale dont elle est la représentation tout au moins allégorique, vers une évanescence brutale et douloureuse. C'est une société stérile et dévirilisée. Le verdict de Zola semble formel : l'une et l'autre, la virtuelle et la réelle, tendent vers leur disparition pure et simple, faute de renouvellement. Tant bien que mal, les personnages qui réussissent l'exploit qui consiste à se reproduire[463], ont des enfants victimes de

---

[461] Vu le nombre impressionnant d'orphelins, de parents adoptifs et d'enfants morts dans l'œuvre de Zola, Philippe Hamon estime que << *La ligne généalogique << réelle >> du personnage, chez Zola, est souvent une ligne brisée* >>, dans **Le Personnel du Roman. Le Système des Personnages dans Les Rougon-Macquart d'Émile Zola**, op. cit. p. 61.

[462] Chantal Bertrand-Jennings : **L'Éros et la Femme chez Zola**, op. cit. pp. 97-99.

[463] **Ibidem**, Chantal Bertrand-Jennings affirme que : << *De fait, c'est sous le signe de la fertilité que se place une grande partie de l'œuvre zolienne* >>, p. 97. Cela semble assez paradoxal, car on comprendrait difficilement que la reproduction soit si rarement couronnée de succès chez Zola, même si l'auteur s'empresse d'ajouter que beaucoup de mauvaises femmes sont privées d'enfants chez le romancier,

plusieurs formes d'anomalies - maladies héréditaires, déficiences physiques et intellectuelles - qui finissent le plus souvent par les précipiter vers la mort[464].

2.2. Les maladies héréditaires

Il convient de rappeler dès le départ que les enfants qui naissent dans le corpus sont tous frappés, à l'exception de << *l'enfant inconnu* >>, d'une fatalité liée à l'hérédité. Tous, ils "bénéficient" de la tare originelle qui est << *la fêlure* >> que Tante Dide a propagée dans leur arbre généalogique. La fêlure prend pourtant des formes diverses et une de ces formes reste la santé précaire et délicate. Les exemples les plus significatifs à ce propos sont sans doute ceux de Louiset, le fils de Nana, Alice et Gaston Dubuche, mademoiselle Régine Margaillan et Jacques, le fils de Claude Lantier, Charles, le fils de Maxime et Louise de Mareuil et enfin, Hilarion.

En général, ces pauvres enfants souffrent tous de graves troubles respiratoires. Poitrinaires, ils supportent mal l'air frais, qui est paradoxalement l'aliment naturel indispensable pour tous les êtres vivants. De ce point de vue, les enfants apparaissent, dans **Les Rougon-Macquart**, comme les actants les moins naturalistes, vu leur incapacité s'adapter aux lois de la nature. La maladie qui revient le plus souvent - et qui est nommément désignée - est la phtisie, cette sorte parfois galopante de tuberculose pulmonaire. On peut citer notamment mademoiselle Régine Margaillan, Alice et Gaston Dubuche, puis Louise de Mareuil, comme les principaux phtisiques.

Alice et Gaston Dubuche sont présentés par le narrateur comme de la pâte à modeler, incapables qu'ils sont de se mouvoir seuls, si bien que leur père : << *luttait heure après heure pour les sauver ; les sauvant chaque matin avec l'effroi de les perdre chaque soir* >>[465]. Le narrateur va jusqu'à affirmer, non sans hyperbole, qu'ils étaient si faibles et si légers qu'un vent fort les emporterait ! Ces pauvres diables paient ainsi le prix fort pour les inconduites de leurs ascendants par le jeu de l'hérédité ; leur mère elle-même était déjà << *déplumée comme un oiseau malade* >>[466], avant d'être << *un chat écorché* >>[467], selon l'expression du peintre Claude Lantier. Et le narrateur d'insister sur la maladie héréditaire transmise à l'infortunée progéniture depuis la grand-mère : << *Madame Margaillan, cette femme pâle, en lame de couteau, était morte phtisique ; et c'était le mal héréditaire, la dégénérescence, car sa fille, Régine, toussait elle-même depuis son mariage* >>[468]. La phtisie la ronge au point de la rendre incapable de continuer à jouer son rôle d'épouse et de mère : << *Dubuche avait même laissé entendre que, sa femme ayant failli mourir à ses secondes*

à l'instar de Renée, de Clorinde et de Thérèse Raquin, op. cit. p. 97. Il me semble plus correct d'affirmer que l'œuvre zolienne est placée sous le signe de la stérilité.
[464] Chantal Bertrand-Jennings aboutit à une conclusion similaire, **Ibidem**, p. 127.
[465] Émile Zola : **R. M. IV**, op. cit. p. 316.
[466] **Ibidem,** p. 151.
[467] **Ibidem**, p. 123.
[468] **Ibidem**, p. 313.

couches et s'évanouissant d'ailleurs au moindre contact trop vif, il s'était fait un devoir de cesser tous rapports conjugaux avec elle. Pas même cette récréation »[469]. On se rend bien compte, en comparant ces trois générations de personnages, que leur déclin est progressif et radical[470]. Les enfants, qui sont la frondaison de l'arbre généalogique, ne sont plus que des feuilles jaunies, manquant de sève vivifiante. Tous les autres personnages dits phtisiques connaissent ce même sort de l'extinction progressive. Bien sûr, plus haut ils seront perchés sur cet arbre, plus grandes sont leurs chances de mourir à bas âge. Leur espérance de vie ne sera quelque peu acceptable que s'ils se situent vers les racines. Au-delà de la phtisie, on peut évoquer la sclérose qui terrasse le docteur Pascal et l'ataxie qui cloue Maxime dans un fauteuil avant de l'achever, dans **Le Docteur Pascal**.

2.3. Les enfants amorphes

On appellera ainsi toute la catégorie d'enfants dépourvus d'énergie, presque sans consistance, comme vidés de leur moelle. Il est évident que les enfants Dubuche et leur mère appartiennent aussi à cette classe d'actants. On ne reviendra pas sur leur cas. Les autres enfants amorphes sont Maxime Rougon et son fils Charles, sa sœur Clotilde, Louiset, Victor Rougon, et pour finir, Hilarion et sa sœur Palmyre. Les cas les plus représentatifs et les plus révélateurs sont peut-être ceux de Maxime, de Louiset et de Charles.

J'ai déjà signalé que Maxime est efféminé, dégénéré, flegmatique et une sorte d'hermaphrodite étrange. Pour Maarten Van Buuren, la métaphore du travestissement est signe de corruption[471] et de dégénérescence de l'Empire[472]. Son fils Charles - né de ses amours précoces avec une des femmes de chambre de Renée - est tout naturellement un autre dégénéré à l'état terminal. Il est très vite expédié à la campagne par son grand-père, Aristide, comme pour éviter qu'il ne contamine les bien portants de sa dégénérescence avancée. L'état de santé de Charles n'est pas sans rappeler celui des enfants Dubuche qui a été évoqué plus haut. Le narrateur dit à son sujet qu'« *On ne pouvait le toucher, sans que la rosée rouge perlât à sa peau : c'était un relâchement des tissus, si aggravé par la dégénérescence, que le moindre froissement déterminait une hémorragie* »[473]. L'enfant devient par la suite plus idiot au fur et à mesure qu'il avance en âge et fatalement, il meurt à quinze ans, des suites d'une hémorragie sans cause apparente. C'est que la sève de Tante Dide s'est très vite séchée en lui.

En ce qui concerne Louiset, fils de prostituée, il est frappé durement par une hérédité implacable d'autant que l'identité de son père reste une grande inconnue, compliquant le diagnostic que le narrateur aurait voulu faire de son mal : << *le*

---

[469] Émile Zola : **R. M. IV**, op. cit. p. 314.
[470] David Baguley parle à ce propos d'une dynamique de désintégration, d'étiolement et de liquéfaction, dans **Naturalist Fiction. The Entropic Vision**, op. cit. p. 202 et p. 198.
[471] Maarten Van Buuren : **Les Rougon-Macquart d'Émile Zola. De la Métaphore au Mythe**, op. cit. p. 185.
[472] **Ibidem**, p. 187.
[473] Émile Zola : **R. M. V**, op. cit. p. 1094.

grand air (le) *rendit malade* >>⁴⁷⁴. Et le narrateur de donner les précisions suivantes : << *Le petit Louis* (avec) *ses plaintes tristes d'enfant rongé de mal,* (victime) *de quelque pourriture léguée par un père inconnu* >>⁴⁷⁵. Louis semble issu d'une race antique⁴⁷⁶, tout desséché et frêle qu'il est, avec un visage triste et sérieux comme celui d'un adulte.

Dans le corpus, on dispose d'un autre cas de santé similaire à celui de Louis. Il s'agit de Jacques, fils unique de Claude Lantier dans **L'Œuvre**. Le portrait physique de ce pauvre mioche est tout simplement pitoyable : << *Blême, la tête de l'enfant semblait avoir grossi encore, si lourde de crâne maintenant, qu'il ne pouvait plus la porter. Elle reposait inerte, on l'aurait crue déjà morte, sans le souffle fort qui sortait de ses lèvres décolorées* >>⁴⁷⁷. C'est le lieu d'affirmer que le personnage atteint ici le fond de l'abîme en ce qui concerne le caractère amorphe. Il doit son infortune à son père, un Lantier, donc un taré, qui conserve sa part de fêlure en sa qualité d'arrière-petit-fils de Tante Dide. En gros, on doit convenir avec David Baguley de ce que l'enfant naturaliste est caractérisé d'une part par << *[...] the figure of the ugly, deformed or preformed child* >>⁴⁷⁸, et d'autre part que << *the naturalist child incarnates the essential naturalist condition by its marginally human aspect, its brief, tenuous hold on human existence, its evident biological nature* >>⁴⁷⁹.

Le personnage amorphe paie le prix fort des débauches et perversions de ses géniteurs d'une manière générale. Victime, il est condamné impitoyablement

---

[474] Émile Zola : **R. M. II**, op. cit. p. 1404.
[475] **Ibidem**, p. 1452.
[476] Roger Ripoll rappelle que selon le docteur Lucas, dont Zola s'est inspiré au plan scientifique, la dégénérescence est le sort inéluctable des familles à partir de la cinquième génération, or Louiset appartient à la cinquième génération issue d'Adélaïde Fouque, d'où la conformité des conceptions << scientifiques >> de Zola avec celle de son << maître >> à penser, dans **Les Rougon-Macquart d'Émile Zola. De la Métaphore au Mythe**, op. cit. p. 168.

La peinture zolienne de l'hérédité au sein de la famille des Rougon-Macquart semble en effet conforme en tous points à la conception des scientifiques de son temps, si on en croit l'ouvrage érudit du professeur Michel Foucault, qui écrit que dans la seconde moitié du dix-neuvième siècle, les innovations dans la technologie du sexe << *s'articulaient facilement, car la théorie de la* << *dégénérescence* >> *leur permettait de renvoyer perpétuellement de l'une à l'autre ; elle expliquait comment une hérédité lourde de maladies diverses - organiques, fonctionnelles ou psychiques, peu importe - produisait en fin de compte un pervers sexuel (cherchez dans la généalogie d'un exhibitionniste ou d'un homosexuel : vous y trouverez un ancêtre hémiplégique, un parent phtisique, ou un oncle atteint de démence sénile) ; mais elle expliquait comment une perversion sexuelle induisait aussi un épuisement de la descendance – rachitisme des enfants, stérilité des générations futures. L'ensemble perversion - hérédité - dégénérescence a constitué le noyau solide des nouvelles technologies du sexe. Et qu'on n'imagine pas qu'il s'agissait là seulement d'une théorie médicale scientifiquement insuffisante et abusivement moralisatrice. Sa surface de dispersion a été large et son implantation profonde* >>, dans **Histoire de la Sexualité, I, La Volonté de Savoir**, Paris, Gallimard, Tel, 1976, pp. 156-157.
[477] Émile Zola : **R. M. IV**, op. cit. p. 258.
[478] David Baguley: **Naturalist Fiction. The Entropic Vision**, op. cit. p. 213.
[479] **Ibidem**, p. 213.

comme un coupable. Ce traitement peut paraître injuste pour qui considère qu'il s'agit d'enfants innocents qui paient pour des crimes commis par leurs parents ; ce tribut héréditaire deviendra une double fatalité avec l'influence de la composante du milieu. Toutefois, dans l'entendement du narrateur zolien, ces considérations n'entrent pas en ligne de compte. Ce qui compte, c'est la dissipation dont les conséquences sont aussi diverses qu'énormes pour la société impériale. Les pratiques sexuelles étudiées ici sont la cause d'une fatalité aussi implacable[480].

2.4. *Les personnages détraqués et/ou fous*

Il y a, dans **Les Rougon-Macquart**, trois fous au sens réel du terme ; ce sont le père Fouque qui - << *mourut fou* >>[481]-, François Mouret, et Tante Dide qui passe vingt-cinq ans à l'asile, dans **Le Docteur Pascal**. Mais à côté de ces trois vrais fous furieux, il existe de nombreux "fous" virtuels, lucides mais détraqués. Ce sont Claude Lantier, Jacques Lantier et Roubaud, Marthe Mouret, Buteau Fouan et Hilarion, Nana, Georges Hugon et Renée. Le lecteur ignore presque tout en ce qui concerne la folie du père Fouque, le narrateur ayant presque occulté cet aspect dans sa narration. Cependant Adélaïde hérite de cette folie du père, car elle a une conduite qui échappe à toute logique le plus souvent[482]. Ses inconduites et ses hallucinations sont légions dans le roman des origines, **La Fortune des Rougon**. Au fil du récit, dans ce tome premier du cycle, on se rend compte que sa fêlure se transmet à chaque membre de sa descendance[483] et se manifeste différemment chez un individu par rapport à un autre. Mais un lien fort existe entre eux : la passion que Zola avait nommée << *l'appétit* >>, et qui les ronge tous si férocement.

---

[480] Émile Zola voit dans la féminité de Maxime, la pourriture de l'Empire : << *Ce joli jeune homme, dont les vestons montraient les formes grêles, cette fille manquée, qui se promenait sur les boulevards, la raie au milieu de la tête, avec de petits rires et des sourires ennuyés, se trouva être, aux mains de Renée, une de ces débauches de décadence qui, à certaines heures, dans une nation pourrie, épuise une chair et détraque une intelligence* >>, dans **R. M. I**, op. cit. p. 486.
[481] **Ibidem**, p. 41.
[482] Selon Roger Ripoll, l'obéissance naïve à ses impulsions est justement le signe du déséquilibrement de Tante Dide, p. 477. Ripoll déduit de tout ce qui précède que la férocité animale qui se propage au sein de la famille des Rougon-Macquart est tout simplement née de Tante Dide, dans **Réalité et Mythe chez Zola**, op. cit. p. 479.
[483] Roger Ripoll souligne qu': << *En Tante Dide, il faut reconnaître, malgré la différence d'âge, cette figure de femme fatale dominée par des puissances destructrices* >>, c'est-à-dire la << *Figure de la fatalité* >>, **ibidem**, op. cit. p. 478.
  Pour Françoise Gaillard, l'adultère initial de Tante Dide est la source de tous les crimes dans le cycle romanesque : << *Les crimes qui se sont gravés dans l'esprit désormais éteint de Tante Dide, ne sont jamais que la conséquence et la répétition d'un crime antérieur, jamais vraiment nommé, tout au plus, vaguement désigné comme étant l'adultère dont elle s'est rendue coupable autrefois, aux temps presque légendaires de la naissance de la famille Rougon-Macquart... Tous les crimes qui éclaboussent de sang la famille maudite, ne sont que la répétition de cet événement primitif qui est resté fixé dans la mémoire collective* >>, dans *Genèse et Généalogie (le cas du Dr Pascal)*, article publié dans **Romantisme XI**, 1981, p. 188.

C'est ainsi que Marthe Mouret née Rougon, petite-fille de Tante Dide, est déréglée, détraquée - c'est-à-dire hystérique, dans la terminologie de Bertrand-Jennings - au point de nourrir une passion équivoque pour le prêtre Faujas et pour la Divinité. Elle finit par lui consacrer toute sa vie, son mari, son foyer, sa maison, sa fortune, allant jusqu'à être complice de l'internement de son époux suscité par l'abbé[484]. Éventuellement, François, injustement enfermé avec les fous, devient fou[485] pour de vrai et se transforme en pyromane criminel[486]. Il est le symbole des infortunés qui, victimes d'une frustration passionnelle, deviennent criminels passionnels dangereux pour eux-mêmes et pour toute la communauté.

La "folie" de Claude Lantier est des plus originales, car elle se caractérise par sa lucidité qui défie la folie elle-même. Folie de l'inconscient, folie du génie taré dépourvu d'inspiration créatrice[487], elle se manifeste à travers sa relation avec création artistique. Peintre professionnel, Claude est incapable d'achever une toile qu'il tient cependant à mener à son terme. Il détruit toutes ses toiles inachevées et se suicide devant celle de la Femme idéale, qu'il ne parvient à réussir. Folie de la destruction et de l'autodestruction, elle se manifeste au plan sexuel par son détraquement, par son amour presque physique pour les femmes qu'il peint et non plus pour les modèles vivants qui ont posé pour lui. Dans son psychisme, il se manifeste une confusion telle qu'il n'est plus en mesure de distinguer l'amour charnel de l'amour intellectuel et artistique, encore moins entre le concret et l'abstrait. Pour Philippe Hamon, il dilapide sa sexualité dans la peinture[488] ou plutôt les femmes peintes, tandis que selon Baguley, il se sacrifie à la femme idéale lorsque ses amis artistes prostituent leur talent en cédant aux femmes sensuelles[489]. Claude est le fruit de la débauche d'une mère ivrogne, Gervaise Macquart. Dans la théorie naturaliste de Zola, il ne peut être de race pure. C'est en ce sens que Philippe Hamon parle de << *fonction mnémonique* >> du nom de famille. Cette fonction aurait une double valeur, *anaphorique* - rappel du passé du personnage - et *cataphorique* - annonce de l'horizon de son futur-. S'appeler Rougon ou Macquart, ou avoir dans ses veines le sang de ces deux

---

[484] Dans **Le Personnel du Roman. Le Système des Personnages dans Les Rougon-Macquart de Zola**, Philippe Hamon estime que vu l'importance idéologique de la topographie, l'abbé Faujas, en s'installant chez les Mouret, << ***prend possession*** >> et que sa soutane noire apporte une tache de deuil dans ce foyer antérieurement paisible, op. cit. p. 223.

[485] Voir Naomi Schor qui le considère comme un << ***complacent bourgeois*** >> et un << ***institutionalized madman*** >>, dans **Zola's Crowds**, op. cit. p. 38.

[486] Jacques Noiray parle de << *flamme justicière* >>, dans **Le Romancier et la Machine, I : L'Univers de Zola**, op. cit. p. 419.

[487] Le cas Claude Lantier semble battre en brèche l'avis de Maarten Van Buuren, dans **Les Rougon-Macquart d'Émile Zola. De la Métaphore au Mythe**, qui considère que seuls les génies sont frappés de la fêlure ou de la névrose, op. cit. p. 191. En effet, si l'on doit accepter que Pascal et Octave sont des génies, on a du mal à admettre que Claude Lantier et Lazare Chanteau sont eux aussi des génies, comme l'affirme Van Buuren. En outre, Maxime et Renée - parmi tant d'autres - sont aussi fêlés sans avoir le moindre génie.

[488] Philippe Hamon : **Le Personnel du Roman. Le Système des Personnages dans Les Rougon-Macquart de Zola**, op. cit. p. 204.

[489] David Baguley : **Zola et les Genres**. op. cit. p. 88.

lignées, reviendrait ainsi à tomber sous le coup de la persistance d'une hérédité et, implicitement, devenir la victime d'un destin catastrophique[490].

Le frère de Claude, le nommé Jacques[491], connaît à son tour une sexualité équivoque dans **La Bête Humaine** où sa tête bourdonne des confusions les plus curieuses et aux origines inconnues. L'expression la plus forte de ces confusions est qu'il se conçoit comme le vengeur de tous les mâles, investi d'une mission tout aussi rocambolesque : celle de venger une trahison antique et originelle. C'est pourquoi il a soif de jouir en saignant une jeune femme[492]. Cette folie meurtrière qui le frappe ne s'estompe un moment que lorsqu'il égorge Séverine, sa maîtresse bien-aimée. Pourtant Jacques a une conscience, il pleure souvent de désespoir, car il est conscient de son incapacité à s'émanciper de cette folie qui s'annonce par de violentes céphalées. Mais que peut-il contre un mal transmis par son arrière-grand-mère à son grand-père, Antoine Macquart, qui lui-même l'a transmis à sa fille, Gervaise, la mère de Jacques[493] ? Cet héritage empoisonné sera fatalement partagé par ses frères, Claude et Étienne - le héros de **Germinal** -, et par sa demie sœur, Nana. C'est par exemple cet héritage qui motive la volonté d'Étienne de tuer son rival - Chaval - dans le Voreux : << *Étienne, à ce moment, devint fou. Ses yeux se noyèrent d'une vapeur rouge, sa gorge s'était congestionnée d'un flot de sang. Le besoin de tuer le prenait, irrésistible, un besoin physique, l'excitation sanguine d'une muqueuse qui détermine un violent accès de toux. Cela monta, éclata en dehors de sa volonté, sous la poussée de la lésion héréditaire [...]. Toutes ses luttes lui revenaient à la mémoire, cet inutile combat contre le poison qui dormait dans ses muscles, l'alcool lentement accumulé de sa race* >>[494].

---

[490] Philippe Hamon, ouvrage ci-dessus, pp. 108-111.
[491] Geoff Woollen, Nelly Wilson, Chantal Morel et Pauline McLynn estiment que si Zola, qui avait prévu ce rôle de tueur en série pour Étienne Lantier, s'est finalement résolu à le donner à Jacques vers la fin de l'ébauche du roman, c'est en raison de l'affaire *Jack The Ripper*, éventreur anglais, qui avait commis des meurtres de femmes à Whitechapel, en automne 1888. Zola aurait suivi ce fait divers de près, dans *The Manchester Guardian*, voir **Zola, La Bête Humaine : texte et explication**, Geoff Woollen (éd.), op. cit. pp. 68-100 ; pp. 123-135 et pp. 76-81.
[492] Claude Seassau estime que << *Le mythe de la bête humaine, fondé sur la première tromperie de la femme du temps des cavernes, revient comme un leitmotiv dans le roman ; dans l'imaginaire zolien, l'homme des cavernes a été trahi par la femme qui l'a trompé avec un autre, aussi doit-il venger sa virilité offensée, en possédant à nouveau la femme, dans toute sa brutalité de mâle, jusqu'à l'éventrer, la détruire, pour qu'elle lui appartienne à jamais. [...]. Cela explique pourquoi Jacques tue Séverine ; conformément à son ancêtre il doit tuer celle qu'il aime, pour l'arracher définitivement aux autres* >>, dans **Émile Zola, Le Réalisme Symbolique**, op. cit. p. 258.
[493] Émile Zola écrit à propos des ravages de la tare héréditaire chez Jacques Lantier : << *La famille n'était point d'aplomb, beaucoup avaient la fêlure. Lui, à certaines heures, la sentait bien, cette fêlure héréditaire ; non pas qu'il fût d'une santé mauvaise, car l'appréhension et la honte de ses crises l'avaient seules maigri autrefois ; mais c'étaient, dans son être, de subites pertes d'équilibre, comme des cassures, des trous par lesquels son moi lui échappait, au milieu d'une sorte de grande fumée qui déformait tout. Il ne s'appartenait plus, il obéissait à ses muscles, à la bête enragée* >>, dans **R. M. V**, op. cit. p. 1043.
[494] Émile Zola : **R. M. III**, op. cit. 1571.

Ainsi que l'atteste Roger Ripoll, la violence est la véritable faute originelle qui marque toute l'histoire humaine[495].

Il convient de dire que le mal héréditaire que traîne la famille depuis près d'un siècle et qui irrigue les veines de chacun des individus qui la composent, fonctionne comme le fil conducteur qui les unit et qui montre leur appartenance à la même << *race* >> pourrie. Ce fil les conduira également vers la sanction suprême, à l'instar du fil des Parques, dans la mythologie grecque. À part ces cas étudiés spécifiquement, d'autres personnages sont victimes de détraquements dans le corpus, leur << *folie* >> reste cependant plus contextuelle et sporadique. Les personnages qui entrent dans cette catégorie sont Buteau, Cabuche, Renée, Nana, Roubaud, Georges et Hilarion. Il y a que les enfants issus de parents débauchés et/ou tarés peuvent subir d'autres sanctions, comme l'imbécillité.

2.5. *Les personnages dépourvus d'intelligence*

La sanction la plus inédite et sans doute la plus originale qui attend la progéniture du personnage débauché, est l'idiotie ou l'absence d'intelligence qui la frappe dans **Les Rougon-Macquart**. Dès **La Fortune des Rougon**, le narrateur insiste sur cet élément en commençant par Pierre Rougon, l'aîné des enfants de l'aïeule. Vient ensuite le fils de ce dernier, Eugène Rougon, l'avocat sans clientèle. Le neveu de Pierre, Silvère Mouret, est particulièrement idiot malgré l'apparente sympathie que le narrateur éprouve pour lui. La situation n'est guère meilleure pour Claude Lantier, ce parfait idiot de peintre jamais visité par le dieu des arts. Il n'en va pas différemment de son fils Jacques. Du côté des actants féminins, Estelle Muffat et surtout Tatan Néné sont les symboles vivants de l'idiotie féminine dans **Nana**.

Pierre Rougon, d'entrée de jeu, est présenté comme le << *plus taré* >> de tous les fils de Plassans[496]. Son fils, Eugène, n'hérite pas seulement de sa face large mais aussi de sa tête blême qui manque de génie. Il en résulte que tous deux sont de fins calculateurs, opportunistes et envieux. Mais le plus dépourvu d'intelligence dans **Les Rougon-Macquart**, est sans doute Silvère Mouret, à propos de qui le narrateur affirme : << *Il se mit à fréquenter l'école de dessin où il se lia avec un jeune échappé du collège qui lui prêta son ancien traité de géométrie. Et il s'enfonça dans l'étude, sans guide, passant des semaines entières à se creuser la tête pour comprendre les choses les plus simples du monde. Il devint ainsi un de ces ouvriers savants qui savent à peine signer leur nom et qui parlent de l'algèbre comme d'une personne de leur connaissance. Rien ne détraque autant un esprit qu'une pareille instruction, faite à bâtons rompus, ne reposant sur aucune base solide* >>[497].

Les conséquences de cette autodidactique furent catastrophiques pour le jeune homme, car ses connaissances étaient si incomplètes et si << *mal digérées, qu'il*

---
[495] Roger Ripoll : **Réalité et Mythe chez Zola**, op. cit. p. 112.
[496] Émile Zola : **R. M. I**, op. cit. p. 243.
[497] **Ibidem**, p.138

ne réussit jamais à (les) *classer nettement dans sa tête »*[498]. Malgré son courage de Sisyphe - son homologue mythique -, Silvère, qui n'a guère visité le temple de Prométhée, n'est parvenu à aucun résultat concret. Ainsi qu'on l'a mentionné, l'hérédité est la force transcendantale qui refuse de se plier à toute tentative de remise en cause. Tare viscérale ancrée au plus profond de la personnalité du sujet - dont elle consacre l'impuissance -, l'hérédité n'est pas un masque qu'on peut ôter lorsqu'on en a envie.

Dans **L'Œuvre**, l'idiot par excellence se nomme Jacques dont le père reconnaît, non sans amertume : *« -Non, ma parole ! il devient idiot... Vois-moi sa tête, s'il n'a pas l'air idiot. C'est désespérant »*[499]. Comment pouvait-il en être autrement lorsque lui, le père, n'est pas à l'abri de tout reproche puisqu'il sombrait lui-même << *au fond de la folie héroïque de l'art »*[500], *« cette faillite du génie »*[501]? L'idiotie du petit Jacques ne relève toutefois pas uniquement de sa pesante hérédité, mais provient surtout de sa rupture brutale d'avec la campagne où il naquit. Le milieu[502] pourri de Paris a eu raison de son développement physique et psychique. À Paris, en effet, où ses parents se sont installés vers son quatrième anniversaire, la misère frappe durement la famille de Jacques. Il s'ensuit que le père devient coléreux et brutal envers son rejeton, qui est battu et réprimandé à tout bout de champ s'il bouge pendant qu'on le peint. Sa mère, la pauvre Christine, amante passionnée et piètre maman, se joint au père pour aggraver le martyre du petit[503], rendu taciturne, introverti, avec la crainte perpétuelle de faire une bêtise répréhensible. Une éducation aussi austère, dans une misère et un milieu pareils, aboutit à autant de crétinisme, semble dire le narrateur. Chez Zola en effet, l'homme est sous le coup d'une double fatalité qui régit sa vie entière : à savoir celle de l'hérédité et celle du milieu.

De fait, avec les mêmes handicaps héréditaires, deux enfants issus des mêmes parents se développent très différemment lorsque Zola les place dans des milieux différents, exactement comme Maxime qui devient un vicieux et un débauché dans le milieu pourri parisien[504] alors que Clotilde s'épanouit toute en santé physique et mentale dans la campagne de Plassans. Le milieu s'avère fatal pour le premier - devenu ataxique et mourant à trente-trois ans - tandis qu'une fatalité reverse et positive corrige les tares héréditaires de Clotilde pour en faire une femme idéale

---

[498] Émile Zola : **R. M. I**, op. cit., p. 137.
[499] **Ibidem**, p. 217.
[500] **Ibidem**, p. 257
[501] **Ibidem**, p. 257.
[502] Maarten Van Buuren reconnaît que chez Zola, le milieu est composé à la fois des conditions sociales et naturelles, voir **Les Rougon-Macquart d'Émile Zola. De la Métaphore au Mythe**, op. cit. p. 274.
[503] Chantal Bertrand-Jennings la classe dans la catégorie des femmes qui font le malheur de leurs enfants - avec Mme Josserand, Marthe Mouret, La Grande, Gervaise et Mme Duveyrier - dans **L'Éros et la Femme chez Zola**, op. cit. p. 97. Bien avant, la critique classait Christine dans la classe des femmes fatales, infâmes nymphomanes, et précisément dans le sous-groupe des maigres et desséchées qu'elle oppose aux grasses appétissantes, p. 61.
[504] La ville de Paris est clairement identifiée à une complice de la débauche et de l'inceste dans **R. M. I** d'Émile Zola, op. cit. p. 458.

et la mère de l'enfant inconnu, lavé de la fêlure ancestrale. Cette panacée qui guérit Clotilde s'appelle d'un nom, la Souleiade, cette propriété de campagne qui fonctionne comme un diminutif de la grande nature et où la vérité scientifique du docteur Pascal s'est substituée à la fièvre[505] de la chair et de l'agio qui secoue Paris.

Par ailleurs, le personnage de Tatan Néné est d'une idiotie si désolante que la jeune fille est constamment traitée de << *dindonnette* >> dans **Nana**. Son seul nom sonne comme un langage non articulé, le langage de l'enfant qui apprend à parler. Adulte à l'état-civil, elle reste au stade infantile en ce qui concerne le développement des facultés mentales et intellectuelles. Il est regrettable de voir que le roman n'offre aucune idée de sa filiation qui puisse permettre d'apprécier la part de ses ascendants dans le cadre de son idiotie.

Toutes les sanctions étudiées jusqu'ici sont annonciatrices d'une apocalypse qui, bientôt, frappera les personnages zoliens et, partant, la société impériale tout entière. L'auteur avait affirmé en effet que ses personnages << *racontent le Second Empire à travers leurs drames individuels* >>[506], dans la préface générale du 1er juillet 1871.

2.6. La mort précoce

On vient de voir que, dans **Les Rougon-Macquart**, la débauche et la perversion sexuelles mènent à des conséquences désastreuses et inévitables. Pour Zola, la question est toute simple : la sexualité précoce et la dissipation conduisent inéluctablement à la mort précoce. À preuve, dans **La Fortune des Rougon**, Miette meurt à quatorze ans et son ami Silvère, à dix-sept ans[507] ! Quant à Renée, elle disparaît à trente ans[508] dans **La Curée** et son amant incestueux, Maxime, tire sa révérence à trente-trois ans. Son fils, Charles, s'éteint à l'âge de quinze ans, dans **Le Docteur Pascal**. Nana ne franchit pas le seuil des dix-neuf ans dans le roman[509] qui porte son nom pendant que son fils, Louiset, était assez vieux vers

---

[505] Pour Maarten Van Buuren, << *Dans les **Rougon-Macquart**, la fièvre résulte d'un excès de sensations et Zola désigne les développements sociaux sous le Second Empire comme la source principale de cette surexcitation* >>, voir **Les Rougon-Macquart d'Émile Zola. De la Métaphore au Mythe**, op. cit. p. 196.

[506] Émile Zola : **R. M. I**, op. cit. p. 3.

[507] Selon Chantal Bertrand-Jennings, << *Ce sont particulièrement les couples d'enfants, d'adolescents ou de jeunes vierges qui sont chargés de signifier le sacrifice de l'amour au dieu de la chasteté* >>, in **L'Éros et la Femme chez Zola**, op. cit. p. 31.

Roger Ripoll qualifie la mort de ces deux jeunes gens de *plénitude suprême*, dans **Réalité et Mythe chez Zola**, op. cit. p. 474.

[508] Pour Roger Ripoll, l'assimilation de Renée (et de Nana) à Vénus est déjà une mise à mort des autres et d'elles-mêmes puisque << *Vénus est une puissance destructrice, le triomphe de Nana correspond à la ruine et à la mort des hommes qui l'entourent, des forces mauvaises s'incarnent dans les figures des dieux. [...] Les images des dieux portent en elles l'énergie primitive d'une sexualité dévorante* >>, in **Réalité et Mythe chez Zola**, op. cit. p. 82.

[509] **Ibidem**, p. 82.

sa cinquième année pour mourir. Palmyre décède à trente ans, frappée d'un coup de soleil dans **La Terre** où son frère et amant incestueux, Hilarion, est tué, âgé de vingt-quatre ans. Jacques Lantier meurt vers son huitième anniversaire dans **L'Œuvre** où son père, Claude, lui emboîte le pas au milieu de la trentaine. Dans la même œuvre, il est évident que les enfants Dubuche ne supporteront pas longtemps l'air frais et le soleil, bien que leur décès ne soit annoncé nulle part. Dans **La Bête Humaine**, c'est Flore qui se suicide à vingt et un ans. Ensuite, Séverine est égorgée par son amant, Jacques Lantier, alors qu'elle avoisine les vingt-huit ans. Son meurtrier se fait tuer lui aussi par son rival, Pecqueux, quand il a environ trente ans. Louise, violée par le président Grandmorin, meurt déjà à seize ans. Angélique meurt aussi à vingt ans, quelques minutes après son mariage[510], dans **Le Rêve**. Il faut ajouter à cette liste funeste les fœtus qui n'ont pas eu la chance de naître, comme le fruit du viol subi par Renée[511] et la seconde grossesse de Nana. Ces deux gestations se terminent par de fausses couches.

En marge de ces actants sexuels qui meurent tôt, il existe une autre classe d'actants qui, sans nécessairement mourir jeunes, sont tout de même tués pour leur vice sexuel. Ce sont, pour l'essentiel, Vandeuvres dans **Nana**, Hourdequin et Françoise dans **La Terre**, Claude Lantier dans **L'Œuvre** et enfin le président Grandmorin, dans **La Bête Humaine**. Il serait toutefois prudent de scinder ces sujets-opérateurs sexuels en deux classes : d'abord la classe des sujets assassinés pour des mobiles sexuels et ensuite, celle des sujets suicidaires à la suite d'une frustration sexuelle.

S'agissant de la première classe, il faut suivre Hilarion, le violeur tué par sa grand-mère, La Grande dans **La Terre**. Dans le même titre, Françoise est tuée quoiqu'accidentellement, par sa sœur Lise, qui venait d'aider son époux, Buteau, à la violer dans les champs. Hourdequin est tué plus tard par Tron, son valet et rival, qui lui a tendu un piège mortel. Tous ces faits font de **La Terre**, le roman noir de la paysannerie française. Par le jeu des symétries dont Zola seul a le secret, **La Bête Humaine** est le roman noir des chemins de fer. En effet, on y découvre plusieurs crimes crapuleux comme celui de Roubaud qui égorge son rival, le président Grandmorin. Ensuite Jacques Lantier égorge sa maîtresse, Séverine, qui est au centre de tant de crimes passionnels. En véritable catalyseur, elle est visée par sa rivale insoupçonnée, Flore, la vierge amoureuse de Jacques.

---

[510] Roger Ripoll présente la mort d'Angélique comme signe de grandeur et de pureté, le mythe exigeant la mort, in **Réalité et Mythe chez Zola**, op. cit. p. 110.

[511] Jacques Noiray estime que << *les machines sexuelles détraquées* >> *sont vouées à une destruction qui, même si elle n'est que la conséquence logique des fatalités biologiques, ressemble fort à un châtiment : Thérèse Raquin, Madeleine Férat, Renée, Nana, Sérafine, Fernande apparaissent ainsi, à des degrés de responsabilité divers, comme autant d'exemples de cette malédiction de la chair, si constante dans l'œuvre entière, et toujours liée au dérèglement d'une machine sexuelle amputée de ses facultés créatrices et follement livrée à elle-même. Une même condamnation, dans les romans de Zola, enveloppe les détraquements du corps féminin et le fonctionnement de la mécanique érotique : toute femme qui se refuse à la maternité se fait machine à plaisir, et finalement se détruit* >>, in **Le Romancier et la Machine, I, L'Univers de Zola**, op. cit. p. 404.

Flore, en faisant dérailler le train pour tuer Séverine[512], cause la mort d'une vingtaine d'innocentes victimes. À la fin du roman, si la mort plane sur des centaines, voire des milliers de soldats qu'un train fou conduit à vive allure, c'est la faute à Philomène dont les deux amants, Jacques et Pecqueux, s'entre-tuent par jalousie[513]. Leur querelle de rivalité se transforme ainsi en un meurtre collectif demeuré en suspens[514]. Et c'est en raison de toutes ces horreurs que Seassau affirme que **La Bête Humaine** est le roman de la violence extrême liée à la sexualité[515], et que, avec **L'Assommoir**, **Germinal**, **La Terre** et **La Débâcle**, ils constituent les romans les plus violents du cycle[516] des **Rougon-Macquart**.

La seconde classe est composée de suicidaires et regroupe notamment Vandeuvres, Georges Hugon, Claude Lantier, Flore et François Mouret. Le premier et le dernier cités se rejoignent dans la mesure où ils s'immolent par le feu. On reviendra plus loin sur la puissance évocatrice du feu. En outre, Claude se pend, tandis que Flore se jette devant le train. Ces morts sont toutes atroces et la rare violence qui les caractérise s'inscrit dans le droit fil de l'apocalypse annoncée plus haut. Elles symbolisent aussi la sanction suprême impitoyable que leur réserve leur créateur soucieux de montrer clairement sa désapprobation devant leur lubricité. Le narrateur zolien est donc, de ce point de vue au moins, un moraliste à nos yeux. C'est un moraliste qui s'efforce de prouver que certaines immoralités sont passibles de mort[517]. Son impassibilité devant le sort de ces condamnés - ou même damnés - est manifeste. Tel un bourreau implacable, il les frappe impitoyablement et les efface de la surface de la terre qu'ils polluaient à ses yeux.

Vivre trop vite, en règle générale, c'est brûler les étapes, gaspiller les énergies, et cela conduit à la mort dans **Les Rougon-Macquart** : l'œuvre offre une vision entropique de la société. Toutefois, la fatalité qui frappe les personnages de Zola

---

[512] Jacques Noiray affirme que la femme et la machine entretiennent des rapports d'exclusion, d'opposition et de substitution et que << *Cet antagonisme profond, source de terreur ou de haine, impose peu à peu l'idée d'une vengeance nécessaire de la femme contre la machine usurpatrice. Quand Flore cherche à se venger de Jacques, c'est d'abord contre la Lison que son geste est dirigé, et ce geste ne tue que la machine* >>, in **Le Romancier et la Machine, I, L'Univers de Zola**, op. cit. p. 413.

[513] Claude Seassau montre que la jalousie suscite la violence extrême et que, par conséquent, les jaloux sont des bêtes féroces, voir **Émile Zola, Le Réalisme Symbolique**, op. cit. p. 257.

[514] Jacques Noiray perçoit chez Zola une guerre entre l'homme et la machine, cette dernière étant un instrument de mort et causant une fin cataclysmique, dans **Le Romancier et la Machine, I, L'Univers de Zola**, op. cit. p.425 et p. 448.

[515] Claude Seassau : **Émile Zola, Le Réalisme Symbolique**, op. cit. p. 257.

[516] Seassau constate que : << *La violence est partout, dans les relations humaines, dans la sexualité et dans les affrontements où elle atteint une intensité telle qu'elle rejoint les rites de violence les plus primitifs. La violence est au cœur des romans de Zola, elle exprime les conflits les plus banals comme les plus aigus, tout s'organise autour d'elle* >>, **ibidem**, p. 187.

[517] Dans **L'Éros et la Femme chez Zola**, Chantal Bertrand-Jennings pense qu'on ne jouit jamais impunément dans les romans de Zola, où le mal est puni tôt ou tard. Elle en veut pour preuve, le lexique moralisateur qui associe le coït au mal, à la faute, à la honte, à la souillure, au péché et au crime, op. cit. pp. 13-14.

est une fatalité endogène, car ils sont rétribués durement pour les fautes qu'ils ont commises. Pareille fatalité n'a rien à voir avec celle qui frappe par exemple les héros raciniens, eux qui sont victimes de l'esprit revanchard des dieux, puissances exogènes. Par exemple, Iphigénie n'a rien fait pour mériter d'être sacrifiée afin que les vents soient favorables aux vaisseaux des alliés d'Agamemnon, mais sa lourde destinée l'astreint à ce devoir funeste. Au contraire, les Nana et Renée sont sanctionnées non sous le coup d'un fatum divin, mais à cause de leur propre dissipation.

Au total, on peut admettre avec David Baguley qu' << *At the heart of naturalist vision, then, there is a poetics of disintegration, dissipation, death, with its endless repertory of wasted lives, of destructive forces, of spent energies, of crumbling moral and social structures, with its promiscuity, humiliations, degradation, its decomposing bodies, its invasive materialism, its scenes of mania, excess, destruction, the hovels and brothels, the ''assommoirs'' and the ''abattoirs'', the hospitals and the cemeteries, the mud and the blood, the rain and the pain, along with all the ''theriomorphic'', ''nyctomorphic'' and ''catamorphic'' images.* >>[518].

On a déjà vu que l'être du personnage, c'était d'abord sa sexualité. On peut ajouter à cela que son faire et son devenir sont également orientés par et vers sa sexualité. C'est le lieu de réitérer notre hypothèse de la présence probable d'éléments sexuels de type névrotique propres à Zola, et qui auraient trahi son inconscient pour se libérer dans son œuvre romanesque. Cette étude revient à passer en revue les fonctions métalinguistique et poétique du discours romanesque des **Rougon-Macquart**. Le chapitre suivant, consacré à l'étude de ces fonctions, devrait permettre de mieux appréhender cette question d'intérêt psychanalytique.

---

[518] David Baguley: **Naturalist Fiction. The Entropic Vision**, op. cit. p. 222.

CHAPITRE III : FONCTION MÉTALINGUISTIQUE ET FONCTION POÉTIQUE DANS LES ROUGON-MACQUART OU LA PRÉVISIBILITÉ DE LA FATALITÉ LIÉE À LA SEXUALITÉ

Roman Jakobson[519] et les linguistes distinguent six fonctions du langage dévolues respectivement aux six entités du schéma de la communication. Ainsi, au destinateur, l'on attribue la fonction expressive et au destinataire, la fonction conative. À l'instance du contact, il convient d'attribuer la fonction phatique et la fonction poétique au message. Enfin, au référent, correspond la fonction référentielle et au code, la fonction métalinguistique. Parmi ces fonctions cardinales, je ne m'intéresserai qu'aux seules fonctions poétique et métalinguistique, non sans raison. En effet, ces deux fonctions devraient permettre de découvrir les réseaux de métaphores, les figures mythiques obsédantes et les situations dramatiques répétitives nécessaires dans l'opération fondamentale de la superposition des textes d'un auteur donné, dans la méthode psychanalytique.

Je combinerai ensuite ces thèmes avec les rêves de Zola dans le domaine précis de la sexualité en vue de découvrir son mythe personnel, ce qui constitue la seconde étape de la méthode susmentionnée. La troisième étape consistera à démasquer l'inconscient de l'auteur et la quatrième[520] - et ultime étape - va amener à comparer la biographie de Zola avec le mythe personnel découvert dans l'étape seconde, pour vérification. Certes, ce chapitre-ci ne concerne que les deux premières étapes, car les deux dernières apparaîtront dans les parties III et IV de cette étude.

I. LA FONCTION MÉTALINGUISTIQUE OU LES MYTHES ET LEURS SIGNIFIÉS DANS LA LOGIQUE DE LA SEXUALITÉ

Pour comprendre **Les Rougon-Macquart**, il faut entrer dans le code choisi par leur narrateur et la mythologie fait partie de ce code. À l'instar des autres codes, le mythe exige une sorte d'initiation avant que le récepteur du message ainsi codé ne puisse le pénétrer : c'est la fonction métalinguistique qui lui impose des références en dehors du message immédiat, une culture antérieure à maîtriser avant de saisir totalement le message émis par le destinateur-émetteur. Il s'agit, en un mot, d'un phénomène intertextuel. J'identifierai et classerons les mythes que Zola récupère et traduit d'une certaine manière dans le corpus. Je ne vais pas aborder cette étude dans le sens de Roger Ripoll, c'est-à-dire en montrant les rapports étroits qu'entretiennent le mythe et la réalité dans le roman zolien, encore moins comme Van Buuren - en montrant comment Zola progresse de la métaphore jusqu'au mythe au détriment du réalisme et du naturalisme qu'il revendiquait. Notre ambition, au contraire, est de montrer que les mythes et les

---
[519] Roman Jakobson : **Essais de Linguistique Générale**, Paris, éditions de Minuit, 1966, p. 17.
[520] Pour de plus amples informations sur ces étapes de la méthode psychocritique, se référer à l'introduction.

métaphores zoliens convergent tous vers une caractérisation de la thématique de la fatalité de la sexualité. En effet, si la métaphore est un moyen privilégié pour exprimer la sexualité, la référence à un mythe ancien y attache une notion de fatalité certaine.

1. Identification et classification des mythes

On scindera les mythes en deux catégories : les mythes chrétiens, puis les mythes païens[521]. Par mythes chrétiens, j'entends les mythes dont l'origine est biblique tandis que les mythes païens sont ceux de toute autre origine.

1.1. Les mythes chrétiens

Dans le corpus, les mythes chrétiens sont relatifs à la Faute Originelle dans le Jardin d'Éden puis, à la question du Diable et de la mort. Bien entendu, ces épisodes religieux se présenteront, dans **Les Rougon-Macquart**, sous une forme métaphorique qui ne va pas sans la croyance en l'existence d'un enfer, séjour des damnés sous le regard de Dieu consterné, mais implacable dans sa vengeance. Le premier mythe chrétien digne d'intérêt est celui du jardin d'Éden et de la faute originelle avec Adam et Ève, les deux premiers êtres humains sur la terre.

1. 1. 1. Le Jardin d'Éden et la Faute Originelle.

Si aucun espace n'est désigné explicitement par l'appellation transparente de "Jardin d'Éden", il n'empêche que certains espaces du corpus en sont les répliques, soit au plan descriptif, soit au plan fonctionnel. Le mythe du jardin d'Éden est en effet présent à la fois dans **La Curée**, incarné parodiquement[522] par la serre de l'hôtel Saccard, et dans **La Faute de l'Abbé Mouret**, avec le Paradou. L'une *serre* et *étouffe* Renée qui y a mangé du fruit de l'arbre défendu[523]. L'autre, le Paradou, est moins morbide que le premier mais reste tout de même l'espace où le nouvel Adam - l'abbé Mouret - et la nouvelle Ève - Albine -, comme leurs ancêtres bibliques, connaissent la sexualité, la honte et la luxure. Est-il besoin d'insister encore sur la *dou*ceur de *para*dis qui sonne dans le Paradou ? À la différence de tous les autres espaces identifiés au Jardin d'Éden de façon plutôt équivoque ou totalement figurée, on a affaire ici à un espace vraiment paradisiaque avec sa flore luxuriante à la limite de l'aphrodisiaque. << *Le Paradou* >> est un excitant et à ce titre, il excite Albine et le prêtre, Serge Mouret, mais

---

[521] Dans **Réalité et Mythe chez Zola**, Roger Ripoll préfère la terminologie équivalente d'origine gréco-latine et judéo-chrétienne, op. cit. p. 60.
[522] **Ibidem**, Ripoll estime aussi que les mythes que Zola actualise dans ses romans ont pour but, soit de parodier les mythes originaux, soit de leur rendre leur puissance, p. 60.
[523] On peut lire chez Maarten Van Buuren que la serre est un << *paradis perverti* >>, une << *mère pervertie* >>, par opposition à la << Bonne mère >> qui est la nature, dans **Les Rougon-Macquart d'Émile Zola. De la Métaphore au Mythe**, op. cit. p. 142 et p. 143.

sainement[524]. L'analogie est parfois frappante entre le texte romanesque de **La Faute de l'Abbé Mouret** et le texte biblique.

Tout commence pendant la convalescence de Serge Mouret au Paradou lorsque Albine, comme Ève, se met en quête de l'arbre << *défendu* >> et << *où l'on meurt* >>. Comme Adam, Serge est la force qui tente de s'opposer à cette entreprise en lui répétant : << *Tu sais que c'est défendu* >>[525], puis d'ajouter : << *Qu'est-ce que tu cherches donc là ? cria-t-il. Tu sais bien que c'est défendu* >>[526]. Mais parce qu'il n'est rien qu'un Adam, Serge ne peut résister à la tentation lorsqu'elle vient de sa chère Ève : << *Mais nous ne mourrons pas, continua-t-elle* (Albine) […]. *C'est un arbre de vie, un arbre sous lequel nous serons plus forts, plus sains, plus parfaits* >>[527]. Ayant donc consenti à l'aider à retrouver le prétendu arbre de vie d'Albine, Serge, dans un monologue intérieur, ne peut s'empêcher de pressentir un malheur imminent. Sur place en effet, il renonce d'abord à Dieu, puis à la Vierge Marie qu'il avait coutume d'adorer à genoux[528]. Désormais, il divinise Albine en déclarant : << *[…] je le sais bien à cette heure, tu es ma maîtresse, ma souveraine, celle que je dois adorer à genoux* >>[529]. La victoire d'Albine sur Marie constitue la victoire de la vie sur la mort, celle de la sexualité procréatrice sur l'abstinence et aussi la victoire de la nature sur le dogme religieux. L'amour entre Albine et Mouret n'est donc pas une faute, surtout qu'Albine conçoit ce jour-là[530]. Tout y converge vers cet objectif, aussi bien les végétaux que les animaux et les minéraux : << *C'était le jardin qui avait voulu la faute. Maintenant, il était le tentateur dont toutes les voix enseignaient l'amour* […].

---

[524] Jean-François Tonard lui accorde un rôle actantiel, à juste titre, dans **Thématique et Symbolique de l'Espace Clos dans le Cycle des Rougon-Macquart d'Émile Zola**, Frankfurt, Berlin, Bern, New York, Paris, Wien, Peter Lang, collection Publications Universitaires Européennes, 1994, p. 37.

Philippe Hamon renchérit, dans **Le Personnel du Roman. Le Système des Personnages dans Les Rougon-Macquart d'Émile Zola**, pour dire que le Paradou est un destinateur, op. cit. p. 230.

Roger Ripoll ne dit pas le contraire lorsqu'il s'appuie sur la feuille 10294 du manuscrit de **La Faute de l'Abbé Mouret**, où Zola écrit clairement que << *C'est la nature qui joue le rôle du Satan de la Bible ; c'est elle qui tente Serge et Blanche* [qui deviendra finalement Albine] *et qui les couche sous l'arbre du mal par une matinée splendide* >>, dans **Réalité et Mythe chez Zola**, op. cit. p. 114.

[525] Émile Zola : **R. M. I**, op. cit. p.1359.
[526] **Ibidem**, p. 1367.
[527] **Ibidem**, p. 1402.
[528] Roger Ripoll, dans l'ouvrage ci-dessus, considère que la Vierge, pour Serge Mouret, est la femme à aimer, aussi sa dévotion à Marie est-elle l'expression de ses désirs refoulés qui ressurgiront sous la forme de son amour pour Albine, qu'il prend pour Marie, p. 108.

Maarten Van Buuren abonde dans le même sens lorsqu'il affirme que la vénération de Marie préfigure l'amour de Serge pour Albine, voir **Les Rougon-Macquart d'Émile Zola. De la Métaphore au Mythe**, op. cit. p. 173.

[529] Émile Zola : **R. M. I**, op. cit. p. 1406.

Ce passage fait écrire à Roger Ripoll que Serge confond dès cet instant Albine et Marie, accordant à celle-là l'amour névrosé qu'il a pour celle-ci, amour qu'il avait jusque-là refoulé dans son inconscient, voir **Réalité et Mythe chez Zola,** op. cit. p. 108.

[530] Maarten Van Buuren estime que Serge qui s'était saisi de l'épée de la foi pour s'armer contre l'amour a été vaincu par le péché puisqu'il commet la faute de la chair dans les bras d'Albine, dans **Les Rougon-Macquart d'Émile Zola. De la Métaphore au Mythe**, op. cit. p. 173.

Les prairies élevaient une voix profonde, faite des soupirs des millions d'herbes que le soleil baisait, large plainte d'une foule innombrable en rut, qu'attendrissaient les caresses fraîches des rivières, les nudités des eaux courantes, au bord desquelles les saules rêvaient tout haut de désir [...].

Les bêtes du jardin, à leur tour, leur criaient de s'aimer [...].

La fatalité de la génération les entourait. Ils cédèrent aux exigences du jardin. Ce fut l'arbre qui confia à l'oreille d'Albine ce que les mères murmurent aux épousées, le soir des noces.

Albine se livra. Serge la posséda [...].

Le parc applaudissait formidablement »[531].

L'analogie entre les deux textes va plus loin lorsque, quelques instants après leur péché de la chair, Albine et Serge entendent une voix qui vient vers eux, celle du terrible Frère Archangias, cette parodie de l'archange Gabriel. Comme Adam et Ève, nos héros sexuels ont alors honte et Albine de déclarer : *« Cachons-nous, cachons-nous, répétait-elle d'un ton suppliant »*[532]. À l'instar de son émule, elle se recouvre alors d'un collier de feuilles et en donne un à Serge, car lui dit-elle : *« Ne vois-tu pas que nous sommes nus ? »*[533].

Frère Archangias confirme ensuite leur nudité en leur lançant : *« Je vous vois, je sais que vous êtes nus [...]. C'est une abomination »*[534], avant de s'adresser au prêtre Mouret au sujet du serpent tout en les expulsant du "jardin d'Éden"[535] : *« Ne voyez-vous pas la queue du serpent se tordre parmi les mèches de ses cheveux ? [...]. Lâchez-la, ne la touchez plus, car elle est le commencement de l'enfer [...]. Au nom de Dieu, sortez de ce jardin »*[536]. La seule faute commise ici est celle de Frère Archangias, qui les chasse du jardin d'Éden pendant qu'Albine vient d'y être fécondée. Archangias est donc le héraut d'un Dieu de la Mort et du châtiment.

On peut citer dans la même catégorie *« l'aire Saint-Mittre »* dans **La Fortune des Rougon** et *« le bois de Boulogne »*, dans **La Curée**. *« L'aire Saint-Mittre »* est un cimetière désaffecté où pousse une multitude de plantes avec des fruits divers que personne n'ose consommer dans Plassans. C'est cet espace équivoque à souhait qui sert de lieu de rencontre aux jeunes amoureux, Miette et Silvère, et c'est là qu'ils jurent de s'aimer éternellement, quand bien même ils n'y goûtent pas au fruit défendu. La chasteté de leur amour les sauve donc de la damnation. Ils meurent innocents, tués seulement par les soldats de Napoléon III. Au contraire du précédent, *« le bois de Boulogne »* est incitateur à la débauche. Les mondaines et les mondains s'y rendent au crépuscule pour surtout provoquer des rencontres et, au besoin, pour séduire. C'est fort justement là que Renée formule vaguement, pour la première fois, le vœu de commettre l'inceste, désigné de manière

---

[531] Émile Zola : **R. M. I**, op. cit. pp. 1407-1409.
[532] **Ibidem**, p. 1412.
[533] **Ibidem,** p. 1412.
[534] **Ibidem**, p. 1417.
[535] Roger Ripoll voit en cela son rôle hautement symbolique, en tant que Dieu de colère chargé d'expulser les amoureux du Paradou, dans **Réalité et Mythe chez Zola**, op. cit. p. 95.
[536] Émile Zola : **R. M. I**. op. cit. p. 1417.

périphrastique par cette << *autre jouissance plus âcre* >>. Le bois aiguise la curiosité de la femme et l'incite à commettre la faute. Pour Baguley en effet : << *Cette Belle* [Renée] *aux cheveux "fauve pâle", infidèle à la promesse de la chanson de sa jeunesse – "Nous n'irons plus au bois" – s'est aventurée dans le Bois, dans le lieu symbolique des contes de fées, lieu de l'aventure, des dangers, de la perte des valeurs acceptées et de la perte de la sécurité de la vie familiale* >>[537].

Aussi, le soir même de sa révélation "fatale" au chapitre I, Renée entre-t-elle dans la serre, ce jardin d'hiver à la flore exotique et, transie de jalousie - Maxime souriait à sa fiancée, Louise de Mareuil -, elle mord une feuille de Tanghin. C'est à ce moment-là qu'elle réalise qu'elle est amoureuse du fils de son époux, et que << *cette jouissance rare* >> qu'elle espérait, s'appelait d'un nom : l'inceste. D'un autre côté, cette bouchée de Renée dans une feuille empoisonnée n'est rien moins qu'une symétrie d'Ève mangeant du fruit défendu dans le Jardin d'Éden. On se souvient qu'en représailles, la descendance d'Adam et d'Ève fut condamnée à vivre à la sueur de son front, à enfanter dans la douleur et à mourir[538]. Dans **La Curée**, la saveur du Tanghin représente la faute et l'origine de la malédiction de Renée. Ses yeux s'ouvrent désormais sur le mal, c'est-à-dire la vérité sur son désir amoureux incestueux. Comme la malédiction est une fatalité, elle ne peut plus se dérober à l'inceste ; et la mort, implicitement, s'inscrit dès cet instant dans son programme narratif. Selon Baguley, cet épisode creuse la distance entre Renée et Blanche Neige, puisque celle-ci crache la pomme alors que celle-là l'avale. C'est pourquoi, à la différence de Blanche Neige, << *Elle* [Renée] *figure la Belle qui se transforme en Bête* >>[539].

Par ailleurs, les deux amants ont connu leurs plus folles nuits d'amour dans la serre, comme s'ils retournaient ainsi sur le lieu de la Faute Originelle, à l'image d'un criminel qui reviendrait sur le lieu de son crime. Ce retour doit être vu comme un aveu de culpabilité. En revanche, il y a absence de remords et par conséquent, aucun espoir de rémission n'est permis. Le narrateur, comme un émule de Dieu, les accablera pour venger la morale bafouée[540]. C'est le moment de voir comment l'hypertexte romanesque traduit la phase de punition qui découle de la faute.

1.1.2. La punition ou le prix de la désobéissance à Dieu

Albine et Mouret sont expulsés de facto du Paradou par Frère Archangias. Ailleurs, Nana et Renée, comme des << *serpents* >> - métaphore + mythe - sont la cause du malheur humain, car ce fut le serpent qui induisit Ève en erreur. Toutefois, la punition divine stipulait en plus que la femme enfanterait dans la douleur tandis que l'homme se nourrirait à la sueur de son front.

---

[537] David Baguley : **Zola et les Genres**, chapitre III : *La Curée : La Bête et la Belle*, op. cit. p. 36.
[538] **La Sainte Bible**, *La Genèse,* chapitre 3, versets 1 à 19, op. cit. pp. 3-4.
[539] David Baguley : ouvrage ci-dessus, p. 38.
[540] C'est aussi l'avis de Chantal Bertrand-Jennings, dans **L'Éros et la Femme chez Zola**, op. cit. p. 13.

D'une certaine manière, le récit romanesque dans **Les Rougon-Macquart** vient corroborer cette dernière conception religieuse dans la mesure où les Rougon sont gras, parce qu'ils sont travailleurs et actifs, alors que les Macquart, qui sont paresseux et ivrognes, meurent de faim. En plus, les fausses couches de Renée, puis de Nana, sont perçues comme des épreuves douloureuses. Dans le cas particulier de Serge et d'Albine, la femme meurt peu après que son amant l'a abandonnée au profit du sacerdoce. Albine, âgée seulement de seize ans, meurt[541] en effet pendant qu'elle est enceinte d'environ trois mois[542]. Il n'est pas hasardeux d'avancer que cette mort anticipée lui évite de connaître les affres de la parturition. Serge, de son côté, leur emboîta le pas quelques années plus tard. Il mourra de la phtisique dans **Le Docteur Pascal**[543], vers l'âge de trente et trois ans[544].

Il y a, au regard de ces constats, que le texte romanesque zolien accède au statut de texte réaliste dans la mesure où l'hypertexte témoigne d'une certaine fidélité envers l'hypotexte auquel il a emprunté. Cette fidélité ne fait que renforcer l'illusion référentielle chez le lecteur[545], même si ce réalisme s'arrache au prix d'un naturalisme compromis, puisque le mythe est ce qu'il y a de moins naturel en soi[546]. Faut-il rappeler que le naturalisme littéraire est davantage une aspiration qu'une réalité, puisque si les mots peuvent plus ou moins bien décrire la nature, ils ne sauraient la représenter telle qu'elle. Le naturalisme, à cet égard, est plus une imitation qu'une reproduction, plus une tentative qu'un produit fini. Toutefois, on ne saurait oublier que le mythe fonctionne comme une sorte de cristallisation de la psychologie humaine. En effet, le mythe apparaît comme le socle de la réalité culturelle de chaque peuple et l'écarter du roman dit réaliste, ne saurait se faire qu'au prix d'une conception très restrictive de la notion même de réalisme[547].

1.1.3. La damnation du sujet sexuel

D'emblée, levons une équivoque : la damnation qui guette le sujet sexuel chez Zola n'est pas le fait de Dieu, encore moins d'un dieu. C'est une sanction infligée par d'autres personnages - notamment les prêtres - qui se présentent comme des hérauts de Dieu, voire ses émules. Dans divers titres du cycle, ils profèrent des menaces explicites contre les sujets-opérateurs débauchés qu'ils présentent comme candidats pour << *l'enfer* >>, terme qui revient de manière cyclique dans

---

[541] Pour Roger Ripoll, dans **Réalité et Mythe chez Zola**, la dimension mythique d'Albine rend sa mort inéluctable, op. cit. p. 109.
[542] Émile Zola : **R. M. I**, op. cit. p. 1516.
[543] Émile Zola : **R. M. V**, op. cit. p. 1215.
[544] Pour Maarten Van Buuren, les mortifications que Serge s'impose, sont une menace pour sa propre vie, dans **Les Rougon-Macquart d'Émile Zola. De la Métaphore au Mythe**, op. cit. p. 146.
[545] Roger Ripoll pense que Zola a effectivement tenu compte du rapport qu'il y a entre les croyances et l'imagination populaire, dans **Réalité et Mythe chez Zola**, op. cit. p. 32. Dans le tome II du même ouvrage, l'auteur insiste sur la complémentarité entre le mythe et le réalisme dans le roman zolien, au point qu'il ne faut rien privilégier entre eux, ni opposer l'un à l'autre, p. 924.
[546] **Ibidem**, Ripoll rappelle à quel point Zola considérait la mythologie comme un ornement superflu dont il fallait se débarrasser parce qu'en dehors de la réalité, p. 29.
[547] On reviendra sur cette question dans le 2. La pertinence de ces mythes et dans la quatrième Partie.

quatre romans que sont : **Pot-Bouille, La Conquête de Plassans, La Terre** et **La Faute de l'Abbé Mouret**. Ce qui est paradoxal cependant, c'est que les prêtres ont eux aussi des attitudes peu catholiques dans le corpus.

C'est ainsi que l'abbé Mauduit - / maudit / ?- encourage la débauche en se rendant complice des adultères multiformes qui foisonnent dans **Pot-Bouille**. L'abbé Mouret - /mourait / ?- malgré son vœu de chasteté, chute dans le péché en connaissant la chair avec Albine puis, revenu dans l'église, il laisse mourir son amante et son futur bébé. Pourtant il est écrit : << *Tu ne tueras point* >>[548]. Frère Archangias prend justement ce commandement à contre-pied en optant pour le massacre de toute la gent féminine dans **La Faute de l'Abbé Mouret**, où l'abbé Caffin avait lui aussi connu les plaisirs de la chair. Frère Archangias ne dit-il pas au sujet des femmes : << *Elles ont le diable dans le corps. Elles puent le diable, elles le puent aux jambes, aux bras, au ventre, partout [...]. C'est ce qui ensorcelle les imbéciles* >>[549]. Pour lui donc, il ne fait l'ombre d'aucun doute que la femme est la damnation personnalisée.

L'abbé Faujas - / faux / + / goujat / ?- est un usurpateur d'espace, celui des Mouret. Il agit ensuite sur l'esprit faible de Marthe, dans **La Conquête de Plassans**. Quant à l'abbé Godard - /God /[550] + / ard / , soit un dieu péjoratif ou négatif si on se souvient de l'analyse de Philippe Hamon sur les noms se terminant par la syllabe -ard[551] - il n'est pas logé à meilleure enseigne, lui, ministre d'un Dieu de colère, revanchard et rancunier, dans **La Terre**. N'expédie-t-il pas personnellement en enfer qui il veut ? En l'absence du bon Dieu lui-même, s'il est un personnage qui parle en son nom dans **Les Rougon-Macquart**, c'est bien le Frère Archangias, qui s'est autoproclamé : << *le gendarme de Dieu* >>[552]. Et comme tout bon gendarme, il s'est assigné pour devoir de faire respecter les lois divines sur terre, en surveillant les Artaud afin de déceler les impiétés au sein de leur communauté et de les sanctionner personnellement. Il part de la maxime suivante : << *Dieu n'a pas de miséricorde pour les impies. Il les brûle. Tenez-vous-en à cela* >>[553]. Ce qui semble motiver la colère du Frère Archangias, c'est de voir que les Artaud ne sont pas des chrétiens, au sens que lui, donne au mot. S'adressant à l'abbé Mouret, il les comparait tout simplement à des chiens : << *Mais les Artaud se conduisent en bêtes, voyez-vous ! Ils sont comme leurs chiens qui n'assistent pas à la messe, qui se moquent des commandements de Dieu et de l'Église. Ils forniqueraient avec leurs pièces de terre, tant ils les aiment !* >>[554]. Devant un village peu enclin à respecter les lois de Dieu, Archangias arrête un jugement implacable et sans appel: << *Il faudra le*

---

[548] **La Sainte Bible** : *Exode*, chapitre XX, verset 13, op. cit. p. 76.
[549] Émile Zola : **R. M. I**, op. cit. p. 1278.
[550] J'assume que Zola connaissait sans aucun doute le mot anglais ''God'', qui signifie Dieu.
[551] Philippe Hamon : **Le Personnel du Roman. Le Système des Personnages dans Les Rougon-Macquart d'Émile Zola**, op. cit. p. 115.
[552] Émile Zola : **R. M. I**, op. cit. p. 1440.
[553] **Ibidem**, p. 1238.
[554] **Ibidem**, p. 1237.

feu du ciel, comme à Gomorrhe, pour nettoyer ça >>[555]. Plus loin, Frère Archangias se découvre aussi l'âme du porte-parole de Dieu. Lorsqu'il constate la faute de la chair commise par le prêtre Mouret - son supérieur hiérarchique -, il lui livre le message qui suit : *<< Écoutez, monsieur le curé, votre faute a fait de moi votre supérieur, Dieu vous dit par ma bouche que l'enfer n'a pas de tourments assez effroyables pour les prêtres enfoncés dans la chair >>*[556]. Cette menace d'Archangias nous plonge de plain-pied dans le dogme de l'enfer.

1.1. 4. Le diable, la mort et l'enfer

Ainsi qu'on a pu le voir, certains sujets sexuels sont des agents avérés du diable, à l'instar de Renée, de Nana, de Jacques Lantier et de Flore, eu égard à leurs comportements diaboliques dans le domaine de la sexualité, selon qu'ils veulent satisfaire une pulsion sexuelle impérieuse ou qu'ils sont frustrés au plan libidinal. Le sexe, en tenant compte de ce qui le caractérise dans **Les Rougon-Macquart**, est un vecteur de vie et de mort[557]. En effet, morts individuelles et collectives s'y enchaînent pour acheminer les adeptes du diable vers leur séjour définitif : l'enfer. C'est dans ce sens qu'il faut comprendre Nana lorsqu'elle déclare : *<< J'ai peur de mourir... J'ai peur de mourir... >>*[558], et qu'elle confesse son désespoir dans un monologue intérieur *<< [...] c'était réglé d'avance, toutes les femmes qui n'étaient pas mariées et qui voyaient des hommes, allaient en enfer >>*[559].

Naturellement, la peur que l'enfer lui inspire est relative aux flammes géantes dont on dit qu'elles dévoreront les damnés[560]. L'abbé Godard l'affirme en tout cas dans **La Terre**. Frère Archangias abonde dans ce sens en menaçant constamment les sujets sexuellement actifs du feu de l'enfer. Toutefois, cette menace reste vaine le sujet sexuel ne se repent ni ne retourne point à Dieu. Les craintes de l'enfer débouchent invariablement sur une descente plus profonde dans les compromissions du péché de la chair. En tout, seulement trois actants se

---

[555] Émile Zola : **R. M. I**, op. cit. p. 1237.
À propos de la vision zolienne du christianisme, Roger Ripoll écrit : << *Il faut noter toutefois dès maintenant que pour lui, il ne semble exister que deux visions, difficilement conciliables, du christianisme : d'une part la banalité et la douceur écœurante de l'imagerie édifiante, d'autre part la vue très sombre d'un Dieu impitoyable, d'un enfer de cauchemar, d'une rreligion ennemie de la vie* >>, dans **Réalité et Mythe chez Zola**, op. cit. pp. 92-93. Le feu et le sang seraient donc les images de la vengeance divine, p. 94.
[556] Émile Zola **R. M. I**. op. cit. p.1508.
[557] Claude Seassau affirme, dans **Émile Zola, Le Réalisme Symbolique**, que chez Zola, le plaisir sexuel est à la fois diabolique et infernal, c'est pourquoi il est vecteur de mort, op. cit. p. 215. Cela semble vrai, mais pour seulement la majorité des cas, puisque, de toute évidence, les liaisons de Pascal et de Clotilde Rougon, puis de Serge Mouret avec Albine, démentent superbement cette assertion. L'acte sexuel est perçu, au contraire, dans la perspective de ces actants en tout cas, comme un acte salvateur, un acte de guérison et de renouveau. Le plaisir sexuel, pour Pascal est carrément qualifié de << *festin royal* >>.
[558] Émile Zola **R. M. II**, op. cit. p. 1411.
[559] **Ibidem**, p. 1410.
[560] Roger Ripoll oppose, dans **Réalité et Mythe chez Zola**, les mythes de la virginité - inspirés de Marie - à ceux du châtiment - inspirés de Dieu -, les uns faits de douceur et les autres de feu et de sang, op. cit. pp. 93-94.

repentent dans **Les Rougon-Macquart** et, parmi eux, seuls deux parviennent à se défaire de leur péché et donc à échapper à l'enfer. Ce sont l'abbé Mouret qui se consacre à son ministère après sa faute, et le comte Muffat, qui retourne au culte de son seigneur dès qu'il perd tout : sa maîtresse Nana, sa fortune, son épouse Sabine, sa fille, sa dignité de chambellan et d'homme tout court. Malheureusement, on ne peut pas en dire autant de Palmyre qui, dans **La Terre**, préfère assumer sa propre part de péché et celle de son frère et amant, Hilarion. Elle réclame en effet la clémence de son Dieu pour ce dernier, au motif qu'il est quelque peu attardé, donc irresponsable, attendu qu'il ne peut distinguer le mal du bien. Toutes les dégradations - maladies, animalisation, réification, mythification, dégringolade sociale, ruine et mort atroce - qui conduisent fatalement les actants sexuels à la mort constituent la dimension entropique du naturalisme romanesque. Mais on ne doit pas perdre de vue le fait que Zola est d'abord et avant tout, un romancier naturaliste. La question qui m'intéresse donc à cette heure est la suivante : quels rapports les mythes religieux entretiennent-ils avec la nature chez Zola ?

1.1. 5. L'opposition mythes chrétiens et nature

À partir de ce qui précède, on peut avancer que les mythes chrétiens s'opposent à la nature chez Zola[561]. La nature autorise en effet la reproduction des espèces à l'image de Noé à qui Dieu commanda d'aller de par le monde et de peupler la terre :

> *« Alors Dieu parla à Noé, en disant :*
> *Sors de l'arche, toi et ta femme, tes fils et les femmes de tes fils avec toi.*
> *Fais sortir avec toi les animaux de toute chair qui sont avec toi, tant les oiseaux que le bétail et tous les reptiles qui rampent sur la terre, qu'ils soient féconds et [se] multiplient sur la terre »*[562].

Le vœu de chasteté des prêtres se trouve donc battu en brèche à la lecture de cette prescription divine de l'hypotexte biblique. C'est un vœu désavoué par le narrateur surtout après la « *faute* » de l'abbé Mouret. Réitérons que sa faute n'est pas celle de la chair, car son rapport sexuel avec Albine ayant été qualifié par le narrateur comme étant bénéfique, salutaire et naturel. En fait, sa faute ne réside pas tant dans la violation de son vœu de chasteté, mais plutôt dans l'abandon du fruit de son sang. Cette faute est d'autant plus lourde qu'elle entraîne le double homicide involontaire. L'abbé Mouret a refusé la vie pour choisir la mort, troqué la nature contre le sacerdoce – culture et métaphysique.

L'opposition entre les mythes chrétiens et la nature se trouve constamment mise en exergue dans **La Faute de l'Abbé Mouret**. Ce roman bat en brèche toute la

---

[561] Dans **Réalité et Mythe chez Zola**, op. cit., Roger Ripoll parle d'une religion ennemie de la vie, p. 93.
    Jean Borie estime par ailleurs que l'église représente une menace, la profondeur, l'ensevelissement et le tombeau, dans **Zola et les Mythes, ou de la Nausée au Salut**, op. cit. pp-216-219.
    F. W. Hemmings avait perçu également le catholicisme comme une religion de mort chez Zola, dans *Zola et la Religion,* article publié dans **Europe : Zola**, no. 468-469, op. cit. p. 132.
[562] **La Sainte Bible**, *Genèse*, chapitre VIII, versets 15 à 17, op. cit. p. 8.

croyance catholique, pour ne pas dire chrétienne. F.W.J. Hemmings, dans une communication sur Zola et la religion écrivit : « *D'autre part, l'instinct sexuel, la poussée génésique sont naturels, en ce sens que la nature en a besoin pour perpétuer l'espèce. Ainsi le célibat, que sa règle* [de l'église] *impose, est un état anti-naturel* »[563]. Allant dans le même sens, Zola prenait partie pour la science et contre le catholicisme de façon éloquente en 1886, dans un article paru dans **Le Figaro** : « *On dit : la religion est éternelle ; mais, certes, la science est éternelle aussi et plus encore. Puis, tout le malentendu vient de ce qu'on confond le mot religion et celui de catholicisme. Je veux bien que la religion, le sentiment religieux soit éternel ; je le crois. Mais, il ne s'ensuit pas que le catholicisme soit éternel, car le catholicisme n'est qu'une forme religieuse qui n'a pas toujours existé, que d'autres formes religieuses ont précédée, et que d'autres formes religieuses peuvent suivre* »[564].

Poursuivant son argumentation, Zola prédisait la disparition prochaine du catholicisme au profit de la science dès que l'instruction deviendrait chose commune au sein du peuple : « *Pour moi, le catholicisme est condamné à disparaître devant la science, parce qu'elle a déjà ruiné ses dogmes et qu'elle les ruinera de plus en plus. Or, le catholicisme sans ses dogmes n'est plus le catholicisme ; il devient autre chose. C'est une plaisanterie de dire que la science est une chose et la religion une autre, celle-là influencera fatalement celle-ci. Dans un peuple instruit où l'idée du paradis et de l'enfer est ruinée, qui ne croit plus aux récompenses et aux châtiments futurs, tout le catholicisme croule ; il ne reste rien de la forme religieuse dont le siège est à Rome* »[565].

Le scepticisme de Zola devant le catholicisme et ses dogmes transcende donc **Les Rougon-Macquart** en général, et plus particulièrement, le roman consacré à cette forme religieuse. C'est d'abord la soutane qui est accusée de l'effémination des prêtres à l'image de Mouret : « *À cette heure, il* (Mouret) *ne semblait plus avoir de chair, [...] toute sa virilité se séchait dans cette robe de femme qui le laissait sans sexe* »[566], ou encore : « *Il se sentait féminisé, rapproché de l'ange, lavé de son sexe, de son odeur d'homme* »[567]. Cette métamorphose du sujet sexuel due au catholicisme, est une tare dans la pensée zolienne ; elle peut se corriger à partir du moment où le concerné retourne à l'état de nature. Pour Serge, il s'agira de retrouver sa masculinité. Il y parvient notamment lorsque son oncle, le docteur Pascal, naturaliste et généticien, le transplante dans un milieu autre, celui du Paradou. Ce changement d'espace est très important puisqu'il enlève le sujet à un milieu dogmatique et mystique - l'église - pour le remettre à la Nature. C'est dans cette réplique du Jardin d'Éden qu'il guérit : en connaissant la chair avec Albine, Serge Mouret renaît à la vie : « *Serge venait, dans la possession d'Albine, de trouver enfin son sexe d'homme, l'énergie de ses muscles, le courage de son cœur, la santé dernière qui avait jusque-là manqué à sa longue adolescence. Maintenant, il se sentait complet. Il*

---

[563] F.W.J. Hemmings : *Zola et la Religion*, dans **Europe : Zola**, avril-mai 1968, op. cit. p. 131.
[564] Gérard Gengembre citant Zola dans son *''Dossier''*, voir **Le Docteur Pascal**, Paris, Pocket Classiques, 1995, p. 395.
[565] **Ibidem**, p. 396.
[566] Émile Zola **R. M. I**, op. cit. p. 1465.
[567] **Ibidem**, p. 1306.

avait des sens plus nets, une intelligence plus large. C'était comme si, tout d'un coup, il se fût réveillé lion, avec la royauté de la plaine, la vue du ciel libre »[568].

Cependant, cette intelligence qu'acquiert le sujet n'est pas sans conséquences, entre autres l'effondrement de sa foi en la Vierge Marie, en Jésus, et en Dieu : « *Sa faute avait tué la virginité de Marie. Alors, d'un effort suprême, il chassait la femme de la religion, il se réfugiait en Jésus, dont la douceur l'inquiétait même parfois. Il lui fallait un Dieu jaloux, un Dieu implacable, le Dieu de la Bible, environné de tonnerres, ne se montrant que pour châtier le monde épouvanté »*[569]. Pour boucler cette boucle, Serge finit par renier Dieu, avant de céder au besoin impérieux de rejoindre sa belle maîtresse au Paradou : « *Il n'y a rien, rien, rien, dit-il. Dieu n'existe pas »*[570]. Il apparaît donc que le sujet mystique qui veut retrouver sa sensualité soit obligé de rejeter la religion au préalable ainsi que l'affirme Chantal Bertrand-Jennings : « *S'affranchir de l'Église, c'est accepter la sexualité et, partant, la femme »*[571].

Il est des moments où le narrateur zolien donne l'impression de partager l'athéisme acquis par Serge. En effet, des symboles confirment cette accointance entre leurs points de vue sur la question de la foi. Parmi ces symboles, on peut citer le fait que Frère Archangias ait << *la voix d'un mort* >>[572] selon la Teuse. Désirée Mouret avait déjà souligné la laideur de ce "porte-parole" de Dieu, et surtout, Serge Mouret choisit d'enjamber le grand corps du "gendarme de Dieu" qui lui barrait l'entrée du Paradou[573]. On peut ajouter à tous ces symboles le fait que Jeanbernat, le mécréant et le "damné" selon Frère Archangias, réussisse à lui couper l'oreille droite[574], en promettant de lui couper la gauche la prochaine fois. Cette amputation perpétrée par un athée notoire sur un ministre de Dieu, constitue un revers pour l'Être Suprême, tout comme l'ouragan qui dévaste l'église où l'abbé Mouret exerce son ministère. L'état lamentable dans lequel la bâtisse se trouve, sonne le glas de la foi chez le prêtre. Il faut signaler que cet ouragan intervient au moment où Serge est en proie à une lutte intérieure, lutte dont l'objet est : faut-il retourner au Paradou et vivre heureux avec Albine ou faut-il conserver son ministère et se condamner à vivre malheureux ? Albine venait de le supplier de revenir à elle, pour vivre heureux ensemble dans le Paradou, et lui, se retranchait derrière l'idée du péché, de la punition et de l'au-delà. Avec Hemmings, on peut avancer que l'appel d'Albine est un appel de la nature, un appel à la fécondité et à la vie, tandis que Serge plaide pour l'abstinence et la mort[575].

---

[568] Émile Zola **R. M. I**, op. cit. p. 1410.
[569] **Ibidem,** p. 1480.
[570] **Ibidem,** p. 1486.
[571] Chantal Bertrand-Jennings : **L'Éros et la Femme chez Zola**, op. cit. p. 87.
[572] Émile Zola : **R. M. I**, op. cit. p. 1437.
[573] **Ibidem,** p. 1496.
[574] **Ibidem,** p. 1526.
[575] F.W.J. Hemmings : *Zola et la religion*, dans **Europe: Zola**, op. cit. p. 132.

La dévastation de l'église symbolise en effet la victoire éclatante de la nature sur l'église[576] et la religion qu'elle représente, car tout ce qui aurait pu y retenir l'abbé est détruit : *« Un dernier souffle de l'ouragan qui s'était rué sur l'église, en balaya la poussière, la chaire et le confessionnal en poudre, les images saintes lacérées, les vases sacrés fondus, tous ces décombres que piquait avidement la bande des moineaux, autrefois logée sur les tuiles. Le grand Christ, arraché de la croix, resté pendu un moment à une des chevelures de femme flottantes, fut emporté, roulé, perdu, dans la nuit noire, au fond de laquelle il tomba avec un retentissement. L'arbre de vie venait de crever le ciel. Et il dépassait les étoiles »*[577].

On peut ajouter à tous les indices ci-dessus le propre discours de l'abbé - tenu lors du mariage de la Rosalie avec le grand Fortuné -, discours qui prend le contre-pied du célibat des prêtres catholiques. S'adressant au mari, il déclarait : *« Mon cher frère, [...] c'est Dieu qui vous accorde aujourd'hui une compagne ; car il n'a pas voulu que l'homme vécut solitaire »*[578]. Mais là où l'abbé Mouret étonne le plus, c'est quand il blâme, au nom de Dieu, l'abandon éventuel de la femme par son homme, le péché qu'il avait commis tantôt : *« Et que vous soyez damné, si vous la délaissiez jamais ! Ce serait le plus lâche abandon que Dieu eût à punir. Dès qu'elle s'est donnée, elle est vôtre, pour toujours »*[579]. La contradiction entre le discours du prêtre et sa conduite peut se lire comme la dénonciation de l'hypocrisie de l'église catholique, ou au moins, des autorités catholiques. La mort d'Albine et de son futur bébé est donc un crime crapuleux dont devrait répondre l'abbé devant son Dieu ; la gravité du crime étant suggérée par un incident survenu au cours de la mise en terre de la jeune fille. La terre cède en effet sous les pieds de Serge, lorsqu'il s'approche de la tombe d'Albine et il manque d'y tomber lui-même[580]. Cet incident, qui survient dans les toutes dernières pages de la fiction, apparaît comme une condamnation à mort symbolique du coupable et de sa religion contre-nature. Comme le souligne Roger Ripoll, dans le roman zolien, il y a que les mythes bibliques associent la sexualité à la faute originelle[581].

D'une manière générale, l'opposition entre les mythes chrétiens et la nature réside en cela que les premiers prônent l'abstinence - qui est proche de l'impuissance -, alors que la nature prône la fécondité, car elle est mère nourricière et avide de descendance abondante. Rien n'incarne mieux cette nature dans **Les Rougon-Macquart** que le Paradou - où l'enfant de l'abbé Mouret et d'Albine fut conçu -, le personnage de la terre dans **La Terre**, et enfin Valqueyras - où la famille de Jean Macquart se démultiplie formidablement - dans **Le Docteur Pascal**. Ripoll a déjà montré que Zola a reçu une éducation catholique à la pension Notre-Dame, sous

---

[576] Émile Zola écrit : *« L'Église catholique, voilà l'ennemie dont nous devons d'abord débarrasser la route [...]. Jamais nous ne ferons un pas en avant si nous ne commençons pas par abattre l'Église, la corruptrice, l'empoisonneuse, l'assassine »*, voir **Vérité** dans les **Œuvres Complètes**, Tome XIV, Henri Mitterand (éd.), Édition du Cercle du Livre Précieux, op. cit. p. 463.
[577] Émile Zola : **R. M. I**, op. cit. p. 1490.
[578] **Ibidem** p. 1424.
[579] **Ibidem**, p. 1424.
[580] **Ibidem**, p. 1524
[581] Roger Ripoll : **Réalité et Mythe chez Zola**, op. cit. p. 101.

la direction d'Isoard, ancien séminariste dont l'enseignement a laissé un écho sur sa sensibilité. Cependant, il aurait une vision réductrice de la religion catholique qu'il réduirait à une opposition simpliste entre le paradis et l'enfer[582].

À la suite des mythes religieux, il faut interroger les mythes païens qui foisonnent également dans l'œuvre.

1.2. *Les mythes païens*

Autrement plus nombreux que les mythes chrétiens dans le corpus, les mythes païens sont majoritairement issus de la mythologie gréco-romaine. Cependant, force est de reconnaître que cette source commune n'est pas le gage d'une homogénéité *a priori*. La mythologie grecque constitue en effet un très vaste réseau de mythes aussi nombreux que divers et il en va pareillement des mythes romains.

1.2.1. Les mythes romains

Ce paragraphe sera particulier en ce sens qu'on classera dans la catégorie des mythes romains des éléments narratifs d'essence légendaire ou historique. Bien qu'ils ne soient pas spécifiquement d'essence mythique, leur portée actuelle dans le roman zolien, amplifiée à l'hypertrophie, les rapproche davantage du mythique plutôt que du purement historique ou légendaire. Il s'agit principalement de *Messaline* associée à Renée, et de *César,* de *Lucullus* et de *Brutus* associés à Pierre Rougon.

L'hypotexte historique romain informe de ce que *Messaline* fut impératrice romaine et épouse de Claude. Célèbre par sa débauche légendaire, elle se serait même livrée à la prostitution. Le narrateur associe cette figure à Renée de manière à renforcer la portée de sa dissipation. En effet, partagée entre le père et le fils, Renée ne se prive pourtant pas de ses cinq autres amants, ne vivant que pour le sexe et le luxe[583] ; peu importe comment elle se les procure. *Messaline* est donc une figure négative et immorale où vient se refléter l'image de Renée, comme dans un miroir réflexif.

César et *Brutus* sont des figures politiques et guerrières qui ne sont pas à classer *a priori* dans la logique de la sexualité. Le premier, conquérant émérite, est resté le plus célèbre dans l'histoire des conquêtes romaines et fort justement, il marqua de son empreinte l'Empire romain et son influence en politique, qui continue de perdurer de nos jours. Le second est un traître légendaire, qui fut l'assassin de

---

[582] Roger Ripoll : **Réalité et Mythe chez Zola**, op. cit. pp. 98-99 et p. 106.
[583] Maarten Van Buuren écrit : << *La société sous le Second Empire se développe de manière explosive. D'importantes transformations changent le monde industriel, financier et urbain. Dans l'esprit de Zola ces changements sont intimement liés à la déchéance morale : les vices sont le produit du luxe qui est à son tour le produit des changements sociaux* >>, dans **Les Rougon-Macquart d'Émile Zola. De la Métaphore au Mythe**, op. cit. p. 259.

César au Sénat de Rome le 15 mars 44, avant Jésus-Christ. Si la conspiration contre César incluait plusieurs sénateurs, Brutus fut celui qui lui porta le coup de grâce. Pierre Rougon est associé à ces deux figures légendaires pour des raisons purement parodiques, le nain se voyant dans la peau du géant, le dérisoire qui se prétend héroïque. Il s'agit, pour le narrateur, d'insister non seulement sur sa traîtrise, mais aussi sur le débordement des appétits caractérisant la famille des Rougon-Macquart en général, et singulièrement la branche des Rougon dont il est issu[584]. La fêlure maternelle se mue ainsi en une pulsion impérieuse de puissance et de gloire chez le fils, Pierre. Par chance, bien que << *taré* >>, ce dernier accède à des dignités tout à fait inespérées - quoique acquises dans des conditions très ténébreuses et opaques, dont son association avec la figure de Brutus. C'est pourquoi, dans l'euphorie de son triomphe de parvenu, le narrateur l'utilise caricaturalement comme la figure de ces illustres ancêtres romains. C'est dans ce même sens qu'il faut prendre son assimilation à *Lucullus,* ce général romain (106-56 avant Jésus – Christ) qui mena une vie dont le luxe et le raffinement sont restés proverbiaux. Notons que les richesses de ce dernier furent acquises pendant des campagnes militaires victorieuses.

Au total, dans la situation de Pierre Rougon, il s'agit toujours d'une aspiration et non d'une réalité, d'un paraître et non d'un être[585]. Il est moins question ici d'un héros légendaire que d'une figure héréditaire, dont les appétits voilent la réalité de sa petitesse. En effet, les attributions qu'on vient de parcourir permettent surtout de comprendre jusqu'où peut aller l'ambition chez un individu issu de la lignée d'Adélaïde Fouque. Pierre Rougon ne donne certainement pas tort à Émile Zola, lorsqu'il écrivait sa préface du 1er juillet 1871, qualifiant ses personnages anaphores d'assoiffés de jouissance. L'appétit excessif de Pierre Rougon pour la puissance ne lui fait-il pas prendre les bureaux municipaux pour << *un temple dont il devenait le dieu* >>[586] ? Aussi n'hésite-t-il pas à << *sacrifier sa famille sur l'autel de la patrie* >>[587]. Le sacrifice humain[588], qui plus est celui d'un parent immédiat - son demi-frère Antoine Macquart - est une énorme forfaiture, digne de Brutus. Toutefois, dans le corpus, cela débouche les voix du succès pour le parvenu de Pierre Rougon, qui sacrifie symboliquement Silvère, dans **La Fortune des Rougon**. Pareillement, Aristide sacrifie Angèle, son épouse, dans **La Curée** et, enfin, Octave Mouret, sacrifie madame Hédouin, dans **Au Bonheur des Dames**.

---

[584] Les Rougon sont des arrivistes selon Maarten Van Buuren, **ibidem**, p. 13.

[585] Dans **Les Rougon-Macquart d'Émile Zola. De la Métaphore au Mythe**, op. cit, Van Buuren situe cette opposition dans le cadre de la métaphore du théâtre, p. 177.

Roger Ripoll parle de parodie, c'est-à-dire une représentation assez théâtrale et à vocation caricaturale, dans **Réalité et Mythe chez Zola**, op. cit. p. 60. Voir également la deuxième partie, chapitre 1.

[586] Émile Zola : **R. M. I**, op. cit. p. 229.

[587] **Ibidem**, p. 228.

[588] On peut associer cela au paganisme dont parle Roger Ripoll, dans **Réalité et Mythe Chez Zola** op. cit. p. 76.

Sur le thème du sacrifice, voir aussi **Zola's Crowds** de Naomi Schor, op. cit. pp. 21-24.

Au total, les Rougon et les Macquart forment une famille de loups, capables de se vendre et de se manger entre eux[589], au grand désespoir de leur mère.

1.2. 2. Les mythes grecs.

En ce qui concerne la thématique de la sexualité, les mythes grecs sont les plus récurrents et les plus signifiants. À preuve, l'on retrouve << *la Nymphe Écho et le beau Narcisse* >> dans **La Curée** et dans **Nana**, << *Phèdre et Hippolyte* >> se retrouvent dans **La Curée**, << *Vénus* (Aphrodite) >> domine **La Curée** et **Nana** de sa beauté éclatante et de sa toute-puissance lorsque << *Diane* (Athéna) >>, << *Jupiter* (Zeus) >> et << *Mars* >> investissent **Nana**. Toujours dans **Nana**[590], c'est << *Athéna* >> qui affronte << *Héphaïstos* >> ou << *Vulcain* >>; celui-là même qu'on retrouve également dans **La Terre** et **La Curée**. << *Les Bacchantes* >> ont une représentante dans **La Fortune des Rougon**, où l'on perçoit la présence d'un << *temple* >> et << *d'un dieu* >> auquel l'on offre << *un sacrifice* >> humain sur un << *autel* >>. **La Curée** suggère << *les incestes divins* >> favorisés par les richesses et le luxe impudent de << *Plutus* >>. Parallèlement, le << *sphinx* >> sévit dans ce milieu et enfin, **La Bête Humaine** est le roman où s'affrontent constamment << *Éros* >> et << *Thanatos* >>, sans qu'on les nomme.

Dans cette longue énumération de mythes grecs, il faut distinguer les occurrences où un actant est identifié directement à un dieu et celles où l'identification se fait de manière plus suggestive notamment avec la technique de la mise en abyme.

Le chapitre des identifications directes s'ouvre sur Miette qui << *ressemblait à une Bacchante antique* >>[591]. Prêtresse ou suivante de Bacchus, dieu de la puissance enivrante et de la vigne, la Bacchante est associée à l'ivrognerie et à la débauche. Pour sa part, Miette enivre Silvère Mouret et l'incite à la débauche malgré leur jeune âge.

Renée Rougon dite Saccard est ainsi perçue dans par Maxime : << *Le jeune homme, couché sur le dos, aperçut, au-dessus des épaules de cette adorable bête amoureuse qui le regardait, le sphinx de marbre*[592], *dont la lune éclairait les cuisses luisantes*[593]. *Renée avait la pose et le sourire du monstre à tête de femme, et, dans ses jupons dénoués, elle*

---

[589] Pour Maarten Van Buuren, dans **Les Rougon-Macquart d'Émile Zola. De la Métaphore au Mythe**, les prédateurs sont des profiteurs, op. cit. p. 267.

Claude Seassau voit pour sa part, dans la dévoration, l'image cardinale de la violence, violence liée surtout à la sexualité ou à la jalousie, voir **Émile Zola, Le Réalisme Symbolique**, op. cit. p. 203. C'est ainsi qu'il faut comprendre dans l'expression << *manger un homme* >>, ''vouloir le tuer par tous les moyens'', la jalousie étant à l'origine du désir de tuer, p. 198.

[590] Roger Ripoll fait remarquer, dans l'ouvrage ci-dessus, que les mythes anciens sont très nombreux dans **La Curée** et dans **Nana**, op. cit. p. 60.

[591] Émile Zola : **R. M. I**, op. cit p. 17.

[592] Zola s'est inspiré, au sujet des mythes, des arts plastiques de son temps dont la sculpture, selon Roger Ripoll, dans **Réalité et Mythe chez Zola**, op. cit. p. 64.

[593] Roger Ripoll estime que ce qui caractérise le mythe dans le roman zolien, c'est la nudité et la brutalité du désir, **ibidem**,. p. 80.

semblait la sœur blanche du dieu noir »[594]. À ce titre, elle est un monstre hybride - avec son buste de femme surmontant un lion ailé - et incestueux. Le sphinx est associé à l'accomplissement de l'inceste œdipien. Belle à ravir, Renée n'est pas sans manifester beaucoup d'agressivité et de voracité sur le champ de l'inceste. Tel un félin, elle happe Maxime, qui n'est plus qu'une proie défaite et soumise entre ses griffes.

Le narcissisme se ressent chez Maxime et Renée, tout comme chez Nana. Chez Nana, il atteint son paroxysme : *« Un des plaisirs de Nana était de se déshabiller en face de son armoire à glace, où elle se voyait en pied [...]. C'était une passion de son corps, un ravissement de sa peau et de la ligne souple de sa taille*[595], *qui la tenait sérieuse, attentive, absorbée dans un amour d'elle-même »*[596]. Inutile de répéter le caractère ultra-homoérotique de ce passage. À l'image de Narcisse, leur homologue mythique, ces actants sont caractérisés par leur beauté physique qui porte les germes du fatum qui les frappera. Imbus de leur "personne", courtisés outrageusement, ils sont appelés à se réifier comme Narcisse - dans la fleur de l'âge - conformément à ce que j'ai montré dans le paragraphe réservé à l'étude de la sanction du personnage.

Enfin cette première catégorie se termine avec « *les incestes divins* » évoqués au chapitre 1 de **La Curée**. L'évocation indiciaire de ces épisodes antiques a pour motif de suggérer et de prévoir la relation incestueuse qui liera Renée à Maxime, au chapitre IV. On sait également que les dieux grecs, avec à leur tête Zeus, étaient réputés pour leurs débauches multilatérales et multiformes, au point qu'ils ne reculaient ni devant les liens de la parenté, ni devant les liens sacrés du mariage.

L'évocation de ces incestes divins visait donc à dénoncer par avance les pratiques sexuelles immorales de la haute société impériale qui se dévoileraient dans le roman. Le choix esthétique de l'engagement n'était-il pas fait par Zola dès la préface de la première édition de **La Curée** : *« L'artiste en moi se refusait à faire de l'ombre sur cet éclat de la vie à outrance qui a éclairé tout le règne* [de Napoléon III] *d'un jour suspect de mauvais lieu »*[597] ? En même temps, l'auteur n'hésitait pas à traiter le coup d'État du 2 décembre de « *viol brutal de la France »*[598]. La sexualité est donc un thème à la fois anaphorique et cataphorique dans le corpus. C'est aussi le thème unificateur des **Rougon-Macquart**, autant au plan narratif que sémiologique.

Par ailleurs, les mythes mis en abyme ont un intérêt narratif évident, puisque le récit premier se redit à l'intérieur de lui-même au moyen d'un récit second. La

---

[594] Émile Zola : **R. M. I**, op. cit. p. 485.
[595] Roger Ripoll affirme que la mythologie classique est mise en rapport avec le thème obsédant de la nudité chez Zola, **ibidem**, p. 81.
[596] Émile Zola : **R. M. II**, op. cit. p. .1269.
[597] Émile Zola : **R. M. I**, op. cit. p. 1582.
[598] **Ibidem**. p. 1582.

mise en abyme se présente donc sous l'aspect d'une redondance renforçant la signifiance du récit premier dans lequel elle s'insère. Il se produit à partir de là un reflet transparent qui se veut gage d'authenticité. Cependant, cette authenticité n'est qu'illusion référentielle. Il y a mise en abyme dans le chapitre V de **La Curée**, lorsque Renée et Maxime assistent à la représentation de **Phèdre** de Racine, en Italien. Ensuite, au chapitre VI, les mêmes actants jouent les rôles de la Nymphe Écho et du Beau Narcisse dans une mise en scène du préfet Hupel de la Noue[599]. Ainsi que je l'ai montré ailleurs, Hupel de la Noue est un << *auteur aux créations ridicules, car ses tableaux contiennent un contraste grinçant, les personnages qui jouent dans sa pièce sont minables (Maxime, Renée, Adeline d'Espanet, etc.) et son théâtre devient celui du cotillon (bal travesti) à peine la représentation terminée – le vulgaire se substituant au mythique* >>[600].

Pour ce qui est de **Phèdre**, il faut noter que cette tragédie est représentée après que l'inceste a été commis. Si les coupables ne se reprochaient rien auparavant, ils finissent pourtant par frissonner, comme pris de remords. C'est pour cette raison qu'ils quittent le théâtre dans un état d'effarement. Désormais la voix de la conscience se fait entendre en eux, grâce notamment à ce miroir réflexif qui leur aura révélé la vérité sur eux-mêmes. Toutefois, "la nouvelle Phèdre" n'est pas victime des représailles des dieux, loin s'en faut. Sur elle, pèse une fatalité du milieu social et historique[601] : la vie à outrance qui caractérisait l'Empire selon le point de vue de Zola, son éducation douteuse chez les dames de la Visitation[602], sans compter le luxe extravagant dans lequel elle vit chez Saccard. Son mariage, il faut le dire, ne lui a point apporté de foyer[603], car aucun lien de famille ne semble lier Aristide, Maxime et Renée. Au contraire, ils vivent comme des collégiens dans le même internat, chacun réglant sa propre vie comme bon lui semble.

Bien que Renée soit dotée de conscience - ce qui explique ses remords - elle ne peut s'empêcher de faire le mal comme l'a montré Anthony Zielonka : << *Renée est consciente du mal qu'elle fait en aimant son beau-fils et en menant une vie de dissipation, mais elle ne peut pas changer son comportement. Elle cherche et accepte les vices, les perversions et les excès. Étant donné les principes théoriques de Zola, elle ne peut éviter sa destinée. Le sort de cette nouvelle Phèdre ne dépend pas des décisions*

---

[599] Comme le dit Roger Ripoll, dans **Réalité et Mythe chez Zola**, Hupel de la Noue est le poète ridicule, p. 79.

Anne Belgrand ajoute qu'il y a << *opposition entre le ridicule de la création dirigée par le préfet et l'ambition artistique de Zola lui-même* >>, dans *Le Jeu des Oppositions dans La Curée*, article paru dans **La Curée de Zola << ou la vie à outrance >>**, op. cit. p. 27.

[600] Famahan Samaké : **Procès du Second Empire dans La Curée d'Émile Zola**, op. cit. p. 43.

[601] Maarten Van Buuren : **Les Rougon-Macquart d'Émile Zola. De la Métaphore au Mythe**, op. cit. p. 145

[602] On retrouvera le même point de vue chez Naomi Schor, dans **Zola's Crowds**, op. cit. p. 94.

[603] Jean Borie, en partant du principe que l'ouverture d'une maison familiale dans le roman zolien est diabolique, affirme que l'hôtel Saccard, ouvert au galop de tout le clan Saccard, devient le foyer d'une famille désaxée, voir **Zola et les Mythes, ou de la Nausée au Salut**, op. cit. p. 139 et p. 144.

des dieux mais des faits qui déterminent le milieu dans lequel elle vit et des événements qui sont inscrits dans son passé >>[604].

Dans la pièce **Les Amours du Beau Narcisse et de la Nymphe Écho**, écrite et mise en scène par le préfet poète, les deux héros jouent leurs propres rôles. La relation est alors très directe entre leurs rôles dans le récit premier et ceux qu'ils jouent dans le récit second. "Fiction et réalité" se recoupent ainsi en se produisant au même moment, car Renée[605] et Maxime atteignent l'apogée de leur amour à cette époque précise du déroulement de la diégèse - chapitre VI -. La seule opposition significative entre les deux récits est que le récit mythique est celui d'un amour rejeté, donc insatisfait, alors que le récit romanesque zolien est celui d'un amour pleinement goûté et satisfait. Par contre, le caractère tragique reste commun aux deux. En effet, autant Écho se consuma de douleur et de regrets, autant Renée se consuma pareillement lorsqu'elle fut abandonnée par Maxime qui, lui-même, ne survécut pas bien longtemps à sa maîtresse.

1. 2. 2. 1. Les mythes de la sexualité inassouvie

Dans **La Curée**, deux mythes de la sexualité inassouvie se côtoient. C'est premièrement le mythe de Phèdre[606] et d'Hippolyte. On sait que ce refus des avances de Phèdre par Hippolyte a eu des conséquences tragiques : mort atroce du jeune homme due au monstre marin, puis le suicide de la jeune femme. Adapté au roman naturaliste, ce mythe renforce la prévisibilité du devenir et de la sanction des actants assimilés métaphoriquement à ces deux figures. Leur amour est certes consommé dans le roman - se démarquant ainsi de l'hypotexte racinien -, mais il est voué à l'échec, et la sanction qui les attend sera la mort. Cela vaut aussi pour Narcisse et Écho cités dans le paragraphe ci-dessus.

L'intrusion de ces mythes dans le roman naturaliste est tout de même un signe d'intensification de la prévisibilité du texte romanesque, puisqu'elle laisse présager de la réification des deux personnages damnés. La fatalité qui plane sur leur tête comme une épée de Damoclès est plus ou moins clairement définie dès l'instant où ils sont assimilés à ces héros mythiques. Il faut ajouter que si le nouvel Hippolyte comble les espoirs de la nouvelle Phèdre, cela ne changera pas grand chose au sort qui sera le leur. Le caractère intertextuel de cet épisode de **La Curée** et ses implications ont été déjà saisis par Philippe Hamon, qui reconnaît là un des cinq procédés << *accentuant la prévisibilité du texte réaliste* >>, à savoir que << *la référence à certaines histoires connues (déjà écrites dans l'extra-texte global de la culture) fonctionne comme une restriction du champ de la liberté des personnages*

---

[604] Anthony Zielonka : *Renée et le Problème du Mal* dans **La Curée de Zola** << ou la vie à outrance >>, op. cit. p. 163.
[605] Maarten Van Buuren avait classé Renée dans la catégorie des femmes au feu amoureux - aux côtés de Nana, Philomène et Tante Dide -, et qui allument par conséquent les hommes, dans **Les Rougon-Macquart d'Émile Zola. De la Métaphore au Mythe**, op. cit. p. 255.
[606] Roger Ripoll avoue, dans **Réalité et Mythe chez Zola**, que le mythe de Phèdre a une valeur ironique dans **La Curée**, puisque Saccard est plutôt un anti-Thésée et Renée une anti-Phèdre, op. cit. p. 73.

*comme une prédétermination de leur destin. Ainsi la référence à **Phèdre** dans **La Curée** >>*[607].

Nana, qui est aussi un personnage narcissique - avec des tendances à se livrer à de longues scènes autoérotiques devant ses grands miroirs -, subira un sort identique à celui de son modèle. Le narcissisme, rappelons-le, est une inversion sexuelle, donc une aberration sexuelle passible de la peine de mort dans **Les Rougon-Macquart.**

1. 2. 2. 2. Les mythes de la sexualité épanouie et triomphante

Ce sont principalement les mythes de Vénus[608] dans **La Curée** et dans **Nana** - encore une fois - et d'Amour dans **Nana** seul. Renée et Nana sont constamment associées métaphoriquement à Vénus, déesse de l'amour ou Amour, parce qu'elles sont extrêmement jolies et subjuguent, puis ravagent des bataillons entiers d'hommes. Leur sexualité sera épanouie et triomphante encore que toute sexualité consommée n'est pour autant pas recommandable[609]. Le chapitre consacré à l'étude des personnages s'est largement étendu sur cet aspect.

1. 2. 2. 3 Les mythes de la sexualité vicieuse

Ce sont les mythes dont les héros pratiquent des vices sexuels tels que l'adultère et l'inceste. Dans cet ordre d'idées, on peut retenir Diane, Vénus, Mars et Vulcain - dans **Nana** - à propos de l'adultère, puis Phèdre et Hippolyte - dans **La Curée** - en ce qui concerne l'inceste.

Dans le premier cas, la belle Diane surprend son époux, Mars, en train de séduire Vénus, déesse de l'amour et épouse de Vulcain, dieu des cocus. Cette scène jouée au théâtre dès le chapitre d'ouverture de **Nana**, avec Nana dans le rôle de Vénus, fonctionne comme une scène d'exposition transparente à souhait. Il s'agit de suggérer en effet que le roman qui s'ouvre, sera le théâtre des adultères fréquents et multilatéraux. Le chapitre premier de **Nana**, on peut le dire, tire les rideaux sur un monde de la débauche et, avec Baguley, on peut affirmer que : << *Cette scène d'ouverture, qui se joue dans la salle du théâtre des Variétés, est extraordinairement programmatique* >>[610].

---

[607] Philippe Hamon : *Pour un Statut Sémiologique du Personnage* dans **Poétique du Récit**, op. cit. p. 163.
[608] Roger Ripoll associe Vénus à une puissance destructrice, de ruine et de mort, dans l'ouveage ci-dessus, op. cit. p. 82.
[609] Maarten Van Buuren pense en effet que les femmes au feu amoureux, comme Nana, mettent les hommes et la société à feu, voir **Les Rougon-Macquart d'Émile Zola. De la Métaphore au Mythe**, op. cit. p. 262.
[610] David Baguley : **Zola et les Genres**, *VI. Nana, Roman Baroque*, op. cit. p. 66. Baguley va même plus loin pour dire que << *Nana ne fait pas seulement son chemin dans le monde du théâtre, elle transforme le monde en théâtre* >>, p. 66.

Roger Ripoll souligne que dans la représentation de **La Blonde Vénus**, << *Vénus, parfaitement confondue avec Nana, s'impose dans toute sa puissance* >>, dans **Réalité et Mythe chez Zola**, op. cit. p. 80.

Quant au mythe de l'inceste - virtuel il faut le préciser - Phèdre et Hippolyte en sont les héros. Cependant, sa transposition dans le roman naturaliste, avec dans les rôles principaux, Renée et Maxime, le rend réaliste, car le récit second - mythique - vient justifier le récit premier - romanesque-. Le naturalisme n'est-il pas aussi un réalisme[611] ?

1. 2. 2. 4 <u>Les mythes de la sexualité pervertie</u>

Le vice n'étant pas très loin de la perversion, le pas est vite franchi par Renée, puisqu'elle devient la métaphore du Sphinx, monstre à tête de femme. En tant que sphinx[612], elle sera défaite par Maxime, le nouvel Œdipe, qui l'abandonne au dernier chapitre du roman, pour épouser Louise de Mareuil.

La destinée de Maxime sera parallèle à celle de Nana, car tous les deux sont narcissiques. Seulement, le narcissisme, parce qu'il implique un sujet sexuel qui s'éprend de lui-même en tant qu'objet-sexuel, est une inversion proche de l'homosexualité ou mieux, ce que Freud nommait *l'autoérotique*. Cette donne implique que les deux actants seront efféminé pour l'un, et phallique pour l'autre, afin de trouver à l'intérieur d'eux-mêmes, leur partenaire sexuel idéal. Une chose est de recenser les mythes sexuels et une autre, de saisir leur pertinence dans le récit romanesque naturaliste.

2. *Pertinence de ces mythes*

Le mythe est à l'origine un récit sacré, un récit ancien et qui est globalement ancré dans la conscience collective. Il bénéficie donc d'un *a priori* de vérité pour s'être imposé à travers les âges[613]. Dès lors, sa présence dans un texte moderne peut être vue comme un procédé de sacralisation et d'intensification.

2.1. <u>La sacralisation du "chimérique"</u>

Faire un roman, jusqu'au dix-septième siècle, c'était, péjorativement, écrire des chimères. Pourtant, Honoré de Balzac réhabilita le genre avec ce qu'il est convenu d'appeler désormais le réalisme romanesque. Sémantiquement, réaliste s'oppose à chimérique, et cette opposition allait prendre une dimension autrement plus importante avec Zola qui poussa le réalisme jusqu'au naturalisme. Résumant l'aventure du roman, Zola écrivait : *« Nous voilà loin du roman tel que l'entendaient nos pères, une œuvre de pure imagination, dont le but se bornait à charmer et à distraire les lecteurs. Dans les anciennes rhétoriques, le roman était placé tout au bout, entre la fable et les poésies légères. Les hommes sérieux le dédaignaient, l'abandonnaient aux femmes, comme une récréation frivole et compromettante. Cette opinion persiste*

---

[611] Rappelons que pour Roger Ripoll, le mythe ne s'oppose pas au réalisme et d'ailleurs, le mythe serait un des moyens pour construire la réalité romanesque, dans **Réalité et Mythe chez Zola**, op. cit. tome II, op. cit. p. 924 et p. 926.
[612] Jean Chevalier et Alain Gheerbrandt indiquent en effet que la valeur symbolique du sphinx est la féminité pervertie et la débauche, dans **Dictionnaire des Symboles**, Paris, Laffont, 1982, p. 15 et p. 906.
[613] Roger Ripoll : **Réalité et Mythe chez Zola**, op. cit. p. 32.

encore en province et dans certains milieux académiques. La vérité est que les chefs-d'œuvre du roman contemporain en disent beaucoup plus long sur l'homme et sur la nature, que de graves ouvrages de philosophie, d'histoire et de critique. L'outil moderne est là »[614]. Mais, pour naturaliste que soit son roman, il n'en demeure pas moins vrai que le mythe y foisonne. Pourquoi donc le mythe, récit fabuleux par excellence, venait-il s'installer aussi confortablement dans le roman, œuvre de fiction dite vraisemblable, voire réaliste et même naturaliste ? À l'évidence, il y a comme une sorte de contradiction implicite entre le mythe et le naturalisme ; ce dernier ayant la prétention de tout emprunter à la nature. C'est en cela que Jean Borie écrit que << *C'est un lieu commun de soutenir que l'œuvre de Zola ne remplit guère le projet élaboré dans* **Le Roman Expérimental** »[615]. Il ne faut pas se méprendre cependant, car chez Zola, les personnages ne sont ni directement issus du mythe religieux, ni du mythe païen.

Par leur être et leur faire, voire leur devenir, les personnages zoliens sont simplement le reflet moderne de héros mythiques[616]. Ce procédé zolien - d'insertion du mythe dans le récit naturaliste - devient tout simplement un gage de lisibilité du texte romanesque : le roman prenant des allures du sacré[617] et se positionnant comme supérieur au texte profane qu'il était supposé être. Zola va jusqu'à créer des mythes nouveaux comme celui de la mouche d'or de Nana[618]. J'appellerai cette sacralisation par le mythe, la fonction métalinguistique dans **Les Rougon-Macquart** (au sens que ce concept a chez Roman Jakobson). Il reste entendu que sacraliser ce qui est d'essence "chimérique", suppose une intensification de ce dernier.

2.2. <u>Un procédé d'intensification discursive et narrative.</u>

L'enchâssement du mythe, récit dit sacré et sérieux, dans le roman, récit "chimérique" et profane, est indéniablement un facteur d'intensification narrative[619] en soi. Les deux récits s'emboîtent pour redire à l'intérieur du roman, ce qui était déjà dit en dehors, à savoir, le mythe originel ancré dans la conscience collective. Il y a alors un fort accent de prévisibilité du texte romanesque

---

[614] Émile Zola : *Le Naturalisme au Théâtre,* paru pour la première fois dans la revue saint-pétersbourgeoise **Le Messager de l'Europe** en janvier 1879, puis repris dans **Le Naturalisme au Théâtre** in **Le Roman Expérimental**, in **Œuvres Complètes**, sous la direction de Henri Mitterand, Tome 9 : **Nana 1880**, présentation, notices, chronologie et bibliographie par Chantal Pierre-Gnassounou, op. cit. p. 378.
[615] Jean Borie : **Zola et les Mythes, ou de la Nausée au Salut**, op. cit. p. 9.
[616] Roger Ripoll parle à cet effet de << *renouvellement des mythes* >>, dans **Réalité et Mythe chez Zola**, op. cit. p. 65.
[617] Dans **Réalité et Mythe chez Zola**, op. cit. Ripoll insiste sur le << *pouvoir sacré de Nana* >>, p. 76.
[618] Ripoll précise que dès l'Ébauche du roman, Nana a été assimilée au Diable tandis qu'au cours de la rédaction effective du roman, elle est devenue au fur et à mesure Déesse maléfique, **ibidem**, p. 76.
[619] Claude Seassau écrit : << *Le mythe n'est donc pas une fioriture ou un embellissement gratuits ; il s'agit d'une modalité de narration, utilisée à des fins d'expressivité, et pour faire jaillir le sens, l'amplifier et le rendre prégnant* >>, dans **Émile Zola, Le Réalisme Symbolique**, op. cit. p. 428.

hypertextuel⁶²⁰. En outre, le récit mythique hypotextuel semble apporter un crédit de réalisme, une caution de garantie au roman, comme si le narrateur n'inventait plus une histoire nouvelle, mais qu'il réécrivait une histoire ancienne et globalement admise par la conscience collective en tant que patrimoine culturel universel : « *Aussi, ce qui paraît être une déformation, au premier abord, constitue-t-il un moyen essentiel pour accéder à la lisibilité du réel, et du texte qui devient ainsi plus transparent. En d'autres termes les archétypes glissés dans le texte, permettent de réaliser, à leur lumière, une lecture plus profonde et plus satisfaisante de celui-ci. Images, symboles, mythes, glissés dans l'écriture sont autant de signes qui « parlent » à l'homme* »⁶²¹.

Au plan discursif, la redondance des mêmes mythes d'un roman à un autre - à l'instar du mythe de Vénus dans **La Curée** et dans **Nana**, ou encore le mythe de la faute originelle dans **La Faute de l'Abbé Mouret** et dans **La Curée** - est une forme de redondance qui témoigne d'un retour incessant sur soi ou sur un même. Le narrateur semble avoir en effet l'intention d'influencer ses narrataires à force de répétition, et par ce moyen pédagogique, de les convaincre du réalisme de son récit. Barthes avait résumé tous les caractères du mythe en un seul mot : la richesse. Pour lui : « *le mythe est trop riche, et ce qu'il a en trop, c'est précisément sa motivation* »⁶²². On peut constater en effet que les mythes, qu'ils soient païens ou religieux, enrichissent le récit romanesque naturaliste en élargissant son champ de signification.

Ainsi que l'a montré Roger Ripoll, le mythe a non seulement une valeur esthétique supérieure chez Zola⁶²³, mais aussi une valeur parodique et ironique⁶²⁴ ; car voici des nains qui ont la vanité de chausser les bottes des dieux. Il faut retenir en gros que dans le roman zolien, il y a des signes annonciateurs évidents d'une apocalypse qui viendrait balayer le monde corrompu du Second Empire⁶²⁵. Ces signes sont de plusieurs ordres mais à ce stade de notre investigation, ils sont essentiellement relatifs au traitement de la notion du personnage. En outre, le mythe apporte au roman zolien une caution d'universalité et d'éternité⁶²⁶, une grandeur et un prestige certains, tout en situant le lecteur sur la vision que Zola

---

⁶²⁰ L. Jenny : « *Hors de l'intertextualité, l'œuvre littéraire serait tout simplement imperceptible, au même titre que la parole d'une langue encore inconnue. De fait, on ne saisit le sens et la structure d'une œuvre littéraire que dans son rapport à des archétypes, eux-mêmes abstraits de longues séries de textes dont ils sont en quelque sorte l'invariant […]. Vis-à-vis des modèles archétypiques, l'œuvre littéraire entre toujours dans un rapport de réalisation, de transformation ou de transgression* », voir *La Stratégie de la Forme* dans **Poétique**, no. 27, Paris, 1976, p. 257.
⁶²¹ Claude Seassau : **Émile Zola, Le Réalisme Symbolique**, op. cit. pp. 429-430.
⁶²² Roland Barthes (éditeur) : **Essais Critiques**, Paris, Seuil, 1964, p. 234.
⁶²³ Roger Ripoll : **Réalité et Mythe chez Zola**, op. cit. p. 66.
⁶²⁴ Ripoll voit de la raillerie dans l'assimilation de Rose Mignon à Diane dans **La Curée** : c'est le « *mythe burlesque d'une décomposition sociale* », ibidem, p. 175. De plus, Nana perçue comme Vénus aurait une valeur parodique et satirique, puisque cela dégraderait les dieux tout en signifiant une corruption de la société impériale, pp. 74-75.
⁶²⁵ **Ibidem**, p. 75.
⁶²⁶ **Ibidem**, p. 71.

avait du monde⁶²⁷, c'est-à-dire un monde imagé et dominé par la violence liée à la sexualité.

Il a été montré plus haut que les personnages du corpus subissent diverses métamorphoses - réification, animalisation et mythification - et cela concourt à la création d'un faisceau de phénomènes convergents, en ce sens que la finalité du processus est la mort pure et simple. Dans une communication concernant **La Curée**, Jean de Palacio estimait que la mythologie, et plus exactement la surcharge référentielle mythologique - Jocaste, Phèdre, Nymphe Écho, Sphinx, etc.-, tue le personnage de Renée : *« Dans **La Curée**, la prépondérance de la mythologie et l'emprise du vêtement sont une mise à mort plus efficace que l'imprévisible méningite sous laquelle le romancier l'accable comme en passant, et comme pour rétablir* in extremis *les droits de la physiologie »*⁶²⁸. Ce jugement peut s'appliquer aisément à Nana, autre adepte de la mode vestimentaire comme Renée. À la lumière de tout ce qui précède, on peut considérer que Zola est l'Ovide des temps modernes, créateur de mythes nouveaux, tant l'ampleur de la rhétorique mythique dans **Les Rougon-Macquart** rappelle les fameuses **Métamorphoses** d'Ovide⁶²⁹. Zola ressuscite en effet des mythes anciens inspirés de poètes antiques - parmi lesquels Sophocle, Ovide, Eschyle et Euripide -, ainsi que de la Bible⁶³⁰. Il les réactualise ensuite dans le contexte moderne du dix-neuvième siècle en leur donnant parfois des connotations toutes nouvelles. Lorsque Zola récupère les mythes anciens, il a le mérite de ne pas les livrer dans leur forme primitive. Bien au contraire, l'auteur des **Rougon-Macquart** les adapte, les réinvente pour ainsi dire⁶³¹, en fonction de ses objectifs littéraires - naturalistes s'entend - et esthétiques. Le résultat donne un récit autre, mais qui conserve son originalité⁶³² et son authenticité. Faut-il rappeler qu'une telle technique narrative relève de l'intertextualité qui considère que toute création littéraire est tributaire d'un emprunt⁶³³. Chaque auteur est donc d'une certaine façon, un emprunteur et

---

⁶²⁷ Roger Ripoll : **Réalité et Mythe chez Zola**, op. cit, pp. 77-80. Pour la vision que Zola a du monde, voir aussi Claude Seassau : **Émile Zola, Le Réalisme Symbolique**, op. cit. p. 428.
⁶²⁸ Jean de Palacio : *La Curée : Histoire naturelle et sociale ou agglomérat de mythes ?* in **La Curée de Zola << ou la vie à outrance >>**, op. cit. pp. 175-176.
⁶²⁹ Sur l'origine homérique et ovidienne de certains mythes zoliens, se référer à Roger Ripoll, **Réalité et Mythe chez Zola**, op. cit. p. 63.
⁶³⁰ Dans **Émile Zola, Le Réalisme Symbolique**, Claude Seassau reconnaît que la richesse intertextuelle de l'œuvre de Zola tient pour une large part, dans l'usage concomitant des mythes helléniques et bibliques, op. cit. p. 326.
⁶³¹ **Ibidem**, Seassau affirme que Zola << *modifie* >> les intertextes qu'il récupère, p. 326.
Roger Ripoll ne dit pas autre lorsqu'il parle de la << *puissance de création à partir des mythes empruntés* >> par Zola, voir **Réalité et Mythe chez Zola**, op. cit. p. 111.
⁶³² Pour Ripoll, si le mythe chez Zola a pour rôles la décoration, la parodie, la critique et l'expression de la vision du monde de l'auteur, sa particularité, c'est surtout l'érotisme païen, **ibidem**, p. 80.
⁶³³ Julia Kristeva souligne que : << *Tout texte se construit comme une mosaïque de citations, tout texte est une absorption et une transformation d'un autre texte* >>, dans **Séméiotikè : Recherches pour une Sémanalyse**, Paris, Seuil, 1969, p. 29.

un imitateur, sans cesser d'être plus ou moins profondément original, pourvu qu'il ait du talent[634]. Et sans conteste, Zola en avait à revendre.

Cette étude des mythes dans le roman zolien prouve qu'on ne saurait les étudier pleinement en dehors d'une étude globale des personnages - comme chez Ripoll - au risque de présenter des résultats incomplets. Elle prouve également que toute étude du système des personnages zoliens qui ne prendrait pas en compte la dimension mythique du texte - comme chez Philippe Hamon - serait tout aussi bien incomplète. En effet il se trouve que chez Zola, les mythes sont sexuellement motivés, comme les personnages. Sur un autre plan, étudier les mythes et les symboles zoliens sans les recadrer dans leur siège naturel, la fatalité de la sexualité - ainsi que l'ont fait Maarten van Buuren et Claude Seassau -, aurait un goût d'inachevé, puisqu'il n'y a pas les personnages d'une part, et les mythes d'autre part. Ces deux composantes narratives sont imbriquées l'une dans l'autre, en vue d'une surenchère de la signification du récit. Le personnage moderne, bien que victime à la fois d'une fatalité scientifique - par le jeu des transmissions génétiques - et d'une fatalité du milieu - dominé par le progrès social et économique -, n'a rien à envier à son homologue antique, impitoyablement frappé par les dieux. Le personnage naturaliste est d'abord victime de sa sexualité et de celle de ses procréateurs, puis victime du milieu décadent du Second Empire. Il est durement frappé par le romancier, son créateur, qui le foudroie dans un excès de colère digne de Zeus.

Toutefois, l'enrichissement du roman zolien provient aussi du foisonnement des figures de rhétorique. Ce caractère particulièrement poétique est sans doute une des manifestations du génie personnel de l'auteur.

II. LA FONCTION POÉTIQUE OU LES FIGURES AU SERVICE DE LA SEXUALITÉ

Selon Roman Jakobson[635], la fonction poétique se définit par rapport à l'accent mis sur la beauté du langage en projetant l'axe paradigmatique[636] - axe de la sélection - sur l'axe syntagmatique - axe de la combinaison -. Les figures de rhétorique contribuent pour une large part à cette fonction poétique.

En ce qui concerne les figures justement, on distingue les << *fonctions* >> des << *indices* >> au sens barthien, c'est-à-dire en ce sens que les << *Fonctions et Indices recouvrent donc une autre distinction classique : les Fonctions impliquent des*

---

[634] Roger Ripoll, dans le tome II de **Réalité et Mythe chez Zola**, insiste sur le fait que << *Zola méritait d'être traité comme un écrivain à part entière* >>, notamment en raison de << *La création mythique* >> dont il fait preuve dans son écriture romanesque, op. cit. p. 922.

Claude Seassau approuve cette analyse en traitant Zola de << *créateur artiste* >>, dans l'ouvrage ci-dessus, op. cit. p. 427.

[635] Roman Jakobson : **Essais de Linguistique Générale**, Paris, Minuit, 1966, p. 60.

[636] Maarten Van Buuren souligne que : << *Nous entendons par paradigme une série de métaphores appartenant à la même isotopie* >>, dans **Les Rougon-Macquart d'Émile Zola. De la Métaphore au Mythe**, op. cit. p. 24.

relata métonymiques, les Indices des relata métaphoriques, les unes correspondant à une fonctionnalité du faire, les autres à une fonctionnalité de l'être »[637]. On étudiera dans le cadre des indices, les périphrases, les métaphores et les comparaisons, puis les métonymies et les synecdoques dans le cadre des fonctions, dès lors qu'elles recouvreront un intérêt certain dans le domaine de la sexualité.

1. Les fonctions

Pour Roman Jakobson, la métaphore s'oppose à la métonymie en cela que celle-là renvoie à des rapports de similarité, et celle-ci, à des rapports de contiguïté[638]. Les relata métonymiques que sont les fonctions impliquent non seulement la métonymie en tant que telle, mais aussi la synecdoque.

1.1 La métonymie

Elle évoque souvent le contenant pour exprimer le contenu, comme c'est le cas dans les descriptions. La métonymie est la figure par excellence, la figure sans doute la plus usitée par les romanciers réalistes en général et les naturalistes[639] en particulier. D'ailleurs, pour Roman Jakobson : « *La primauté du procédé métaphorique dans les écoles romantiques et symbolistes a été maintes fois soulignée mais on n'a pas encore suffisamment compris que c'est la prédominance de la métonymie qui gouverne et définit effectivement le courant littéraire qu'on appelle "réaliste", qui appartient à une période intermédiaire entre le déclin du romantisme et la naissance du symbolisme et qui s'oppose à l'un comme à l'autre. Suivant la voie des relations de contiguïté, l'auteur réaliste opère des digressions métonymiques de l'intrigue à l'atmosphère et des personnages au cadre spatio-temporel* »[640].

Quand on s'intéresse par exemple à un espace tel que la chambre de Nana, ou celle de Renée, ou encore à la serre de l'hôtel Saccard, on se rend compte à quel point l'espace peut refléter le personnage qui l'investit, pour le surdéterminer, le requalifier ou pour approfondir son étude psychologique[641]. De ce point de vue, la résidence de Nana est présentée comme suit : « *Dans son hôtel, il y avait comme un éclat de forge. Ses continuels désirs y flambaient, un petit souffle de ses lèvres changeait l'or en une cendre fine que le vent balayait à chaque heure. Jamais on n'avait vu pareille rage de dépense. L'hôtel semblait bâti sur un gouffre, les hommes avec leurs*

---

[637] Roland Barthes : *Introduction à l'Analyse Structurale des Récits* in **Communications, 8**, op. cit. p. 15.
[638] Roman Jakobson : « *Le développement d'un discours peut se faire le long de deux lignes sémantiques différentes : un thème (topic) en amène un autre soit par similarité soit par contiguïté. Le mieux serait sans doute de parler de procès métaphorique dans le premier cas et de procès métonymique dans le second* », in **Essais de Linguistique Générale**, op. cit. p. 6.
[639] Maarten Van Buuren conteste cette assertion, car selon lui, et en accord avec L. Frappier-Mazur, « *la métonymie n'est pas plus fréquente dans le discours réaliste, ni plus caractéristique que la métaphore* », voir **Les Rougon-Macquart d'Émile Zola. De la Métaphore au Mythe**, op. cit. p. 273.
[640] Roman Jakobson : **Essais de Linguistique Générale**, op. cit. p.62-63.
[641] Ceci accorde un crédit incontestable à la position de Roman Jakobson exprimée dans la citation précédente.

biens, leurs corps, jusqu'à leurs noms, s'y engloutissaient, sans laisser la trace d'un peu de poussière >>[642].

On se rend compte à l'analyse de cet extrait, que la demeure est autant débauchée que son occupante anthropomorphe, et aussi dévastatrice qu'elle, au point que l'on se demande si c'est l'espace qui suscite un tel comportement chez le personnage qui y vit, ou si, au contraire, ce dernier façonne l'espace à son image.

Une telle ambiguïté disparaît toutefois lorsque le sujet sexuel anthropomorphe choisit de créer son espace de toute pièce, comme lorsque Nana projette de se faire fabriquer un lit digne de son statut de Vénus de la prostitution : << *Nana rêvait un lit comme il n'en existait pas, un trône, un autel, où Paris viendrait adorer sa nudité souveraine. Il serait tout en or et en argent repoussés, pareil à un grand bijou, des roses d'or jetés sur un treillis d'argent ; au chevet, une bande d'Amours, parmi les fleurs, se penchaient avec des rires, guettant les voluptés dans l'ombre des rideaux. Elle s'était adressée à Labordette qui lui avait amené deux orfèvres, on s'occupait déjà des dessins* >>[643]. Pareille description dévoile toute la psychologie de l'actant sexuel anthropomorphe, à savoir son statut de prostituée qui aspire à décupler sa clientèle, son penchant pour les bijoux et la fortune, son admiration pour sa propre nudité - phénomène narcissique - et sa ressemblance avec la déesse souveraine de l'amour. L'espace est en ce sens un doublet du personnage qui l'habite.

La serre fonctionne de la même manière dans **La Curée** et si Renée préfère y consommer l'inceste avec Maxime - plutôt que dans d'autres espaces logiquement mieux appropriés -, c'est pour plusieurs raisons. D'abord il y a que la serre contient un bassin ovale contenant un liquide bizarre qui rappelle l'œuf maternel au début de la gestation. Ce bassin préfigure le lien quasi-maternel qui lie les deux sujets sexuels et renforce la notion d'inceste entre eux. Ensuite, la serre qui est surchauffée en hiver, attire Renée[644] qui est constamment frileuse et qui a besoin de la chaleur humaine de Maxime - en plus de la chaleur artificielle de son espace de prédilection. Enfin, elle s'y sent maîtresse d'elle-même et de Maxime, puisque ce dernier l'y perçoit comme un sphinx et qu'il se laisse manipuler par elle, maîtresse devenue phallique et pleine d'initiatives. La serre apparaît donc comme un condensé signifiant surtout dans la perspective de Renée, femme frileuse, femme phallique, infernale[645], mythique, monstrueuse, nymphomane, énigmatique et dangereuse.

En un mot, la description est le lieu privilégié de la métonymie qui se met résolument au service du récit non plus en qualité de temps mort, mais en tant

---

[642] Émile Zola : **R. M. II**, op. cit. pp. 1432-1433.
[643] **Ibidem**, p. 1434.
[644] Renée est présentée comme une << *fleur de serre* >>, dans **R. M. I.** d'Émile Zola, op. cit. p. 497.
[645] Émile Zola : **R. M. I**, la serre est une << *mer de feu* >> où Renée et Maxime sont jetés << *en plein enfer dantesque* >>, op. cit. p. 357 et p. 488.

qu'accélérateur de la vitesse du récit⁶⁴⁶. La description accède ainsi à un statut narratologique plus élevé dans le roman moderne que ce qui est offert par la littérature de l'époque antérieure au siècle de Zola⁶⁴⁷. Le romancier n'écrit-il pas en 1880 : << *Nous estimons que l'homme ne peut être séparé de son milieu, qu'il est complété par son vêtement, par sa maison, par sa ville, par sa province ; et, dès lors, nous ne noterons pas un seul phénomène de son cerveau ou de son cœur, sans en chercher les causes ou le contrecoup dans le milieu. De là ce qu'on appelle nos éternelles descriptions. [...]. Je définirai donc la description : un état du milieu qui détermine et complète l'homme* >>⁶⁴⁸ ? Jean-François Tonard avait bien perçu cet aspect en reconnaissant que la description occupe une place secondaire dans la littérature du dix-septième siècle, tandis qu'elle occupe une place prépondérante dans celle des dix-huitième et dix-neuvième siècles⁶⁴⁹. En ce qui concerne Zola précisément, il reconnaît volontiers chez cet auteur, une << *débauche descriptive* >>⁶⁵⁰ grâce à laquelle << *Zola a donné naissance à une spatialité littéraire active* >>⁶⁵¹. Prenant appui exclusivement sur la description de l'espace clos, le critique avance, non sans raison, qu'elle devient un élément dynamique dans l'œuvre de Zola en occupant le premier plan sur le personnage et en accédant au rang de protagoniste par le jeu de la métaphore⁶⁵² ; car << *La personnification des lieux clos, acquise par la surenchère descriptive, fait qu'ils participent autant que les hommes à la marche du récit* >>⁶⁵³. La description, il va sans dire - en plus de la métonymie -, peut se faire sous une forme synecdochique.

1.2. La synecdoque

Généralement, il y a synecdoque chaque fois qu'un locuteur - un narrateur dans le cas d'espèce - désigne un actant sexuel par la simple désignation d'une partie de son corps, ou par un objet lui appartenant. Le narrateur se présente alors comme un caméraman qui fait de gros plans sur les parties caractéristiques du

---

⁶⁴⁶ Roland Barthes écrit à propos de **Nana**, << *le récit s'accélère, les mois de la fin sont comme les minutes du commencement ; la dégradation est emportée dans un mouvement progressif, qui rend d'une façon hallucinante son caractère implacable* >>, voir *La Mangeuse d'Hommes* dans **Guide du Livre**, XX, Paris, Seuil, 1955, p. 227.
David Baguley ne dit pas autre chose lorsqu'il postule que : << *The naturalist novel in general, not just* **La Bête Humaine**, *tends to go off the rails, as the novelist pushes his heroines and heroes beyond the rational order* >>, dans **Naturalist Fiction. The Entropic Vision**, op. cit. p. 212.
⁶⁴⁷ David Baguley rappelle que dans les écrits théoriques de Zola, les mots *nature, naturalisme* et *description* sont devenus interchangeables à une certaine époque, notamment celle de la rédaction de son **Roman Expérimental** en 1880, ibidem, p. 184,
⁶⁴⁸ Émile Zola : *De la description* in **Le Roman Expérimental** (1880), in **Œuvres Complètes**, sous la direction de Henri Mitterand, Tome 9 : **Nana 1880**, présentation, notices, chronologie et bibliographie par Chantal Pierre-Gnassounou, op. cit. p. 425.
⁶⁴⁹ Jean-François Tonard : **Thématique et Symbolique de l'Espace Clos dans le Cycle des Rougon-Macquart d'Émile Zola**, op. cit. pp. 1-5.
⁶⁵⁰ **Ibidem**, p. 4.
⁶⁵¹ **Ibidem**, p. 2.
⁶⁵² Jean-François Tonard : **Thématique et Symbolique de l'Espace Clos dans le Cycle des Rougon-Macquart d'Émile Zola**, op. cit. p. 5.
⁶⁵³ **Ibidem**, p. 4.

sujet dont il s'agit : << *L'auteur réaliste opère des digressions métonymiques de l'intrigue à l'atmosphère et des personnages au cadre spatio-temporel. Il est friand de détails synecdochiques* >>[654], écrit Jakobson.

C'est ainsi que dans **La Curée**, Renée est constamment désignée par << *ses épaules* >> superbes, entrevues à travers le dévoilement de son décolleté. Sa << *gorge* >> est logée à la même enseigne, car elle bénéficie d'une attention toute particulière de la part du narrateur et de l'Empereur, notamment au bal de la cour, sans compter ses << *cuisses* >> omniprésentes et omnipotentes dans l'œuvre. Naturellement ces trois éléments corporels suggèrent la belle jeune femme qu'elle est, et renforcent également sa référentialité avec la blonde Vénus.

Dans **Nana**, Nana bénéficie d'un traitement identique avec une insistance particulière sur << *ses jambes plantureuses* >> et << *sa peau laiteuse* >>. Dans le même élan, comment laisser de côté - ce que Genette appelle *paralipse* - la Cognette dont << *les fesses ont beaucoup plus travaillé que les mains* >>[655] ? Toutes ces désignations synecdochiques révèlent des caractères sexuels dont la beauté physique, la prostitution et la débauche aboutissant à l'ascension sociale facile.

Si on se réfère aux caractères des figures selon Lamy, on peut affirmer que le narrateur zolien est << *un homme passionné* (qui) *aime à se répéter, comme l'homme en colère aime à porter plusieurs coups* >>[656]. Selon ces caractères, l'omniprésence du sexe dans **Les Rougon-Macquart** relèverait de << *l'hypotypose* >> ou << *la présence obstinée de l'objet aimé* >>[657]. Ainsi les descriptions minutieuses des personnages constitueraient une << *distribution* (qui) *dénombre les parties de l'objet de sa passion* >>[658]. La distribution équivaut donc à une synecdoque. Sans doute un des plus beaux exemples d'hypotypose est offert par Serge Mouret lorsqu'il s'adresse à sa dulcinée - Albine -, ne sachant quelle partie de son corps lui semble la plus désirable. Selon le narrateur : << *il répétait : - Ton visage est à moi, tes yeux, ta bouche, tes joues [...]. Tes bras sont à moi, depuis tes ongles, jusqu'à tes épaules [...] tes pieds sont à moi, tes genoux sont à moi, toute ta personne est à moi* >>[659]. Cet émiettement des parties du corps d'Albine montre que le sujet-opérateur sexuel, Serge, a du mal à faire un choix parmi les différentes parties indiquées tant il les aime toutes les unes autant que les autres. Il est donc passionné d'Albine au point de sublimer chacune des composantes de son corps, perçue comme un trésor à part entière. L'objet sexuel désiré est, dans la perspective du sujet sexuel subjugué, une mine d'or inépuisable.

Achevons ce paragraphe avec le miroir qui implique le narcissisme. Il fait partie de la synecdoque car il reflète l'image de son utilisateur ou possesseur. À propos

---

[654] Roman Jakobson : **Essai de Linguistique Générale**, op. cit. p. 63.
[655] Émile Zola : **R. M. IV**, op. cit. p. 610.
[656] Gérard Genette citant Lamy dans **Figures 1**, Paris, Seuil, 1966, p. 217.
[657] **Ibidem**, p. 218.
[658] Gérard Genette, ouvrage ci-dessus, op. cit. p. 218.
[659] Émile Zola : **R. M. I**, op. cit. p. 1406.

du reflet, Gérard Genette écrit : << *En lui-même, le reflet est un terme équivoque : le reflet est un double, c'est-à-dire un autre et un même* >>[660]. Le miroir permet par exemple à Maxime, à Renée et à Nana, de toujours se revoir et de s'arranger en vue d'être ou de rester des objets sexuels agréables à voir et à convoiter. Il est donc l'instrument primordial du sujet sexuel qui, tout en restant lui-même, voudrait devenir un autre à partir du jugement porté sur son double. Le miroir est perçu comme un instrument mélioratif pour le sujet sexuel qui le possède alors que le narrateur le perçoit comme un instrument équivoque et un instrument de mort. Au-delà des relata métonymiques qui accentuent globalement la connaissance du faire du personnage, les relata métaphoriques en font de même quant à leur être.

2. Les indices

L'étude des indices comprendra les métaphores proprement dites, les comparaisons et les périphrases sexuellement connotées.

2.1. Les métaphores

Le recensement ne saurait être exhaustif en ce qui concerne les métaphores - ce serait peine perdue[661] - mais il faut rappeler que la plupart d'entre elles désignant les personnages anthropomorphes ont été déjà étudiées dans la deuxième partie de cette étude, au chapitre II.

Les plus récurrentes dans le corpus[662] sur l'axe isotopique de l'animalité sont : le serpent, la bête, le cabri, la brute, la bête enragée, le carnassier, le loup, le cochon, le chien, la chienne, le chat, la chatte, le monstre, la vermine, le cheval, l'agneau, la femme-diable, le bouc, le vautour, la mouche, le coq. Il faut remarquer que ce champ lexical est celui de la débauche de type animal, diabolique et monstrueux, voire infernal ainsi qu'on l'a montré plus haut. Chacune des métaphores est employée dans différents romans du corpus et de manière redondante. Cette redondance est signe d'obsession certes, mais aussi la preuve que Zola avait une vision imagée du monde, un monde dominé par la lubricité et la violence inhérente à la sexualité.

---

[660] Gérard Genette : **Figures 1**, op. cit. p. 21.
[661] De nombreux critiques ont consacré des ouvrages parfois volumineux à l'étude des réseaux de métaphores dans le corpus, sans avoir cependant épuisé le thème. On peut évoquer parmi eux, Claude Seassau et son **Émile Zola, le Réalisme Symbolique** ; Jacques Noiray et **Le Roman et la Machine, I : L'Univers de Zola** ; Maarten Van Buuren et **Les Rougon-Macquart d'Émile Zola. De la Métaphore au Mythe** ; Michel Serres et ses **Feux et Signaux de Brume, Zola**, pour ne citer que ceux-là.
[662] Maarten Van Buuren constate que les métaphores sont fort abondantes dans le roman zolien et s'étonne de ce que cette caractéristique soit absente des écrits théoriques de Zola. D'ailleurs, il va jusqu'à reconnaître que les problèmes stylistiques sont soigneusement évités dans la théorie zolienne, voir l'ouvrage ci-dessus, pp. 14-15.
Rappelons que Jean Kaempfer avait très bien souligné, dans **D'Un Naturalisme Pervers**, les hésitations de Zola par rapport au style et à la forme, son embarras l'amenant à expédier cette question au lieu de la développer, op. cit. p. 157.

Pour en revenir strictement aux métaphores, Van Buuren distingue par exemple les métaphores animales des métaphores végétales ; celles-ci étant positives, celles-là négatives[663]. Au niveau des métaphores animales, il distingue également trois axes : la métaphore de la chasse - opposant les chasseurs à leurs proies -, la métaphore de la domestication - qui oppose les dominateurs aux soumis - et celle enfin de la bête humaine - qui est névrosée et déséquilibrée[664]. Il insiste enfin sur les termes textiles désignant des parties du corps féminin[665]. Dans un autre registre, Noiray voit dans la métaphore de la machine, l'image de la mort[666], de la fin cataclysmique[667]; la technique représentant les forces du mal tant et si bien que les femmes assimilées à des machines sexuelles détraquées seraient privées d'enfants[668]. L'hostilité profonde entre la femme et la machine viendrait de ce qu'elles sont des rivales qui s'opposent, s'excluent et se substituent l'une à l'autre[669]. En résumé, avec Zola, on a affaire à un narrateur obsédé par le sexe et dont la passion transpire dans les phénomènes itératifs, synecdochiques et métaphoriques.

2.2. Les comparaisons

Elles ne sont pas fondamentalement différentes des métaphores dans la mesure où elles associent les sujets sexuels anthropomorphes à des animaux, des végétaux ou des héros mythiques, et ce, généralement au moyen d'un terme de comparaison comme "tel" ou "ainsi que". Les animaux, les héros mythiques et les végétaux sont alors les comparants et les comparés sont les personnages anthropomorphes. *Grosso modo*, ce sont les mêmes animaux que ceux que j'ai évoqués dans le paragraphe des métaphores avec la même sémantisation au plan sexuel comme il a été montré dans la deuxième partie, chapitre II. Terminerons ce paragraphe par l'étude succincte des périphrases sexuellement connotées.

2.3. Les périphrases

Elles sont immédiatement significatives et elles explicitent d'emblée le faire des actants sexuels qu'elles désignent. Ainsi, dans **La Terre**, on peut lire que La Cognette est : « *une câtin* », « *une femme vengeresse* », « *un ancien petit torchon* », tandis que son amant, Tron, est « *une grande brute* », « *cet impudent* », « *un*

---

[663] Voir Maarten Van Buuren dans l'ouvrage ci-dessus, p. 40.
[664] Maarten Van Buuren : **Les Rougon-Macquart d'Émile Zola. De la Métaphore au Mythe**, op. cit. p. 40.
[665] Maarten Van Buuren écrit dans **Les Rougon-Macquart d'Émile Zola. De la Métaphore au Mythe**, op. cit. : « *Un groupe nombreux de métaphores réciproques concerne la description des charmes féminins en termes d'étoffes, une « peau de satin », des épaules « d'un luisant de soie », un menton comme « du velours rose ». Inversement, les étoffes d'Au Bonheur des Dames évoquent des nudités de femmes* », p. 280.
[666] Jacques Noiray : **Le Roman et la Machine, I : L'Univers de Zola**, op. cit. p. 304.
[667] **Ibidem**, p. 448.
[668] **Ibidem**, p. 404.
[669] Maarten Van Buuren, voir **Les Rougon-Macquart d'Émile Zola. De la Métaphore au Mythe**, op. cit. p. 413.

insolent >>, même << *une bête carnassière* >>. Il va sans dire que l'une - au regard de cette liste minimale de périphrases -, est sans moralité aucune, une femme aux mœurs légères et dangereuse a priori, et que l'autre est manifestement dépourvu d'intelligence et tout d'instincts. Les deux forment donc un couple bestial tout entier porté sur le sexe, pour ainsi dire. La Cognette rappelle Adèle[670] de **Pot-Bouille**, cette << *bête sale et gauche* >>, << *un torchon* >>. La notion d'ordure se prolonge dans **Nana** avec Nana[671], << *une dévoreuse d'hommes* >>, << *la mouche d'or envolée de l'ordure des faubourgs, apportant le ferment des pourritures sociales, [qui] avait empoisonné ces hommes, rien qu'à se poser sur eux* >>[672]. La notion d'ordure - qui constitue une véritable isotopie - présuppose une sexualité au rabais et qui s'éloigne des préceptes moraux, d'où la nécessité d'un nettoyage, au sens propre comme au figuré. Si ce nettoyage commence avec la disparition implacable de Nana, il se termine toutefois dans **La Débâcle** par le coup de balai qui nettoie la France du régime de napoléon III.

Quant à la notion de femme-vengeresse, elle transparaît également dans les périphrases désignant Nana et se poursuit avec celles qui désignent La Belle Normande dans **Le Ventre de Paris**. Cette dernière est vue comme << *une femme dangereuse* >>, << *une femme vengeresse* >>, au même titre que Clorinde[673] dans **Son Excellence Eugène Rougon**. La situation n'est guère meilleure pour ce qui est de Victor Rougon[674], le fils à Saccard qui est un << *enfant mûri trop vite* >> et avec les << *appétits exaspérés de sa race, une hâte, une violence à jouir* >>[675]. Toutes ces références montrent à quel point le sexe peut être un instrument de destruction et de vengeance. C'est pourquoi le narrateur zolien semble conseiller qu'il faut s'en méfier, ce que les personnages anthropomorphes du corpus ne peuvent pas faire. Aussi seront-ils frappés par les lourdes sanctions étudiées plus haut. Seuls Clotilde et Pascal bénéficient de la sympathie du narrateur dans leur assimilation à la jeune Sunamite, Abisaïg, et au vieux roi David. La vieillesse de Pascal est vue comme une beauté toute blanche[676], et la jeunesse de Clotilde, comme un festin, un repas délicieux. De plus, il fait naître d'eux, l'enfant exempt de la tare héréditaire[677].

---

[670] Claude Seassau a montré, dans **Émile Zola, Le Réalisme Symbolique**, que le nom peut être employé dans le roman zolien de manière ironique, ou aux fins de tromper le lecteur. C'est ainsi que fonctionnerait le nom d'Adèle, qui signifie << *noble* >>, op. cit. p. 36.

[671] Chantal Bertrand-Jennings regroupe Nana, La Cognette, Christine, Renée, Gasparine et autres, dans la catégorie des infâmes nymphomanes, dans **L'Éros et la Femme chez Zola**, op. cit. p. 61.

[672] Émile Zola : **R. M. II**, op. cit. p. 1470.

[673] Maarten Van Buuren a clairement établi le cannibalisme métaphorique des rapports Clorinde-Eugène Rougon, dans **Les Rougon-Macquart d'Émile Zola. De la Métaphore au Mythe**, op. cit. p. 171.

[674] Victor est une << *boue humaine* >>, selon le mot de Jean Borie, dans **Zola et les Mythes, ou de la Nausée au Salut**, op. cit. p. 160.

[675] Émile Zola : **R. M. V**, op. cit. p. 157.

[676] Maarten Van Buuren montre que Pascal est à la fois un << *messie* >>, le << *bon Dieu* >>, en même temps qu'il est d'une << *divine bonté* >> et un << *martyr* >>, dans **Les Rougon-Macquart d'Émile Zola. De la Métaphore au Mythe**, op. cit. p. 158.

[677] Chantal Bertrand-Jennings estime que le fils de Clotilde est << *le messie* >>, essentiellement parce que son père, Pascal, est << *le rédempteur* >>, in **L'Éros et la Femme chez Zola**, op. cit. p. 114 et p. 109.

Il s'impose, en considérant tous ces éléments d'ordre stylistique, de tirer la leçon suivante : par les procédés rhétoriques, le narrateur intensifie l'aspect dramatique, tragique, comique, vicieux et coprolalique de la sexualité[678] de ses êtres de papier. Dans un contexte aussi particulier, comment envisager la découverte du mythe personnel de l'auteur des **Rougon-Macquart** ?

III. À LA DÉCOUVERTE DU MYTHE PERSONNEL DE L'AUTEUR

Cette étape est la troisième des quatre moments que compte la méthode psychocritique[679]. D'ores et déjà, on peut poser l'hypothèse suivante : Zola est sans doute un obsédé sexuel qui a la hantise de l'impuissance sexuelle, la hantise de la femme qu'il considère comme un gouffre, comme un être sournois préparant une vengeance implacable contre la gent masculine. Il a également la hantise de la mort précoce et de la stérilité. Ces postulats sont fondés sur les remarques qu'il a été donné de faire tout au long du travail de superposition des textes du corpus dans les parties précédentes.

En effet, au vu de son acharnement à évoquer - voire à ressasser - le thème de la sexualité[680] dans toutes ses œuvres romanesques, Zola a tout l'air d'un obsédé sexuel[681]. Les désignations de ses personnages et les descriptions sont des prétextes ingénieux pour ressasser les tendances sexuelles des personnages anthropomorphes concernés. Dans ce même canevas, les figures de rhétorique viennent insister sur la thématique en question comme s'il s'agissait d'un grand fleuve dans lequel tous les confluents littéraires venaient se jeter.

L'auteur semble hanté par l'impuissance sexuelle[682] et par la femme, à l'image de certains de ses personnages mâles tels Eugène Rougon, Florent et Frère Archangias, respectivement dans **Son Excellence Eugène Rougon**, dans **Le Ventre de Paris** et dans **La Faute de l'Abbé Mouret**. Pour lui comme pour eux, la femme n'est rien moins qu'un gouffre, un abîme dont on ne peut évaluer la profondeur. Pourquoi donc se jeter dans l'insondable terrifiant ? Répondant à

---

[678] Edmond et Jules de Goncourt : << *Rien n'est moins poétique que la nature et que les choses naturelles : c'est l'homme qui leur a trouvé une poésie. La naissance, la vie, la mort, ces trois accidents de l'être, symbolisés par l'homme, sont des opérations chimiques et cyniques. L'homme pisse l'enfant et la femme le chie. La mort est une décomposition* >>, 4 février 1861, **Journal. Mémoires de la Vie Littéraire**, tome I, Robert Ricatte (éd.), Paris, Fasquelle-Flammarion, 1956, p. 78.

[679] Voir l'Introduction à propos des étapes de cette méthode.

[680] David Baguley estime, dans **Naturalist Fiction. The Entropic Vision**, que si l'adultère est un thème éminemment littéraire, il est prépondérant chez les naturalistes, op. cit. p. 207.

[681] Roger Ripoll écrit : << *L'association du mal et de la sexualité traduit bien plus les hantises de Zola que les conceptions qu'il entendait mettre en œuvre dans son roman* >>, dans **Réalité et Mythe chez Zola**, op. cit. p. 115.

[682] Jean Borie écrit à propos du romancier Sandoz de **L'Œuvre** (dont la proximité avec Zola lui-même n'est plus à démontrer) que : << *Castration et exclusion sont le prix d'un* << *bonheur* >> *qui ressemble fort à une régression infantile à l'ombre d'une épouse trop maternelle* >>, dans **Zola et les Mythes, ou de la Nausée au Salut**, op. cit. p. 23.

cette interrogation par la négation absolue, ni Archangias, ni Florent, ne feront l'expérience de la femme. Cette conduite plutôt inhabituelle de l'homme vis-à-vis de la femme relève à n'en point douter d'une psychose et d'une névrose dont les origines sont aussi confuses que lointaines. L'idée de la femme dangereuse et vengeresse poursuit sa route jusque dans **Germinal**, où les femmes des mineurs émasculent le commerçant, Maigrat[683] - en représailles des assauts sexuels qu'elles ont subis auparavant pour obtenir de lui, de la farine et autres denrées de première nécessité[684] - ; elles exhibent ensuite << *la virilité morte* >> de la victime ainsi qu'un << *abominable trophée* >>[685]. Il y a hantise de la castration chez Zola, hantise qui l'amène à se méfier des prêtres, autres castrés par le dogme du célibat.

Il est aussi hanté par la stérilité qu'il semble vouloir exorciser en évoquant à l'envi les termes de fécondation, de fertilité, de germination, de poussée, etc. Dans ce même contexte, les fausses couches - véritable *nausée* - de Renée, puis de Nana, laissent suggérer que ces maternités qui n'aboutissent pas sont aussi une forme de stérilité dès lors que Renée ne procrée plus et que Nana, ayant perdu son Louiset plus tard, meurt sans laisser de progéniture pour perpétuer son nom et sa mémoire. Car enfin, ce ne sont certainement pas les amants qui leur ont manqué[686]. *In extenso*, on peut avancer que Zola lui-même était hanté par la perspective de ne point laisser d'enfant et qui puisse perpétuer son nom sur cette terre.

Il faut prendre en compte aussi la sexualité précoce qui provoque une mort précoce dans **Les Rougon-Macquart**. Pour étayer cette affirmation, rappelons ici seulement les décès de Louiset dans **Nana**, celui de Jacques, fils de Claude Lantier dans **L'Œuvre**, et enfin du petit de La Rosalie dans **La Faute de l'Abbé Mouret**. En traitant de la question de la sanction du personnage, paragraphe de la mort précoce, on a donné une liste plus longue d'actants sexuels et/ou de leurs enfants décédés précocement. Cette liste impressionnante montre que Zola a la hantise de ce type de fatalité liée à la lubricité chez les mineurs[687].

---

[683] Naomi Schor estime que chez Zola, les femmes sont fondamentalement plus violentes que les hommes : << *Nowhere does Zola exhibit more openly his espousal of the myth that women are innately more violent than men. The final paroxysm of this subhuman, specifically female brand of violence is, of course, the castration of Maigrat* >>, voir **Zola's Crowds**, op. cit. p. 104.

[684] Claude Seassau rappelle que : << *Les femmes, en suivant la Brûlé, semblent conscientes d'accomplir un rite ; elles ont émasculé celui qui se comportait comme un* << *chat* >>, *eu égard à sa lubricité et à la façon dont il les contraignait à subir ses violences sexuelles en échange de nourriture* >>, dans **Émile Zola, le Réalisme Symbolique**, op. cit. pp. 255-256.

[685] Émile Zola : **R. M. III**, op. cit. p. 1453.

[686] Ce sont des << *machines sexuelles détraquées* >> et qui sont, de ce fait, privées d'enfants, selon Jacques Noiray, dans **Le Romancier et la Machine, I : L'Univers de Zola**, op. cit. p. 404.

Dans le même sens, Chantal Bertrand-Jennings affirme, dans **L'Éros et la Femme chez Zola**, que beaucoup de mauvaises femmes sont privées d'enfants chez Zola, op. cit. p. 97.

[687] Colette Becker : << *Dans* **Thérèse Raquin**, *par exemple, roman dans lequel Zola réaffirme constamment son projet scientifique, l'étude physiologique du* << *cas* >> *médical disparaît derrière la mythologie et les hantises personnelles de l'écrivain : peur de la Femme, peur de la fêlure, des forces incontrôlées et incontrôlables qui détraquent l'homme et le conduisent à la folie, hantise de l'émiettement physique et moral, de l'engrenage et de*

En gros donc, cette étude des actants aura permis de constater qu'ils sont sexuellement manipulés mais compétents. De fait, on peut affirmer que toute la destinée des personnages est régie par leur sexualité, ce qui dément l'assertion de Philippe Hamon qui sous-tend que la sexualité des personnages est subordonnée à leur territorialisation[688]. Ils abusent surtout de leur compétence et il s'ensuit que leurs performances sexuelles sont tributaires du vice et de la perversion. C'est à cause de ces vices et perversions justement que leurs sanctions seront lourdes et implacables. Aussi, les fonctions métalinguistique et poétique se mettent-elles résolument au service de la fatalité qui frappe les personnages. Ces fonctions permettent en outre de découvrir certaines données du mythe de l'auteur Zola[689] : hantise de la femme, hantise de la stérilité et de la castration, hantise de la mort précoce. La fonction poétique par exemple, dans le roman zolien, s'inscrit résolument dans le cadre de la fatalité de la sexualité. Cela me conforte dans mon assertion initiale, à savoir que la sexualité, pour la tendance naturaliste zolienne, est un thème extrêmement unificateur. C'est pourquoi, les métaphores, les comparaisons, les périphrases, les mythes et les symboles qui se réfèrent aux personnages, entrent tous dans le cadre de cette fatalité de la sexualité, essence même du naturalisme. Le caractère unificateur de la thématique se révèlera encore aussi clairement à travers l'étude de la composante spatio-temporelle : le personnage littéraire naît en effet, se développe et se reproduit, puis meurt dans un espace donné et à une époque donnée. Il reste donc entendu qu'il est susceptible d'être influencé par son espace et son temps, aussi bien au positif qu'au négatif, mais jamais au neutre.

---

la mort, difficile acceptation de la vie trop << bourgeoise >> menée entre sa femme et sa mère, que trahit, entre autres, une étonnante obsession du chiffre 3, etc. >>, article *Zola*, paru dans **Dictionnaire des Littératures de Langue Française**, op. cit. p. 2693.

[688] Voir Philippe Hamon : **Le Personnel du Roman. Le Système des Personnages dans Les Rougon-Macquart**, op. cit. p. 205.

[689] Le Mythe personnel de l'auteur est à chercher dans la hantise d'un nombre restreint de personnages, comme le rappelle Maarten Van Buuren, dans **Les Rougon-Macquart d'Émile Zola. De la Métaphore au Mythe**, op. cit. p. 46.

TROISIÈME PARTIE : LA PERTINENCE DE LA COMBINATOIRE SPATIO-TEMPORELLE DANS LA FATALITÉ LIÉE À LA SEXUALITÉ

Le récit est une succession d'événements fictifs survenus à une époque donnée et dans un espace donné. C'est pourquoi il est parfois capital d'interroger les secrets de ce couple espace-temps si l'on veut aller au-delà du premier niveau de lecture ; car la littérarité d'un texte tient pour beaucoup dans le traitement que l'auteur réserve à ces deux instances. S'interrogeant sur l'utilité de ces deux entités fictives dans l'œuvre littéraire, Aragon estimait qu'elles répondaient en définitive à un besoin de cohérence, donc de lisibilité du récit : << *L'espace et le temps figuratifs renvoient non aux structures de l'univers physique, mais à celles de l'imaginaire. Les liens entre les éléments se mesurent en terme non d'exactitude, mais de cohérence* >>[690]. Pour ce qui me concerne, j'entends étudier d'abord le temps dans **Les Rougon-Macquart**, avec ce que cela suppose - temps externes et temps internes, temps verbaux et symbolique temporelle -, puis l'espace - sa configuration et ses influences éventuelles sur les personnages anthropomorphes. Cela devrait permettre de voir à quel point l'étude de l'espace et du temps est capitale dans l'appréhension globale du personnage littéraire, car le personnage n'est pas un électron libre qui se laisserait appréhender de manière indépendante et en dehors de son environnement. Il évolue dans un récit qui se déroule sur une période donnée, et somme toute limitée. On pourrait même dire que, dans **Les Rougon-Macquart**, le personnage est astreint à une sexualité programmée et chronométrée.

CHAPITRE 1 : LE TEMPS DANS LES ROUGON-MACQUART : UNE SEXUALITÉ PROGRAMMÉE ET CHRONOMÉTRÉE

Le temps a un caractère abstrait puisqu'il relève du domaine de l'illusion référentielle. À ce propos, Barthes écrit que << *le << vrai >> temps est une illusion référentielle* >>[691]. L'univers temporel est d'autant plus important que c'est par rapport à lui que l'on peut saisir l'évolution du récit. Le temps apparaît ainsi comme le support principal, le fil conducteur de la succession des événements. C'est en tout cas dans ce sens que Valéry écrit : << *La croyance au temps comme agent et fil conducteur est fondée sur le mécanisme de la mémoire et sur celui du discours combiné* >>[692].

Pour ce qui est de cette étude, je vais rendre compte d'une part des temps externes - qui sont de nature paratextuelle - et, d'autre part, des temps internes - qui sont plutôt de nature intratextuelle ou immanente. Il est assez curieux que les travaux critiques sur le temps dans le roman zolien soient si rares, contrairement aux travaux consacrés à l'espace, aux mythes, aux métaphores et aux personnages auxquels les critiques zoliens ont accordé un intérêt tout particulier. Pourtant, le traitement du temps chez Zola n'est pas moins important que celui de l'espace par exemple. C'est pourquoi j'estime qu'il faut réparer ce déséquilibre de

---

[690] Louis Aragon : **Je n'ai jamais appris à écrire ou les incipits**, Genève, Skira, 1969, p. 78.
[691] Roland Barthes : *Introduction à l'Analyse Structurale des Récits* dans **Communications, 8**, op. cit. p.18.
[692] Paul Valéry : **Tel Quel**, tome II, Paris, Gallimard, 1960, p. 348.

l'intérêt de la critique. Ce chapitre se veut un premier pas - en ce qui me concerne - vers une critique qui prendrait en compte toutes les composantes essentielles du roman zolien. Dans l'entendement des structuralistes, lorsqu'on évoque la temporalité d'un texte littéraire, on pense prioritairement aux temps dits externes, puis ceux dits internes. C'est dire que le récit est au moins deux fois temporel. Pour commencer, je m'étendrai sur les temps externes qui ne sont pas immanents au récit.

I. LES TEMPS EXTERNES

On étudiera les temps externes selon la classification de Goldenstein qui définit le temps externe comme étant << *l'époque à laquelle vit, ou a vécu, le romancier d'une part, celui du lecteur de l'autre (sans oublier la période historique au cours de laquelle est censée se dérouler l'action)* >>[693].

1.1. Le temps de l'auteur

1.1.1. L'époque où Zola vécut : 1840-1902

De 1840 à 1902, Zola vécut soixante-deux ans de pauvreté d'abord. Il embrassa plusieurs carrières pour assurer son pain au jour le jour : commis, journaliste polémique, journaliste politique et littéraire, peintre à ses heures, etc. Il devint plus tard un romancier prolixe et talentueux. Son époque fut marquée par la Monarchie de Juillet de Louis-Philippe 1er - de 1840 à 1848, en ce qui concerne Zola précisément -, puis par une république avortée - de 1848 au 2 décembre 1851 - et surtout, par sa forte exécration du régime de Napoléon III, connu sous le nom du Second Empire. Dans l'entendement de Zola, ce monarque n'était rien d'autre qu'un usurpateur du pouvoir et un violeur de la constitution. D'autres régimes, comme La Commune et la Troisième République, succédèrent au Second Empire sans avoir beaucoup modifié le cours de la vie de Zola[694]. Au temps de l'auteur appartient aussi celui de la production de l'œuvre.

1.1.2. L'époque de la production des **Rougon-Macquart** (1870-1893)[695]

Ce cycle romanesque se proposait de peindre la société impériale dans toutes ses composantes, ou presque. Mais étant donné que le Second Empire s'est effrité le 02 septembre 1870 et que la publication de **La Fortune des Rougon** n'a été effective en librairie que le 14 octobre 1871, et qu'enfin **Le Docteur Pascal** a été publié en juillet 1893, on ne peut que constater que le temps de l'écriture romanesque est postérieur à l'époque historique visée. Cet anachronisme est dû au fait que la narration est postérieure aux événements, sauf pour le journaliste de

---

[693] Lucien Goldenstein : **Pour Lire le Roman**, Bruxelles, De Boeck-Duculot, 1989, p. 101.
[694] Pour de plus amples informations sur cette période de la vie de Zola, se référer à l'ouvrage de Colette Becker : **Les Apprentissages de Zola**, Paris, PUF, 1993.
[695] Pour cette période de la vie de l'auteur, se référer au tome premier de la trilogie biographique d'Henri Mitterand : **Zola, I. Sous le Regard d'Olympia**, Paris, Fayard, 1999.

radio ou de télévision qui peut faire du simultané - ou de la retransmission en << direct >>. À la suite du temps de l'auteur, il convient d'interroger celui de l'histoire racontée.

1.2. Le temps de l'histoire ou temps de la fiction

Il représente la durée du déroulement de l'action et permet de procurer un soutien figuratif aux situations narratives et aux personnages. **Les Rougon-Macquart**, au plan purement fictionnel, démarrent pendant la semaine de résistance au coup d'État - dite << *semaine sanglante* >>, du 7 au 14 décembre 1851 - et se terminent historiquement avec les massacres de La Commune à Paris, suivis des velléités anarchistes consécutives à la chute de Napoléon III, entre septembre 1870 et 1871. Ces batailles rangées aux allures de guérilla urbaine sont narrées dans **La Débâcle**. Cependant le temps de la fiction nucléaire - j'appellerai ainsi le temps de l'histoire racontée dans les romans du corpus - sera enrichi par les anachronismes discursifs abondants dans **Les Rougon-Macquart** ; analepses et prolepses venant prolonger sans cesse les racines de l'histoire dans un passé ou un futur relativement lointains des bornes historiques indiquées tantôt : << *Dans la mise en place de cet univers symbolique et mythique, le temps de l'écriture l'emporte souvent sur celui de l'Histoire, et la parole de l'écrivain sur celle du narrateur. Les anachronismes, tout à fait volontaires, se multiplient, le temps se resserre* >>[696]. C'est ainsi que dans **La Fortune des Rougon**, dès le chapitre premier, le narrateur met en scène Silvère et Miette, au moment où ils s'apprêtent à suivre les insurgés, au lendemain du 2 décembre 1851.

Au chapitre deux par contre, le narrateur renvoie ses narrataires au dix-huitième siècle pour conter l'histoire des Rougon et des Macquart, en commençant par la naissance d'Adélaïde Fouque, en 1768, l'histoire de son mariage, la naissance de ses enfants et de ses petits-enfants dont Silvère. Ainsi donc, alors que l'histoire réelle du roman se passe en une semaine[697], c'est-à-dire la marche des insurgés à Plassans et qui dura une semaine - dans le Var historiquement - qui sera écrasée dans le sang par la gendarmerie, l'analepse du chapitre deux permet de faire un retour en arrière sur près d'un siècle. Les racines de l'histoire immédiate - histoire qui prend fin avec l'exécution de Silvère[698] au dernier chapitre du roman - se trouvent donc profondément plongées dans une histoire plus ancienne et aux contours plus élucidés. Cet anachronisme à l'intérieur du texte n'est pas loin de rappeler celui du temps du lecteur.

1.3. Le temps du lecteur

---

[696] Colette Becker : *Zola* dans **Dictionnaire des Littératures de Langue Française**, op. cit. p. 2694.
[697] Dans **Structure et Unité dans Les Rougon-Macquart d'Émile Zola (la Poétique du Cycle)**, Neide de Faria estime que les romans de courte durée sont ceux d'une crise, op. cit. p. 205.
[698] **Ibidem**, de Faria parle alors de temps circulaire de l'éternel retour et de temps mythique chez Zola, p. 210.

Le temps du lecteur est le plus grand phénomène anachronique de la littérature dès lors qu'un lecteur peut découvrir Ovide ou Eschyle en 2003, soit des milliers d'années après la disparition de ces auteurs antiques. Dans notre cas, sans forcément tomber dans un anachronisme millénaire, on n'est cependant pas épargné d'un anachronisme plus que séculaire, puisque on lit Zola plus d'un siècle après la publication de ses romans.

Pourquoi donc un lecteur d'aujourd'hui serait-il intéressé par le naturalisme, courant littéraire plus que démodé ? Il semble évident que, quoique désuète en apparence, la littérature de Zola continue de toucher le cœur de ses lecteurs, non seulement en ce qu'elle enseigne sur l'époque du Second Empire, mais aussi en ce qu'elle est originale à bien des égards. L'académicien Jean Rostand avait certainement raison en 1968 lorsqu'il désignait Zola comme un << *grand et inépuisable écrivain* >>, et exaltait << *l'éminence, et la permanence, d'une œuvre qui, comme disait Mallarmé, a doté la littérature de quelque chose d'absolument nouveau en faisant de la vérité* << une forme populaire de la beauté >> >>[699]. Ce bref regard sur les temps externes mène tout droit vers les temps internes autrement plus signifiants pour qui veut atteindre l'élixir dans l'analyse d'une œuvre littéraire.

II. LES TEMPS INTERNES

Les temps internes sont notamment le temps de l'énonciation, les temps verbaux et la symbolique temporelle.

2.1. Le temps de l'énonciation narrative

En règle générale, on peut convenir avec Christian Metz pour qui << *le récit est une séquence deux fois temporelle : il y a le temps de la chose racontée, et le temps du récit (temps du signifié vs temps du signifiant)* >>[700]. Le narrateur dispose d'une grande liberté en ce sens qu'il n'est point obligé de commencer la narration de son récit par le commencement. Il n'est pas non plus tenu de faire une narration chronologique. Ayant donc l'autorité nécessaire pour entamer son récit à n'importe quel moment de son déroulement, y compris de commencer par la fin, le narrateur impose parfois à la *diégésis* un ordre plus ou moins fantaisiste, qu'il choisit pour sa *mimésis*. C'est alors que se pose le problème d'ordre.

2.1.1. L'ordre dans **Les Rougon-Macquart** de Zola

Il n'existe pas dans le corpus - et il semble improbable d'en trouver ailleurs -, de degré zéro qui ferait parfaitement coïncider le récit et l'histoire au plan temporel. Par contre, beaucoup d'anachronismes sont repérables dans **Les Rougon-Macquart**. Ces anachronies discursives portent le nom de prolepses - procédé d'anticipation du récit sur l'histoire - et d'analepse - procédé de narration de

---

[699] Jean Rostand : *L'œuvre de Zola et la pensée scientifique*, **Europe : Zola,** op. cit. p. 360.
[700] Christian Metz : **Essais sur la Signification au Cinéma**, Paris, Klincksieck, 1969, p. 27.

l'histoire après coup, ou flash-back. La prolepse ou début du récit *in medias res* est l'un des *topoi* préférés de Zola[701].

C'est ainsi que dans **Nana**, dès le chapitre premier, Nana est une actrice en vogue et plus tard, le narrateur révèle ses débuts difficiles[702], les secrets de sa naissance, etc. Pareillement, à l'incipit de **La Fortune des Rougon**, on voit Silvère et Miette assis sur la pierre tombale et prêts à rejoindre la bande insurrectionnelle. Bien plus tard, l'histoire de la naissance de leur amitié, celle de Plassans et des intrigues politiciennes ayant précédé le coup d'État - qui lui-même a suscité l'insurrection - sont contées.

Dans **L'Œuvre**, dès l'entame du roman, Claude Lantier est déjà peintre installé à Paris avant que le lecteur ne soit instruit beaucoup plus tard de son passé. **La Curée** n'innove en rien dans ce domaine lorsqu'à l'incipit, le narrateur focalise l'attention du lecteur sur le désir incestueux de Renée envers Maxime, avant que l'on ne sache comment ils sont devenus parentés[703].

On peut affirmer que presque aucun roman du cycle des **Rougon-Macquart** n'échappe à la règle de l'analepse à l'incipit. Peut-on en déduire qu'il y a monotonie narrative chez Zola ? Ou encore s'agit-il d'un trait essentiel de son génie personnel ? La réponse peut être positive à ces deux questions, car de prime abord, le recours incessant à la même technique dans différents romans aboutit à une monotonie lassante. Pourtant, il faut voir au-delà, car Zola semble se particulariser par cette technique qui, au plan esthétique, ouvre le roman sur l'indice qui va donner naissance au drame principal. Pour comprendre l'acuité de ce drame - qui formera le noyau de l'intrigue et qui atteindra son summum au milieu du récit - des retours en arrière ou analepses seront nécessaires, qui rappelleront le passé des personnages[704] et qui pénètreront dans leur conscience et dans leur inconscient. En outre, on peut remarquer que la portée des anachronies zoliennes est variable d'un roman à l'autre, d'un chapitre à l'autre à l'intérieur d'un même roman, et l'amplitude de cette portée est elle aussi susceptible de varier. À titre d'exemple, dans le chapitre 1 de **La Bête Humaine**, sur une page et un tiers, une analepse complétive rappelle le roman du mariage de Roubaud avec Séverine, résumé condensé d'une histoire d'amour qui

---

[701] Voir David Baguley : **Zola et les Genres**, chapitre IV : *Histoire et mythe dans* **Son Excellence Eugène Rougon**, op. cit. p. 43.
[702] Voir Neide de Faria sur la question de l'analepse, dans **Structure et Unité dans Les Rougon-Macquart de Zola (la poétique du cycle)**, op. cit. p. 187.
   Voir aussi Sarah Capitanio qui en a fait de même sur **La Bête Humaine**, dans *La Bête Humaine : intertextualité et intratextualité*, **Zola, La Bête Humaine : texte et explication**, Geoff Woollen (éd.), op. cit. p. 112.
[703] Dans l'ouvrage ci-dessus, Neide de Faria affirme que l'analepse et le discours indirect libre ralentissent le récit zolien, op. cit. p. 217.
[704] Il faut mettre cela en rapport avec les romans de longue durée qui sont ceux d'une vie, selon Neide de Faria, dans **Structure et Unité dans Les Rougon-Macquart de Zola (la poétique du cycle)**, op. cit. p. 187.

commence ainsi : << *Et ce petit objet avait suffi, toute l'histoire de son mariage se déroulait. Déjà trois ans bientôt* >>[705].

Dans **La Curée** par contre, au chapitre II, on a une analepse à grande amplitude, car sur soixante-sept pages, le narrateur raconte l'arrivée d'Aristide et de sa femme, Angèle, à Paris, les débuts difficiles du couple trois ou quatre ans durant - après le 02 décembre 1851 – 1854 -, puis le mariage d'Aristide avec Renée, consécutif au décès d'Angèle. L'alternance analepse-prolepse est surtout un procédé qui tend à suspendre le temps et la progression du récit. Yves Chevrel avait bien perçu cet aspect quand il faisait remarquer que : << *Comme il a déjà été noté, le temps reçoit un traitement particulier dans* **La Curée**, *il semble se figer, se suspendre ; les procédés narratifs y contribuent largement : le début du chapitre IV reprend la narration au point où l'avait laissé le chapitre I, et à la fin de ce même chapitre IV, Zola interrompt la narration au moment où Renée embrasse Maxime pour placer une description de l'appartement : ce baiser annonce le vrai départ de leur liaison, et semble ainsi indéfiniment prolongé* >>[706].

Si on compare ces deux amplitudes analeptiques, trois ans sur moins de deux pages dans **La Bête Humaine,** et trois ou quatre ans pour soixante-sept pages dans **La Curée**, il y a comme une flagrante inégalité dans leurs traitements respectifs ; l'une est très vaste, alors que l'autre est rétrécie. C'est que là où l'amplitude est grande, le narrateur s'appesantit sur son anachronie parce qu'elle revêt un caractère dramatique capital pour la suite de son récit. La petite amplitude au contraire est accordée au détail banal, l'incident mineur, ou même le bref rappel qu'il est bon d'avoir à l'esprit[707]. La variation de l'amplitude pose donc le problème de la vitesse du récit.

2.1.2. La durée

Gérard Genette a déjà prévenu sur ce point que : << *nul ne peut mesurer la durée d'un récit* >>, car << *contrairement à ce qui se passe au cinéma, ou même en musique, rien ne permet ici de fixer une vitesse normale* >>[708]. Cependant, il est convenu de pouvoir faire un effort de calcul de la vitesse du récit selon la formule suivante : TR/TH. Il faut rappeler que TR représente le temps du récit - qui se note en termes de pages - et que TH représente le temps de l'histoire - qui se notant en termes de jours.

En comparant les deux exemples ci-dessus, on obtient 1095 jours d'histoire survenue en trois ans et racontée seulement sur une page et demie, soit 1095/1,5

---

[705] Émile Zola : **R. M. IV**, op. cit. p.1000.
[706] Yves Chevrel : *La Curée : un roman d'étrange éducation ?* dans **La Curée de Zola << ou la vie à outrance >>**, op. cit. p. 70.
[707] Maarten Van Buuren pense que les anachronismes discursifs sont d'autant plus nombreux que 18 ans étaient trop insuffisants pour raconter l'histoire de quatre générations de Rougon-Macquart, voir **Les Rougon-Macquart d'Émile Zola. De la Métaphore au Mythe**, op. cit. p. 14.
[708] Gérard Genette : **Figures III**, op. cit. p. 119.

= 750 dans un cas, tandis que dans l'autre, on obtient sensiblement la même durée de trois ans, soit 1095 jours racontés sur 67 pages, opération qu'on peut poser arithmétiquement comme suit : 1095/67 =16,34. Cela signifie que dans **La Bête Humaine**, le narrateur consacre seulement une page et demie à la narration proleptique de trois années - chaque année est contée alors sur une demie page - marquées par une certaine accalmie dans le foyer de Roubaud et de Séverine. La grande vitesse qui marque ce récit[709] prouve qu'il n'y avait presque rien à signaler dans leur existence tranquille d'alors.

Par contre, dans **La Curée**, seulement un peu plus de seize jours sont racontés sur chacune des pages proleptiques, comme pour insister sur la souffrance endurée par le couple Aristide-Angèle dans ces trois premières années de leur installation à Paris. Les détails viennent donc gonfler le récit, car le narrateur semble avoir beaucoup à dire sur les péripéties de ce début difficile. Il s'agissait surtout de peindre en détail l'exaspération du mari devant le refus d'Angèle de mourir vite, car cette mort lui permettrait d'épouser Renée Béraud Du Châtel dont la dot ronde l'intéressait au plus haut point.

Toutefois, la grande vitesse n'est pas l'apanage de **La Bête Humaine**, puisque dans ce même roman, à peine quelques heures de jalousie de Roubaud sont rendues sur trente-trois pages, soit 1/33 = 0,03. Cette vitesse extrêmement lente vient insister avec force détails sur les fâcheuses macérations de la jalousie furieuse et rageuse de Roubaud, jalousie décrite dans ses moindres manifestations, presque minute après minute, pour mieux montrer son impact sur le personnage. À côté de ces vitesses du récit que l'on peut calculer, il faut signaler la présence de ce que Genette nomme *achronie*, c'est-à-dire << *une anachronie privée de toute relation temporelle, et que nous devons donc considérer comme un événement sans date et sans âge* >>[710].

Par exemple, on peut lire dans **L'Œuvre**, à propos de Claude Lantier : << *Il avait raté son existence* >>[711]. Cette rétrospective ne précise rien du tout, ni sur le temps, ni sur la vitesse du récit. Elle se donne comme une affirmation à prendre ou à laisser ; dès lors, Claude ne peut plus se rattraper, car son ratage est définitif et consommé.

Toujours en rapport avec la durée, on s'intéressera à l'ellipse qui peut être *déterminée, indéterminée, explicite* ou *qualifiée*, toujours selon les termes de Genette. Ainsi, dans **Pot-Bouille**, on observe une ellipse avec Octave Mouret, qui << *dès le lendemain* [...] >>[712], mena ses enquêtes pour découvrir les habitudes de la femme désirée, madame Valérie. Plus loin, une autre ellipse, indéterminée celle-là, montre que : << *pendant des semaines le projet de mariage entre Octave et*

---

[709] Voir David Baguley à propos de l'accélération du récit zolien, dans **Naturalist Fiction. The Entropic Vision**, op. cit. p. 212.
[710] Gérard Genette dans **Figures III**, op. cit. p. 119.
[711] Émile Zola: **R. M. IV**, op. cit. p. 246.
[712] Émile Zola : **R. M. III**, op. cit. p. 59.

madame Hédouin semblait être au point mort tant les deux fiancés évitaient d'en parler »[713]. Un bel exemple d'ellipse qualifiée se trouve dans **Nana**, où le Marquis de Chouard cumule << *soixante ans de débauche* >>[714].

Il faut noter que les pauses essentiellement descriptives marquent non pas une accélération du récit, encore moins un ralentissement, mais plutôt une suspension momentanée du récit en question. Elles sont si nombreuses dans le corpus qu'il est inutile d'en parler ici, puisque on y reviendra dans la quatrième partie.

Enfin *la scène* - ou partie dialoguée - fait coïncider pour ainsi dire, TR et TH, puisque les personnages échangent directement entre eux pendant que le narrateur s'efface autant que faire se peut. La scène a l'avantage de faire endosser la responsabilité du discours au personnage qui le tient, dégageant ainsi celle du narrateur principal. Il en va ainsi dans **La Terre** où M. et Mme Charles évoquent l'adultère de leur gendre proxénète à la ville, en ces mots voilés : << -
Enfin, il monte lui-même avec celle du 5, une grosse [...].
-Qu'est-ce que tu dis-là ?
-Oh ! J'en suis sûre, je les ai vus >>[715].

Contrairement au récit ou énonciation historique, où le narrateur "parle", le discours suppose un locuteur et un auditeur. Les deux instances, le "je" et le "tu" ainsi désignées, s'informent mutuellement et informent le lecteur par le jeu du narrateur, auditeur accidentel, en sa qualité de dieu caché qui transcrit, donc qui divulgue les confidences entendues. Le narrateur revendique alors sa neutralité au lieu de sa responsabilité dans l'acte narratif posé par ses personnages.

Pour clore ce paragraphe, on peut rappeler que les récits zoliens sont d'une courte durée généralement, allant d'une semaine dans **La Fortune des Rougon** à quelques années dans **La Curée**. **Les Rougon-Macquart** évoquent une famille pressée de vivre, mieux, de jouir par le corps et par l'esprit détraqués. C'est sans doute pourquoi le narrateur est lui aussi pressé de conter leur histoire au rythme effréné[716] de leur course folle à la jouissance. Comme l'écrit David Baguley, le temps zolien se caractérise par son érosion constante, c'est un temps problématique[717]. C'est le lieu d'étudier un autre élément du temps de l'énonciation narrative.

2.1.3. La fréquence

---

[713] Émile Zola : **R. M. III**, op. cit. p. 341.
[714] Émile Zola : **R. M. II**, op. cit. p. 1463.
[715] Émile Zola : **R. M. IV**, op. cit. p. 600.
[716] Pour David Baguley, le rythme dans **Nana** - mais aussi dans les autres romans du cycle - est << *un rythme furieux, frénétique, frémissant* >>, in **Zola et les Genres,** op. cit. p. 66.
  Signalons que Colette Becker partage cet avis, elle qui estime que << *Le spectacle impérial sera, comme tout spectacle, et parce qu'il n'est rien d'autre qu'un spectacle, éphémère* >>, voir *Illusion et Réalité : la métaphore du théâtre dans La Curée*, article paru dans **La Curée de Zola << ou la vie à outrance >>**, op. cit. p. 127.
[717] David Baguley: **Naturalist Fiction. The Entropic Vision**, op. cit. p. 222.

La fréquence est tout simplement un phénomène de répétition dans le récit. Genette distingue quatre types de fréquences qui sont : « *Raconter une fois ce qui s'est passé une fois (1R/1H) = récit singulatif ; raconter n fois ce qui s'est passé n fois (nR/nH) = récit anaphorique mais singulatif ; raconter n fois ce qui s'est passé une fois (nR/1H) = récit répétitif ; raconter une seule fois (ou plutôt en une seule fois) ce qui s'est passé n fois (1R/nH) = récit itératif* »[718]. On se limitera à seulement une illustration de chacun des cas indiqués ci-dessus. Pour ce qui est du récit singulatif ou 1R/1H, on peut se référer à l'adultère de Claude Lantier : « *même il découcha une nuit* »[719]. Il était alors dans les bras d'Irma, demi-mondaine de son état. Le récit singulatif est la preuve que ce qui s'est passé n'est pas dans l'habitude du personnage, mais que c'est plutôt un fait conjoncturel, que seules les circonstances ont favorisé.

En ce qui concerne le cas de figure du récit anaphorique mais singulatif - ou nR/nH -, on peut mentionner les nombreuses occurrences incestueuses de Renée et de Maxime dans **La Curée**. Maintes fois, cela est narré dans le roman, tout comme la frivolité de Nana est évoquée quasiment sur quatre-vingt-dix pages différentes - sur un total de quatre cent huit pages -, soit une fois sur toutes les quatre pages et demie. Le récit anaphorique mais singulatif semble rendre compte aussi fidèlement que possible, de ce que fait un personnage au jour le jour, sans se soucier de lasser le lecteur, convaincu de la nécessité de cette narration continue du même épisode intervenu à plusieurs reprises. C'est une forme d'insistance qui a pour objectif de caractériser un personnage donné par son faire favori, ce faire qui rend compte de son être véritable mieux que son discours ou le discours des autres sur lui.

S'agissant du récit répétitif, nR/1H, on peut prendre en exemple les multiples apparitions du fils naturel d'Aristide Rougon, le nommé Victor, dans **L'Argent**. Fruit d'un viol brutal survenu une seule fois, toutes les apparitions de Victor rappellent sans cesse sa douloureuse conception. Le récit répétitif fonctionne donc comme un récit malicieux qui répète sans cesse la même chose de manière voilée sans paraître dire du déjà dit.

On dispose par ailleurs d'un cas de récit itératif - ou 1R/nH - dans **La Terre**, qui stipule que : « *Cette nuit-là, comme presque toutes les nuits, Hourdequin était venu retrouver Jacqueline dans sa chambre* »[720]. Cette habitude devenue banale, semble ne pas nécessiter une narration chaque fois qu'elle se renouvelle. Aussi, le narrateur évite-t-il de la ressasser pour ne point ennuyer ses narrataires. Le récit répétitif est donc un récit économique, qui résume plusieurs situations narratives en quelques mots. On aura remarqué qu'au total, le récit singulatif est réservé aux événements peu courants, banaux à la limite, comme la seule fois où Claude Lantier découche - dans **L'Œuvre** - sans que cela ne tire à conséquence. Par contre, le récit répétitif témoigne des suites, ou si l'on préfère, des conséquences

---

[718] Gérard Genette : **Figures III**, op. cit. pp.146-147:
[719] Émile Zola : **R. M. IV**, op. cit. p. 249.
[720] **Ibidem**, p. 439.

multiples et fâcheuses d'un événement survenu antérieurement. Quant au récit anaphorique, il stipule la surabondance d'un phénomène, comme la débauche dans **Nana**, évoquée avec une fréquence qui défie toute concurrence. Le récit itératif enfin tend à minimiser les occurrences ultérieures d'un événement comme étant sans importance, puisque la toute première vaudrait pour les autres, d'où un compte-rendu unique pour ce qui se produit couramment. À la question de fréquence du récit s'associe aussi le mode.

2.1.4. Le mode

La question du mode sera abordée dans ses trois aspects à savoir la distance, la perspective et la voix.

2.1.4.1. La distance

Depuis Platon, il est convenu de distinguer deux modes narratifs qui sont la *mimésis* - ou l'imitation - et la *diégésis* - ou le récit pur. Pour Genette, << *la mimésis se définissant par un maximum d'informations et un minimum d'informateur* >>[721], convient parfaitement pour les passages dialogués où le narrateur se voile derrière l'illusion référentielle - ce qui est le propre de la littérature dans l'entendement de Genette - pour faire assumer aux personnages la tenue de certains propos.

Dans **La Terre** par exemple, chaque fois que l'inceste entre Hilarion et Palmyre est évoqué, cela se fera sous forme de discours direct, c'est-à-dire pendant un dialogue entre au moins deux personnages, l'un sachant et l'autre voulant savoir ce qui se passe entre les deux incestueux. Alors tout se passe comme si le narrateur premier ne savait pas, comme si on apprenait l'information odieuse en même temps que lui.

Au contraire, dans le cadre du récit pur, le narrateur assume la responsabilité de son propre discours et permet au lecteur de saisir ce qui se passe dans le << crâne >> de son personnage par le moyen de riches descriptions - détaillées et imagées -, ainsi que **Les Rougon-Macquart** en offrent en abondance. Le narrateur fait usage à ce moment-là du discours indirect libre, en romancier soucieux de pénétrer toute la psychologie de son personnage. Bien sûr cela ne se fait pas sans courir le risque de devenir un dieu caché sachant tout du personnage, y compris ses rêves non encore actualisés. En sachant davantage sur son << *être de papier* >> que celui-ci n'en sait sur lui-même, le romancier entame son crédit de neutralité et de franchise. Ceci m'amène à aborder le problème du point de vue dans le récit.

2.1.4.2. La perspective ou le point de vue

---

[721] Gérard Genette : **Figures III**, op. cit. p. 187.

Goldenstein définit la notion de perspective de la manière suivante : « *On appelle vision ou point de vue, la perspective narrative adoptée pour présenter les faits rapportés dans le récit. En effet, si le romancier est toujours présent derrière les lignes que nous lisons, il peut choisir la façon de se manifester, ou de feindre de disparaître, dans son ouvrage* »[722]. Ainsi l'on obtient en gros, trois points de vue différents : le récit à *focalisation zéro* - selon le mot de Genette - où on a un narrateur *gnarus*[723], ou encore ce que Stanzel nomme l'*auktoriale Erzählsituation*, c'est-à-dire, en termes plus simples, un narrateur omniscient[724]. Par ailleurs, le narrateur peut être l'un des personnages de son récit et le livrer sous une vision dite à focalisation interne ou l'*Ich Erzählsituation* selon Stanzel, auquel cas il en sait autant que n'importe lequel de ses personnages. La troisième possibilité qui s'offre à lui, est de donner à lire un récit à *focalisation externe* ou la *personale Erzählsituation* chez Stanzel, où le narrateur en sait moins que le personnage[725].

Dans **Les Rougon-Macquart**, le narrateur est presque toujours omniscient, sauf lorsqu'il doit annoncer certaines ignominies sexuelles. Alors, feignant de n'en rien savoir, il laisse un personnage instruit venir en informer un autre, qui ignore. Le lecteur est ainsi informé indûment, comme ce fut le cas lorsqu'il s'agissait d'annoncer la pédérastie de Baptiste dans **La Curée**. C'est Céleste, femme de chambre de Renée, qui fut chargée de cette mission au tout dernier chapitre du roman. Nantie donc d'un pouvoir narratif par délégation, elle vient annoncer à sa maîtresse : « *Il paraît que ces vilaines choses se passaient dans les écuries* »[726], où les palefreniers subissaient les assauts indécents du maître d'Hôtel, lui dont la chasteté et la moralité irréprochables avaient pourtant été l'objet d'un hommage constant de la part du narrateur principal tout au long de l'œuvre.

Dans une étude récente sur **La Bête Humaine**, Sarah Capitanio avait opposé l'usage du narrateur omniscient - *gnarus* - à celui du narrateur ignare, qui a recours à des narrateurs seconds, qui ne sont autres que des personnages témoins. Elle y a rappelé qu'on ne doit le récit des scènes du viol de Louisette par Grandmorin et de l'inceste de ce dernier sur Séverine, qu'à des narrateurs seconds[727]. Évidemment, cette technique permet de dégager la responsabilité du narrateur premier quant au récit second qui s'est inséré dans le sien. Dans le cas où ce métarécit est revendiqué par la rumeur - comme lorsque la rumeur court à Rognes faisant état de ce que Buteau couche avec les deux sœurs Mouche dans

---

[722] Lucien Goldenstein : **Pour Lire le Roman**, op. cit. p. 29.
[723] Stanzel cité par Jean-Pierre Faye : **Théorie du Récit**, Paris, UGE 10/18, 1978, p. 51,
[724] Tzvetan Todorov : «*Le narrateur en sait davantage que son personnage. Il ne se soucie pas de nous expliquer comment il a acquis cette connaissance. Il voit à travers les murs de la maison aussi bien qu'à travers le crâne de son héros. Ses personnages n'ont pas de secrets pour lui* », voir *Les Catégories du Récit Littéraire* in **Communications, 8**, op. cit. p. 147.
[725] Tzvetan Todorov : «*Le narrateur en sait moins que n'importe lequel des personnages. Il peut décrire uniquement ce que l'on voit, entend, etc. mais n'a accès à aucune conscience* », **ibidem**, p. 148.
[726] Émile Zola : **R. M. I**, op. cit. p. 591.
[727] Sarah Capitanio : *La Bête Humaine* : *Intertextualité et intratextualité*, dans **Zola, La Bête Humaine : texte et explication**, Geoff Woollen (éd.), op. cit, p. 111.

La Terre -, le narrateur premier n'éprouve aucun embarras lorsque les faits démentent plus tard cette information. En outre, lorsque le fait s'avère fondé, le narrateur ne craint pas non plus de passer pour un polisson qui échafaude des immoralités puisqu'il semble dire : << *Tenez, ce n'est pas moi qui raconte ou qui invente cela, c'est plutôt untel qui a raconté cela en tels termes. Je me contente de vous informer de ce qui se raconte dans telle localité et à tel sujet. Je ne suis qu'un rapporteur qu'il ne faut pas blâmer* >>. Toutefois, le mode a une dernière composante : la voix.

2.1.4.3. La voix

Dans un récit de fiction, il existe le plus souvent différentes voix narratives. La voix principale est assumée par le narrateur principal qui assume ainsi la responsabilité de l'énonciation globale. La perception qu'on a des personnages, de leurs faires et de leur devenir, est communiquée par le narrateur ainsi que l'a si bien mentionné Todorov qui écrit : << *En lisant une œuvre de fiction, nous n'avons pas une perception directe des événements qu'elle décrit. En même temps que ces événements, nous percevons, bien que d'une manière différente, la perception qu'en a celui qui les raconte* >>[728].

Or il se trouve que le narrateur a une avance considérable sur ses éventuels narrataires et même par rapport à son récit. Il en résulte que le narrateur naturaliste adopte une position d'archi-narrateur - si on ose s'exprimer ainsi - sachant tout : le passé, le présent et le futur de ses personnages, voire leurs rêves qu'il appréhende aisément à l'instar d'Angélique dont les rêveries n'ont aucun secret pour lui dans **Le Rêve**. Jamais désigné par un "je", ou par un "il", encore moins par un nom propre quelconque, le narrateur principal dans les romans de Zola est comme absent de la diégèse. En sa qualité donc de narrateur hétérodiégétique - racontant l'histoire de quelqu'un d'autre - et de narrateur extradiégétique - puisqu'il est physiquement absent de l'histoire qu'il raconte -, il livre la fiction avec autant de détails que possible grâce à sa position de dieu caché.

Cette position du narrateur zolien semble avoir été influencée par le point de vue de Flaubert sur la question. Dans une lettre adressée à Mlle Leroyer De Chantepie, datée du 19 février 1857, Flaubert écrivait notamment que : << *L'artiste doit être dans sa création, invisible et tout-puissant ; qu'on le sente partout mais qu'on ne le voie pas* >>[729].

Toutefois, on note dans **Les Rougon-Macquart**, des relais narratifs dans les dialogues où, ainsi qu'on l'a signalé plus haut, certains personnages reçoivent le pouvoir narratif par délégation afin de conter des ignominies sexuelles. Était-ce pour échapper à la diatribe de ceux qui le taxaient d'immoralité, ou était-ce un choix esthétique délibéré de la part de Zola ? Il est plausible que ces deux motifs

---

[728] Tzvetan Todorov : *Les Catégories du Récit Littéraire*, dans **Communications, 8**, op. cit. p. 147.
[729] Gustave Flaubert : **Correspondance**, Paris, Édition du Centenaire, Librairie de France, 1993, p. 27.

ensemble aient guidé son choix dans la conception de ses romans de manière à tout dire, même le scatologique, en en faisant porter le chapeau à certains de ses personnages de fiction.

En outre, on peut noter que dans **Les Rougon-Macquart**, un type particulier de narrateur second apparaît, tel un Hupel de la Noue dans **La Curée**, auteur de **Les Amours du Beau Narcisse et de la Nymphe Écho**, pièce tragique inspirée de la mythologie grecque. Ce narrateur second, écrivain et metteur en scène, fait jouer à Maxime et à Renée de façon figurative et fictionnelle, le drame réel qu'ils vivent : l'inceste. C'est alors qu'intervient la mise en abyme - qui se présente comme un métarécit enchâssé dans le récit romanesque ou récit premier - pour le confirmer, l'authentifier, le refléter exactement comme dans un miroir. Le narrateur zolien, a, selon le mot de Genette, une *fonction idéologique* - pour ce qui est du narrateur principal - et une *fonction testimoniale* - pour ce qui est du narrateur second, genre Hupel de la Noue. La fonction idéologique suppose que le narrateur principal est porteur d'une idéologie, d'un *credo* plus ou moins clairement affiché et Zola, par exemple, était idéologue de la germination d'un monde meilleur qui devait pousser sur le fumier du monde corrompu de la société impériale[730] ; comme nombre d'explicits le mentionnent clairement dans le corpus. La fonction testimoniale au contraire, est de nature plus faible, puisqu'elle met le narrateur second dans la position d'un simple témoin dont le récit apporte une caution d'authenticité au récit premier dont il dépend. Mais cela n'empêche pas qu'il y ait une opposition fondamentale entre ces deux narrateurs dans le corpus ainsi que le stipulait Anne Belgrand pour qui il y a : << *opposition entre le ridicule de la création dirigée par le préfet et l'ambition artistique de Zola lui-même* >>[731].

D'un autre côté, il faudrait s'intéresser aux incipits et aux explicits du roman zolien. Goldenstein avait insisté sur l'importance capitale, pour le narratologue, de l'incipit et de l'explicit dans un récit de fiction. Dans le cas spécifique de Zola, on lira par exemple à l'explicit de **Germinal** : << *Des hommes poussaient, une armée noire, vengeresse, qui germait lentement dans les sillons, grandissant pour les récoltes des siècles futurs, et dont la germination allait faire bientôt éclater la terre* >>[732], pendant que l'incipit situait dans << *la plaine rase* >>[733]. Ici, incipit et explicit s'opposent

---

[730] Famahan Samaké : << *Zola en voulait à l'Empire et ses personnages l'aidèrent à sonner le glas de ce régime qui lui répugnait. On peut en déduire que son projet était moins scientifique que politique, puisque son œuvre mène davantage une lutte politique (pour l'avènement de la république) qu'elle ne prouve scientifiquement que l'hérédité seule explique tous les malheurs qui frappent sa << famille-cobaye >> >>*, dans **Fondements, Caractéristiques et Fatalité de la Sexualité dans Les Rougon-Macquart d'Émile Zola**, D.E.A., Abidjan, Université de Cocody, 1996, p. 13.

[731] Anne Belgrand : *Le Jeu des Oppositions dans La Curée,* in **La Curée de Zola << ou la vie à outrance >>**, op. cit. p. 27.

[732] Émile Zola : **R. M. III**, op. cit. p. 1591.

[733] **Ibidem**, p. 1133.

diamétralement[734], car le premier est marqué par une sorte de stérilité et le second, par un espoir immense de fertilité, de fécondité.

L'incipit, dans **Pot-Bouille**, situe le lecteur << *Rue Neuve Saint-Augustin* >>[735] alors que l'explicit lance : << *C'est cochon et compagnie !* >>[736], comme pour insister une dernière fois sur l'ordure physique et morale de la bourgeoisie derrière l'apparence du luxe et d'une moralité irréprochable[737].

Si on prend **La Bête Humaine**, on y retrouve à l'explicit, le train fou lancé à toute vitesse, sans guide[738]. Cette vision apocalyptique se termine de la sorte, avec une machine << *chargée de cette chair à canon, de ces soldats déjà hébétés de fatigue, et ivres, qui chantaient* >>[739], inconscients de ce qu'ils allaient à l'hécatombe de Sedan, si jamais ils y parvenaient encore. Cet explicit fonctionne comme une prémonition de ce que serait **La Débâcle**, le roman consacré à la guerre. Mais il laisse entrevoir aussi l'opinion de Zola par rapport à la machine puissante et jusque-là indomptée, notre propre création qui pourrait devenir l'instrument de l'apocalypse de notre âge[740].

À l'incipit de **La Débâcle**, l'on peut lire : << *À deux kilomètres de Mulhouse, vers le Rhin, au milieu de la pleine fertile, le camp était dressé* >>[741], tandis que l'explicit est un constat très amer dans la mesure où il annonce << *[...] la grande et rude besogne de toute une France à refaire* >>[742]. Ces explicits montrent à l'évidence que le narrateur est excédé du monde qu'il décrit, un monde fait de débauches monstrueuses et qu'il voudrait voir disparaître, afin de permettre l'éclosion d'un monde meilleur, plus chaste, plus moral peut-être. Mais ce travail de reconstruction est une tâche ardue et il faudrait des bras solides et des cœurs vaillants pour le mener à bien. Le narrateur zolien a un parti pris et il est porteur d'une idéologie. En effet, il prend position contre le monde du Second Empire et pour l'émergence d'une société nouvelle qu'il veut juste, morale et fertile. Quant aux narrateurs seconds, ils ont une fonction testimoniale en ce sens qu'ils sont

---

[734] Anne Belgrand estime que la structure interne des romans de Zola repose sur le jeu des oppositions : << *On retrouve ce même phénomène en examinant des unités plus petites : opposition entre les différents romans du cycle des **Rougon-Macquart**, opposition, dans chaque roman, entre les différentes séquences, ou parfois d'un paragraphe à l'autre* >>, voir Le Jeu des Oppositions dans **La Curée** in **La Curée de Zola** << **ou la vie à outrance** >>, op. cit. p. 23.
[735] Émile Zola : **R. M. III**, op. cit. p. 3.
[736] **Ibidem**, p. 386.
[737] Pour Jean Borie, dans **Zola et les Mythes, ou de la Nausée au Salut**, les bourgeois sont tout simplement << *les tartufes des **Rougon-Macquart*** >>, op. cit. p. 142.
[738] Émile Zola : **R. M. IV**, op. cit. p. 997.
[739] **Ibidem**, p. 1331.
[740] Pour Jacques Noiray, dans **Le Romancier et la Machine, I : L'Univers de Zola**, op. cit., la machine est liée à une mythologie de la catastrophe (p. 508) en ce sens que la technique et les forces de mort sont liées (p. 424) ; la machine étant un instrument de mort, mieux, l'instrument de la fin cataclysmique (p. 448).
[741] Émile Zola : **R. M. V**, op. cit. p. 401.
[742] **Ibidem**, p. 912.

employés soit comme témoins de ce qu'ils avancent, soit comme témoins du narrateur principal tout simplement.

Pour en revenir à la question du narrateur, il faut dire qu'elle ne va pas sans celle du narrataire véritable ou virtuel. On peut rappeler au passage que chaque fois qu'on a un dialogue, l'émetteur devient le narrateur et le récepteur est son narrataire désigné. Mais qui est le narrataire du narrateur principal ? Cette question semble très difficile à résoudre dans **Les Rougon-Macquart**, car tout comme l'illusion référentielle associe à tort le narrateur à l'auteur, elle fait confondre également le lecteur virtuel avec le narrataire. Or le narrataire est à trouver dans l'œuvre, tout comme le narrateur est une figure intratextuelle et non en dehors du texte. Si chez Balzac le narrateur est présent dans l'œuvre et qu'il s'adresse couramment à ses narrataires-lecteurs - ayant une fonction d'embrayage - au style direct, la situation va différemment chez Zola. En effet, le narrateur zolien est plus effacé, comme absent, à la manière du narrateur flaubertien. Le narrataire du narrateur principal dans le corpus, est donc de nature extradiégétique et hétérodiégétique, c'est-à-dire qu'il est non seulement en dehors de la diégèse mais qu'en plus, on lui conte l'histoire d'autrui. Les narrataires des narrateurs seconds sont, par contre, intradiégétiques et hétérodiégétiques le plus souvent. En effet, ils sont à l'intérieur des romans - parfois ce sont les personnages secondaires comme les villageois de Rognes dans **La Terre** - et se font conter des histoires sur autrui. C'est ainsi que Buteau, en tant que narrateur second, s'adresse à ses narrataires que sont le père Fouan, la Grande, Delhomme, M. et Mme Charles, Élodie et Jean Macquart, en affirmant qu'il couche régulièrement avec Lise et Françoise et qu'en conséquence, cette dernière ne peut épouser Jean Macquart[743].

Dans une œuvre littéraire, étudier le temps aurait un goût d'inachevé si l'on n'étudie pas les temps verbaux de l'énonciation.

2.2. Les temps verbaux de l'énonciation dans le roman zolien

Selon Harald Weinrich, il existe << *les temps commentatifs (présent de l'indicatif, passé composé, futur) et les temps narratifs (passé simple, imparfait, plus - que - parfait, conditionnel)* >>[744]. Jean-Michel Adam a enrichi cette distinction entre les temps verbaux en y adjoignant les traits [+ description] ; [- récit] ; [- agent] pour l'imparfait, et [- description] ; [+ récit] ; [+ agent] pour le passé simple appelé aussi l'*aoriste*[745]. On s'efforcera d'étudier sommairement chacun des temps principaux mentionnés le corpus afin d'évaluer le sens particulier qu'ils prennent dans la perspective de la fatalité liée à la sexualité.

2.2.1. Le présent de l'indicatif

---

[743] Émile Zola : **R. M. IV**, op. cit. p. 604.
[744] Harald Weinrich : **Le Temps du Récit**, Paris, Seuil, 1979, p. 115.
[745] Jean-Pierre Adam : *Langue et Texte : Imparfait/Passé Simple* in **Pratiques, no. 10**, Paris, Seuil, 1976, pp. 48-49

C'est le temps du discours par excellence et il s'utilise quand deux personnages échangent directement des paroles entre eux. Par exemple, dans **Germinal**, lorsque La Brûlé évoque l'émasculation de Maigrat, elle lance : « ***Faut** le couper comme un matou !* »[746]. Pareillement, lorsque Séverine parle de l'amour maniaque de Cabuche pour elle, elle affirme : « *Et puis, il me **vole** tout, des affaires à moi, des gants, jusqu'à des mouchoirs qui **disparaissent**, qu'il **emporte** là-bas dans sa caverne, comme des trésors* »[747]. Cette dernière citation est non seulement riche au plan grammatical - avec l'emploi multiple du présent - mais aussi au plan psychanalytique. Elle montre en effet que Cabuche est un névrosé sexuel qui est resté au stade infantile, satisfaisant sa libido de façon scopique et fétichiste, c'est-à-dire en jouant les voyeurs et en collectionnant tous les menus objets apparemment insignifiants, pourvu qu'ils aient appartenu à l'objet sexuel désiré et cependant refoulé dans son inconscient, puis sublimé. Le plaisir olfactif - que lui procurent les mouchoirs de Séverine -, participe de cette névrose ou immaturité sexuelle. Au plan grammatical, le présent traduit ici un ensemble d'actions se produisant de façon habituelle, aussi bien au passé, au présent qu'au futur. À part cet emploi inhabituel, le présent de l'indicatif traduit en principe le moment de l'actualité où l'on parle, c'est-à-dire lorsque l'acte d'élocution coïncide parfaitement avec la réalisation du procès[748] dont on parle ; procès exprimé par le verbe conjugué au présent.

Le présent indiquant un procès en cours de réalisation au moment où l'on parle, intervient souvent dans **La Faute de l'Abbé Mouret**, lorsque Serge Mouret et Albine se déclarent leur amour mutuel :

« *-Je t'**aime**, Albine.*

*-Serge, je t'**aime*** »[749]. Il est clair qu'ici les deux sujets sexuels s'aiment au moment où ils font leurs déclarations l'un envers l'autre, faisant coïncider parfaitement le dialogue et le sentiment d'amour mutuel.

On peut relever un autre emploi du présent de l'indicatif, celui qui traduit un procès permanent et qui s'emploie souvent dans les proverbes, ou pour exprimer une idée ou une vérité éternelle. C'est donc le temps privilégié pour qui veut édicter une maxime à l'image de Duveyrier pour qui : « *On ne **guérit** pas de la débauche, on la **coupe** dans sa racine* »[750].

---

[746] Émile Zola : **R. M. III**, op. cit. p. 1452.
[747] Émile Zola : **R. M. IV**, op. cit. pp. 1284-1285.
[748] J'utiliserai ce terme de ***procès*** à la suite des grammairiens structuralistes et générativistes qui l'emploient en lieu et place du mot ***action*** utilisé dans la grammaire traditionnelle. Il est évident que (tous) les verbes de la langue française n'expriment pas que des ***actions***. Le terme ***procès*** a l'avantage de rendre toutes les nuances qu'un verbe peut exprimer : l'action, l'état, le sentiment, le doute, la supposition, l'existence, le devenir, le souhait et bien d'autres. Pour de plus amples informations sur la notion de procès, se référer au **Grand Larousse de la Langue Française, VII, S-Z**, Paris, Librairie Larousse, 1976, pp. 5989-97. C'est moi qui souligne les verbes conjugués.
[749] Émile Zola : **R. M. I**, op. cit. p. 1409.
[750] Émile Zola : **R. M. III**, op. cit. p. 380.

Le présent peut traduire également un procès progressif à aspect inchoatif. On en retrouve plusieurs occurrences dans **Nana**, comme lorsque Satin parle de sa partenaire. Le changement du caractère de cette partenaire lesbienne se traduit en ces termes : « *Elle **devient** ridicule de jalousie. L'autre soir, elle m'a battue* »[751]. Ici, le présent indique que le personnage de madame Robert n'était ni jaloux, ni violent naguère, et que ces traits de caractère sont nouveaux et qu'ils continueront sans doute de s'aggraver.

Le présent peut aussi traduire un procès éventuel ou hypothétique. Il exprime alors une condition ou une éventualité présente ou future. On en trouve également dans **Nana** avec Clarisse qui lance : « *Moi, vous savez, quand les gamins **donnent** dans les vieilles, ça me **dégoûte*** »[752]. Il y a éventualité ici car le dégoût chez cette actrice, est circonstancié, puisqu'il est lié à la condition de constater de visu une liaison amoureuse entre la jeunesse masculine et la vieillesse féminine.

Enfin le présent peut avoir valeur de futur proche et exprimer un procès imminent, mais non encore réalisé au moment où l'on parle. Qu'il suffise d'en évoquer un seul exemple dans **La Fortune des Rougon** avec Miette lorsqu'elle dit à son ami, Silvère : « *Tu **vas croire** que je suis une enfant* »[753]. Temporellement, le procès qui consiste à *croire* appartient au futur, mais grammaticalement parlant, il s'inscrit dans le cadre du présent, temps verbal du semi-auxiliaire *aller*. Miette, en tant qu'objet sexuel, voudrait donc convaincre le sujet sexuel, Silvère, de ce que dès à présent, elle est une femme faite, prête à connaître l'amour.

Bien que temps de l'actualité, le présent de l'indicatif peut donc exprimer, dans certaines conditions modalisantes, des situations narratives dont la valeur temporelle est tout à fait différente de l'actualité. Mais enfin le présent n'est pas le temps principal du récit.

2.2.2. Le passé simple

Le passé simple - ou l'aoriste - est le temps du récit par excellence. Il peut rendre à la fois un récit singulatif, itératif ou répétitif. La valeur essentielle de l'aoriste, c'est la singularité et la ponctualité des faits qu'il traduit. Anna Bondarenco qualifie d' « *événementiel* »[754] tout procès rendu au passé simple et qu'elle oppose au « *stéréotypé* »[755], c'est-à-dire tout procès rendu à l'imparfait - dont la tendance est plutôt habituelle et répétitive. Pour illustrer donc la première valeur de l'aoriste, on

---

[751] Émile Zola : **R. M. II**, op. cit. p. 1319.
[752] **Ibidem**, p. 1179.
[753] Émile Zola : **R. M. I**, op. cit. p. 165.
[754] Anna Bondarenco : *Le stéréotypé et l'événementiel dans **Germinal** d'Émile Zola*, texte inédit, colloque international de l'université de Cambridge, ***New Approaches to Zola***, 16-17 avril 2002, p. 1.
[755] **Ibidem**, p. 1

peut conserver l'adultère de Claude Lantier déjà mentionné : << *même une nuit, il découcha* >>[756].

On a aussi disposé d'un exemple de récit itératif rendu au passé simple dans **La Curée** où << *Maxime **revint** chaque nuit* >>[757] combler Renée de ses faveurs. Parlant de Jacques et de Séverine dans **La Bête Humaine**, le narrateur avance que Roubaud a surpris son épouse avec son amant dans le lit conjugal et que : << *Dès ce jour, Séverine et Jacques **eurent** liberté entière. Ils en **usèrent** sans se soucier davantage de Roubaud* >>[758].

Ces récits singulatifs et itératifs montrent bien que l'aoriste s'adapte parfaitement à toutes les situations narratives et qu'il est, de ce fait, le temps privilégié et incontournable de la narration. Il permet de faire l'économie des détails superflus d'un événement survenu et d'éviter, dans certains cas, d'inutiles répétitions lorsque l'événement narré s'est reproduit à l'envi, tombant ainsi dans une sorte de banalité. En outre, l'on sait que le passé simple est usité principalement pour traduire un procès complètement achevé à un moment donné du passé, un procès sans plus de liens avec le présent de l'énonciation et dont la caractéristique est la ponctualité. C'est le temps des procès passés lointains qui ont le trait [- duratif] et [+ ponctuel]. Dans ce sens, les emplois du passé simple avec les traits [+ itératif] et [+ répétitif] sont des variantes contextuelles dans **Les Rougon-Macquart**, puisque l'auteur sort alors du registre habituel dans lequel l'aoriste s'inscrit pour l'adapter à des situations narratives auxquelles l'imparfait se prêterait mieux.

Dans cette logique, il continue en employant le passé simple avec le trait distinctif [+ duratif] dans **Nana** où l'on peut lire : << *Ce **fut** l'époque de son existence où Nana **éclaira** Paris d'un redoublement de splendeur. Elle **grandit** encore à l'horizon du vice, elle **domina** la ville de l'insolence affichée de son luxe, de son mépris de l'argent, qui lui faisait fondre publiquement les fortunes* >>[759].

Toutes ces performances du sujet-opérateur sexuel, Nana, ont un caractère [+ duratif] évident puisqu'elles indiquent la période où la jeune demi-mondaine atteint son apogée ; apogée qu'elle savoura pendant un temps plus ou moins durable dans le passé. Toutefois, l'importance du passé simple ne doit pas faire perdre de vue celle de l'imparfait et sa forme composée, autres temps significatifs du récit.

2.2.3. L'imparfait et le plus-que-parfait.

L'imparfait est le temps de l'arrière-plan ; il sert surtout de support à la description. Il se trouve presqu'au même niveau que le plus-que-parfait. Seulement, ce dernier peut servir en plus dans le discours indirect libre, cette parole du personnage par

---
[756] Émile Zola : **R. M. IV**, op. cit. p. 246.
[757] Émile Zola : **R. M. I**, op. cit. p. 483.
[758] Émile Zola : **R. M. IV**, op. cit. p. 1224.
[759] Émile Zola : **R. M. II**, op. cit. p. 1432.

la "bouche" du narrateur. Les deux temps se combinent d'ailleurs très souvent dans **Les Rougon-Macquart**, comme par exemple dans **La Débâcle** où l'on peut lire : « *On **avait mangé** quarante mille chevaux, on en **était arrivé** à payer très cher les chiens, les chats et les rats. Depuis que le blé **manquait**, le pain fait de riz et d'avoine, **était** un pain noir, visqueux, d'une digestion difficile. La mortalité **avait triplé**, les théâtres **étaient transformés** en ambulance* »[760].

Il s'impose ici de remarquer, à partir de cette citation, que l'imparfait marque plutôt l'immobilité du procès, un état [+ duratif] et [+ stable], tandis que le plus-que-parfait fait progresser le déroulement du procès avec l'aspect accompli - [+ accompli] ; [+ progressif] -, comme dans **L'Assommoir** où « *Nana **était débauchée** par une autre ouvrière, ce petit chameau de Léonie* »[761]. La débauche de Nana se présente en effet comme un fait accompli, un procès totalement achevé au moment de l'énonciation. Par contre, le manque de blé pendant la guerre de septembre 1870 fonctionne comme l'arrière-plan, le background, à aspect [+ stable] et [+ duratif]. C'est donc dans ce contexte que l'on avait mangé chevaux, rats, chiens et chats et que la mortalité devint élevée. Ces derniers procès marquent une progression dans la crise alimentaire et sanitaire.

Lorsqu'il est employé seul, l'imparfait traduit également un procès passé perçu en cours d'accomplissement. Il a deux spécificités d'emploi que sont le commentaire et la description : il devient un temps commentatif lorsque, à la suite d'un procès exprimé au passé simple ou au passé composé, il vient commenter un procès postérieur en y ajoutant des détails. Par exemple, dans **Nana**, on assiste à la jalousie de Muffat après qu'il a été fait cocu par le gamin, Georges Hugon : « *Le comte **se laissa** fléchir. Il **exigea** seulement le renvoi de Georges. Mais toute illusion **était morte**, il ne **croyait** plus à la fidélité jurée* »[762]. Les verbes exprimés à l'imparfait décrivent la désillusion et l'incrédulité de Muffat - qui durent dans le passé -, alors que son exigence et son fléchissement furent brefs et ponctuels.

L'imparfait peut traduire tout aussi bien la description d'un décor dans un contexte général dans lequel s'inscrivent d'autres procès au passé simple ou au passé composé. C'est ainsi que, traduisant la folie de destruction qui s'empare de Nana - folie envisagée comme décor -, le narrateur emploie l'imparfait et conserve le passé simple pour la narration de la réaction de Philippe Hugon, témoin de la scène : « *C'**était** une gaieté nerveuse, elle **avait** le rire bête et méchant d'un enfant que la destruction amuse. Philippe **fut pris** d'une courte révolte ; la malheureuse **ignorait** quelles angoisses lui **coûtait** ce bibelot. Quand elle le **vit** bouleversé, elle **tâcha** de se retenir* »[763].

---

[760] Émile Zola : **R. M. V**, op. cit. pp. 865-866.
[761] Émile Zola : **R. M. II**, op. cit. p. 724.
[762] Émile Zola : **R. M. V**, op. cit. p.1432.
[763] **Ibidem**, p. 1435.

191

Il ne fait l'ombre d'aucun doute, à la lumière de cette scène, que les verbes à l'imparfait expriment le contexte particulier dans lequel se situent le bouleversement et la révolte de l'amant, Philippe. Les deux réactions - la révolte de Philippe et la tentative de Nana de le calmer -, parce que brusques et soudaines, sont exprimées au passé simple en raison de leur ponctualité dans un passé achevé au moment où le narrateur énonce l'incident, car la narration succède à l'action. Par contre, la gaieté, l'ignorance de Nana et le mal que Philippe s'est donné pour acquérir le bibelot, se sont relativement prolongés dans ce passé achevé, d'où leur énonciation à l'imparfait.

L'imparfait reste cependant un temps capable d'exprimer un procès passé avec différents aspects. Par exemple, le narrateur l'emploie en lieu et place du passé simple avec un aspect [- duratif] et [+ ponctuel] pour exprimer la naissance de Jacques Lantier, deuxième enfant de Gervaise Macquart : « *Il n'**arrivait** que le second* »[764]. Il est certain que cette « *arrivée* » ne se prolonge guère dans le passé, ni qu'elle ne se répète, elle n'intervient qu'une fois dans le passé et en l'espace de quelques minutes voire, quelques heures tout au plus.

L'imparfait itératif trouve également sa place dans **Les Rougon-Macquart** et son emploi a l'avantage d'exprimer en une seule fois ce qui s'est pourtant produit plusieurs fois, faisant ainsi l'économie de fâcheuses répétitions qui pourraient présenter l'inconvénient d'agacer le(s) narrataire(s). Pour illustrer cet aspect, on pourrait se référer au passage suivant, à propos de Christine et de Jacques Lantier : « *Et toujours et partout, ils **se possédaient**, avec le besoin inassouvi de se posséder encore* »[765].

Naturellement, la richesse de l'utilisation des temps verbaux se poursuit avec le plus-que-parfait qui fait non seulement progresser le récit, mais qui présente aussi un procès passé qui s'est accompli avant un autre procès, transcrit à l'imparfait ou au passé simple. La valeur fondamentale du plus-que-parfait est en effet l'expression de l'antériorité dans le passé : « *Et, à cette heure qu'il* [Jean Macquart] *avait Françoise, depuis deux ans qu'ils **étaient mariés**, pouvait-il se dire vraiment heureux ? S'il l'aimait toujours, lui, il **avait** bien **deviné** qu'elle ne l'aimait pas, qu'elle ne l'aimerait jamais, comme il aurait désiré l'être, à pleins bras, à pleine bouche [...]. Mais ce n'était point ça, il la sentait loin, froide, occupée d'une autre idée, au lit, quand il la tenait* »[766]. Jean s'est donc marié et a deviné le désamour de sa femme bien avant de constater, dans le lit conjugal - donc postérieurement - que l'épouse ne serait jamais amoureuse de lui. Ces procès postérieurs sont donc rendus à l'imparfait, contrairement aux procès antérieurs énoncés au plus-que-parfait.

À cette valeur fondamentale exprimant l'antériorité, s'ajoute l'expression de l'éventualité lorsque le passé du conditionnel est remplacé par le plus-que-parfait,

---

[764] Émile Zola : **R. M. IV**, op. cit. p. 1043.
[765] **Ibidem**, p. 148.
[766] **Ibidem**, p. 737.

notamment dans une phrase segmentée. Par exemple, la violence de Roubaud, consécutive à sa jalousie, est ainsi rendue par le narrateur : « *Il redevenait la brute inconsciente de sa force, il l'*[Séverine] **avait broyée***, dans un élan de fureur aveugle* »[767]. Le broyage de Séverine se présente donc comme un fait conjoncturel, accidentel, puisque Roubaud n'est pas habituellement violent et que cette violence subite n'a été possible que sous la conditionnalité de la jalousie. En un mot, le narrateur semble dire qu'un mari, sans être vraiment violent, pourrait le devenir si d'aventure sa femme le trompait.

Plus loin, le plus-que-parfait est employé avec une valeur hypothétique cette fois : « *Cette femme, puisqu'il ne l'***avait** *pas* **tuée** *tout de suite, il ne la tuerait pas maintenant* »[768]. La possibilité de tuer Séverine n'était donc pas une éventualité à écarter dans la perspective du sujet jaloux. Cependant, Roubaud écarte cette éventualité pour la simple raison qu'il n'a pu remplir la condition première à cette entreprise : la tuer immédiatement, spontanément, après l'aveu de la trahison. Mais ayant écarté l'éventualité de tuer Séverine, Roubaud entrevoit celle de tuer le galant de sa femme, le président Grandmorin. Et cette fois-ci, il remplit la condition de l'immédiateté de l'action lorsqu'il tend un piège à son rival pour pouvoir l'éliminer dans l'express de six heures trente[769].

Tous ces exemples d'usage du plus-que-parfait corroborent ce que je disais tantôt, à savoir qu'il est le temps du discours indirect libre par excellence. Cette forme d'expression permet au narrateur de pénétrer dans la vie intérieure de son personnage pour traduire toutes ses pensées, ses aspirations, son état émotionnel et ses motivations conscientes et même inconscientes. Comme l'a déjà montré David Baguley, le discours indirect libre permet au narrateur d'interpréter les origines de l'instinct destructeur chez Jacques Lantier[770]. C'est donc le temps de la violation par excellence ; violation de la vie privée du personnage, violation de ses aspirations, de ses rêves et motivations.

C'est également le temps de l'indiscrétion et de la divination car le narrateur, se posant en devin, acquiert subitement et sans explication, la compétence requise pour savoir et pour tout savoir de son être de papier. Ensuite, il établit la performance de tout dévoiler à ses narrataires, puisqu'il demeure l'instance indiscrète dans le processus de la narration. Autre temps verbal important, le futur du passé ou conditionnel, est un temps incontournable dans le corpus.

2.2.4. Le conditionnel

Le conditionnel est le mode de l'irréel et de l'hypothèse. Couramment appelé futur du passé, il rapporte un procès passé qui se situe dans le futur par rapport à un autre procès, lui aussi énoncé au passé. Alors, le plus souvent, il exprime un vœu,

---

[767] Émile Zola : **R. M. IV**, op. cit. p. 1001.
[768] **Ibidem**, p. 1018.
[769] **Ibidem**, p. 1021.
[770] **Ibidem**, op. cit. David Baguley: **Naturalist Fiction. The Entropic Vision**, op. cit. p. 208.

une hypothèse, contrairement à l'autre procès - exprimant une certitude -, procès qui est et rendu à l'imparfait, au passé composé ou au passé simple. À titre d'exemple, lorsque le procureur Denizet fait intervenir la sœur de la victime lors de son enquête relative au meurtre passionnel du président Grandmorin, celle-ci déclare, parlant de Cabuche, le présumé coupable : « *Il était réellement fou de rage, il répétait dans tous les cabarets que, si le président lui tombait sous la main, il le saignerait comme un cochon...* »[771]. Le procès consistant à saigner le président Grandmorin - procès second -, bien que perçu au passé, est un procès futur et virtuel par rapport au fait qu'il tombe sous la main de Cabuche - procès premier - ; le procès second est hypothétique dans la mesure où sa réalisation dépend de celle, préalable, du procès premier. Dans le même sens, Cabuche utilise un conditionnel passé première forme en disant : « *Ah ! Nom de Dieu, le cochon ! J'aurais dû courir le saigner tout de suite !* »[772].

À tout considérer, il faut reconnaître que le conditionnel est le mode de l'irréel, de l'hypothèse, des aspirations profondes et le témoignage des frustrations et des échecs, comme dans le cas de Cabuche. Le temps le plus proche du conditionnel est le futur de l'indicatif.

2.2.5. Le futur simple de l'indicatif

Le futur est le temps de l'avenir et du virtuel en ce sens qu'il rend compte d'un procès qui ne s'est pas encore actualisé au moment où l'on parle. La réalisation du procès exprimé au futur est donc tenue seulement pour probable. Cette valeur fondamentale l'oppose nettement au présent. C'est ainsi que, conscient de son génie défaillant, le peintre Claude Lantier aspire, au futur, à être visité par un génie créateur : « *Je vais m'y mettre, répéta Claude, et il* [le travail] *me tuera, et il tuera ma femme, mon enfant, toute la barque, mais ce sera un chef-d'œuvre, nom de Dieu !* »[773].

Le futur ainsi employé, exprime une farouche détermination au point de constituer non plus un irréel dans le présent, mais bien plus, un réel ou une certitude dans l'avenir. On a l'impression en effet que le procès qui consiste à *tuer* est déjà accompli dans l'avenir, exactement comme si l'on était dans la prémonition. Claude apparaît un peu comme un devin lorsqu'il prononce ces paroles, car l'avenir lui donne raison - partiellement tout au moins - avec le décès de son fils Jacques d'abord, suivi de son suicide et enfin, de l'agonie de sa veuve, Christine, à l'hôpital Laribousière. L'anéantissement de sa famille n'a qu'une seule cause : son travail entêté de peintre sans génie. Quand bien même il sentirait nettement la puissance de cet ennemi mortel, Claude ne peut y échapper : on n'échappe pas à sa destinée, à la fatalité, on la subit et on meurt. Son mérite est qu'il attend stoïquement cette série de tragédies qui frappent sa famille sans rechigner à la tâche ingrate consistant à peindre, vaille que vaille. Tout se passe comme si,

---

[771] Émile Zola : **R. M. IV**, op. cit. p. 1092.
[772] **Ibidem**, p. 1100.
[773] **Ibidem**, p. 265.

nonobstant sa défaite programmée et certaine, accoucher d'un tableau majeur constituerait sa victoire finale et éternelle[774] sur la fatalité d'idiotie qui le frappe, et partant, sa victoire sur la mort elle-même. Ne dit-on pas que les grands artistes ne meurent jamais, puisqu'ils laissent à l'humanité des chefs-d'œuvre qui les immortalisent ? Les temps verbaux, avec ce qu'on vient de voir, participent de la dialectique de la signification dans une œuvre littéraire. Mais il faut aller au-delà des temps verbaux pour examiner quelques symboles liés à la temporalité.

3. La symbolique temporelle dans **Les Rougon-Macquart**.

3.1. La nuit ou le temps de la sexualité convergente

La nuit sert à dissimuler les agissements des actants sexuels grâce au voile opaque qu'elle leur offre. C'est le temps privilégié de l'inceste, de l'homosexualité, de l'adultère, de la débauche à grande échelle, de la prostitution et du meurtre passionnel. Aussi l'on retrouve l'inceste dans **La Curée** où chaque nuit, Maxime et sa belle-mère, Renée, se livrent à cette ignominie : *« la nuit ardente qu'ils y* [dans la serre] *passèrent fut suivie de plusieurs autres »*[775]. De même, c'est toujours la nuit que Nana offre ses faveurs tour à tour au comte Muffat, à son gendre, le marquis de Chouard, et à son beau-fils, Daguenet, dans le roman qui porte son nom. Il n'en va pas différemment pour Hilarion et sa sœur Palmyre dans **La Terre**. Cette liste sombre s'allonge avec Victor Saccard qui, à quinze ans à peine, couche déjà avec sa mère adoptive - Eulalie - et qu'il ose appeler sa << *femme* >>, dans **L'Argent**.

Par ailleurs, dans **La Curée**, l'homosexualité ne s'exprime impudemment que la nuit, avec Baptiste qui pénètre dans les écuries à la faveur de la pénombre pour satisfaire sa libido au détriment des palefreniers. Le lesbianisme de Satin et de Nana atteint aussi des proportions alarmantes la nuit, aux dépens de la file d'amants mâles qui attendent leur tour et qui sont obligés de rentrer chez eux en désespoir de cause. De même, dans **Pot-Bouille**, les adultères foisonnent avec Duveyrier et Mouret, parmi tant d'autres Dans **L'Assommoir,** Gervaise Coupeau née Macquart et son amant, Lantier, consomme l'adultère la nuit. Dans **La Terre**, c'est Jésus-Christ et La Bécu - la femme à son meilleur ami - qui partagent des moments fort heureux la nuit tombée. Cela vaut aussi pour les autres titres des **Rougon-Macquart**, car même Clotilde perd sa virginité à son oncle, Pascal, pendant la nuit, dans **Le Docteur Pascal**.

Quant à la débauche outrancière, elle ne se passe que la nuit, également temps du meurtre. C'est la nuit donc que l'on *verra* à l'œuvre, les pédophiles Grandmorin, Eulalie et le baron Gouraud, respectivement dans **La Bête Humaine**, dans **L'Argent** et dans **La Curée**. Les prostituées de luxe, comme Rose Mignon et la comtesse Muffat dans **Nana** entreront elles aussi dans la danse la nuit venue. La

---

[774] Rappelons que pour Neide de Faria, la victoire pour Claude Lantier consiste à peindre la Femme, dans **Structure et Unité dans Les Rougon-Macquart d'Émile Zola (la Poétique du Cycle)**, op. cit. p. 72.
[775] Émile Zola : **R. M. I**, op. cit. p. 486.

débauche de l'Empereur lui-même - dans **La Curée** et surtout dans **Son Excellence Eugène Rougon** - se passe la nuit. C'est pareil pour la prostitution des demi-mondaines : Blanche Muller, Mme Michelin, Laure d'Aurigny et Sylvia, dans **La Curée** et Nana dans **Nana**.

La nuit est enfin le temps du meurtre passionnel ainsi qu'il a été avancé plus haut. Par exemple, c'est la nuit que le président Grandmorin est assassiné par son rival Roubaud. La jalousie de Pecqueux envers Jacques Lantier - qui causera la mort atroce des deux protagonistes - et le crash virtuel du train devenu fou, ont lieu également pendant la nuit. Au total, on peut affirmer que c'est pendant la nuit que tous les masques tombent et que les personnages se montrent dans leur vraie dimension : la perversion totale. Les meurtres d'Hourdequin par son rival, Tron, dans **La Terre**, celui de Séverine par son amant, Jacques Lantier, dans **La Bête Humaine**, le suicide de Georges Hugon et de Vandeuvres - tous deux amants déçus de Nana -, ou celui de Claude Lantier dans **L'Œuvre**, se passent encore et toujours, la nuit. Tous ces homicides volontaires et suicides ont ceci de commun qu'ils se situent dans la même logique, celle de tuer ou de se tuer pour une passion insatisfaite, ou par peur de se retrouver dépossédé de son objet-valeur sexuel. D'une manière générale, il apparaît clairement que la nuit a une mauvaise connotation dans les romans de Zola. Elle est le moment privilégié pour dissimuler les rapports sexuels que la société ne saurait tolérer s'ils avaient cours de manière diurne.

Toutefois, les ténèbres peuvent prendre une signification plus mystique ou carrément métaphysique chez Zola : *« Car Zola n'emploie pas la couleur noire en vue d'effets seulement esthétiques. L'usage qu'il en fait a une signification plus profonde, qui est métaphysique. Il suffit pour s'en convaincre de considérer le caractère spécifique de sa vision des ténèbres [...]. Les ténèbres sont donc pour Zola, dans leur opacité liquide, un élément menaçant qui submerge et qui tue. Mais si elles sont douées de ce pouvoir maléfique, c'est aussi que la nuit représente le moment où se dérègle l'ordre du monde, où s'affrontent les forces primitives, provisoirement libérées »*[776]. Selon Neide de Faria, l'opposition entre lumière et ombre << *délaye les frontières du réel, permettant alors l'apparition d'êtres « mythiques », ou suscitant l'irruption d'un monde fantastique* >>[777].

Dans un autre sens, il y a que les couples d'amoureux normalement constitués partagent nuitamment un bonheur relatif que j'appellerai l'amour convergent. Toutefois, il faut relever que cette convergence du bonheur est aussi une convergence vers le malheur[778]. En effet, ils finissent toujours par être frappés de la sanction suprême qui est la mort, ou la folie pour les plus chanceux. Cela s'explique par le fait qu'en dehors de leur amour convergent, chaque élément du

---

[776] Jacques Noiray : **Le Romancier et la Machine, I : L'Univers de Zola**, op. cit. p. 303.
[777] Neide de Faria : **Structure et Unité dans Les Rougon-Macquart d'Émile Zola (la Poétique du Cycle)**, op. cit. p. 267.
[778] Jean Borie écrit : << *La nuit est mère, la nuit est féconde, et toute la terre aussi* >>, dans **Zola et les Mythes ou de la Nausée au Salut**, op. cit. p. 167. Il me semble plutôt que cette fécondité soit porteuse de malheurs, de cataclysmes, et par conséquent, une fécondité à rebours.

couple poursuit parallèlement un amour divergent sous forme de performances nocturnes dans le domaine de la débauche. Au total, la nuit peut s'entendre comme le condensé signifiant des ténèbres, de l'abîme, de l'insondable, en un mot, un temps diabolique. Le noir de la nuit est aussi le symbole de la mort, ou du deuil. Aussi s'adonner à une certaine dissipation nocturne, c'est se constituer victime consentante de Satan, c'est courir au devant du suicide ou du meurtre collectif. Pareille société, celle du Second Empire, est vouée d'avance au sort réservé à Gomorrhe et à Sodome[779] : la disparition totale. Avec David Baguley, on peut dire que l'obscurité prend le pas sur le personnage dans le roman naturaliste[780]. C'est le lieu d'aborder le corollaire de la nuit.

3.2. Le jour ou le temps de la sexualité divergente

Une première opposition temporelle s'opère entre le jour et la nuit en ce sens que la seconde correspondait à la sexualité convergente, là où le premier consacre une sexualité divergente. Dans **Les Rougon-Macquart**, le jour est en effet le temps des crises : viols, jalousie féroce, et meurtres passionnels. Parfois, il marque un temps mort dans la course à la débauche, ce que je nommerai l'inactivité sexuelle.

Dans **Les Rougon-Macquart**, on dénombre cinq viols. Dès **La Curée**, Renée est enceinte à la suite d'un viol subi à la campagne. Françoise Mouche est deux fois victime de viol, dans **La Terre**, d'abord par Jean Macquart, son futur époux, et ensuite par Buteau, son beau-frère. Ces deux viols ont lieu dans les champs. À ces trois viols, il faut ajouter celui de Victor Saccard sur la jeune infirmière, Alice de Beauvilliers, dans **L'Argent**. Aussi remarque-t-on la coïncidence presque tragi-comique qui fait de Victor, produit d'un viol - son père Aristide ayant culbuté une demoiselle dans les escaliers de leur immeuble à Paris -, devenir un violeur brutal à son tour.

Pour ce qui est de la jalousie rageuse, on en dispose d'un un exemple dans **La Bête Humaine** où Flore, éprise de Jacques Lantier, devient si jalouse de Séverine, la maîtresse adorée de son objet-valeur sexuel désiré, qu'elle fait dérailler tout un train[781] aux seules fins de tuer cette dernière ! Jalousie et meurtre sont alors intimement liés, l'une justifiant l'autre. Le narrateur, par le moyen du discours indirect libre, pénètre dans la conscience de la meurtrière et la dépeint en ces termes : « *Mais lorsqu'elle* [Flore] *reconnut Séverine, ses yeux s'agrandirent démesurément, une ombre d'affreuse souffrance noircit son visage pâle. Et quoi ? Elle vivait, cette femme, lorsque lui certainement était mort ! Dans cette douleur aiguë de son amour assassiné, ce coup de couteau qu'elle s'était donné en plein cœur, elle eut la brusque conscience de l'abomination de son crime. Elle avait fait ça, elle l'* [Jacques]

---

[779] Roger Ripoll souligne l'assimilation de la ville de Paris à ces cités maudites de la Bible, voir **Réalité et Mythe chez Zola**, op. cit. p. 101.
[780] David Baguley: **Naturalist Fiction. The Entropic Vision**, op. cit. p. 202.
[781] Émile Zola : **R. M. IV**, op. cit. p. 1260.

avait tué, elle avait tué tout ce monde ! Un grand cri déchira sa gorge, elle tordait ses bras, elle courait follement »[782].

À la lumière de ce passage, on se rend compte de ce que la lumière du jour n'est pas un gage de sécurité pour le personnage zolien. Ce n'est ni le temps du bonheur, ni celui de la plénitude amoureuse. Bien au contraire, le jour peut s'avérer le temps de la sanction suprême et fatale qui se trouve au bout des performances sexuelles néfastes et négatives accomplies nuitamment. Tout se passe comme si la clarté du jour était une instance divine chargée de balayer la race pourrie des Rougon-Macquart.

Le jour peut constituer aussi un moment d'immobilisme sexuel pour la grande majorité des personnages sexuellement marqués. Deux exemples éloquents suffiront à le montrer. Parmi les personnages féminins qui pullulent dans **Les Rougon-Macquart**, il en est deux qui se distinguent de tous les autres de par leur lubricité excessive. Ce sont Renée et Nana, qui restent toutes les deux cloîtrées chez elles de jour, pour mieux satisfaire leur sexualité gourmande et vorace lorsque vient la nuit. Tels des vampires qui ne sauraient soutenir la lumière du jour, elles s'engouffrent dans leurs appartements, comme dans un cercueil à l'intérieur duquel les ténèbres les protègent et les conservent pour leurs randonnées nocturnes futures. En marge de l'opposition jour versus nuit, on pourrait signaler celle des couleurs qui, sans avoir un rapport direct avec le temps, ne peuvent s'apprécier que sous la lumière naturelle du soleil, ou artificielle des lampes et des becs-à-gaz.

3.3. La symbolique des couleurs (vives vs sombres)

Les personnages masculins du corpus n'ont pas la fièvre des couleurs, et ce contrairement à leurs homologues féminins. Ceci n'est pas curieux *a priori* dans la mesure où les femmes ont une prédisposition pour les couleurs - surtout les couleurs vives que sont le jaune, l'or, l'argent et le rouge. Mais ces pierres précieuses et ces couleurs vives n'ont pas qu'un aspect positif si l'on en croit Jean-François Tonard qui écrit, au sujet de la décoration de la chambre de Nana : « *La décoration est extravagante, la débauche des couleurs et des métaux précieux peut aller jusqu'à provoquer chez le lecteur, étonné par la description de cet autel dédié à l'amour, la nausée, voire l'overdose* »[783]. Renée et Nana sont en effet les deux prototypes du personnage coloré et cela n'est guère surprenant, car voilà deux personnages aimant le rose et la rose - couleur et fleur des amoureux -, l'argent facile - puisqu'elles sont dispendieuses et carrément prostituées -, et les bijoux, parure de la femme qui aspire à plaire. Au milieu de ces couleurs vives, elles *vivent*, s'épanouissent comme la fleur, leur métaphore, mais se fanent tôt comme elle. Renée, par exemple, meurt à trente ans et Nana, à dix-neuf ans à peine. Axel Preiss rappelle que l'or, l'argent et le saphir sont les couleurs de Suzanne Haffner,

---

[782] **Ibidem**, p. 1262.
[783] Jean-François Tonard : **Thématique et Symbolique de l'Espace Clos dans le Cycle des Rougon-Macquart d'Émile Zola**, op. cit. p. 203.

d'Adeline d'Espanet et de Mme de Leuwerens, toutes des dames de moralité douteuse, lesbiennes - pour les deux premières - et appartenant à la haute bourgeoisie ou à l'aristocratie[784]. Il estime également que l'opposition entre le vert et le rouge/rose a une valeur sensuelle : << *Ainsi Renée, bleue et or lorsqu'elle est en représentation, se voit mêlée de vert et surtout de rouge lorsqu'on la prend en tant que Phèdre solaire et amoureuse* >>[785]. La nature féminine de Maxime se trahirait ainsi par les couleurs rose et rouge que lui trouve la marquise d'Espanet[786].

Un autre élément important chez Zola, le miroir, est proche de la lumière du jour et par sa capacité à réfléchir les images. Il effectue en effet une duplication du personnage conforme à l'original ; il en résulte un dédoublement du personnage qui peut alors s'auto-observer[787], soupeser sa capacité de séduction et évaluer le taux de dégradation de son corps, s'il y a lieu. Il est symptomatique de constater que nos deux actants sexuels de tout à l'heure sont également des mordus du miroir : Renée et Nana passent de longues heures devant le miroir dans leurs appartements respectifs, se maquillant soigneusement en vue de plaire. Mais le miroir suggère le narcissisme qui est loin d'être positif en soi. Leur affinité avec ce personnage mythique suppose donc leur réification future, pour respecter la symétrie des représentations. À en croire Jean de Palacio, la combinaison de la mythologie et du vêtement a eu raison de Renée : << *Dans* **La Curée,** *la prépondérance de la mythologie et l'emprise du vêtement sont une mise à mort de la femme plus efficace que l'imprévisible méningite sous laquelle le romancier l'accable comme en passant, et comme pour rétablir* in extremis *les droits de la physiologie* >>[788].

On peut opposer sur le même axe les temps continus et les temps discontinus.

3. 4. L'opposition temps continus / temps discontinus

Dans la thématique de la sexualité, on conçoit les temps continus comme étant des moments où la liaison amoureuse est ininterrompue et par temps discontinus, les moments d'interruption de cette liaison. Pour ce qui est du premier cas, on peut se référer, à titre d'exemple, dans **La Bête Humaine**, aux huit mois durant lesquels Jacques et Séverine s'aimèrent tendrement au point d'échafauder ensemble un plan pour éliminer physiquement le mari, Roubaud, perçu comme un obstacle à leur bonheur. Il en va pareillement - dans **La Curée** - pour les huit ou neuf mois de liaison incestueuse entre Renée et Maxime. Les temps continus ont le trait [+ duratif] et sont des moments de félicité et de plénitude pour l'actant sexuel dans **Les Rougon-Macquart** de Zola.

---

[784] Axel Preiss : *Les Couleurs de La Curée* in **La Curée de Zola << ou la vie à outrance >>**, op. cit. p. 149.
[785] **Ibidem**, p. 151.
[786] **Ibidem**, p. 153.
[787] Philippe Hamon, dans **Le Personnel du Roman. Le Système des Personnages dans Les Rougon-Macquart d'Émile Zola**, op. cit. pp. 152-153, parle d'*auto-portrait* du personnage grâce au miroir.
[788] Jean de Palacio : **La Curée** : *histoire sociale ou agglomérat de mythes ?* in **La Curée de Zola << ou la vie à outrance >>**, op. cit. pp. 175-176.

Cependant, généralement, les choses ne se passent pas toujours ainsi, puisque les temps discontinus prennent très vite le pas sur les temps continus. La conséquence de cet état de fait est que le bonheur reste limité et circonscrit chez Zola. Ainsi, Renée rompt coup sur coup avec M. de Saffré, M. de Mussy, le chargé d'Affaires à l'Ambassade des États-Unis et avec tous ses autres amants dès lors qu'elle tombe amoureuse de Maxime. L'exemple le plus révélateur est celui de l'inconnu Georges, à qui elle ne se donne que deux fois. Le temps du bonheur, dans la perspective des amants éconduits, est discontinu, fugace, contrairement à celui de la souffrance due à la perte de l'objet-valeur sexuel, qui se prolonge indéfiniment puisque Renée ne revient plus jamais dans leurs bras une fois que la rupture est consommée. Dans **Nana**, l'héroïne éponyme rompt elle aussi tour à tour et à une vitesse vertigineuse, avec Fauchery, Daguenet, Steiner, Philippe et Georges Hugon, et ne s'offre qu'une seule fois au marquis de Chouard. Il faut simplement remarquer que ces discontinuités dans les relations amoureuses, amènent des conséquences malencontreuses. Ainsi, le jeune Georges se suicide par dépit amoureux chez sa maîtresse infidèle, ne pouvant supporter la rupture d'avec elle. C'est dire que le temps discontinu est l'ennemi mortel de l'actant sexuel anthropomorphe.

Par exemple le cocher Tron, dans **La Terre**, pour des motifs identiques, tue son rival et patron, Hourdequin, puis incendie la ferme, mettant ainsi en péril la vie de dizaines de personnages innocents. Mouret lui-même, frustré d'avoir été spolié de son épouse et de son domicile, par la faute de l'abbé Faujas, revient y mettre le feu[789] dans **La Conquête de Plassans**. C'est que la frustration sexuelle et morale née de l'abandon de la part de l'objet-sexuel aimé peut conduire le sujet-sexuel aux folies les plus excentriques[790]. Dans **Le Docteur Pascal**, Pascal est complètement heureux des mois durant jusqu'au moment de sa séparation d'avec Clotilde, qui part s'occuper de son frère, Maxime, paralysé à Paris. Il ne survit pas à cette séparation plus d'un mois : le temps discontinu équivaut à une condamnation à mort du sujet sexuel. Mais les temps de la sexualité, ce sont aussi les saisons que j'opposerai sur l'axe chaud-froid.

3.5. Les saisons et l'ambivalence sexuelle.

Dans chacun des romans du cycle des **Rougon-Macquart**, il se trouve que la saison froide - l'hiver - est associée à la débauche à outrance, à l'orgie prenant des proportions alarmantes. La nature du froid ne commande-t-elle pas que l'on se réchauffe ? En tout cas l'amour épouse parfois l'évolution des saisons, comme c'est le cas dans **La Faute de l'Abbé Mouret**. À ce propos, Maarten Van Buuren constate justement que : << *La vie des protagonistes est liée au déroulement des saisons, elle suit un cycle végétal. Serge et Albine « s'épanouissent » au printemps ; en*

---

[789] Il s'agit du << *feu destructeur* >> dans la terminologie de Maarten Van Buuren, in **Les Rougon-Macquart d'Émile Zola. De la Métaphore au Mythe**, op. cit. p. 254.
[790] L'acte du pyromane sexuellement frustré se rapproche du feu infernal à propos duquel Roger Ripoll écrit : <<*Feu des vengeances divines, feu de l'enfer ; le démon apparaît aux côtés du Dieu impitoyable* >>, dans **Réalité et Mythe chez Zola**, op. cit. p. 94.

automne, Serge quitte le Paradou et Albine meurt. Mais la nature végétale d'Albine enlève à sa mort son aspect tragique. Si elle meurt, c'est pour mieux renaître au printemps suivant [...] >>[791].

Dans **La Terre**[792], Palmyre justifie son inceste avec son frère cadet, Hilarion, par le froid de canard qu'il fait dans leur masure commune durant l'hiver et qui rendrait cet espace insupportable autrement. L'hiver sonne tout aussi bien l'apogée de l'inceste entre Renée et Maxime qui s'engouffrent alors dans la serre, ce jardin d'hiver où une chaleur suffocante à la limite, leur permet de se posséder plus librement et de triompher du froid inhibiteur des mouvements corporels.

En définitive, le froid nécessite donc la recherche de sources de chaleur, comme lorsque Maxime et Renée vont passer quelques jours au bord de la mer pour profiter du soleil. Mais la source de chaleur, c'est surtout le feu dans **Les Rougon-Macquart**. Le feu est le refuge prisé de Nana et de Renée, toujours frileuses, se brûlant continuellement comme des damnées s'offrant au supplice du jugement dernier. Le feu est-il donc un élément purificateur ? Sans doute, surtout dans la perspective des pyromanes de **La Débâcle**, eux qui font jaillir de gigantesques flammes de partout dans un Paris en proie à l'insurrection générale. Les pyromanes par jalousie que sont Tron et Mouret, le conçoivent également dans cette perspective. Il semble évident que, dans **Les Rougon-Macquart**, le feu est la force vectorielle qui ravage un espace maudit et corrompu ; ce qui rappelle les flammes infernales. Il purifie ainsi un monde en agonie[793] qui doit laisser la place à un autre, plus moral, plus juste et plus chaste.

On retiendra finalement que le temps n'est pas globalement en conjonction avec le personnage dans l'univers romanesque des **Rougon-Macquart**. Quand bien même il apparaîtrait souvent qu'il entre en conjonction avec lui, c'est toujours de façon fugace. Le temps ne lui procure qu'un bonheur éphémère, suivi d'un malheur plus prolongé, qui se caractérise par une douleur affreuse au cœur. Le personnage est ainsi sanctionné au psychique et/ou au physique - fatalement - par un temps oppresseur. La temporalité est, de ce point de vue, une composante qu'il convient de prendre nécessairement en compte dans toute étude de la fatalité et de la sexualité chez Zola. Il s'agit en effet d'un temps court, étriqué, chronométré, fugace ; un temps qui exerce une forte pression sur le personnage sexué, l'obligeant à jouir dans un délai court et menaçant de l'exécuter par la suite. Philippe Hamon aurait donc pu parler également de temporalisation du personnage zolien en même temps que de sa territorialisation[794]. En tout état de cause, il paraît très paradoxal que les critiques zoliens aient jusqu'ici accordé si peu d'intérêt à l'étude du temps dans **Les Rougon-Macquart**, comme si cela avait

---

[791] Maarten Van Buuren, dans **Les Rougon-Macquart d'Émile Zola, De la Métaphore au Mythe**, op. cit. p. 146.
[792] Émile Zola : **R. M. IV**, op. cit. p.484.
[793] Jacques Noiray dira qu'il s'agit d'un << *feu vengeur et purificateur* >>, dans **Le Romancier et la Machine, I : L'Univers de Zola**, op. cit. p. 419.
[794] Voir **Le Personnel du Roman. Le Système des Personnages dans Les Rougon-Macquart d'Émile Zola** de Philippe Hamon, op. cit. p. 205.

moins d'intérêt que les innombrables études consacrées aux mythes, aux métaphores, à la notion de réalité, aux personnages et à la notion d'espace.

Cependant, cette fatalité du temps se combinera avec celle de la composante spatiale.

CHAPITRE II : L'ESPACE DANS LES ROUGON-MACQUART : UNE SEXUALITÉ ÉCLATÉE MAIS DÉLIMITÉE

De nombreuses études ont déjà montré l'importance de l'espace dans une œuvre de fiction. Retenons ici simplement avec Roland Bourneuf que : « *le personnage est indissociable de l'univers fictif auquel il appartient* »[795]. Philippe Hamon, qui a beaucoup travaillé sur le personnage chez Zola, parle de « *territorialisation du personnage* » et fait remarquer que l'espace construit le personnage autant que celui-ci le construit[796]. Il y a donc une intimité, voire une interaction indéfectible entre le personnage et son espace, si bien qu'aucune étude de l'œuvre de fiction ne peut prétendre à l'exhaustivité tout en occultant une de ces deux instances. Par le jeu de la description poussée à l'hypertrophie depuis Balzac, on sait également que l'espace n'est pas seulement investi par le personnage comme un simple support à sa réalisation, mais qu'il reflète et caractérise le personnage qui y est attaché, soit par métaphore, soit par métonymie. On en a du reste donné quelques preuves dans le chapitre III de la deuxième partie. Cette étape présente va permettre d'apprécier la configuration de l'espace dans **Les Rougon-Macquart** - pour autant que l'espace est le « *foyer de pulsion ou de répulsion* »[797] - et ses influences sur le personnage anthropomorphe.

I. LA CONFIGURATION SPATIALE ET LA MUTATION DE L'ACTANT SEXUEL

Philippe Hamon a déjà montré que la description de l'espace constitue « *un reportrait du personnage, un doublet du personnage* » et que l'espace pouvait être un « *actant collectif ou un personnage à part entière* »[798]. Mais ce progrès narratif de l'espace qui s'élève au rang de personnage passe par la mise en œuvre de moyens rhétoriques précis : « *Sur le plan stylistique, on peut remarquer également que la description est le lieu privilégié de la métaphore [...]. D'une part, on peut remarquer que ces métaphores sont anthropomorphiques, c'est-à-dire qu'elles corroborent et accentuent le centrage du récit sur le personnage* »[799]. Dans une approche assez méthodique, on étudiera tour à tour, les espaces ouverts - dans leur rapport avec les personnages qui s'y aventurent ou qui y vivent - par opposition aux espaces clos. Ensuite on mettra en opposition les espaces ouverts avec les espaces clos-ouverts, notamment les escaliers dans les immeubles. Puis, j'orienterai notre investigation vers l'opposition espaces profonds/espaces de surface, car l'espace, chez Zola, est toujours « *ellipsoïdal* »[800], c'est-à-dire

---

[795] Roland Bourneuf : **L'Univers du Roman**, Paris, PUF, 1985, p. 150.
[796] Philippe Hamon : **Le Personnel du Roman. Le Système des Personnages dans Les Rougon-Macquart d'Émile Zola**, op. cit. pp. 205-222.
[797] **Ibidem**, p. 217.
[798] Philippe Hamon : *Pour un statut sémiologique du personnage* dans **Poétique du Récit**, Paris, Seuil, 1977, p. 162.
[799] **Ibidem**, p. 163.
[800] Philippe Hamon : **Le Personnel du Roman. Le Système des Personnages dans Les Rougon-Macquart d'Émile Zola**, op. cit. p. 225.

organisé sur la base d'une opposition. Enfin, on verra comment l'espace peut devenir le *doublet du personnage*[801] dans le récit romanesque.

1. Les espaces ouverts ou la sexualité non protégée.

Les espaces ouverts sont ceux où s'expriment en général le désir, la débauche, les violences sexuelles et la mort. Au niveau du désir qui exprime un manque à gagner, je me contenterai des espaces ouverts suivants : Longchamp dans **Nana**, le Bois de Boulogne dans **La Curée**, le Paradou dans **La Faute de l'Abbé Mouret**, les champs de blé dans **La Terre**. Tous ces espaces ont ceci de commun qu'ils sont comme habités par un démon de la tentation : ce sont tous des espaces incitateurs à la débauche.

À Longchamp, Nana est la vedette. Plus que les chevaux de course, c'est elle qui crée la sensation et la tentation. Renée est symétriquement la grande attraction au Bois de Boulogne. C'est là que ces messieurs la voient et la désirent[802]. Son pouvoir individuel de séduction - combiné avec la tentation du bois - excite les promeneurs mondains. Le bois fait naître chez elle précisément le désir de l'inceste au chapitre premier du roman. Renée, qui ne << *reconnaissait plus* >> le bois, le perçoit comme un espace sacré et mythique : << *Cette nature si artistiquement mondaine, et dont la grande nuit frissonnante faisait un bois sacré, une de ces clairières idéales au fond desquelles les anciens dieux cachaient leurs incestes divins* >>[803].

Naturellement, il faut signaler tout de suite le caractère indiciaire et prémonitoire de cette vision, car ceci va ensuite ouvrir les yeux de Renée sur son penchant incestueux. Le bois - c'est-à-dire aussi la nature - apparaît ainsi comme un destinateur qui insuffle le désir incestueux à Renée, à l'image des dieux qui en firent autant pour Phèdre. Dans la tragédie naturaliste, la nature remplace les dieux.

Le Paradou occupe la même fonction de destinateur lorsqu'il incite l'abbé Mouret[804] à commettre le péché d'Adam avec sa nouvelle Ève, Albine. Il est sans doute l'espace le plus incitateur à la débauche dans tout le cycle romanesque sur lequel porte notre étude : << *La forêt soufflait la passion géante des chênes, les chants*

---

[801] Philippe Hamon: *Pour un statut sémiologique du personnage* dans **Poétique du Récit**, Paris, Seuil, 1977, p. 162.

[802] Maarten Van Buuren, dans **Les Rougon-Macquart d'Émile Zola. De la Métaphore au Mythe**, reconnaît qu'on se rend au Bois de Boulogne pour voir et pour être vu, op. cit. p. 179.

[803] Émile Zola : **R. M. I**, op. cit. p. 326.

[804] Pour Philippe Hamon, dans **Le Personnel du Roman. Le Système des Personnages dans Les Rougon-Macquart d'Émile Zola**, le Paradou fait partie des lieux anthropomorphisés qui sont comme des personnages et qui agissent comme des destinateurs, op. cit. p. 230.

Jean-François Tonard en déduit le << *rôle central* >> du Paradou et de la serre, dans **Thématique de la Symbolique de l'Espace Clos dans le Cycle des Rougon-Macquart d'Émile Zola**, op. cit. p. 37.

Pour Roger Ripoll, si le Paradou a un rôle de destinateur, c'est en tant que << *Diable* >>, voir **Réalité et Mythe chez Zola**, op. cit. p. 114.

d'orgue des hautes futaies, une musique solennelle, menant le mariage des frênes, [...] tandis que les buissons, les jeunes taillis étaient plus d'une polissonnerie adorable, d'un vacarme d'amants se poursuivant. Et, dans cet accouplement du parc entier, les étreintes les plus fortes s'entendaient au loin, sur les roches, là où la chaleur faisait éclater les pierres gonflées de passion »[805].

Lorsque la nature est elle-même aussi amoureuse et débauchée, et lorsqu'on y vit comme Albine et Serge, c'est sans doute un pari perdu d'avance que de vouloir rester chaste[806], à moins d'être Archangias. L'élément le plus significatif dans le Paradou, c'est l'arbre dénommé, à dessein, << *l'arbre de vie* >> et qui se présente à la fois comme une figure tutélaire et, pour reprendre le mot de Hemmings, << *un phallus* >>[807], à cause justement de sa grande débauche de sève qui rappelle le sperme humain. Mais le Paradou n'est pas indéfiniment paradisiaque ; car comme l'a montré Maarten Van Buuren, il devient une végétation vicieuse et même hostile après que la faute de la chair a été commise ; les lianes devenant alors des serpents parmi d'autres métaphores animales[808].

Les vastes champs de blé agissent d'une manière presque identique sur les personnages de **La Terre**, quoique de façon nettement plus équivoque, puisqu'ils incitent plus précisément au viol. C'est là que Jean Macquart viole Françoise et lui prend sa virginité, non sans brutalité, avant que Buteau ne l'y viole par la suite ! Les champs de blé sont donc l'espace de la morbidité sexuelle si l'on se réfère à ces deux viols brutaux, surtout le second au cours duquel la malheureuse est éventrée, perdant ainsi son bébé et sa propre vie. Un autre espace ouvert incite Silvère et Miette à briser la glace de leur virginité réciproque dans **La Fortune des Rougon**. En pleine campagne, dans les bois où ils se reposaient avant de poursuivre leur marche d'insurgés contre le coup d'État du 02 décembre, ils se donnent l'un à l'autre avant d'être fauchés tous les deux un peu plus tard par les balles des gendarmes.

Cette campagne de Plassans fonctionne alors comme un espace de prémonition qui incite au péché en prévision justement de la mort imminente des amoureux. J'ai déjà avancé plus haut que la sexualité précoce amène la mort précoce dans **Les Rougon-Macquart**. L'espace ouvert représente donc le théâtre de la négation des barrières morales, celui de la liberté totale, de la licence morale dans le domaine de la sexualité. Car on peut y formuler même les désirs incestueux et y commettre des meurtres passionnels et collectifs à l'instar de Flore.

---

[805] Émile Zola : **R. M. I**, op. cit. p. 1408.
[806] Philippe Hamon affirme, dans **Le Personnel du Roman. Le Système des Personnages dans Les Rougon-Macquart d'Émile Zola**, que la Nature trace pour les deux jeunes gens, un itinéraire implacable menant à la faute, op. cit. p. 231.
[807] F.W.J. Hemmings: *Zola et la religion* dans **Europe : Zola**, op. cit. p. 134.
    Dans le même sens, Maarten Van Buuren affirme que l'arbre de vie est le symbole puissant de la Grande Mère, voir **Les Rougon-Macquart d'Émile Zola. De la Métaphore au Mythe**, op. cit. p. 141.
[808] **Ibidem**, pp. 141-142.

Si le désir est un manque à combler, la débauche proprement dite comble ce manque. C'est ainsi qu'il faut lire la frivolité de La Trouille dans **La Terre** qui a toujours quelqu'un << *sur le ventre* >>[809], à travers les broussailles[810]. Les violences liées à la satisfaction de la libido portent les noms respectifs de sadisme et de masochisme selon que le sujet-opérateur sexuel ressent du plaisir en infligeant de la douleur à son objet-valeur sexuel - aux fins de doubler sa propre capacité de jouissance -, ou que le sujet-sexuel réclame qu'on lui inflige cette douleur comme catalyseur de sa jouissance. Le massacre perpétré par Flore[811], dans **La Bête Humaine**, ainsi que le viol de Françoise par Jean, sont des manifestations de leur sadisme.

Par contre, le viol de Françoise par Buteau[812] est un sado-masochisme en cela qu'en la violant, le mâle, par sadisme, satisfait sa libido au détriment de sa victime qui, paradoxalement, approuve cette souffrance en serrant très fort son bourreau et en criant de joie lorsqu'elle atteint l'extase. Françoise jouit dans la douleur, ce que les psychanalystes nomment masochisme. Le viol de Renée, subi à la campagne, s'inscrit également dans cette logique du sado-masochisme. Au total, l'espace ouvert n'est donc rien moins qu'un espace de sanction et de mort. C'est l'espace du vide, du néant ou plutôt de l'anéantissement, comme l'espace du cimetière Saint-Mîttre dans **La Fortune des Rougon**, qui est à la fois incitateur à l'amour et à la mort[813] : << *Et ils* [Miette et Silvère] *n'emportèrent de l'ancien cimetière qu'une mélancolie attendrie, que le pressentiment vague d'une vie courte ; une voix leur disait qu'ils s'en iraient, avec leurs tendresses vierges, avant les noces, le jour où ils voudraient se donner l'un à l'autre. Sans doute ce fut là, sur la pierre tombale, au milieu des ossements cachés sous les herbes grasses, qu'ils respirèrent leur amour de la mort, cet âpre désir de se coucher ensemble dans la terre* [...] >>[814].

L'attrait exercé par l'espace ouvert sur les personnages est très négativé avec la prémonition de mort liée étroitement à la satisfaction de la libido. L'espace séduit les actants anthropomorphes pour les tuer ensuite[815]. Tout en étant conscients de ce qui leur arrivera s'ils commettent le péché de la chair, les jeunes amants ne pourront cependant pas s'en abstenir comme si, tel un aimant, la mort exerçait une force d'attraction ostensible sur eux, attraction qui n'est rien d'autre que le jeu de la fatalité.

---

[809] Émile Zola : **R. M. I**, op. cit. p. 552.
[810] Dans **Les Rougon-Macquart d'Émile Zola. De la Métaphore au Mythe**, Maarten van Buuren estime que Pascal et Clotilde aussi obéissent aux contraintes du milieu puisque c'est la Nature qui les pousse à l'amour, op. cit. p. 281.
[811] Jacques Noiray suggère, dans **Le Romancier et la Machine, I : L'Univers de Zola**, op. cit., que le suicide de Flore - consécutif à ces massacres - est un viol et que sa mort est une défloration, le seul acte sexuel qu'elle ait jamais connu, p. 423.
[812] **Ibidem**, Noiray affirme que la conclusion du viol n'est rien d'autre que la mort, p. 423.
[813] Chantal Bertrand-Jennings : **L'Éros et la Femme chez Zola**, op. cit. p. 14.
Voir aussi Philippe Hamon : **Le Personnel du Roman. Le Système des Personnages dans Les Rougon-Macquart d'Émile Zola**, op. cit. pp. 252-257.
[814] Émile Zola : **R. M. I**, op. cit. pp. 208-209.
[815] Pour Chantal Bertrand-Jennings, dans l'ouvrage ci-dessus, ces enfants sont sacrifiés au dieu de la chasteté, op. cit. p. 31.

Un autre espace ouvert particulier me préoccupe autant, en ce qu'il offre une symbolique à nulle autre pareille. Cet espace est la terre qui avait été perçue plus haut comme un personnage. N'empêche qu'elle ne cesse d'être étymologiquement et fictionnellement un espace ouvert, large et polysémique dans l'œuvre de Zola. Dans le roman qui porte son nom, la terre se présente cumulativement comme la mère nourricière des paysans et comme leur amante. Le type particulier de relation *sexuelle* qui unit la terre-mère à ses fils-amants est donc une relation incestueuse par métaphore[816]. Sur le plan de la mythologie, les accouplements de Gaïa - la terre - et d'Ouranos - le ciel[817] - n'ont-ils pas engendré les géants ? Dans le corpus cependant, Gaïa n'engendre que des *nains* qu'elle épuise rapidement et qu'elle consomme ensuite. Il y a donc inceste, infanticide et cannibalisme dans cette relation particulière. C'est le complexe d'Œdipe qui semble expliquer les relations pseudo-sexuelles et pseudo-incestueuses entre la terre-mère et ses enfants, les paysans. Selon Baguley, **La Terre** << *est aussi le roman de la toute-puissance maternelle, celle surtout de la Terre-Mère, avec son inépuisable fécondité, qui plie tous (ou peu s'en faut) à son autorité* >>[818].

Baguley insiste sur son caractère déstabilisateur et sur son incitation à la discorde et à la révolte, car ce serait la faute à Gaïa si Cronos s'est révolté contre Ouranos, et si Zeus s'est ensuite révolté contre Cronos[819]. La terre apparaît en gros comme une amante nymphomane, insatiable[820], toujours labourée, toujours fécondée et toujours reproductrice. Aussi est-elle assaillie par de nombreux amants dont les plus prisés sont les plus virils. C'est cette donne qui explique le passage de la terre-maîtresse des bras du père Fouan - devenu moins vigoureux - aux bras du viril Buteau[821].

On peut évoquer également le proxénétisme et la prostitution de la terre, en ce sens qu'elle se livre au premier venu, pourvu qu'il soit viril. En outre elle pousse les personnages anthropomorphes à la débauche comme il a été déjà mentionné. Aux antipodes de l'espace ouvert, on a l'espace clos qui a la particularité de cacher les sujets sexuels et de couvrir ainsi leurs inconduites.

1.2. Les espaces clos ou la sexualité intense et protégée.

---

[816] Dans **Les Rougon-Macquart d'Émile Zola. De la Métaphore au Mythe**, Maarten Van Buuren est d'avis que dans le cadre de l'hiérogamie - le mythe du mariage ciel-terre - les rapports entre la terre et les hommes sont incestueux : << *La terre est une mère. Elle met au monde l'homme qui, devenu adulte, devient son amant* >>, op. cit. p. 266.

[817] Il s'agit de l'hiérogamie qu'évoque Maarten Van Buuren dans l'ouvrage ci-dessus, op. cit. p. 265.

[818] David Baguley : **Zola et les Genres**, chapitre IX : *le réalisme grotesque et mythique de* **La Terre**, op. cit. p. 99.

[819] **Ibidem**, p. 100.

[820] **Ibidem**, David Baguley indique que la terre qui donne la vie puis la mort, est inépuisable et insatiable, p. 100.

[821] **Ibidem**, David Baguley affirme que << *le culte païen de la fécondité domine ce roman* >>, p. 95.

Les espaces clos sont les plus abondants dans le corpus et sont le théâtre de plusieurs situations sexuelles. Jean-François Tonard estime qu'ils sont les << *reflets d'état d'âme des personnages* >>[822] qui subissent leur influence. Ce sont aussi des espaces d'intimité, de tendresse, d'inceste, d'homosexualité, d'inversions sexuelles, en un mot, d'immoralité et de mort. Toutes ces connotations négatives font de la claustration un facteur éminemment propice à la célébration de l'orgie. Un espace clos comme l'intérieur d'un fiacre, symbolise la promiscuité et le relâchement des mœurs - aussi bien dans **La Curée** que dans **Nana** -, puis incite à l'inceste en renforçant l'intimité entre les deux personnages qui s'y trouvent. Il s'agit respectivement de Maxime et de Renée d'une part, et d'autre part, de Nana et de Georges Hugon.

De même, la serre de l'hôtel Saccard, tout comme le cabinet de Renée, sont des espaces restreints et clos où se déroulent incestes et adultères tout au long de **La Curée**. La serre est un foyer à scandales[823] : scandale moral de l'inceste, scandale érotique puisque Renée y fait l'homme et que Maxime y fait la femme, scandale géographique avec sa flore exotique et vivante opposée à la nature morte du Parc Monceau, scandale générique aussi puisque la mythologie s'y substitue au naturalisme avec les métamorphoses diverses de Renée. Au total, la serre est indissociable du personnage de Renée dont elle est << *la grotte de Vénus* >>[824], selon Philippe Berthier. Alain Rochecouste, pour sa part, associe la serre à l'enfer, non sans raison : << *Les images thermiques de la serre surchauffée qui s'opposent de façon frappante au froid sibérien à l'extérieur évoquent l'enfer surtout par la référence directe à une* << flamme si lourde >> >>[825]. Ce n'est donc pas par hasard que le romancier campe les scènes les plus horribles dans cet espace artificiel, symbole d'un faux progrès : << *Si Zola situe les scènes les plus dépravées de son roman dans une serre, c'est pour exprimer la crainte que les développements industriels et sociaux extrêmement rapides sous le Second Empire amènent en vérité ce qu'on appelait à son époque* << un progrès à rebours >> >>[826].

C'est le lieu d'évoquer les métamorphoses que Renée subit dans la serre et qu'on ne peut apprécier que grâce au contraste issu de la confrontation ombre versus lumière, ainsi que Neide de Faria en a révélé l'importance : << *l'excès de lumière, ou sa négation, l'ombre, ou surtout l'opposition entre foyer lumineux et ténèbres, introduit le clair-obscur, délaye les frontières du réel, permettent alors l'apparition d'êtres* << mythiques >>, *ou suscitant l'irruption d'un monde fantastique* >>[827]. Remarque très

---

[822] Jean-François Tonard : **Thématique et Symbolique de l'Espace Clos dans le Cycle des Rougon-Macquart d'Émile Zola**, op. cit. p. 5.
[823] Voir à ce sujet, Philippe Hamon : **Le Personnel du Roman. Le Système des Personnages dans Les Rougon-Macquart d'Émile Zola**, op. cit. p. 223.
[824] Philippe Berthier : *Hôtel Saccard : état des lieux* in **La Curée de Zola << ou la vie à outrance >>**, op. cit. p. 110.
[825] Alain Rochecouste : *Isotopie catamorphe*, **Ibidem**, pp. 44-45.
[826] Maarten van Buuren : *La Curée, roman du feu*, in **La Curée de Zola << ou la vie à outrance >>**, op. cit., p. 159.
[827] Neide de Faria : **Structure et Unité dans Les Rougon-Macquart de Zola (la poétique du cycle)**, op. cit. p. 267.

juste puisque c'est la lumière pâle de la lune qui permet à Maxime de voir le côté monstrueux de Renée : << *Le jeune homme, couché sur le dos, aperçut, au-dessus des épaules de cette adorable bête amoureuse qui le regardait, le sphinx de marbre, dont la lune éclairait les cuisses luisantes. Renée avait la pose et le sourire du monstre à tête de femme, et, dans ses jupons dénoués, elle semblait la sœur blanche de ce dieu noir >>[828].* Conformément à la valeur symbolique du sphinx, Renée incarne la sexualité féminine pervertie, la débauche et la domination perverse[829]. Au regard de cet épisode narratif, on peut convenir avec Jean-François Tonard de ce que les espaces clos et étouffants marquent le plaisir, l'extase même et la lubricité chez la femme, puis le vertige chez l'homme[830].

Pareillement, le hangar où l'on stocke la houille à la gare de trains, dans **La Bête Humaine**, est un espace à la fois clos et réduit où Jacques et Séverine consomment à satiété leur amour adultère. Il n'en va pas différemment du Paradou. Bien que sa vaste étendue lui confère un statut d'espace ouvert en apparence, il reste cependant un espace clos avec son impressionnante muraille. Toute clôture marque une frontière en général, et dans ce cas précis, elle marque la frontière entre la nature - le Paradou - et la culture - le village des Artaud -, une frontière entre le bonheur édénique[831] et la souffrance terrestre. Cette muraille[832], apparemment infranchissable, a pourtant son talon d'Achille : un trou assez large pour permettre à un personnage anthropomorphe d'y entrer et d'en sortir. Ce trou est à la fois une ouverture et un danger qui menacent le personnage sexuel qui se trouve retranché dans le jardin. En effet, c'est cette ouverture qui permet au Frère Archangias de pénétrer dans le jardin pour en expulser l'abbé Mouret[833]. C'est donc l'ouverture qui permet à l'autre de violer les lieux, en permettant au regard de l'autre de se poser sur le sujet sexuel en quête d'une débauche secrète et protégée. Cette ouverture est aussi une invitation au sujet sexuel à ouvrir les yeux

---

[828] Émile Zola : **R. M. I.** op. cit. p. 485.
[829] Chevalier et Gheerbrant : **Dictionnaire des Symboles**, op. cit. p. 215 et p. 906.
[830] Jean-François Tonard : **Thématique et Symbolique de l'Espace Clos dans le Cycle des Rougon-Macquart d'Émile Zola**, op. cit. p. 204.
  Philippe Hamon estime, dans **Le Personnel du Roman. Le Système des Personnages dans Les Rougon-Macquart d'Émile Zola**, que la présence de Renée dans la serre marque son passage de l'honnêteté à la faute, op. cit. p. 223.
  Maarten Van Buuren abonde dans le même sens, dans **Les Rougon-Macquart d'Émile Zola. De la Métaphore au Mythe**, op. cit., lorsqu'il affirme que la serre pousse Renée à l'inceste, p. 281, d'autant que l'excroissance des végétaux va de pair avec la croissance de l'amour incestueux, p. 142.
[831] **Ibidem**, Maarten Van Buuren note que le Paradou est un jardin paradisiaque avant que la faute de la chair ne soit commise, op. cit. p. 141.
[832] Pour Jean Borie, le mur représente la rêverie et il demeure un lieu stratégique, voir **Zola et les Mythes, ou de la Nausée au Salut**, p. 130.
  Pour Philippe Hamon, le mur est d'abord une frontière. Ainsi le mur qui sépare le domicile des Rougon de celui de Macquart, dans **La Fortune des Rougon**, marquerait une différence juridique (légitime / illégitime) ; une différence économique (riche / pauvre) ; une différence ethnologique (sédentaire / vagabond) ; une différence sexuelle (femme / homme) et une différence culinaire (maraîcher / braconnier), voir **Le Personnel du Roman. Le Système des Personnages dans Les Rougon-Macquart d'Émile Zola**, op. cit. pp. 211-212.
[833] Archangias est le dieu expulseur selon le mot de Roger Ripoll, dans **Réalité et Mythe chez Zola**, op. cit. p. 95.

sur les réalités sociales extérieures. C'est en tout cas cet effet qu'elle fait à Serge, lorsque celui-ci aperçoit le village et surtout son église à travers elle. Il semble alors se réveiller d'un rêve et prend conscience de sa fonction de prêtre et de la faute qu'il a commise.

La grange où La Cognette se fait << *culbuter* >> à tout moment par ses amants officieux - dans **La Terre** - ne fait qu'apporter une preuve de plus à ce qu'on a déjà signalé, à savoir que les espaces clos sont vraiment ceux où la sexualité est protégée du regard des autres et pleinement pratiquée. L'intimité ne va pas sans la tendresse et on remarquera que tous les espaces évoqués dans ce paragraphe sont ceux où la tendresse entre les amants se décuple. On peut simplement y ajouter les appartements de Renée, ceux de Nana et la Croix-de-Maufras, dans **La Bête Humaine**, espace où Séverine se montre la plus tendre possible envers Jacques.

La particularité des masures, des cabinets et des chambres des dames est que ceux-ci sont les espaces de l'adultère, de l'inceste et surtout des détournements de mineures. On peut rappeler à cet effet la masure de Palmyre et d'Hilarion dans **La Terre**, ou celle de la mère Eulalie dans **L'Argent**, qui sont marquées par l'inceste.

On ne peut toutefois pas, au moyen d'une paralipse, occulter les cabinets et les chambres de Renée et de Nana qui sont marqués par l'inceste et l'adultère à outrance. La chambre de Séverine et celle de Pecqueux, dans **La Bête Humaine**, se prêtent à cette même interprétation. Avec Van Buuren, on peut dire que les femmes s'assimilent à leurs chambres[834] ; la chambre de l'actant sexuel féminin étant généralement obscure et incitant à dormir[835]. Tout en reconnaissant que la chambre de la femme est assimilable à la parure du corps, Jean Borie distingue les bonnes chambres des chambres maudites, celles-ci étant constamment fermées, celles-là ouvertes sur la nature par l'entremise des fenêtres[836].

L'espace clos est souvent lié à la morbidité sexuelle, ce que Freud appelle les inversions sexuelles. À ce niveau, le cas Cabuche qu'on a ébauché plus haut est intéressant à suivre, car il se passe chez Cabuche un transfert de l'objet sexuel, qui n'est plus seulement la femme aimée mais tout ce qu'elle a pu toucher et qui a valeur de trésor pour le névrosé qu'il est. Une morbidité semblable frappe Jacques qui aime La Lison, sa locomotive, comme on aime une maîtresse. Dans le même temps, il a une peur bleue de toucher la femme réelle jusqu'à ce qu'il rencontre Séverine. L'espace clos de la locomotive a une influence cathartique sur lui en ce sens qu'il lui permet de réprimer l'envie de tuer son objet sexuel. Jacques Noiray avait insisté sur le rapport érotique entre Jacques et la machine

---

[834] Maarten Van Buuren précise aussi que certains hommes forts s'assimilent également à leurs chambres, comme c'est le cas de l'abbé Faujas, voir **Les Rougon-Macquart d'Émile Zola. De la Métaphore au Mythe**, op. cit. p. 278.
[835] **Ibidem**, p. 78.
[836] Jean Borie : **Zola et les Mythes, ou de la Nausée au Salut**, op. cit. pp. 193-201.

aimée comme une femme de chair[837]. Leur lien conjugal - qui inclut Pecqueux - se rapprocherait du ménage à trois qui unissait Zola à Alexandrine et Jeanne Rozerot[838] ; la Lison devenant femme acariâtre comme madame Zola[839]. Pourquoi ne pas mettre le << *cas* >> névrotique et pathologique de Jacques en rapport avec celui de Roubaud, son rival et ami ? Roubaud se *marie* au jeu en délaissant son épouse désirable à souhait, à la suite du meurtre commis sur son rival, Grandmorin ; toute sa libido est alors transférée dans l'activité ludique. Philippe Hamon affirme à ce propos que << *l'activité ludique* >> entraîne << *l'inexistence de l'activité sexuelle* >>[840], ainsi qu'on le voit avec Mme Faujas et François Mouret dans **La Conquête de Plassans**, et aussi avec Archangias et la Teuse, dans **La Faute de l'Abbé Mouret.** La maison du couple Roubaud devient à partir de là, l'espace d'un foyer brisé, espace d'où le mari s'efface pour faire de la place à l'amant. Et il s'efface d'autant plus allègrement qu'il perd assez souvent au jeu. François Mouret s'effacera également devant le clan Faujas à cause de ses défaites répétées au jeu de cartes devant madame Faujas. Archangias est un autre exemple de joueur perdant, devant la Teuse. Ces pertes au jeu ne sont donc jamais qu'un simple jeu, car elles préfigurent un échec complet dans la vie du personnage mâle défait par un personnage femelle.

L'atelier du peintre - Claude Lantier -, est un espace clos qui devient l'espace d'un drame conjugal : une épouse délaissée, une peinture adorée par l'artiste qui finit par se détraquer l'esprit et se suicider devant son œuvre. Hamon considère également que si l'activité intellectuelle ne supprime pas l'activité sexuelle, elle la << *réduit* >> et la rend << *méfiante* >>[841]. C'est ainsi qu'il faut comprendre la sexualité réduite du docteur Pascal jusqu'à l'orée de ses soixante ans. On peut déduire à partir de tous les exemples cités ici que le personnage à la sexualité morbide est une sorte de psychopathe, un maniaque, qui sombre fatalement dans la folie lucide ou furieuse, selon le cas. En outre, l'homosexualité s'opère aussi dans les espaces clos. C'est ainsi que le pédéraste Baptiste s'adonne à sa manie dans les écuries, espace clos dans **La Curée**, tandis que dans **Nana**, les lesbiennes Satin et Nana, se livrent à leur jeu favori dans la chambre de Nana. Les << *deux inséparables* >> Adeline d'Espanet et Suzanne Haffner, sont toujours couchées << *amoureusement* >> côte à côte dans un fiacre, autre espace clos.

L'opposition espaces clos/espaces ouverts ainsi étudiée, montre qu'il n'y a pas de véritable opposition tranchée entre eux : les mêmes inversions sexuelles se produisent dans les uns comme dans les autres. Dans tous les cas, le personnage est débauché, souffre et meurt au point que l'on peut avancer qu'il s'agit d'une opposition feinte.

---

[837] Jacques Noiray : **Le Romancier et la Machine, I : L'Univers de Zola**, op. cit. pp. 405-407.
[838] **Ibidem**, p. 410.
[839] **Ibidem**, p. 408.
[840] Philippe Hamon : **Le Personnel du Roman. Le Système des Personnages dans Les Rougon-Macquart d'Émile Zola**, op. cit. p. 204.
[841] **Ibidem**, p. 204.

2.3. Les espaces clos-ouverts ou la sexualité morbide.

Par ce vocable composé apparemment équivoque, je désigne les espaces semi-ouverts ou semi-clos que sont les escaliers dans les immeubles. Ils sont clos parce qu'ils sont inclus dans un ensemble plus ou moins grand ; ils restent ouverts en même temps dans la mesure où ils permettent la circulation des co-locataires dans les deux sens - ascendant et descendant. Dans **Les Rougon-Macquart**, l'escalier est l'espace du viol et du colportage des rumeurs les plus ignominieuses - ce qui revient aussi à violer la vie privée d'autrui.

Ainsi, dans **La Curée**, Aristide Rougon dit Saccard viole une voisine de palier dans les escaliers de leur immeuble commun et le fruit de ce viol n'est autre que le bandit de Victor Rougon. Ce dernier est la preuve que le fruit conçu dans la violence devient à son tour violent et plein de vices. Il devient un individu plus assoiffé de jouissance que son géniteur. L'escalier permet aussi, selon Jean-François Tonard, le mouvement vers le bas et préfigure la décadence[842] des personnages vivant dans les étages supérieurs et qui sont quotidiennement appelés à dévaler les marches.

L'escalier dans **Pot-Bouille** est par-dessus tout l'espace des confidences incongrues. Lorsque les domestiques s'y retrouvent, les dernières versions sur les adultères des uns et des autres sont livrées avec une impudence déconcertante. Jean Borie affirme à ce propos que << [...] *les bonnes sont les hérauts infernaux du corps* >>[843], en raison des saletés physiques et verbales qu'elles y déversent. Avec sa configuration en spirale, l'escalier représente la spirale du viol et de la divulgation des secrets qui suppose l'espionnage[844]. La semi-ouverture qu'il constitue permet de communiquer avec l'extérieur et autorise la découverte des secrets cachés dans les différents appartements par l'extérieur au moyen du colportage des nouvelles. En effet, les domestiques, instruits les uns par les autres, une fois rentrés chez eux, ne garderont pas pour eux les secrets découverts sur leurs patrons. Schématisons à ce propos avec A.J. Greimas[845] :

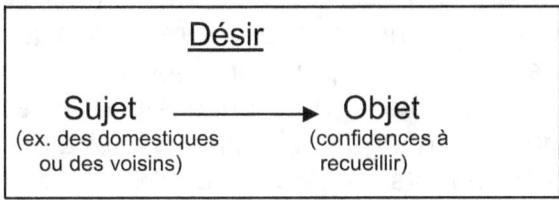

---

[842] Jean-François Tonard : **Thématique et Symbolique de l'Espace Clos dans le Cycle des Rougon-Macquart d'Émile Zola**, op. cit. pp. 217-218. Certes, il faut prendre cette décadence avec prudence car, autrement, il faudra concéder une élévation chaque fois qu'ils remontent chez eux.
[843] Jean Borie : **Zola et les Mythes, ou de la Nausée au Salut**, op. cit. p. 29.
[844] Philippe Hamon insiste largement sur l'importance de *la quête d'information* dans le roman zolien, quête qui se manifeste par *l'espionnage, le soupçon, le pressentiment et le blackmail,* dans **Le Personnel du Roman. Le Système des Personnages dans Les Rougon-Macquart d'Émile Zola**, op. cit. pp. 286-293.
[845] Algirdas Julien Greimas repris par Gilles Gritti, dans son article ''*Un Récit de Presse*'' publié dans **Communications, 8**, op. cit. p. 101.

Ce schéma greimasien appliqué au corpus montre que le désir des personnages dans un immeuble est de recueillir des confidences sur leurs voisins afin de divulguer les débauches dont ceux-ci auraient voulu garder le secret. Naturellement, tout personnage *gnarus* partagera son information avec tout autre personnage *ignare*. Après les espaces clos, les espaces ouverts et les espaces clos-ouverts, il ne reste qu'à interroger la profondeur ou les abîmes.

3.4. Le couple espaces profonds/espaces de surface : une descente aux enfers ?

L'espace profond - ou l'abîme - se caractérise par l'inconnu, l'insondable, qui effraie. Il serait donc étonnant de trouver dans **Les Rougon-Macquart** un espace profond positivement connoté. Si on se réfère par exemple au puits dans lequel Tron attire son rival, Hourdequin, dans **La Terre**, on se rend compte de ce qu'il s'agit d'un espace piégé, un espace de mort atroce. Il rappelle le Voreux dans **Germinal**, vu par le narrateur comme un monstre qui avale les mineurs, et qui est le théâtre du meurtre de Chaval par son rival, Étienne Lantier. Ces espaces sont tous les deux macabres ; car Hourdequin se brise le cou dans le puits de Tron, qui souhaite lui ravir ainsi La Cognette. Ensuite, Étienne possède Catherine Maheu à l'article de la mort[846] et ce, juste après avoir tué Chaval, l'amant de la jeune fille. Leur relation sexuelle a ceci de curieux qu'ils ne s'avouent leur amour réciproque qu'à ce moment-là et que Catherine meurt peu après avoir satisfait sa libido. De plus, il faut considérer que la profondeur, qui ne peut se mesurer à l'œil nu, et l'obscurité qui se trouve au fond des puits, sont autant d'éléments annonciateurs de mort et les personnages qui s'aventurent en de tels espaces le paient de leur vie[847]. Les exemples dans le corpus ne manquent pas.

En effet, dès **La Fortune des Rougon** déjà, le puits mitoyen qui sert de lieu de rencontre à Silvère et à Miette, fonctionnait comme un espace annonciateur de leur fin tragique et précoce. À tout considérer, il faut partir de ce qu'ils communiquent grâce au reflet de leurs images dans l'eau du fond. Ce spectacle, quoique romantique à leurs yeux, garde des relents mythologiques avec l'épisode de Narcisse qu'on ne va pas ressasser ici. Toutefois, à l'image du héros tragique de la mythologie grecque, Miette et Silvère mourront d'une mort tragique dans la fleur de l'âge. L'insondable, comme le néant, ne pardonne guère. Il s'agit ni plus ni moins d'une instance de sanction et toute performance sexuelle réalisée là, conduit inéluctablement à la mort du personnage performant, devenu agent de sa propre disparition. Pour Sylvie Collot, le puits << *est l'un des lieux les plus riches de l'univers de Zola* >>, et surtout, avertit-elle : << *n'oublions pas qu'en hébreu, le même mot désigne le puits et l'épouse* >>[848]. Singulièrement, le puits mitoyen << *joue le rôle, dans*

---

[846] Émile Zola : **R. M. III**, op. cit. p. 1579.
[847] Dans **Émile Zola, Le Réalisme Symbolique**, Claude Seassau estime que le Voreux << *instaure le rite barbare* >> de la dévoration, op. cit. p. 202.
   Maarten Van Buuren va dans le même sens en voyant le Voreux comme un << *monstre chthonien goulu* >> et << *glouton* >>, voir **Les Rougon-Macquart d'Émile Zola. De la Métaphore au Mythe**, op. cit. p. 32 et p. 35.
[848] Sylvie Collot : **Les Lieux du Désir. Topologie Amoureuse de Zola**, Paris, Hachette, 1992, p. 139.

La Fortune des Rougon, de lieu de communication primitif »[849]. Le puits n'est guère loin du tunnel, puisque leur ressemblance physique se double d'une équivalence symbolique. Pour Jean-François Tonard, << *le cauchemar du tunnel* >> justifie la << *passion dévastatrice de Jacques Lantier* >> et de Flore[850]. En un mot, << *la mort s'engouffre dans le tunnel* >>[851], puisque c'est dans le tunnel que Grandmorin est égorgé et que Flore se suicide. Le tunnel représente, dans la pensée de Tonard, l'espace de la folie, du crime et de la mort[852]. Le tunnel et le puits ont ceci de commun qu'ils sont l'allégorie du sexe féminin. Dans l'imaginaire de Zola, le dernier est à craindre autant que les premiers. Zola avait la hantise du sexe féminin perçu comme un abîme insondable, un gouffre effrayant. À l'opposé, l'espace de surface est essentiellement la terre ferme qu'on a déjà étudiée plus haut et il serait superflu d'y revenir ici. Au total, tout espace est le doublet du personnage qui l'investit. Une chambre aura un grand lit décoré de couleurs vives - rose, jaune, par exemple - quand le personnage qui y vit sera une femme portée sur la débauche et l'argent facile que procure la prostitution. Mais l'étude de l'espace ainsi présentée serait incomplète si on ne prend en compte la situation de conflit qui prévaut entre le personnage et son espace dans le roman zolien.

II. LA SITUATION CONFLICTUELLE ENTRE L'ACTANT SEXUEL ET L'ESPACE

Ce n'est pas toujours que le personnage entre en conjonction avec son espace. Bien au contraire, il entre très souvent en disjonction avec lui, fatalement et tragiquement.

2.1. *Espace et agression de l'actant sexuel*

Le personnage en disjonction avec l'espace entre en conflit ouvert avec celui-ci. L'espace agit d'abord sur le personnage et l'amène à réaliser des performances sexuelles au mépris de toutes normes sociales ainsi qu'on l'a montré pour les champs de blé, la serre et les masures. L'érotisme spatial constitue une véritable agression qui insuffle le désir des aberrations sexuelles au personnage anthropomorphe. Or tout part du désir qui crée un besoin, un manque à combler. Vouloir éliminer un manque ou le combler, c'est vouloir améliorer une situation inconfortable. Et l'on sait que, conformément *la logique des possibles narratifs* de Claude Bremond[853], tout processus d'amélioration enclenché va de pair avec une dégradation possible. Une fois que l'amélioration est obtenue, la dégradation n'est plus accomplie et demeure au stade du virtuel avorté.

---

[849] Sylvie Collot : **Les Lieux du Désir. Topologie Amoureuse de Zola**, op. cit. p. 139.
[850] Jean-François Tonard : **Thématique et Symbolique de l'Espace Clos dans le Cycle des Rougon-Macquart d'Émile Zola**, op. cit. p. 253.
[851] **Ibidem**, p. 254.
[852] Jean-François Tonard : **Thématique et Symbolique de l'Espace Clos dans le Cycle des Rougon-Macquart d'Émile Zola**, op. cit. p. 254.
[853] Claude Bremond : ''*La Logique des Possibles Narratifs*'' in **Communications, 8 : Analyse Structurale des Récits**, op. cit. p. 68.

À titre d'exemple, Henri Dauvergne entreprend, dans **La Bête Humaine**, la conquête de Séverine Roubaud. *A priori*, il bénéficie d'une amélioration possible puisque la jeune femme peut consentir à satisfaire sa libido. Il enclenche sur la base de cet espoir, un processus d'amélioration dès lors qu'il entame l'opération de séduction. Mais une amélioration possible a son revers, qui est une dégradation possible, puisque la jeune femme peut aussi bien refuser de donner son amour au séducteur. Finalement, elle refuse de céder, accomplissant ainsi la dégradation qui n'était que virtuelle tantôt. À l'heure du bilan, l'amélioration espérée par Dauvergne est non obtenue avec son échec final.

On peut schématiser cet épisode de la manière suivante :

Schéma n°. 1 :

Amélioration à obtenir
(libido à satisfaire)
↓
Processus d'amélioration   = Dégradation possible
(à la conquête de l'objet-valeur sexuel)   (conquête non assurée)
                                                    ↓
                                                    Processus de dégradation
                                                    (Refus de l'objet-valeur sexuel)
                                                    ↓
Amélioration non obtenue   = Dégradation accomplie
(Échec de l'entreprise de séduction)   (Objet-valeur sexuel non conquis)

Ce premier schéma montre que toutes les tentatives de séduction et de conquête de l'objet-valeur sexuel ne se soldent pas par un franc succès. Un tel schéma conviendrait à représenter canoniquement les tentatives de séduction exercées par Henri Dauvergne sur Séverine, ou celle de Cabuche sur la même femme, ou encore celle de Flore sur Jacques Lantier, rien que dans **La Bête Humaine**. Pareil énoncé narratif intervient dans **Le Docteur Pascal**, lorsque le docteur Ramond tombe amoureux de Clotilde. Il enclenche alors un processus de séduction avec un grand espoir au départ, puisque rien ne semble lui barrer le chemin. L'oncle Pascal semble pour le mariage, la grand-mère, Félicité, veut même hâter les fiançailles, etc. Cependant cet espoir est ruiné lorsque Clotilde, contre toute attente, décide de répondre à sa requête par la négative, pour finir dans les bras de son propre oncle. Ce que ces sujets sexuels ont en commun, c'est que leurs améliorations à obtenir se sont toutes soldées par des dégradations accomplies, car l'échec dans la conquête de l'objet-valeur sexuel est toujours très mal accueilli et conduit très souvent à des massacres atroces - comme on l'a vu avec Flore.

À l'opposé du premier schéma, on peut établir un second sur l'axe de la séduction comme suit :

Schéma n°. 2:

Amélioration à obtenir
(Objet-valeur sexuel à conquérir)
↓
Processus d'amélioration   = Dégradation possible
(séduction entamée)   (refus de l'objet-valeur sexuel)
                                                        ↓
                                            Processus de dégradation
                                            (hésitation de l'objet-valeur sexuel)
                                                        ↓
Amélioration obtenue   = Dégradation non accomplie
(objet-valeur sexuel conquis)   (acceptation de l'objet-valeur sexuel)

Ce second schéma s'applique à toutes les relations sexuelles qui aboutissent dans le corpus. Ainsi Jacques Lantier convoite et conquiert Séverine, obtenant alors l'amélioration qu'il voulait réaliser. Son exemple est pareil à ceux des séducteurs triomphants que sont M. de Mussy, M. de Saffré, Maxime et bien d'autres qui triomphent de Renée. Il s'applique aussi au comte Muffat, à Georges et Philippe Hugon, au marquis de Chouard, à Daguenet, à Fauchery, à Steiner et aux autres amants de Nana[854]. On note que ce second schéma s'applique à la majorité des personnages le corpus[855], ce qui explique que la débauche est au centre de toutes les narrations[856] dans **Les Rougon-Macquart**.

Il arrive toutefois que ce schéma canonique soit plus ou moins complexe à partir de l'instant où il se pose un obstacle préliminaire dont il faut nécessairement se débarrasser avant de jouir de son objet-valeur sexuel. On retrouve ce genre de schéma dans **La Terre** avec le cocher, Tron, qui tend un piège afin d'éliminer son rival, Hourdequin, et de garder pour lui seul, La Cognette, leur maîtresse commune. Éventuellement, il n'y parvient qu'en partie, car si le rival est tué, l'objet-valeur sexuel refuse de lui appartenir. Tron se trouve dans la même situation que Flore qui massacre d'innocentes victimes, dans **La Bête Humaine**, en vue d'éliminer Séverine, l'obstacle principal à son union avec Jacques Lantier. Seulement, elle échoue dans son entreprise macabre.

---

[854] Pour Philippe Hamon, dans **Le Personnel du Roman. Le Système des Personnages dans Les Rougon-Macquart d'Émile Zola**, la femme << *donne* >> et << *se donne* >>, op. cit. p. 192.
[855] **Ibidem**, p. 201, Hamon évoque une << *guerre des sexes* >> dans **Les Rougon-Macquart**, ce qui ne va pas sans poser de problème puisqu'à l'évidence, l'hétérosexualité est foisonnante dans le corpus où les mâles et les femelles se convoitent inlassablement, même si des conflits surviennent très souvent - dus essentiellement à la jalousie - mais non à cause d'un antagonisme atavique entre les sexes. La notion de guerre des sexes est, à nos yeux, tout simplement exagérée.
[856] Roger Ripoll reconnaît, dans **Réalité et Mythe chez Zola**, que le thème de la nudité est obsédant dans le corpus, op. cit. p. 81.

C'est dans cette ultime perspective que Bremond établit le schéma suivant[857] que j'illustrerai à l'aide de ce qui se rapporte à la sexualité.

Schéma n°. 3 :

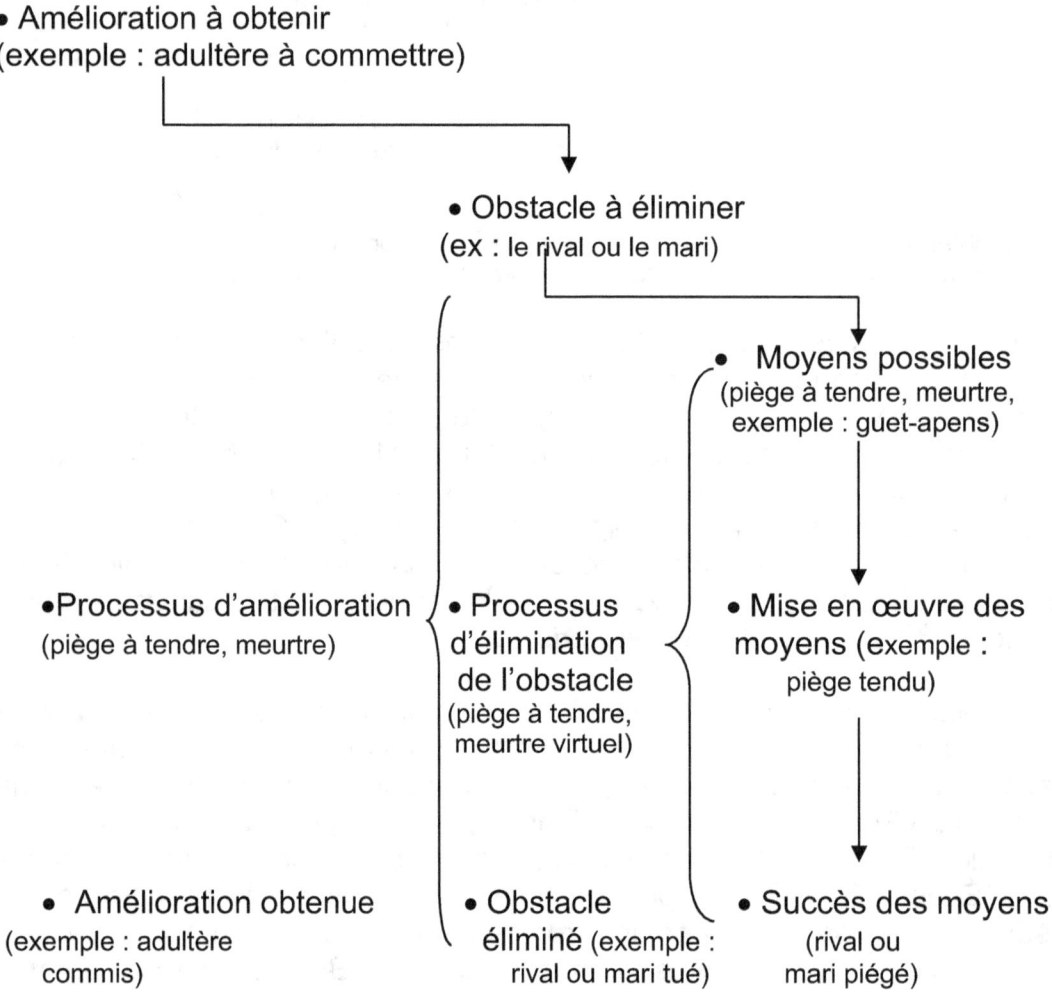

Par contre, Roubaud exécute parfaitement ce schéma dans l'express de six heures trente - en égorgeant le président Grandmorin - et garde pour lui seul son objet-valeur sexuel, son épouse Séverine, pour quelque temps au moins. Cet assassinat se déroule dans une voiture restreinte - à l'intérieur du train - censée protéger l'intimité du passager de première classe qu'était Grandmorin. Plus tard, Jacques et Séverine planifient conjointement l'exécution de ce schéma narratif en préparant le meurtre du mari, Roubaud, afin de pouvoir vivre ensemble librement. Le piège tendu aurait réussi à prendre sa victime, puisque Roubaud se rend

---

[857] Claude Bremond : *''La Logique des Possibles Narratifs''* in **Communications, 8**, op. cit. p. 69.

effectivement à la Croix-de-Maufras[858] où ses bourreaux devaient l'égorger. Il n'obtient un sursis que lorsque Jacques, pris par sa folie d'égorger une femelle, ne peut résister à la tentation de tuer tout de suite : il égorge plutôt Séverine[859] et s'enfuit avant l'arrivée de Roubaud. Jacques obtient donc un succès inversé dans la mesure où il élimine son objet-valeur sexuel, en lieu et place de l'obstacle à son acquisition. Sans doute l'espace de la Croix-de-Maufras a agi de tout son poids dans cette déviation des objectifs que connaît Jacques. Cette maison est un espace de débauche et de pédophilie, car le président Grandmorin allait y débaucher Séverine, sa filleule et l'épouse de Roubaud, depuis son bas âge[860]. Espace de pédophilie, d'inceste aussi - puisque Grandmorin lui servait de père adoptif - et d'adultère, la Croix-de-Maufras est un espace lugubre, connoté négativement[861]. Alors qu'il avait été prévu pour être l'espace de l'élimination d'un obstacle afin de réunir à jamais deux amoureux, il se transforme en espace de séparation à jamais, en incitant Jacques à se détourner de ses objectifs initiaux.

Au total, **Les Rougon-Macquart** peignent un monde de la dépravation et de la perdition exacerbées ; un monde où tout converge vers une sexualité triomphante et parfois morbide. Obnubilés par leur appétit sexuel, les personnages zoliens ne reculent devant rien lorsque la pulsion sexuelle se fait impérieuse. Ainsi, ils ne reculent ni devant l'inceste - au sens propre comme au figuré -, ni devant la pédophilie ni devant l'homosexualité, encore moins devant le meurtre. Le sexe est leur instrument de récréation et non plus seulement le moyen de la procréation. Il va sans dire que les foyers de tension ou conflits qui apparaissent parfois entre eux sont essentiellement motivés par la jalousie[862]. Que doit-on retenir de toutes ces remarques ? Premièrement, que l'érotisme spatial est source de perversion sexuelle. Deuxièmement, que le personnage anthropomorphe subit l'influence de l'espace tout comme il subit celui du temps, incapable qu'il est de les changer en bien, de les améliorer. La composante spatio-temporelle se présente au total comme un complice actif et un destinateur dans le processus de dépravation sexuelle des uns et des autres et qui les pousse à la mort. On vient de constater qu'il y a un conflit entre le personnage et l'espace, aussi est-il légitime de se demander à qui profite la confrontation.

2.2. *La défaite de l'actant sexuel*

---

[858] Claude Seassau montre que Croix-de-Maufras signifie << *qui fait mal* >>, dans **Émile Zola, Le Réalisme Symbolique**, op. cit. p. 35.
[859] Jacques Noiray, dans **Le Romancier et la Machine, I : L'Univers de Zola**, op. cit. p. 411, affirme que c'est plutôt la faute à la Lison si Jacques tue Séverine.
[860] Maarten van Buuren écrit : << *Grandmorin, le président de la Cour de Rennes, abuse de son pouvoir de parrain et tuteur (sa << paternité >>) pour séduire Séverine (sa << fille >>)* >>, dans **Les Rougon-Macquart d'Émile Zola. De la Métaphore au Mythe**, op. cit. p. 184.
[861] Selon Jean-François Tonard, dans **Thématique et Symbolique de l'Espace Clos dans le Cycle des Rougon-Macquart d'Émile Zola**, op. cit. p. 253, ce n'est pas par hasard que le tunnel sépare la Croix-de-Maufras et la maison des Misard, lorsqu'on se rappelle la connotation négative du tunnel. Il s'agit donc du trait d'union entre deux espaces du crime.
[862] Claude Seassau montre que la jalousie est à l'origine du désir de tuer, dans **Émile Zola, Le Réalisme Symbolique**, op. cit. p. 198.

Incapable d'entrer en conjonction avec son espace, c'est-à-dire de le transformer en un espace moral et chaste, le personnage anthropomorphe subit une défaite retentissante, comme c'est le cas dans **La Terre** où, malgré l'acharnement forcené des paysans sur la terre, celle-ci reste immense et toujours revigorée, tandis que les personnages sombrent dans la débauche, se fanent et meurent[863]. La vanité de leurs multiples efforts pour dompter l'espace rebelle se lit sur chaque page du roman. La toute puissance de l'espace - par le truchement de l'érotisme qu'il suscite - s'exprime par la manipulation du personnage anthropomorphe. Ce dernier est ensuite conduit à accomplir une performance jamais méliorative mais toujours dégradante[864].

Dans **Les Rougon-Macquart**, on constate que les espaces *paratopiques* et *utopiques* se fondent dans le même moule, c'est-à-dire que le personnage acquiert sa compétence et réalise sa performance dans un seul et même espace[865]. Ceci me semble être un signe évident de cohésion dans la construction romanesque chez Zola. C'est aussi la preuve que l'actant anthropomorphe dépend totalement de son espace, qui le forme et qui l'emploie.

À titre d'exemple, dans le chapitre I de **La Curée**, c'est dans la serre que Renée réalise sans le moindre doute qu'elle est amoureuse de Maxime. C'est là qu'elle devient jalouse de Louise de Mareuil, la fiancée du jeune homme. Ayant acquis sa compétence dans la serre, elle revient y accomplir bientôt sa performance en prenant justement la serre comme un espace érotique, son espace de prédilection pour goûter pleinement l'inceste aux bras de Maxime par les << *nuits froides de l'hiver* >>. Dans une logique identique, la toute-puissance de l'espace se traduit par la sanction sévère qu'il inflige au personnage. Victime résignée et sacrificielle, ce dernier subit stoïquement sa sanction dans son espace de prédilection, un peu comme Claude Lantier qui se suicide dans son atelier de peinture.

Symétriquement, Miette et Silvère se donnent rendez-vous chaque nuit dans un ancien cimetière et s'asseyent toujours sur la même pierre tombale, dont l'épitaphe inscrit, << *Ci-gist Marie* >>. Marie étant le vrai prénom de Miette, on se rend compte de la valeur prémonitoire de cette pierre. Victimes résignées donc, ils meurent dans la fleur de l'âge, Miette à la campagne et Silvère, au cimetière justement.

---

[863] Voir David Baguley : **Zola et les Genres**, *IX. Le Réalisme Grotesque et Mythique de La Terre*, op. cit. pp. 94-101.

[864] Jean-François Tonard estime que le personnage est alors sous l'influence du << *dynamisme inquiétant de la nature qui, métamorphosée, devient un monstre vivant* >>, voir **Thématique et Symbolique de l'Espace Clos dans le Cycle des Rougon-Macquart d'Émile Zola**, op. cit. p. 69.

Maarten Van Buuren renchérit pour dire que l'homme est déterminé par le milieu chez les naturalistes et que la ville de Paris, par exemple, est complice de la débauche des personnages, dans **Les Rougon-Macquart d'Émile Zola. De la Métaphore au Mythe**, op. cit. pp. 276-277.

[865] Si Neide de Faria a raison de dire, dans **Structure et Unité dans Les Rougon-Macquart d'Émile Zola (la poétique du cycle)**, op. cit. p. 210, que le temps est circulaire dans **Les Rougon-Macquart**, on peut tout aussi affirmer que l'espace zolien est circulaire, dès lors que le personnage acquiert sa compétence en un espace donné et qu'il revient ensuite y accomplir sa performance.

Cette loi du retour sur soi dans **La Fortune des Rougon**, réfléchit l'action sur elle-même, renvoie le personnage à son espace de prédilection pour l'y sanctionner. Elle montre aussi combien << *Le personnage est indissociable de l'univers fictif auquel il appartient* >>[866].

On peut ajouter à ces exemples celui de Jacques et de Séverine, où la Croix-de-Maufras est l'espace d'un contrat fiduciaire conclu entre les deux actants sexuels. En effet, la femme y convainc son amant d'assassiner son mari afin de la garder pour lui seul comme récompense. Jacques accepte ce contrat et tous les deux préparent un plan ingénieux, choisissent l'arme du crime, un couteau. La maison devient l'espace d'un contrat rompu - ou plutôt mal rempli - quand Jacques abat la mauvaise cible, arrosant l'arroseuse de son propre sang. On peut évoquer dans le même ordre d'idées, le suicide de Georges Hugon, qui revient se tuer chez Nana, dans l'appartement où il était venu la voir pour la première fois, avec un bouquet de fleurs qui symbolisait déjà sa couronne funéraire. Pareillement, François Mouret était revenu chez lui pour s'immoler par le feu dans l'incendie de son immeuble, espace de la trahison de son épouse, dans **La Conquête de Plassans**.

De telles sanctions étaient sans doute prévisibles, car lorsque les mortels anthropomorphes s'attaquent aux immortels - temps et espace -, sauf miracle, l'issue ne saurait leur être favorable. La défaite des premiers est toute programmée par avance, comme celle des humains devant les dieux grecs. Qui peut vaincre en effet le dieu Chronos et garder immuable son triomphe ? Qui peut vaincre la déesse Gaïa et garder indéfiniment le bénéfice de sa victoire ? Pour tout dire, la fatalité de la sexualité est aussi et surtout une fatalité de l'espace ; une fatalité du temps et la fatalité d'une société corrompue[867] qui est appelée à disparaître.

2.3. *La vengeance de l'actant sexuel sur l'espace ou l'émergence des pyromanes*

La seule revanche que peut prendre le personnage sur l'espace semble être la destruction pure et simple. C'est ainsi que Tron, concevant l'espace de la ferme comme hostile à l'accomplissement de son amour, y met le feu dans **La Terre**. Mouret aussi avait mis le feu à son domicile, dans **La Conquête de Plassans**, en signe de vengeance. Quant à Vandeuvres, ruiné indirectement par Nana - après avoir joué et perdu toute sa fortune dans une course hippique -, il incendie son écurie et se laisse flamber avec tout le reste.

---

[866] Roland Bourneuf : **L'Univers du Roman**, op. cit. p. 150.
[867] Émile Zola écrit : << *Remarquez que notre théorie des milieux et le rôle que nous donnons en physiologie aux questions de l'hérédité, remplacent strictement la fatalité antique. Les dieux autrefois voulaient les crimes ; mais les dieux n'étaient autre chose que le milieu et les influences héréditaires* >>, article sur le drame de Darwitz, **Le Puits des Quatre Chemins**, paru dans *Le Voltaire* du 20 avril 1880 et repris dans les **Œuvres Complètes**, XII, Henri Mitterand (éd.), op. cit. p. 239.

La pyromanie est au total, l'aveu de l'impuissance du personnage anthropomorphe en disjonction flagrante avec son espace d'où il est éjecté[868], espace où il n'a plus aucun espoir de réaliser la moindre performance sexuelle et où il n'est plus le bienvenu. Il en résulte que l'actant sexuel frustré nourrit des ambitions nihilistes : vouloir tout raser, ne laisser que le néant s'il doit perdre son objet-valeur sexuel. Il n'a pas d'état d'âme lorsqu'il provoque un incendie criminel[869], car peu lui importe qu'il mette ou non en danger la vie d'innocentes gens. Le personnage sexuellement frustré semble prendre donc son espace de frustration comme ces anciennes cités infestées de peste et auxquelles l'on mettait le feu nuitamment pour les raser, afin de les purifier et de protéger les autres contrées du grand mal[870]. La similitude est grande en effet puisque les sujets sexuels du corpus exercent leur pyromanie pendant la nuit. La répétition des velléités incendiaires permet tout de même de mettre en lumière un autre mythe personnel de Zola.

2.4. *La mise en lumière d'un autre mythe personnel de l'auteur et son interprétation psychanalytique.*

J'ai déjà postulé que Zola était un obsédé sexuel[871], qu'il était hanté par la femme[872], par la maternité avortée et par la mort précoce due à de fatales transmissions génétiques. On peut affirmer en plus que son obsession s'étendait au domaine général de la mort et du néant, vu le nombre impressionnant de décès que son œuvre enregistre [873] et les tendances nihilistes de certains de ses personnages tels que les pyromanes et Souvarine, le Russe de **Germinal**. Ce

---

[868] Pour Naomi Schor, dans **Zola's Crowds**, op. cit. p. 98, << *the (spatial) superiority of women* >> est un fait, aussi Nana et Satin expulsent-elles Muffat de l'hôtel particulier de Nana, tout comme Marthe expulse François Mouret de leur maison familiale, dans **La Conquête de Plassans**.

[869] Claude Seassau écrit : << *La destruction nihiliste a un aspect mystique, seuls le sang et le feu peuvent nettoyer la terre comme dans les rites purificateurs* >>, dans **Émile Zola, Le Réalisme Symbolique**, op. cit. p. 251.
    Ce genre de feu s'apparente plutôt au feu destructeur dans la terminologie de Maarten Van Buuren, dans **Les Rougon-Macquart d'Émile Zola. De la Métaphore au Mythe**, op. cit. p. 255.

[870] À propos de ce rapprochement entre Paris et les villes de Sodome et Gomorrhe, voir Roger Ripoll, dans **Réalité et Mythe chez Zola**, op. cit. p. 101.

[871] Roger Ripoll écrit : << *L'association de la sexualité et du mal traduit bien plus les hantises de Zola que les conceptions qu'il entendait mettre en œuvre dans son roman* >>, in **Réalité et Mythe chez Zola**, op. cit. p. 115. Je pense que ces incendies ont tout à fait une double vocation, punitive et purificatrice.

[872] On se souvient que pour Maarten van Buuren, le mythe personnel de l'auteur (ou sa personnalité inconsciente) se dévoile à travers la hantise d'un petit groupe de personnages, voir **Les Rougon-Macquart d'Émile Zola. De la Métaphore au Mythe**, op. cit. p. 46.
    Or Philippe Hamon a montré justement que Florent est hanté par la femme tuée sur les barricades ; Souvarine hanté par la femme pendue dans la révolution moscovite ; Jacques Lantier par la femme vivante ; Serge Mouret par la Vierge et Claude Lantier par la Femme - virtuelle et artistique -, voir **Le Personnel du Roman. Le Système des Personnages dans Les Rougon-Macquart d'Émile Zola**, op. cit. 252. La hantise de ce petit groupe de personnages trahit sans doute la hantise de Zola lui-même.

[873] Naomi Schor souligne que : << *The specter of the dead woman haunts* **The Rougon-Macquart** >>, dans **Zola's Crowds**, op. cit., p. 21.

dernier ne sabote-t-il pas la mine de charbon en vue de détruire le monde ouvrier de Montsou[874] ?

C'est le lieu de passer au troisième temps de la méthode psychanalytique, à savoir l'interprétation du mythe personnel de l'auteur. En me fondant sur tout ce qui précède, on a l'impression que la littérature donne à Zola l'occasion d'exprimer ses propres fantasmes inconscients en disséminant les indices y afférents à travers son œuvre[875]. Notre postulat sera donc le suivant : Zola exorcise ses propres démons qu'il a peur d'affronter dans la réalité contingente et c'est à ce titre que son œuvre artistique se présente comme une catharsis pour l'artiste *névrosé* qu'il fut[876].

Cependant, il est impératif de vérifier pareille affirmation en la confrontant avec la biographie de l'auteur Zola comme cela se doit dans la quatrième et ultime phase de la méthode psychanalytique. On peut retenir de la biographie de Zola que jusqu'au seuil des cinquante ans, l'homme était privé d'enfant, malgré un quart de siècle de vie commune avec son épouse, Gabrielle-Alexandrine Meley. Fortement perturbé par cette stérilité qui frappait son foyer, Zola finit par se lier d'amour avec Jeanne Rozerot, la femme de chambre de son épouse[877]. C'est de cette union adultère que ses deux seuls enfants - Denise en 1889 et Jacques en 1891 - naquirent que Zola devint enfin vraiment heureux[878]. Il est extrêmement intéressant de noter la double coïncidence qui amena Zola à prénommer ses deux

---

[874] Claude Seassau écrit, dans **Émile Zola, Le Réalisme Symbolique**, op. cit. : << *La violence la plus aiguë est celle du nihiliste Souvarine voulant totalement anéantir la création par un déluge* >>, p. 251.

Jean Borie estime, dans **Zola et les Mythes, ou de la Nausée au Salut**, op. cit. pp. 108-110, que les catastrophes (incendie, inondation, épidémie et invasion) sont d'une richesse prodigieuse dans l'œuvre de Zola. Ainsi la destruction du Voreux est significative quand on sait qu'il représente un père - puisque possédant un pénis - et une mère - ayant un vagin large et profond. En tant que femme phallique donc, il représenterait une menace castratrice qui pourrait justifier son sabotage.

[875] Pour Colette Becker, << *Le roman devient, pour Zola, un exorcisme contre l'angoisse de la mort, les obsessions anciennes ravivées par la maladie, les deuils, la hantise de la page à écrire, de l'œuvre à achever* >>, voir *Zola*, dans **Dictionnaire des Littératures de Langue Française**, op. cit. p. 2694. Bien avant, Becker mentionne << *les hantises personnelles de l'écrivain : peur de la Femme, peur de la fêlure, des forces incontrôlées et incontrôlables qui détraquent l'homme et le conduisent à la folie, hantise de l'émiettement physique et moral, de l'engrenage et de la mort [...]* >>, p. 2693.

[876] << *Les lectures contemporaines, usant des ressources de la psychanalyse ou de l'analyse thématique, commencent à dévoiler la richesse de cette œuvre où peut se lire le combat que mène un homme pour arriver à vivre - l'affrontement courageux de ses fantasmes, une exigence de clarté, un tâtonnement vers une guérison* >>, **ibidem**, op. cit. p. 2693.

[877] Jacques Noiray met ce triumvirat en rapport avec le foyer qui comprend Jacques, Pecqueux et la Lison, dans **Le Romancier et la Machine, I : L'Univers de Zola**, op. cit. p. 410. Il ajoute que la relation amoureuse entre la Lison et Jacques ressemble fort bien au mariage de Zola avec Gabrielle-Alexandrine, la Lison devenant acariâtre à un moment donné, comme madame Zola, puis devenant maîtresse apaisante (p. 408), comme Jeanne Rozerot.

[878] **Ibidem**, Jacques Noiray pense que la naissance des enfants de Zola motive son positivisme vers la fin des **Rougon-Macquart**, op. cit. p. 506.

enfants exactement après son héroïne, Denise, du roman **Au Bonheur des Dames**, paru en 1883, soit six ans avant la naissance de sa fille, et Jacques, homonyme de Jacques Lantier, héros de **La Bête Humaine** publiée en 1890, soit un an avant la naissance de son fils. Dans **L'Œuvre**, parue en 1886, le fils de Claude Lantier se prénommait également Jacques. On peut penser que ce sont là les prénoms favoris de Zola qu'il attribuait aux personnages qu'il pouvait *créer* en lieu et place d'êtres de chair qu'il ne parvenait pas à *procréer*. Aussi n'a-t-il pas hésité à nommer ses enfants après ces êtres de papier dès que la situation le lui permettait pour de vrai. Il semble évident qu'il ne s'agit pas là de simples coïncidences fortuites, dès lors que l'homme Zola a attribué les prénoms des héros - nés de son esprit créatif - à des enfants nés de son sang.

D'un autre côté, on note que, dans **Pot-Bouille** - paru en 1882 -, les domestiques sont harcelés par leurs patrons. Zola aurait-il à son tour harcelé sa domestique, Jeanne Rozerot, à l'instar des bourgeois de **Pot-Bouille** ? S'il est hasardeux de répondre à cette interrogation par l'affirmative, on peut en revanche affirmer sans crainte qu'il commit au moins l'adultère comme eux, sa position de patron constituait sans aucun doute une donnée à même d'influencer la jeune fille. On remarque au passage que son adultère est postérieur à celui de ses personnages littéraires, comme si le rêve inconscient glissé *incognito* dans l'œuvre précédait la réalité. La propriété du rêve prémonitoire se reconnaît dans cette marque d'antériorité sur sa satisfaction dans la réalité. Ce rêve une fois réalisé donc combla Zola de joie avec la naissance effective de ses enfants. Pour mesurer la portée de ces événements heureux sur la vie de l'auteur, il faut se référer à ces propos du critique émérite, le professeur Henri Mitterand, qui a beaucoup travaillé sur lui et qui écrit : « *Il [Zola] mincit, découvre à cinquante ans les joies de la paternité, retrouve l'énergie fougueuse de sa jeunesse* »[879].

Par ailleurs, ses jeunes admirateurs d'un moment, déçus par **La Terre** - parue en 1887 -, publièrent contre lui un pamphlet connu sous le nom du *Manifeste des Cinq*. En parcourant les pages de ce document, on a des indices révélateurs sur la vie de Zola : sa timidité devant les femmes, sa connaissance tardive de la femme et la maladie rénale qui lui aurait fait craindre une éventuelle impuissance. Pour les cinq réactionnaires au naturalisme : « *Jeune, il [Zola] fut très timide, et la femme, qu'il n'a point connue à l'âge où l'on doit la connaître, le hante d'une vision évidemment fausse. Puis le trouble d'équilibre qui résulte de sa maladie rénale contribue sans doute à l'inquiéter outre mesure de certaines fonctions, le pousse à grossir leur importance* »[880], et plus haut : « *Alors, tandis que certains attribuaient la chose à une maladie des bas organes de l'écrivain, à des manies de moine solitaire, les autres y voulaient voir le développement inconscient d'une boulimie de vente [...] (le) romancier percevant que le gros de son succès d'éditions dépendait de ce que* « *les*

---

[879] Henri Mitterand : *Notes* dans **L'Argent** d'Émile Zola, Paris, Gallimard. 1980, p. 511.
[880] Marcel Girard reproduit intégralement le *Manifeste des Cinq* signé par Rosny, Bonnetain, Descaves, Margueritte et Guiches, article paru pour la première fois dans **Le Figaro** du 18 août 1887, dans ses *Archives de l'œuvre* in **La Terre** d'Émile Zola, Paris, Garnier-Flammarion, 1973, p. 499. On peut le lire aussi dans Émile Zola : **R. M. IV**, op. cit. p. 1526.

*imbéciles achètent **Les Rougon-Macquart**, enchaînés, non pas tant par leur qualité littéraire, que par la réputation de pornographie que la* vox populi *y a attachée »*[881].

En dépit de l'exagération de ces diatribes, le fait de maladie rénale[882] est prouvé, car d'autres biographes de Zola l'ont confirmé. Je pense donc que certaines des obsessions zoliennes dans son univers romanesque trouvent leurs sources dans la vie de l'auteur. Même la hantise de la mort semble étroitement liée à la mort subite de son père alors que Zola n'avait que sept ans. Il reste vrai aussi que l'homme était un nataliste, un populiste et à ce titre, un anti-malthusien qui rendit hommage aux Juifs, dans **L'Argent** - et quasi identiquement dans **Le Docteur Pascal**[883] - en écrivant : *« C'était toute cette poussée libre d'un peuple fort et vivace, dont l'œuvre devait conquérir le monde, ces hommes à la virilité jamais éteinte, ces femmes toujours fécondes, cette continuité entêtée et pullulante de la race »*[884], avant de souligner *« la lignée nombreuse qui fait la force et qu'on défend »*[885].

On pourrait mettre en lumière ici un autre mythe personnel de l'auteur en ce sens que, craignant de devenir impuissant, il voulut avoir une nombreuse progéniture pour perpétuer son nom à travers elle. Quant à son obsession sexuelle, elle doit trouver son origine dans l'éducation reçue de la mère seule, en l'absence du père - quand bien même les grands-parents furent longtemps présents à leurs côtés -. Le phénomène de la transpiration des refoulements inconscients dans une œuvre d'art a été décrit par le psychanalyste Sigmund Freud en ces termes : *« L'artiste, comme le névrosé, s'est retiré d'une réalité insatisfaisante dans ce monde de l'imagination mais à la différence du névrosé, il savait comment retrouver le terrain solide de la réalité. Ses œuvres, comme les rêves, sont la satisfaction imaginaire de ses souhaits inconscients »*[886]. Ce passage suffisamment transparent pourrait s'appliquer à Zola au vu de l'étude qui vient d'être faite ici.

Encore une fois, il ressort de cette étude que le naturalisme est une geste de la sexualité, thème mythique et unificateur de toutes les catégories du récit, depuis la notion du personnage jusqu'à celle de l'espace, en passant, bien sûr, par celles des mythes, des métaphores et du temps. Ensemble, ces notions convergent vers la vision d'un monde dominé par le sexe, c'est-à-dire par l'instinct génésique et l'instinct de violence. C'est aussi la vision d'un monde fatalement voué à la destruction. Aussi, le pari qui consiste à n'étudier qu'un pan de ce mur naturaliste, pourrait manquer de montrer toute l'étendue de la bâtisse. Si la sexualité en est la pierre angulaire, le fondement en est la fatalité alors que les différentes pièces

---

[881] Marcel Girard reproduit intégralement le *Manifeste des Cinq* signé par Rosny, Bonnetain, Descaves, Margueritte et Guiches, article paru pour la première fois dans **Le Figaro** du 18 août 1887, dans ses *Archives de l'œuvre* in **La Terre** d'Émile Zola, op. cit. p. 500.
[882] Henri Mitterand, prenant appui sur Edmond de Goncourt, confirme cela dans son *Étude* in les **R. M. III**, op. cit. p. 1606.
[883] Ces mêmes lignes se lisent mot pour mot dans **Le Docteur Pascal** d'Émile Zola, **R. M. V**, op. cit. p. 1079.
[884] Émile Zola : **R. M. V**, op. cit. p. 1079.
[885] **Ibidem**, p. 94.
[886] Sigmund Freud : **Trois Essais sur la Théorie de la Sexualité**, op. cit. p. 148.

sont incontestablement, les personnages, les mythes, la fonction poétique, le temps et l'espace. Une fois qu'on a appréhendé les personnages et l'univers spatio-temporel auquel ils appartiennent et dans lequel ils se meuvent, il ne serait pas superflu de se pencher sur la question de la thématique de la sexualité dans sa fécondité à travers l'œuvre d'Émile Zola. On peut se demander dans ce cadre précis, quelles sont les nouveautés, au plan artistique, que cette thématique apporte, notamment dans le renouvellement de l'écriture romanesque. Cette question une fois résolue, permettra de découvrir un autre aspect de l'homme Zola.

QUATRIÈME PARTIE : FÉCONDITÉ DE LA THÉMATIQUE DE LA SEXUALITÉ DANS LES ROUGON-MACQUART

Comme il a été souligné plus haut, avant Zola, la thématique de la sexualité n'était pas chose courante dans la littérature française. Je ne dis pas qu'il fut le premier à oser l'y introduire - car les auteurs comme Baudelaire, Molière, Racine et surtout le marquis de Sade en avaient fait cas, dans une certaine mesure, et chacun selon son tempérament -, mais qu'il fut assurément celui qui en traita ouvertement, avec toutes les *saletés* qui y sont rattachées[887]. Il fut un innovateur lorsqu'il aborda le problème sous l'angle spécifique de la reproduction et de la transmission des caractères héréditaires au sein d'une famille. Son originalité tient aussi en cela qu'il ne parlait plus seulement de la beauté de la femme - ou de la force des sentiments d'un sujet sexuel pour un objet sexuel -, mais bien plus, dans la peinture de leur relation sexuelle, dans le tableau de toutes les perversions sexuelles qui se peuvent rencontrer dans la société.

Certes, on pourra toujours dire que le marquis de Sade a été un précurseur dans le domaine, mais il faut considérer que celui-ci s'oppose assez radicalement à Zola, non seulement par ses idées - qui n'avaient rien de scientifiques -, mais aussi et surtout par sa langue crue, brute et ordurière[888]. Naturellement, la nouveauté du thème allait mettre l'auteur Zola, devant un défi certain : celui de renouveler l'écriture romanesque, tant au niveau du vocabulaire qu'au niveau des structures syntaxiques et narratives.

CHAPITRE 1 : LA SEXUALITÉ ET LE RENOUVELLEMENT DE L'ÉCRITURE ROMANESQUE

Il faut dire en effet que la thématique de la sexualité telle que traitée dans **Les Rougon-Macquart**, voire dans le courant littéraire qu'est le naturalisme en général, a occasionné un renouvellement de l'écriture romanesque. Je tenterai ici de récapituler assez rapidement quatre caractéristiques majeures de ce renouveau de l'écriture dû au naturalisme.

<u>I. L'ALLUSION ET LES DEMI-MOTS</u>

---

[887] On se souvient de la fameuse conception des Goncourt selon laquelle le père pisse l'enfant tandis que la mère le chie, dans leur **Journal. Mémoires de la Vie Littéraire**, tome I, op. cit. p. 78. Le sexe est donc ''sale'' en soi, et ce n'est certainement pas Zola qui y a attaché des saletés.

[888] Par exemple, **La Philosophie dans le Boudoir** (1795) de Sade est une leçon de libertinage cruel donnée à une très jeune fille par deux hommes adultes, tandis qu'en 1785, **Les 120 Journées de Sodome ou L'École du Libertinage**, niait déjà l'existence de Dieu, la bonté de la Nature et faisait l'apologie de tout ce qui est dans la Nature comme étant naturel par essence, y compris le libertinage, le viol et le meurtre sadique, etc. En 1797, **Justine ou les Malheurs de la Vertu** bannissait la vertu qui serait toujours punie, alors que l'**Histoire de Juliette** récompensait généreusement les vices. Partout, le marquis de Sade utilisera une langue totalement grossière, contrairement à la langue zolienne qui est une langue faite de demi-mots, d'allusions et de métaphores. Chez Sade, on voit par exemple des hommes s'accoupler avec des animaux pour engendrer des monstres, avec lesquels ils couchent aussi. Scientifiquement, cela est quasi impossible, voire absurde, puisque leurs chromosomes sont si différents qu'ils ne pourraient, en aucun cas, procréer.

L'allusion s'entend comme une insinuation, un sous-entendu - autant que le demi-mot - que l'on emploie sans être suffisamment explicite pour qui possède un entendement moyen, mais tout en restant implicite, donc compréhensible et saisissable, pour qui a de l'intelligence. Fort justement, le traitement du thème de la sexualité chez Zola ne se fait pas de façon toute crue, toute vulgaire, sans prendre par moments, des *gants*. Il nécessite donc l'usage des demi-mots qui ont l'avantage d'exprimer le cru sous forme d'euphémisme et de sous-entendus. Dès lors, il peut sembler paradoxal que Zola ait été accusé de faire de la littérature putride alors que, dans ses romans, la description de l'acte sexuel lui-même n'existe presque nulle part. Et de plus, lorsqu'il décrit l'atmosphère, il utilise les demi-mots pour suggérer et non pour dire. L'intelligence du lecteur seule lui permet de le saisir totalement.

Ainsi lorsque Renée cède devant Maxime pour la toute première fois dans **La Curée**, l'inceste est évoqué en quelque deux phrases anodines : *« Et tout fut dit. Quand ils se retrouvèrent côte à côte, assis sur le divan, il balbutia, au milieu de leur malaise mutuel : - Bah ! Ça devait arriver un jour ! »*[889]. On a la nette impression que, pour ne point choquer ses narrataires, le narrateur zolien leur épargne certains mots crus, voire certaines scènes par trop obscènes. Cela répond naturellement à un besoin de bienséance de sa part.

C'est pourquoi, même le lesbianisme de Suzanne Haffner et d'Adeline d'Espanet ne se traduit jamais clairement. Il reste confiné dans cette formule : *« les inséparables, comme on les nommait d'un air fin »*[890]. Dans la même œuvre, la pédérastie de Baptiste n'était jamais rendue dans le mot juste et précis qui convient. C'est Céleste qui dénonce ses *« vilenies »*[891] vers la fin du roman, lorsqu'elle reçoit par délégation, le pouvoir narratif. Cela répond aussi à un souci de chasteté de la part du narrateur premier et non d'une ignorance, car le narrateur zolien fait preuve d'ordinaire de la plus grande précision lexicale, qu'il se situe dans le langage argotique ou savant. Cet effacement du narrateur derrière la rumeur ou un personnage quelconque sachant, est une des innovations que Zola a apportées au genre romanesque selon Halina Suwala[892]. Avec elle, on peut dire que la responsabilité du discours est ainsi partagée entre le narrateur et le quartier entier qui véhicule la rumeur[893].

La situation n'est guère différente quand il s'agit de présenter la profession des Charles, dans **La Terre**, où la pudeur l'emporte également sur la franchise. À dessein, l'établissement de ces promoteurs de maison close est désigné par le

---

[889] Émile Zola : **R. M. I**, op. cit. pp. 456-457.
[890] **Ibidem**, p. 323.
[891] **Ibidem**, p. 591.
[892] Halina Suwala : *À propos de quelques techniques narratives du naturalisme*, **Autour de Zola et du Naturalisme**, Paris, Honoré Champion Éditeur, 1993, p. 204.
[893] Selon Claude Seassau, les commérages introduisent un *« facteur de pittoresque et de couleur locale »* dans le roman réaliste en même temps qu'ils montrent le caractère profondément épique de Zola par leur association au soufflement, au vent et à la tempête meurtrière, dans **Émile Zola, Le Réalisme Symbolique**, op. cit. p. 188 et p. 190.

terme d'*épicerie* aussi bien par les Charles eux-mêmes que par le narrateur afin que leur petite fille, Élodie, élevée au couvent, ne sache rien du proxénétisme de ses parents et grands-parents. Dans cette logique, lorsqu'à la fin du roman, l'hérédité ne se trahissant pas, cette jeune fille apprend la vérité sur le métier de ses parents, fatalement, elle exige de prendre leur relève. Tout se dit dans un verbe qui n'a aucune crudité. En effet, pendant que les Charles s'évertuaient à lui voiler l'âcre vérité, déroutante, Élodie lâche : *« Je sais »*[894], et pour justifier sa ferme volonté de prendre la succession de ses parents, elle affirme : *« On ne peut pas lâcher ça, c'est trop bon, ça rapporte trop... Est-ce que ça doit sortir de la famille ? »*[895]. La double question de l'hérédité et de la bienséance dans l'expression était ainsi réglée simultanément dans cette confession d'Élodie.

Comme il a été mentionné plus haut, on peut s'étonner de voir que certains esprits bien pensants de l'époque aient conspué Zola, l'accusant de s'enfoncer dans *l'immondice* puisque, même lorsqu'il s'agit de peindre par exemple les habitudes sexuelles déshonorantes du baron Gouraud - dans **La Curée** -, ou du président Grandmorin - dans **La Bête Humaine** -, le narrateur se contente d'employer les mots simples de *"honte"*, de *"cochonneries"* ou des *"histoires qui couraient"* sur leur compte, pour ne pas donner les détails sordides des bassesses auxquelles ces messieurs respectables se livraient sans aucun respect, ni pour eux-mêmes, ni pour leurs victimes.

En définitive, sur ce point-ci, il convient de retenir que si ce que font les personnages est sale, il faut éviter toutefois d'enjamber la littérature en prenant systématiquement l'auteur au collet et l'accuser de tous les maux et mots sordides là où manifestement, il y a effort de chasteté de sa part. J'estime qu'il y a eu beaucoup d'erreurs d'appréciation dans le cas de Zola[896], y compris parmi ceux qu'on considérait comme les plus brillants esprits de l'époque, comme Anatole France. L'illusion référentielle afférente au domaine littéraire et qui fait associer à tort le personnage de fiction et la personne vivante, fait associer également à tort le narrateur au romancier. *In extenso*, d'aucuns ont pu croire que le romancier était derrière chacun des personnages qui *vivent* dans son récit de fiction. On s'est ainsi fait une fausse image de Zola, celle d'un cochon ou d'un cavalier enfourchant un vulgaire cochon, comme la caricature parue dans un quotidien berlinois[897], au lendemain de la publication de **La Terre**.

De fait, dénonçant depuis le 1er janvier 1877 - dans la préface de **L'Assommoir** -, *« les jugements tout faits, grotesques et odieux »*[898], l'auteur controversé esquissait lui-même son propre portrait qu'il voudrait qu'on crût le vrai, le véritable. Il déclarait en substance : *« Si l'on savait combien le buveur de sang, le romancier féroce, est un digne bourgeois, un homme d'étude et d'art, vivant sagement dans son*

---

[894] Émile Zola : **R. M. IV**, op. cit. p. 787.
[895] **Ibidem**, p. 78
[896] C'est aussi l'avis de Claude Seassau, dans **Émile Zola, Le Réalisme Symbolique**, op. cit. p. 7.
[897] Marcel Girard : *"Préface"* de **La Terre** d'Émile Zola, op. cit. p. 9.
[898] Émile Zola : **R. M. II**, op. cit. p. 3748.

coin, et dont l'unique ambition est de laisser une œuvre aussi large et aussi vivante qu'il pourra ! »[899]. Cette dénégation des accusations de romancier obnubilé par l'ordure et l'horreur se passe de commentaires ! Une autre caractéristique du traitement du thème de la sexualité dans **Les Rougon-Macquart** de Zola est la mise en abyme ou la redite.

II. LA MISE EN ABYME OU LA REDITE

Est mis en abyme tout << *récit dans le récit, film dans le film, peinture représentée dans une peinture* >>, une << *œuvre montrée à l'intérieur d'une autre qui en parle, lorsque les deux systèmes signifiants sont identiques* >>[900]. Cette définition est assez proche de la nôtre, car j'entends par mise en abyme, toute narration dramatique ou romanesque insérée dans le récit romanesque du corpus sur lequel porte cette étude. Ce mini récit romanesque ou dramatique est alors censé être écrit par un auteur autre qu'Émile Zola, tandis qu'il garde un lien assez étroit avec le macro récit zolien. En d'autres termes, la mise en abyme fonctionne comme un miroir réflexif où le récit premier vient se réfléchir pour se redire dans le métarécit - ou récit second -, qui s'est emboîté dans lui. Dans **Les Rougon-Macquart**, retenons seulement trois mises en abyme très explicites dans **La Curée** d'abord, puis dans **Nana**.

La Curée offre deux belles mises en abyme dont la première est relative au mythe d'Œdipe. Ce sont Maxime et Renée qui se rendent au théâtre et qui y découvrent que la pièce qui sera jouée est **Phèdre** de Racine. S'ils sortent bouleversés du théâtre, c'est qu'ils se sont retrouvés dans Hippolyte pour l'un, et dans Phèdre, pour l'autre[901]. Cette mise en abyme avait une valeur prémonitoire, le texte romanesque se suggérant à l'intérieur de lui-même, se prédisant pour ainsi dire. Cette prévisibilité du texte de fiction est reconnue par Philippe Hamon comme un des critères permettant de reconnaître le texte réaliste dont on sait la proximité d'avec le texte naturaliste. L'arbre généalogique et le critère de transmission génétique participent de cette prévisibilité du texte naturaliste en particulier, et réaliste en général, comme l'avoue Hamon dans son brillant article *Un Discours Contraint* paru dans **Littérature et Réalité**[902].

La seconde mise en abyme couvre cinq pages et concerne la tragédie intitulée **Les Amours du Beau Narcisse et de la Nymphe Écho**, écrite et mise en scène par le préfet-poète Hupel de la Noue. Comme par hasard, ce sont encore Maxime

---
[899] Émile Zola : **R. M. II**, op. cit. p. 374.
[900] **Le Nouveau Petit Robert 1**, op. cit. p. 5.
[901] David Baguley présente Renée comme une << *anti-Phèdre* >>, une Phèdre revue et corrigée dans un contexte social où la tragédie ne saurait subsister que sous la forme dégradée de la farce, voir son article **La Curée** : *La Bête et la Belle* in **La Curée de Zola** << *ou la vie à outrance* >>, op. cit. p. 142.

Dans **Réalité et Mythe chez Zola**, Roger Ripoll estime que la différence fondamentale entre l'héroïne zolienne et son homologue racinienne réside dans le fait que celle-là est soumise à une analyse physiologique, tandis que celle-ci est soumise au mythe ; l'influence de l'hérédité et du milieu sur la première remplaçant celle de la fatalité antique sur la seconde, op. cit. p. 78.

[902] Philippe Hamon : *Un Discours Contraint* in **Littérature et Réalité**, Paris, Seuil, 1982, pp. 124-142.

et Renée qui jouent ces rôles transparents. La fiction et la réalité se rencontrent ainsi et se confondent pour se redire mutuellement, décuplant l'intensité dramatique et même tragique de leur situation. Si les personnages-spectateurs de l'intérieur qui forment le clan Saccard, ne se doutent de rien à ce stade, lecteurs et spectateurs de l'extérieur, on sait que Renée et Maxime vivent une idylle incestueuse au moment où ils miment leur amour insatisfait sur scène. On est par conséquent frappé par la redondance du texte naturaliste zolien au niveau de cet épisode narratif.

On peut s'arrêter un moment sur le fait que les deux premières mises en abyme sont consacrées à des épisodes de la mythologie grecque et qu'elles sont particulièrement tragiques. Cela suppose *a priori* une fin tragique réservée aux actants sexuels concernés. La mise en abyme est à lire comme un condensé signifiant dont les signifiés doivent être recherchés du côté du renforcement du réalisme du texte zolien et de sa prévisibilité d'une part, et, d'autre part, du degré de dramatisation des épisodes narratifs en question[903].

La troisième mise en abyme intéressante est celle que l'on retrouve dans **Nana** où, au tout premier chapitre, l'héroïne Nana joue son propre rôle au théâtre, dans **La Blonde Vénus**. Comme sa semblable, elle est blonde, belle et plantureuse, déesse de l'Amour, toute-puissante et ravageuse[904]. Parallèlement à tous ces attributs physiques, elle est aussi infidèle que son référent. Le narrateur plante le décor d'entrée de jeu en se situant dans le cadre thématique dans lequel se déroulera la fiction : la séduction et la débauche. On est ainsi préparés à recevoir tout ce que le programme narratif inspiré du mythe suppose d'avance[905]. Notre attente ne sera d'ailleurs pas déçue, car ce programme sera exécuté jusqu'au bout. Nana séduira à la pelle, fera des victimes par hécatombe, sera désirable à souhait et Flaubert[906] ne se gênera pas d'affirmer que Nana tourne au mythe sans cesser d'être réelle, le personnage de fiction jouant l'héroïne mythique tant et si bien qu'il se transforme de son propre cru en un mythe nouveau, ou une héroïne mythique de la littérature. La grandeur mythique de Nana se mesure sans aucun doute à l'échelle de son impact sur la société contemporaine : *<< [...] la société est à la fois un immense théâtre, dévoué au spectacle du corps de Nana, un immense bordel s'adonnant à toutes sortes de promiscuités, un immense temple consacré à la religion de la sexualité de Nana >>*[907]. Au total, David Baguley parle d'une *malédiction du*

---

[903] Cette prévisibilité du texte se fait naturellement aux dépens de la restriction du champ de liberté du personnage, prisonnier d'un schéma narratif prédéterminé, donc d'une destinée fixée à l'avance, comme le montre Philippe Hamon, dans son article *Pour un Statut Sémiologique du Personnage*, in **Poétique du Récit**, op. cit. p. 163.

[904] Dans **Réalité et Mythe chez Zola**, Roger Ripoll avoue que cela confère une grandeur mythique à Nana, grandeur qui ne va pas sans un rabaissement extrême lorsque Vénus se décompose, op. cit. p. 77 et p. 75.

[905] Voir David Baguley à ce propos, dans **Zola et les Genres**, VI : *Nana, Roman Baroque*, op. cit. p. 66 et l'article *Pour un Statut Sémiologique du Personnage*, de Philippe Hamon, cité ci-dessus, op. cit. p. 163.

[906] Roger Ripoll rappelle ce propos de Gustave Flaubert dans son *Introduction* à **Nana** d'Émile Zola, Paris, Garnier-Flammarion, 1968, p. 24

[907] David Baguley : **Zola et les Genres** : I : *La Malédiction du Genre*, op. cit. p. 67.

genre[908] chez Zola, en cela qu'il allie le naturel au culturel, le concret à l'abstrait, l'historique à l'universel. Ainsi, un roman comme **Germinal** devient, un pot-pourri de genres dans un acrostiche séduisant :

> *Grotesque*
> *Epique*
> *Romanesque*
> *Mythique*
> *Idyllique*
> *Naturaliste*
> *Allégorique*
> *Lyrique*[909]

III. L'OPULENCE DES ANACHRONISMES DISCURSIFS

J'ai déjà abordé la question des anachronismes discursifs dans le chapitre consacré au temps, mais il s'agira d'insister ici sur leur opulence dans le roman zolien. Lorsqu'on prend un roman tel que **La Fortune des Rougon**, dès les toutes premières pages, on rencontre les jeunes amants idéalistes, Silvère et Miette, à la veille de leur mort. L'histoire commence donc pratiquement par sa fin. Par contre, le narrateur se voit obligé de faire un retour en arrière au chapitre deux pour présenter la famille de Silvère, depuis l'arrière-grand-père jusqu'à ses oncles en passant par Tante Dide, sa grand-mère. Cette rétrospective s'étend donc sur pratiquement un siècle tandis que le chapitre trois remonte dans le présent de l'histoire[910].

À un degré moindre, on peut signaler le chapitre un de **La Curée** où Renée et Maxime vont au Bois de Boulogne, puis au bal organisé par Aristide Saccard. Ce chapitre premier se clôt sur Renée qui découvre son amour honteux pour Maxime. On est alors à la fin de 1861 ou au début de l'an 1862. Mais le chapitre deux suspend l'action là pour maintenir le suspense au moyen d'une rétrospective qui retrace les dix années antérieures. Le chapitre trois poursuit ce flash-back et il faut patienter jusqu'au chapitre quatre pour savoir la suite de la découverte des sentiments incestueux chez Renée. Tous ces deux chapitres d'anachronismes discursifs se rejoignent en un seul point, à savoir insister sur le point culminant d'entrée de jeu : l'inceste[911]. En argot journalistique, on parlerait d'*attaque* et au théâtre, de *nœud*. On sait que Zola s'est essayé au théâtre - sans grand succès - avant de faire du roman et qu'il fut également journaliste pratiquement toute sa vie durant, mais avec beaucoup plus de bonheur.

---

[908] David Baguley : **Zola et les Genres** : I : *La Malédiction du Genre*, op. cit. pp. 4-9.
[909] **Ibidem**, p. 81.
[910] Maarten Van Buuren justifie l'opulence des anachronismes discursifs dans le corpus par le fait que 18 ans de règne de Napoléon III étaient manifestement insuffisants pour raconter quatre générations de Rougon-Macquart, dans **Les Rougon-Macquart d'Émile Zola. De la Métaphore au Mythe**, op. cit. p. 14. Les anachronismes discursifs s'imposaient donc à Zola, pour des raisons de vraisemblance et de réalisme surtout.
[911] Claude Seassau écrira que l'organisation des romans de Zola participe de son souci de leur donner une << *structure signifiante* >>, dans **Émile Zola, Le Réalisme Symbolique**, op. cit. p. 317.

C'est sans doute le journaliste accompli en lui qui attaquait dès le chapitre d'exposition, ou le dramaturge en lui qui nouait le nœud à ce niveau. Plus tard bien sûr, il aurait à revenir sur les circonstances particulières dans lesquelles le drame s'installe, se déroule et se dénoue. Cette technique a l'avantage d'éveiller l'intérêt du lecteur et de le maintenir en alerte. Elle lui permet en outre de mieux comprendre le drame principal grâce à ce semblant d'érudition du narrateur qui, du coup, sait tout du passé de ses personnages, de leur mental et de leur psychisme, voire de leur lignage entier. La technique des anachronismes discursifs permet aussi de lier intimement les fonctions phatique et métalinguistique ; appâter le lecteur et maintenir sa curiosité en éveil en le contraignant à se référer à des épisodes mythiques parfois très anciens comme supports indispensables au récit de fiction qu'il s'apprête à lire[912]. Autre caractéristique du roman naturaliste et non des moindres, la prépondérance du détail que Zola signifiait à son ami Henry Céard, non sans lyrisme : << *J'ai l'hypertrophie du détail vrai, le saut dans les étoiles sur le tremplin de l'observation exacte* >>[913].

IV. L'HYPERTROPHIE DU DÉTAIL VRAI

L'un des reproches que Zola fit à Stendhal était que cet auteur avait dévoyé et sapé une grande scène romantique dans **Le Rouge et le Noir**, se bornant à évoquer en quelques phrases banales, les mains de Julien Sorel et de Mme de Rénal se touchant avec une complicité tacite[914]. Pour Zola, une scène pareille, dans un roman naturaliste, aurait eu une autre coloration : << *Donnez l'épisode à un écrivain pour qui les milieux existent, et dans la défaite de cette femme, il fera entrer la nuit, avec ses odeurs, avec ses voix, avec ses voluptés molles. Et cet écrivain sera dans la vérité, son tableau sera plus complet* >>[915].

Ce qui importe donc au romancier naturaliste, ce n'est pas tant qu'il faille narrer les faits, mais surtout qu'il faille insister sur les contours et les détails poussés à l'hypertrophie. Le détail vrai c'est le rien du tout, c'est cet inutile utile qui agrémente la fiction, ce sel qui rehausse la sauce littéraire - les événements - et sans lequel tout devient fade. Zola était pour sa part un descripteur émérite, qualité que personne n'osa lui dénier jusqu'à ce jour. Certes, d'aucuns ont pu dire que ses détails ajoutaient à l'horreur de sa littérature, ce que Zola ne conteste pas

---

[912] Dans **Émile Zola, Le Réalisme Symbolique**, Seassau reconnaît que l'écriture zolienne est une << *écriture surmodalisée* >>, qui ne va pas sans son paradoxe, puisque le miroir le plus déformant qu'est le mythe sert à rendre le texte romanesque plus lisible, plus transparent, op. cit. p. 318 et pp. 428-429.

[913] Émile Zola : **Correspondances, tome V : 1884-1886**, Édition Bakker, Becker, H. Mitterand, D. Morgan, A. Pagès, Presses de l'université de Montréal, édition du CNRS, 1985.
p. 249.

[914] Émile Zola : étude sur *Stendhal*, parue pour la première fois dans **Le Messager de l'Europe** en mai 1880, puis reprise dans **Les Romanciers Naturalistes** en 1881 et dans **Le Roman Naturaliste**, édité par Henri Mitterand, op. cit. p. 49.

[915] **Ibidem**, p. 49.

a priori : << *Sans doute, il peut y avoir abus, dans la description surtout ; la virtuosité emporte souvent les rhétoriciens ; on lutte avec les peintres, pour montrer la souplesse et l'éclat de sa phrase. Mais cet abus n'empêche pas que l'indication nette et précise des milieux et de l'étude de leur influence sur les personnages, ne soient des nécessités scientifiques du roman contemporain >>*[916].

Le détail vrai, c'est aussi le temps et l'espace qui agissent d'une façon plus ou moins directe sur le personnage anthropomorphe. C'est aussi un élément d'abord anodin du ou sur le personnage et qui va prendre d'importantes proportions dans la suite de la narration. Jean-François Tonard n'hésite pas à affirmer qu'avec Zola, l'espace littéraire a pris une véritable signification en participant à la marche du récit[917]. Cependant, l'hypertrophie du détail vrai n'est pas seulement dirigée vers l'espace puisque le personnage en bénéficie également. Comme l'écrit Philippe Hamon, l'originalité majeure du texte zolien réside dans << *le système des personnages* >>[918]. Hamon estime en effet que le personnage zolien se caractérise par une << *hypertrophie de la circulation de l'information* >> ; qu'il est un << *personnage délégué* >>, et << *un personnage motivé* >>[919], contrairement à son homologue balzacien que le narrateur est obligé de commenter pour le faire connaître. L'avantage énorme en ce qui concerne le personnage chez Zola semble être sa *lisibilité* selon Hamon : << *Le personnage zolien, posons-le ici tout de suite, sera un personnage lisible et délégué à la lisibilité [...]. Lieu et objet d'une lisibilité, il sera aussi sujet et opérateur de lisibilité* >>[920].

Cette hypertrophie du détail vrai fait des phrases zoliennes, quelquefois, des phrases longues et contenant beaucoup d'asyndètes. Cette forme d'expression convient surtout au discours indirect libre. Dans **Pot-Bouille**, le discours indirect libre[921] permet par exemple au narrateur d'évoquer, à travers la pensée du personnage de Madame Vuillaume à laquelle il a accès : << *Les portes fermées, les fenêtres closes, jamais de courants d'air, qui apportent les vilaines choses de la rue* >>[922]. Dans **La Curée**, on pourra se référer au moment où l'inceste se commet pour la toute première fois entre Maxime et Renée. Le narrateur écrit : << *Ce fut le seul murmure de ses lèvres* [de Renée]. *Dans ce grand silence du cabinet, où le gaz flambait*

---

[916] Émile Zola : étude sur *Stendhal*, parue pour la première fois dans **Le Messager de l'Europe** en mai 1880, puis reprise dans **Les Romanciers Naturalistes** en 1881 et dans **Le Roman Naturaliste**, édité par Henri Mitterand, op. cit. p. 48.

Pour Jean Kaempfer, le naturalisme zolien est une << *vérité virile et brutale* >>, dans **D'Un Naturalisme Pervers ; L'Esthétique de Zola**, op. cit. p. 241.

[917] Jean-François Tonard : **Thématique et Symbolique de l'Espace Clos dans le Cycle des Rougon-Macquart d'Émile Zola**, op. cit. p. 2.

[918] Philippe Hamon : **Le Personnel du Roman. Le Système des Personnages dans Les Rougon-Macquart d'Émile Zola**, op. cit. p. 313.

[919] **Ibidem**, pp. 103-105.

[920] **Ibidem**, p. 38.

[921] Halina Suwala parle d'effacement du narrateur dans le discours à l'indirect libre et de l'ambiguïté du point de vue qui en découle. Voir *À propos de quelques techniques narratives du naturalisme* in **Autour de Zola et du Naturalisme**, op. cit. p. 207.

[922] Émile Zola : **R. M. III**, op. cit. p. 66.

plus haut, elle sentit le sol trembler et entendit le fracas de l'omnibus des Batignolles qui devait tourner le coin du boulevard. Et tout fut dit »[923]. Tandis que l'acte sexuel incestueux est rendu en une seule petite phrase « *Et tout fut dit »,* l'atmosphère générale dans le cabinet et en dehors de cet espace est étudiée avec force détails. Ces descriptions opulentes prolongent l'acte sexuel et enfoncent ses racines et ses tentacules très profondément dans l'environnement aussi bien proche que lointain. Cela est un signe évident de l'interdépendance entre le personnage et son environnement spatio-temporel[924]. En effet, quand Zola évoque les phénomènes héréditaires, il utilise pratiquement la même technique - comme dans **L'Œuvre** - où il présente les Margaillan de la manière suivante *:* « *le père, gros, apoplectique »* et la « *mère, d'une maigreur de couteau »,* toutes choses qui donnent une « *fille réduite à rien, déplumée comme un oiseau malade »* et ensemble, « *tous les trois laids et pauvres du sang vicié de leur race, ils étaient une honte, en pleine vie de la terre, sous le grand soleil »*[925].

Poursuivant dans cette voie, le narrateur fait la description suivante des Halles de Paris qui « *apparurent comme une machine moderne, hors de toute mesure, quelque machine à vapeur, quelque chaudière destinée à la digestion d'un peuple, gigantesque ventre de métal, boulonné, rêvé, fait de bois, de verre et de fonte, d'une élégance et d'une puissance de moteur mécanique, fonctionnant là, avec la chaleur du chauffage, l'étourdissement, le branle furieux des roues »*[926].

En résumé, l'hypertrophie du détail vrai donne l'impression que le naturaliste est un visionnaire, c'est-à-dire un halluciné qui voit du surnaturel derrière le naturel, du chimérique et de l'extravagant au-delà de la réalité visible[927]. Les descriptions du Voreux dans **Germinal** ou des foules hystériques dans ce roman confirment ce

---

[923] Émile Zola : **R. M. I**, op. cit. p. 456.
[924] Jean Kaempfer : « *le style est maintenant un effet automatique, et premier, en lui se recueille le double (et fort zolien au demeurant) déterminisme d'une hérédité et d'un milieu : Zola n'est pas exceptable des lois qui régissent ses créatures ; il apporte son style comme d'autres leur alcoolisme, - et n'y peut rien »,* dans **D'Un Naturalisme Pervers : L'Esthétique de Zola**, op. cit. 169.
[925] Émile Zola : **R. M. IV**, op. cit. p. 151.
[926] Émile Zola : **R. M. I**, op. cit. p. 626.
Claude Seassau affirme justement que Zola démonte, montre et démontre, tandis que les réalistes se contentent de reproduire les ressemblances, voir **Émile Zola, Le Réalisme Symbolique**, op. cit. p. 276.
[927] Claude Seassau écrit : « *La prégnance du symbolique est d'autant plus puissante que Zola transfigure spontanément le réel en symboles, la réalité en images surnaturelles »,* **ibidem**, op. cit. p. 320.
Dans la même veine, Jean Kaempfer note : « *Mais alors que la poétique sur le versant de la nature prescrivait, en ce point, que le romancier s'en tînt scrupuleusement aux faits observés et disparût, gardant* « *pour lui ses émotions »*, *la poétique du tempérament enjoint à une véritable transformation émotive du réel »,* dans **D'Un Naturalisme Pervers : L'Esthétique de Zola**, op. cit. p. 213.

jugement[928]. N'y a-t-il pas là déjà les prémisses d'un naturalisme limité[929] ? Ou encore le verbe peut-il prétendre reproduire la nature[930] ?

---

[928] Jacques Noiray étudie l'apparition fantastique et surnaturelle du Voreux et bien d'autres machines encore, dans **Le Romancier et la Machine, I : L'Univers de Zola**, op. cit. pp. 297-298. Zola se mettrait alors dans la peau d'un visionnaire plutôt que dans celle d'un naturaliste.

[929] Jean Kaempfer est plus catégorique puisqu'il avoue que le naturalisme n'existe pas et que la théorie naturaliste est une usurpation, voir l'ouvrage ci-dessus, op. cit. pp. 162-163.

Claude Seassau est plus nuancé lorsqu'il constate que le naturalisme est un effet du réel, un illusionnisme et qu'il y a effectivement un hiatus entre la théorie et la pratique naturalistes – ce qui justifierait la différence entre **Le Roman Expérimental** et les œuvres de Zola, dans l'ouvrage ci-dessus, op. cit. p. 274 et p. 276.

[930] Jean Kaempfer postule que : << *Le style marque la limite infranchissable du rêve de transparence naturaliste* >>, dans l'ouvrage ci-dessus, p. 168.

CHAPITRE II : ZOLA ET LE NATURALISME

Dans ce chapitre, j'ambitionne de faire l'autobiographie de Zola d'une part, et d'autre part, de le critiquer. Il s'agit donc de présenter l'envers et l'endroit de l'écrivain célèbre qu'il fut et qu'il demeure : un auteur aussi bien sifflé qu'adulé et applaudi, conspué et salué avec déférence par ses contemporains et ses critiques actuels. Je vais tenter de relever l'ambivalence de sa personnalité avant de pouvoir me prononcer sur sa qualité de romancier, de littérateur.

I. L'AUTOBIOGRAPHIE DE ZOLA : UN AUTEUR PRÉOCCUPÉ PAR LA SEXUALITÉ

Cette partie se propose de jeter un regard sur l'écrivain nataliste que fut Zola. Elle insistera ensuite sur sa qualité de "forçat" de la littérature à laquelle il consacra sans répit, sa vie entière comme à une maîtresse adorée[931]. Enfin le théoricien de l'hérédité m'intéressera dans la mesure où sans cette donne, la gestation et la parution des **Rougon-Macquart** eussent été quasiment impossibles. Enfin quelle était l'idéologie de Zola pour s'opposer avec autant de véhémence au Second Empire ? Et pourquoi cette obsession de la reproduction humaine[932] dans son œuvre romanesque ?

1.1. Un nataliste certes, mais un socialiste ?

Germinal a fortement contribué à faire passer Zola pour un socialiste dans l'opinion avec la sympathie certaine du narrateur pour les mineurs de Montsou, ces meurt-de-faim aux prises avec un patronat avide de profits. Pourtant, ainsi que Madeleine Rebérioux l'affirme : << *Certes, pour aucun critique socialiste, Zola n'est devenu socialiste* >>[933]. Roger Ripoll épouse cette thèse en affirmant que, pour Zola : << *Tout comme l'espérance religieuse, l'espérance socialiste est une illusion pathétique, et seulement une illusion* >>[934]. Maarten Van Buuren renchérit en ces termes sans équivoque : << *L'attitude critique de Zola vis-à-vis du socialisme est suffisamment connue [...]. Les métaphores reflètent ce scepticisme ; elles comparent le*

---

[931] Maarten Van Buuren trouve que Zola et le Dr Pascal ont une activité identique, l'un cloîtré par l'écriture et l'autre cloîtré par la science, voir **Les Rougon-Macquart d'Émile Zola. De la Métaphore au Mythe**, op. cit. p. 161 et p. 158.

[932] David Baguley indique que les thématiques de l'hérédité et de la sexualité constituent une mythification des **Rougon-Macquart** : << *Zola, in typical fashion, mythologized this process in the* **Rougon-Macquart** *series, endowed it with an obscure mythical past conveyed across the generations in the tainted blood of his accursed fictional family* >>, dans **Naturalist Fiction. The Entropic Vision**, op. cit. p. 208.

[933] Madeleine Rebérioux : *Zola et la critique littéraire française socialiste et anarchiste ; 1894-1902* in **Europe : Zola**, op. cit. p. 12.

[934] Roger Ripoll : **Réalité et Mythe chez Zola**, tome II, op. cit. p. 733.

socialisme naissant à la première église chrétienne, ses adhérents aux premiers chrétiens, enthousiasmés par le rêve d'un monde meilleur, animés d'une ferveur apostolique »[935].

Henri Guillemin note aussi que Floquet avait violemment attaqué, en novembre 1879, **L'Assommoir**, qui ne serait qu'un pamphlet ridicule contre les travailleurs[936]. Il aurait fallu attendre six ans plus tard pour que Zola soit vraiment apprécié dans les milieux socialistes : << *Avec **Germinal**, et quelles que soient les réserves, c'est le triomphe. Clavis Hugues y décèle pour la première fois la défaite de la charité et l'appel impérieux de la justice sociale [...]. De toutes parts la presse socialiste, provinciale, étrangère, demande à Zola l'autorisation de reproduire en feuilleton le roman. Et Zola de répondre au **Peuple** de Bruxelles, le 15 novembre 1885 : << Prenez **Germinal** et reproduisez-le. Je ne vous demande rien, puisque votre journal est pauvre et que vous défendez les misérables* >> >>[937].

Cependant, cette lune de miel entre l'auteur et les critiques socialistes fut de courte durée, ou plus exactement parsemée de ruptures plus ou moins importantes. Ainsi << *En lisant **Fécondité** en feuilleton, écrit Péguy, nous* [les socialistes] *avions formé << le secret espoir [...] que Mathieu deviendrait socialiste >>. Espoir déçu : Mathieu devient patron, et son fils Nicolas, colon. Zola reste << indifférent au salariat, comme l'Évangile de Jésus fut indifférent à l'esclavage* >> >>[938]. Au demeurant, il ne fait l'ombre d'aucun doute que la gauche, dans son ensemble, s'est plutôt retrouvée aux obsèques de l'écrivain, le 5 octobre 1902, pour lui rendre un dernier hommage.

Enfin, on doit partager la prudence de Paul Lidsky pour qui : << *On a trop souvent classé Zola parmi les écrivains républicains avancés, sinon les socialistes [...]. Au contraire, il semble bien que le républicanisme de Zola soit avant tout << raisonnable et pondéré >>, se refusant à toute violence, à toute transformation brutale et révolutionnaire de la société. Zola manifeste constamment une profonde méfiance vis-à-vis des socialistes et de ce qu'il appelle à travers tous ses livres les << exaltés* >> >>[939]. Pour justifier son scepticisme devant le socialisme de Zola, Lidsky rappelle que des romans comme **Germinal**, **La Terre**, ou encore **La Débâcle**, << *portent une condamnation du socialisme, à travers le portrait du mauvais ouvrier, socialiste par ambition ou par rancune, qui a toujours mal digéré les bouts de lecture hétéroclites qu'il a pu absorber* >>[940].

Il est certain en tout cas que Zola s'est battu pour l'éclosion d'une société plus juste, plus humaniste. C'est pourquoi, choqué au plus profond de lui-même par

---

[935] Maarten Van Buuren : **Les Rougon-Macquart d'Émile Zola. De la Métaphore au Mythe**, op. cit. p. 159.
[936] Henri Guillemin : **Présentation des Rougon-Macquart**, Paris, Gallimard, 1964, p. 139.
[937] Madeleine Rebérioux : *Zola et la critique littéraire française socialiste et anarchiste ; 1894-1902*, dans **Europe : Zola**, no. 468-68, op. cit. pp. 8-9.
[938] Madeleine Rebérioux : *Zola et la critique littéraire française socialiste et anarchiste ; 1894-1902*, dans **Europe : Zola**, no. 468-68, op. cit., p. 12 (l'auteur cite l'article de Péguy intitulé *Les récentes œuvres de Zola* publié dans *Le Mouvement Socialiste* de novembre 1899).
[939] Paul Lidsky : **Les Écrivains contre la Commune**, Paris, François Maspero, 1982, p. 121.
[940] **Ibidem**, p. 120.

les richesses scandaleuses amassées par une poignée d'hommes parfaitement intégrés au système mis en place par Napoléon III, Zola décida d'écrire **Les Rougon-Macquart** comme l'*« Histoire naturelle et sociale d'une famille sous le Second Empire »*. La valeur satirique de ce cycle romanesque n'est plus à démontrer. Zola aura peint un tableau saisissant de toute la société française contemporaine dans sa diversité. Aussi voit-on à l'œuvre des maraîchers, des marchands et des braconniers dans **La Fortune des Rougon**, tandis que le monde de la haute finance est visité dans **L'Argent** et que celui des prostituées de luxe est à l'honneur dans **Nana**. Le monde des hautes sphères politiques n'est pas oublié non plus puisqu'il constitue le sujet de **Son Excellence Eugène Rougon**. Les soldats de la guerre franco-prussienne et les Communards se retrouvent dans **La Débâcle** alors que les ouvriers, principales victimes du progrès industriel, sont les héros de **Germinal**.

Dans **L'Assommoir**, ce sont plutôt des ouvriers privés - charpentiers, soudeurs, blanchisseuses - et des entrepreneurs du secteur informel tels que les cabaretiers, qui sont les héros de cette première œuvre magistrale. Certains des contemporains de Zola ont décrié la connotation noire du roman et surtout la langue écrite que l'auteur y a employée. Mais se défendant sur ce point, Zola n'écrivait-il pas : *« Mon crime est d'avoir eu la curiosité littéraire de ramasser et de couler dans un moule très travaillé la langue du peuple. Ah ! la forme, là est le grand crime ! [...].*

Je ne me défends pas, d'ailleurs. Mon œuvre me défendra. C'est une œuvre de vérité, le premier roman sur le peuple, qui ne mente pas et qui ait l'odeur du peuple »[941].

Se défendant contre les accusateurs qui prétendaient voir des ordures dans le roman, Zola clamait son honnêteté, affirmant ne pas pouvoir peindre autre chose que la réalité, c'est-à-dire une image tronquée et romancée de cette réalité. Dans la même préface, il devait préciser : *« Est-il bien nécessaire d'expliquer ici, en quelques lignes, mes intentions d'écrivain ? J'ai voulu peindre la déchéance fatale d'une famille ouvrière, dans le milieu empesté de nos faubourgs. Il y a un relâchement des liens de la famille, les ordures de la promiscuité, l'oubli progressif des sentiments honnêtes, puis comme dénouement, la honte et la mort, c'est de la morale en action, tout simplement.* **L'Assommoir** *est à coup sûr le plus chaste de mes livres »*[942].

On se rappelle que Flaubert lui avait déconseillé de se répandre dans ses préfaces, de livrer ses secrets d'écrivain, mais le polémiste que fut Zola ne pouvait pas garder le silence devant les attaques dont lui et ses œuvres étaient victimes. C'est pour cette raison que dans la préface à la deuxième édition de **L'Assommoir**, il s'évertua de démontrer la moralité de son roman : défendre les pauvres qui vivaient dans les taudis parce que privés du gâteau impérial. Il dénonçait en outre la curée mangée à pleines dents par les chiens de chasse comme Aristide Saccard, pendant que d'autres, les plus nombreux du reste, passaient leur temps dans les cabarets, cherchant vainement la solution à leurs

---

[941] Émile Zola : *Préface* de **L'Assommoir**, 1er Janvier 1877, **R. M. II**, op. cit. pp. 373-374.
[942] **Ibidem**. p. 374.

multiples problèmes existentiels au fond de la bouteille, à l'image de Gervaise et de son mari, Coupeau, ou encore de Joséphine Gavaudan dans **La Fortune des Rougon**.

Dans une lettre datée du 13 février 1877, adressée au Directeur du **Bien Public**, Zola tira en une seule phrase, la conclusion à son roman à scandales : *« Si l'on voulait me forcer absolument à conclure, je dirais que tout **L'Assommoir** peut se résumer dans cette phrase : fermez les cabarets, ouvrez des écoles »*[943]. On ne peut nier, au regard de cette déclaration d'intention, sauf en faisant preuve de singulière mauvaise foi, que l'auteur se battait pour une société mieux éduquée et plus émancipée, et par conséquent, moins portée sur l'ivrognerie[944] et l'ignorance.

Considérant que Napoléon III avait brisé le social, la vérité et l'honnêteté, Zola s'est investi porte-parole du peuple, dans les journaux d'abord, à partir de 1868, et dans ses romans ensuite, à partir de 1869-70. Comment ne pas voir dans **Germinal** sa presque admiration - quoique nuancée - pour un Étienne Lantier[945], syndicaliste déclaré, ou pour un Souvarine, ce nihiliste qui rêve de balayer un monde vicieux et inique afin de voir l'éclosion d'un autre monde, revu et corrigé de toutes les tares du précédent ? Pareillement, à l'explicit de **La Débâcle**, il y a toute *« une France à refaire »*[946]. Bien avant l'explicit, le dieu caché ayant eu accès à la conscience du héros, Jean Macquart, voyait bien le *« grand rêve noir qu'il avait fait, cette grandiose et monstrueuse conception de la vieille société détruite, de Paris brûlé, du champ retourné et purifié, pour qu'il poussât l'idylle d'un nouvel âge d'or »*[947]. Ce même espoir existe presque toujours à la fin de ses romans, notamment dans **Germinal** où la grève des mineurs, quoique soldée par un échec, est perçue comme une graine semée, qui *germinera* - et non germera, à dessein -, car *« Des hommes poussaient, une armée noire, vengeresse, qui germait lentement dans les sillons, grandissant pour les récoltes du siècle futur, et dont la germination allait faire bientôt éclater la terre »*[948].

Ces tendances nihilistes n'empêchaient cependant pas Zola d'être aussi un nataliste. Exaspéré par la stérilité de son épouse, il loua l'amour, la reproduction et la famille nombreuse telle que la famille Gundermann dans **L'Argent**. Le nataliste en Zola essaimait, sans doute inconsciemment, les mots choisis de *"féconde", "fécondité", "virilité", "semence"* et *"enceinte"* dans ses nombreux romans, lui qui n'a connu que quatre ans avant la fin de la publication des **Rougon-Macquart** - ayant commencé dix-neuf ans plus tôt - la joie d'être père. On peut

---

[943] Émile Zola : **Correspondance, II, 1868-mai 1877**, Édition Bakker, Becker, H. Mitterand, Presses de l'université de Montréal, Éditions du CNRS, 1980, p. 537.
[944] Claude Seassau classe les personnages de **L'Assommoir** en deux classes distinctes : les soûlards et les non soûlards ; ceux-ci étant des animaux domestiques ou familiers, et ceux-là des animaux sauvages ou bas, des bêtes brutes, voir **Émile Zola, Le Réalisme Symbolique**, op. cit. p. 55.
[945] **Ibidem**, Claude Seassau établit un parallèle entre Étienne Lantier et le Christ, le premier apôtre étant Maheu - qui signifierait Mathieu -, d'où la valeur mystique des noms des héros zoliens, p. 34.
[946] Émile Zola : **R. M. V**, op. cit. p. 912.
[947] **Ibidem**, p. 911.
[948] Émile Zola : **R. M. III**, op. cit. p. 1591.

comprendre sa frustration dès lors devant les aléas d'une nature qui lui refusait près de cinquante années durant, cette joie toute simple et candide, à lui, le naturaliste en chef[949] ! Cela ne fait-il pas pardonner dans un certain sens, ses infidélités à son épouse Gabrielle-Alexandrine, aux fins de procréer avec Jeanne Rozerot, Denise et Jacques, des êtres de chair et d'os et non plus de papier[950]? Le narrateur zolien écrit, non sans lyrisme, dans **Le Docteur Pascal**, de manière redondante : << *Aucun don ne peut égaler celui de la femme jeune qui se donne, et qui donne le flot de vie, l'enfant peut-être* >>[951]. Au moment où il écrit ce roman, entre 1892 et 1893, Zola a entre cinquante-deux et cinquante-trois ans. Depuis un peu plus de quatre ans, il a une liaison avec Jeanne Rozerot comme l'affirme Gérard Gengembre : << *En effet, en 1888, Zola rencontre Jeanne Rozerot, une jeune lingère qui lui donnera deux enfants et qui métamorphosera sa vie, une femme en qui s'incarne des êtres de fiction où le romancier avait fixé tel ou tel de ses fantasmes et qui devient à son tour modèle pour la fiction. Il suffit de citer la dédicace manuscrite privée écrite pour cette seconde épouse pour se convaincre du rapport intime qui existe entre la vie et le roman* >>[952]. Gengembre renvoie alors à Henri Mitterand qui reproduisit cette dédicace dans le tome 5 des **Rougon-Macquart** de l'édition de la Pléiade : << *À ma bien-aimée Jeanne, - à ma Clotilde, qui m'a donné le royal festin de sa jeunesse et qui m'a rendu mes trente ans, en me faisant le cadeau de ma Denise et de mon Jacques, les deux chers enfants pour qui j'ai écrit ce livre, afin qu'ils sachent, en le lisant un jour, combien j'ai adoré leur mère et de quelle respectueuse tendresse ils devront lui payer plus tard le bonheur dont elle m'a consolé dans mes grands chagrins* >> >>[953].

Cette assimilation directe de Jeanne Rozerot à Clotilde Rougon n'est ni isolée, ni fortuite. Elle s'inscrit dans un plus large enchâssement du fictionnel dans le réel. Non seulement Pascal est le porte-parole de Zola[954] dans cette dernière œuvre du cycle, en ce sens qu'il prête à son personnage ses propres convictions scientifiques - notamment pour ce qui est de la théorie de l'hérédité -, mais en plus il lui confie l'élaboration et l'explication de l'arbre généalogique des Rougon-Macquart[955]. Aussi, Pascal résume-t-il devant Clotilde et pour les lecteurs, toute la saga des **Rougon-Macquart**. Gengembre a fait remarquer que même << *la chaîne aux sept perles offerte par le docteur à Clotilde [...] est la réplique d'un bijou offert par Zola à Jeanne* >>[956].

---

[949] Jacques Noiray estime que si Zola est passé de la mythologie de la catastrophe - due à son désespoir vers 1880 et qui transparaît dans les premiers romans du corpus - pour atteindre la mythologie de la régulation dans les derniers romans du cycle, cela est dû à la naissance de ses enfants, source de son positivisme tardif, dans **Le Romancier et la Machine, I : L'Univers de Zola**, op. cit. pp. 506-508.

[950] Jean Kaempfer avoue que l'amour de la vie est l'obsession la plus constante chez Zola, dans **D'Un Naturalisme Pervers : L'Esthétique de Zola**, op. cit. p. 237.

[951] Émile Zola : **R. M. V**, op. cit. p. 1130.

[952] Gérard Gengembre : ''*Préface*'' au **Le Docteur Pascal** d'Émile Zola, op. cit. p. 11.

[953] Henri Mitterand cite cette dédicace manuscrite de l'exemplaire du **Docteur Pascal** offert par Zola à Jeanne Rozerot, le 20 juin 1893, dans les **R. M. V**, op. cit. p. 1573.

[954] Maarten Van Buuren estime que le Dr Pascal est le porte-parole le plus autorisé de Zola, voir **Les Rougon-Macquart d'Émile Zola. De la Métaphore au Mythe**, op. cit. p. 25.

[955] **Ibidem**, Maarten Van Buuren souligne l'assimilation de l'arbre généalogique à une relique sainte, p. 159.

[956] Gérard Gengembre : ''*Préface*'' dans **Le Docteur Pascal** d'Émile Zola, op. cit. p. 11.

Cependant, analogie n'est point identité. Si on en croit Marcel Girard, << *elle* [Jeanne] *devient la maîtresse de Zola en décembre* [1888] >>[957] alors que Zola a presque quarante-neuf ans ; Pascal, lui, a cinquante et neuf ans lorsqu'il entame sa liaison avec Clotilde. Le récit romanesque se distingue aussi nettement du réel lorsque le mythe l'envahit, le mythe biblique du vieux roi David et de la jeune Sunamite, Abisaïg, puis celui de Booz et Ruth[958], qui viennent dédouaner les incestueux et absoudre leur péché dans le récit de fiction.

Par ailleurs, si Zola s'exalte en 1893 devant la naissance de ses deux chers enfants dans la dédicace particulière à Jeanne citée plus haut, il est à noter que ce discours prend presque à contre-pied celui qu'il avait tenu en 1871 contre le décret de la Commune, pris en faveur des enfants naturels. Moralisateur, il écrivait alors avec dureté, dans **Le Sémaphore de Marseille**, le 26 mai 1871 : << *Ceci est du plus haut comique, et l'on croirait que ces messieurs ont semé des bâtards dans leur jeunesse, à ce point qu'ils chargent la patrie de donner une mère à leur nombreuse famille* >>[959]. Il est vrai qu'à cette époque, Zola n'était pas encore hanté par la stérilité ni par l'impuissance. Il a fallu que le temps fît son effet pour qu'il comprît que sa relation avec Gabrielle-Alexandrine resterait stérile, à jamais, et que la seule alternative qui s'offrait à lui fût de faire lui-même, des *bâtards*. Quand la vieillesse menaçait, il partageait sans doute ce rêve de Pascal à propos d'enfant : << *Oui, l'œuvre rêvée, la seule vraie et bonne, l'œuvre que je n'ai pu faire* >>[960]. En tant qu'écrivain, il avait sans doute aussi blâmé, comme le chercheur Pascal, << *Ces froides pages de manuscrits, auxquelles il avait sacrifié la femme* >>[961].

En tout état de cause, il apparaît normal le fait que la sexualité prenne une place aussi prépondérante dans l'œuvre de Zola au regard de sa conception idéologique nataliste. Pour parler de société en effet, il faut disposer de plus d'un individu, et pour qu'une société survive et se pérennise, il n'y a guère trente-six solutions. Il faut que les individus qui la composent s'accouplent et se démultiplient à l'image des personnages des **Rougon-Macquart**. De ce point de vue élémentaire, la sexualité n'a rien d'un attirail dérisoire et/ou ignominieux. Bien au contraire, il faut reconnaître l'importance de la sexualité à sa juste valeur dans et pour la société et donc, dans la grande nature.

Avec Zola, c'est donc un juste retour à la normale pour ce thème qui est resté tabou trop de siècles durant, voire des millénaires, pour des raisons d'ordre pseudo éthique[962]. On l'a trop souvent occulté des débats comme si l'homme

---

[957] Marcel Girard : *"Chronologie"* dans **La Terre** de Zola, op. cit. p. 7.
[958] Émile Zola : **R. M. V**, op. cit. pp. 1078-1079
[959] Zola cité par Paul Lidsky : **Les Écrivains contre la Commune**, op. cit. p. 70.
[960] Émile Zola : **R. M. V**, op. cit. p. 1154.
[961] **Ibidem**, p. 1158.
[962] On se souvient que le marquis de Sade a passé des décennies dans les geôles françaises à cause de son libertinage et que ses œuvres sont longtemps restées sinon inconnues, du moins mal connues, car passées sous silence, et imprimées parfois très tardivement.

refusait de voir cette réalité de notre existence de tous les jours, afin de ne pas l'affronter avec courage, de ne pas l'analyser et l'expliquer. Une telle démarche restait dévolue aux seuls chercheurs, biologistes et psychanalystes. Eh bien, Zola refusa de se plier à ce conformisme et aborda le problème de front, au mépris des quolibets de ses contemporains et on ne peut que lui en rendre hommage. Zola est entré au cœur du problème de la sexualité pour en observer les causes, pour en analyser les manifestations dans leurs plus austères vérités et pour en décrire les effets pour que tous en soient imprégnés. Mais sans doute républicain modéré et nataliste convaincu, Zola était aussi un anti-communard.

1.2. Zola : *Un anti-communard*

La déroute des armées françaises à Sedan consacra la chute du Second Empire et l'amorce de la troisième République qui s'installa dans un bain de sang, ce que les historiens ont appelé << *la semaine sanglante du 21 au 28 mai 1871* >>[963]. Thiers, futur président élu et les siens - le maréchal de Mac-Mahon et ses trente mille soldats - entreprirent de reconquérir Paris alors tenu par un gouvernement dominé par les socialistes, connu sous le nom de **La Commune**. Ils écrasèrent sans pitié la rébellion des vingt mille insurgés parisiens[964]. Les auteurs Bouillon, Sohn et Brunel avancent le chiffre d'environ trente mille victimes, sans compter les quarante-sept mille procès qui furent prononcés jusqu'en 1875. Toujours selon eux, des magistrats, des ecclésiastiques, des femmes, des vieillards et même des enfants furent assassinés par la même occasion[965].

Assez curieusement, Zola applaudit ce massacre collectif des communards dans **Le Sémaphore de Marseille** le 8 juin 1871 : << *Le bain de sang qu'il* [le peuple de Paris] *vient de prendre était peut-être d'une horrible nécessité pour calmer certaines de ses fièvres. Vous le verrez maintenant grandir en sagesse et en splendeur* >>[966]. Vingt et un ans plus tard, il reprenait presque mot pour mot cette même idée dans **La Débâcle** : << *Mais le bain de sang était nécessaire, et de sang français, l'abominable holocauste, le sacrifice vivant, au milieu du feu purificateur [...] la nation crucifiée expiait ses fautes et allait renaître* >>[967]. C'est que pour Zola, **La Commune** n'avait pas de signification politique véritable ; bien au contraire, il lui semblait un moyen de noyer et de venger les hontes d'une clique de bandits. En la présentant dans la perspective de son héros, Maurice Levasseur, de **La Débâcle**, il écrivit : << *La Commune lui apparaissait comme une vengeresse des hontes endurées, comme une libératrice apportant le feu qui ampute, le feu qui purifie* >>[968]. Dès le début du roman, il avait pris soin de présenter Maurice Levasseur[969] comme ayant commis << *de*

---

[963] Bonin-Kerdon, Burlot, Nonjon, Nouschi et Sussel : **Histoire: Héritages Européens**, Paris, Hachette, 1981, p. 252.
[964] **Ibidem, p. *252*.**
[965] Bouillon, Sohn et Brunel : **1848-1914 : Histoire**, Paris, Bordas, 1978, p. 170.
[966] Zola cité par Paul Lidsky : **Les Écrivains contre La Commune**, op. cit. p. 52.
[967] Émile Zola : **R. M. V**, op. cit. p. 907.
[968] **Ibidem**, p. 874.
[969] Maurice représente << *la France déréglée* >>, selon le mot de Maarten Van Buuren, dans **Les Rougon-Macquart d'Émile Zola. De la Métaphore au Mythe**, op. cit. p. 185.

grandes fautes, toute une dissipation de tempérament faible et exalté, de l'argent qu'il avait jeté au jeu, aux femmes, aux sottises de Paris dévorateur, lorsqu'il y était venu terminer son droit et que sa famille s'était saignée, pour faire de lui un monsieur >>[970].

Le critique Roger Ripoll alla plus loin, dans la revue **Europe** d'avril-mai 1968, en affirmant que : « *[...] pour le Zola qui prépare* **Germinal**, *il n'y a pas de différence entre un communard et un criminel >>*[971]. Renchérissant, Paul Lidsky résume la situation en affirmant, à propos des trois romans à succès que furent **Germinal**, **La Terre** et **La Débâcle**, que *: << Tous ces livres marquent la même condamnation de la Commune, dont Zola n'a jamais compris la signification sociale >>*[972]. En fait, pour Roger Ripoll, << *Zola n'a jamais été favorable à la Commune, et il ne pouvait en être autrement >>*[973]. Son opposition à La Commune[974] l'a, semble-t-il, amené à faire une étude peu profonde des Communards dans **La Débâcle**, ainsi que Ripoll l'avait si bien relevé : << *Prisonnier d'un schéma fixé à l'avance, il*[Zola] *n'a pu analyser les antagonismes réels et étudier les hommes. Le roman sur les Communards, projeté dès 1872, n'a jamais été écrit >>*[975].

En tout état de cause, son opposition à **La Commune** n'a pas altéré sa volonté d'apporter sa contribution à la réconciliation nationale en réclamant l'amnistie pour les Communards, dès octobre-novembre 1871, en lieu et place des condamnations lourdes qui leur tombaient dessus : << *Si la punition ne doit pas être trop sévère, c'est parce que la Commune a été une folie collective. Pour Zola, les Communards sont des inconscients. Les chefs, fous inoffensifs, ont été poussés au crime par la masse qu'ils avaient déchaînée ; les combattants se sont engagés dans la lutte sans savoir pourquoi >>.*[976]

Plus généralement, Zola s'est toujours engagé dans une lutte herculéenne en vue de l'établissement d'une société de partage, plus prospère, plus juste et, pour ce faire, il avait un *credo* : le travail.

1.3. Un travailleur infatigable ou le travail comme une libido à satisfaire

Il est de notoriété publique que l'auteur des **Rougon-Macquart** était un travailleur infatigable. Voilà une série de vingt romans d'environ huit mille pages et de deux milliers de personnages anthropomorphes, publiée en vingt-trois ans - 1870-1893 -, soit au rythme moyen d'un roman tous les quinze mois et six jours. Tous ses biographes s'accordent sur un point : à savoir que Zola produisait en moyenne quatre pages de fiction romanesque par jour, et cela parallèlement à son travail

---

[970] Émile Zola : **R. M. V,** op. cit. p. 405.
[971] Roger Ripoll : *Zola et les Communards* in **Europe : Zola**, op. cit. p. 23.
[972] Paul Lidsky : **Les Écrivains contre La Commune**, op. cit. p. 120.
[973] Roger Ripoll : article ci-dessus, op. cit. p. 26.
[974] Maarten Van Buuren affirme que pour Zola, la Commune fut une sottise, voir **Les Rougon-Macquart d'Émile Zola. De la Métaphore au Mythe**, op. cit. p. 185.
[975] Voir l'article ci-dessus de Roger Ripoll, p. 26.
[976] **Ibidem**, p. 22.

non moins assidu de journaliste et d'essayiste, de conférencier et de photographe. Au même moment, il collaborait avec des metteurs en scène en vue de porter ses romans sur la scène du théâtre. Zola était aussi un correspondant prolixe, car d'après ses **Œuvres Complètes** réunies et éditées sous la direction du professeur Henri Mitterand, on lui doit au moins vingt mille lettres adressées à divers correspondants sur des sujets tout aussi divers. Il est établi qu'il sortait peu et écrivait davantage. On avance qu'il consacrait à l'écriture, au moins dix heures par jour. Pour cette raison justement, il semble qu'il ait dû bâcler souvent ses fameux voyages d'enquête qui ne duraient guère jusqu'à une semaine.

Ainsi, pour préparer **Germinal** par exemple, lorsqu'il se rendit dans une mine du nord, à Anzin, tout comme lorsqu'il se rendit en Beauce pour préparer **La Terre**, il n'y resta que quatre à cinq jours tout au plus. Il revenait tout de suite chez lui pour construire son roman et l'écrire, le faisant publier partiellement dans les journaux avant même d'en avoir terminé la rédaction. Cela le hâtait sans doute encore plus dans sa production. Cependant, un travail aussi ardu et dispersé laisse toujours des séquelles.

Fort logiquement, la santé de Zola déclina progressivement avant de se détériorer sérieusement à partir de 1880, après les décès de sa mère et de Gustave Flaubert. Il avait contracté des maux de reins à force de rester assis pendant de longues heures. Dans le dossier préparatoire du **Rêve**, Zola confessa : << *Moi, le travail, la littérature qui a mangé ma vie, et le bouleversement, la crise, le besoin d'être aimé* >>[977]. Cette courte citation avec sa belle métaphore, situe sur les privations qu'il a dû s'imposer pour atteindre ses objectifs. Et la plus grande des privations consiste certainement à renoncer à toute vie privée, à refuser de vivre pour ainsi dire, aux seules fins de se consacrer entièrement à un ouvrage titanesque. Certes, la passion du travail n'est pas blâmable en soi, car comme Zola l'écrivait dans une lettre ouverte à Francisque Sarcey et publiée le 1er mars 1887, dans **Le Bien Public** : << *la passion est encore ce qui aide le mieux à vivre* >>[978].

C'est cette grande passion positive qui fit de lui le grand bâtisseur du magasin de nouveautés que l'on découvre dans **Au Bonheur des Dames**, ou encore des imposantes Halles dans **Le Ventre de Paris**. C'est enfin elle qui forgea l'admiration des auteurs émérites tels que Flaubert et Huysmans. Le premier voyait en Zola un << *mâle* >> tandis que le second louait, en se référant au colossal magasin de nouveautés << *la force des reins qu'il faut avoir pour bâtir un pareil édifice* >>[979].

---

[977] Émile Zola : **R. M. IV**, op. cit. p. 1625.
[978] Émile Zola : **Correspondance, Tome VI : 1887-mai 1890** : Édition B.H. Bakker, O. Morgan, B. Sanders, Dorothy Speirs, H. Mitterand, Presses de l'université de Montréal, Éditions du CNRS, 1987, p. 87.
[979] Henri Mitterand citant J.-K. Huysmans : *Lettre à Zola*, mars 1883, dans son *Étude*, **Au Bonheur des Dames** de Zola, **R. M. III**, p. 1701.

Lorsqu'on s'esquinte de la sorte pour << *laisser une œuvre aussi large et aussi vivante qu*[on] *pourra* >>[980] à la postérité, et qu'on est vilipendé en retour par une certaine presse ou une certaine critique, on peut avoir des raisons de se sentir blessé dans son amour-propre. Il en fut ainsi pour Zola qui finit par se cabrer en prenant à maintes reprises sa plume pour fustiger << *la banalité et la médiocrité* >>[981] de certains critiques qui décourageaient selon lui, << *les tentatives nouvelles* >>[982]. En effet, après les attaques du journaliste critique, Francisque Sarcey, qui sifflait la pièce adaptée du **Ventre de Paris**, Zola avoua que ce dernier avait réveillé en lui le polémiste : << *[...] mon vieux sang de polémiste s'est échauffé* >>[983], écrivait-il alors. Curiosité frappante, notre auteur naturaliste était donc de tempérament sanguin, comme ses Rougon, ces assoiffés de vivre, de puissance et de jouissance. La coïncidence va jusqu'au stade où on a un Zola travailleur et échafaudeur de plans de fortune colossale, comme un Aristide Rougon dit Saccard, le spéculateur obnubilé par la fortune. On retrouve aussi en Zola, un peu d'Eugène Rougon, cet assoiffé de pouvoir et de puissance. Enfin, comme Maxime Rougon, il aspire à être aimé, adulé.

Est-il besoin de rappeler que pour Zola, le succès passait par le scandale suscité par ses productions, car l'on lit plus volontiers les livres à scandales que ceux qui ont été salués par les critiques et autres exégètes de la littérature. Zola était conscient de ce facteur déterminant au point d'en faire son *credo* à un moment donné de sa carrière de romancier. À son ami et disciple, Joris-Karl Huysmans, Zola écrivait, le 21 août 1887 : << *Plus je vais, et plus j'ai soif d'impopularité et de solitude* >>[984].

Autre caractéristique du travailleur infatigable qu'il était, son refus de demeurer dans le même canevas, sa volonté de varier sans cesse, tout en restant fidèle à sa ligne originale : **Histoire naturelle et sociale d'une famille sous le Second Empire**. C'est en ce sens qu'après **La Terre**, en 1887, roman noir - par exagération - de la paysannerie, il écrivit dans l'ébauche du roman suivant : << *Je voudrais faire un roman qu'on n'attende pas de moi [...]. Je voudrais, après* **Le Rêve**, *faire un roman tout autre* >>[985] et qui sera **La Bête Humaine**. La variété de ses styles toujours renouvelés, toujours surprenants et séduisants tout à la fois, fit écrire à Anatole France - qui fut l'un de ses plus grands pourfendeurs au lendemain de **La Terre** -, après **La Bête Humaine** : << *Non, non, cet homme est un poète, son génie grand et simple crée des symboles. Il fait naître des mythes nouveaux. Les Grecs*

---

[980] Émile Zola : *Préface* de la seconde édition de **L'Assommoir** in **R. M. II**, op. cit. p. 174.
[981] Émile Zola : **Correspondance, Tome VI : 1887-mai 1890** : Édition B.H. Bakker, O. Morgan, B. Sanders, Dorothy Speirs, H. Mitterand, op. cit. p. 92.
[982] **Ibidem**, p. 92.
[983] Émile Zola : **Correspondance, Tome VI : 1887-mai 1890** : Édition B.H. Bakker, O. Morgan, B. Sanders, Dorothy Speirs, H. Mitterand, op. cit., p. 87.
[984] **Ibidem**, p. 172.
[985] Émile Zola : *Ébauche de l'œuvre*, **Le Rêve**, in **R. M. IV,** op. cit. p.1624.

avaient créé la Dryade, il a créé la Lison ; ces deux créations se valent et sont toutes des immortelles. Il est le grand lyrique de ce temps >>[986].

On peut terminer ce propos par le rappel des autres cycles romanesques que Zola a entamés après **Les Rougon-Macquart**, à savoir **Les Trois Villes** - comprenant **Paris**, **Lourdes** et **Rome** - et **Les Quatre Évangiles** - que furent **Fécondité**, **Travail**, **Vérité** et **Justice**. Le fait que Zola eut mis ces cycles romanesques en chantier après avoir passé la cinquantaine, voire la soixantaine pour les deux derniers titres, montre à l'évidence qu'il ne se concevait pas comme un homme fait pour le repos, mais plutôt qu'il se constituait en *bagnard* de la littérature. En plus de ses romans, Zola écrivit de nombreux contes, des pièces dramatiques ou adaptées de ses romans, défendit les peintres du << **plein air** >> et se passionna pour la photographie, sans oublier le journalisme toute sa vie durant.

Quoi qu'il en soit, l'acharnement d'Émile Zola sur les grands projets littéraires et la boulimie exceptionnelle qui le poussait à toujours s'esquinter dans des travaux titanesques, sont des formes métaphoriques de pulsions sexuelles. Tel un obsédé sexuel[987] qui a tendance à négliger tout autre facteur non sexuel, l'obsédé de travail se prend pour un grand viril[988], une sorte de Priape du travail qui ne rechigne jamais à la tâche. Pour un tel sujet, l'énergie dégagée durant la besogne est conçue comme une jouissance âcre, qui élève et qui exalte. Dans la foulée, chaque œuvre produite est aimée et chérie avec une passion débordante, comme un bébé conçu avec la maîtresse préférée - comme c'est le cas dans la perspective de l'obsédé sexuel. Mais, qu'on s'entende bien, il ne s'agit là que d'une simple analogie entre l'obsédé de travail et l'obsédé sexuel, et rien d'autre. En réalité, Zola n'était sans doute pas un obsédé sexuel, tout au plus, sa création littéraire, en traitant du thème de la sexualité comme on a eu l'occasion de le voir jusqu'ici, semble le suggérer. On ne lui connaît pas de dissipation particulière en dehors de Jeanne Rozerot, sa seule maîtresse et la mère de ses enfants. Si Gérard Gengembre a parlé de << *seconde épouse* >> en faisant allusion à cette dernière, c'est que Zola partagea sa vie entre elle et son épouse légitime, entre 1891 et 1902. Ayant acheté une maison en province pour elle et les enfants, il allait passer

---

[986] Émile Zola : **R. M. IV**, op. cit. p. 1746.
[987] Roger Ripoll avoue, dans **Réalité et Mythe chez Zola**, qu'au moins le thème de la nudité est obsédant dans le roman zolien, op. cit. p. 81.
   Pour Maarten Van Buuren, Zola avait tout simplement le goût dépravé, voir **Les Rougon-Macquart d'Émile Zola. De la Métaphore au Mythe**, op. cit. p. 271.
[988] Jean Kaempfer rappelle l'aversion de Zola pour la musique qui déviriliserait le peuple, la musique étant bonne pour les femmes. Il aurait aussi une aversion pour la féminité et la sensualité. Son amour pour *la virilité du vrai* motiverait sans doute aussi son choix du genre romanesque qu'il concevait comme un genre viril, fait pour *les travailleurs*, tandis que la poésie serait un genre plus féminin, bon pour les poètes, qui ne seraient que des *musiciens* à ses yeux, voir **D'Un Naturalisme Pervers : L'Esthétique de Zola**, op. cit. pp. 240-241.
   Émile Zola écrivait justement : << *J'assigne simplement à la poésie un rôle d'orchestre ; les poètes peuvent continuer à nous faire de la musique, pendant que nous* [romanciers naturalistes] *travaillerons* >> dans sa **Lettre à la Jeunesse (1880)** et reprise dans **Le Roman Expérimental** in **Œuvres Complètes**, sous la direction de Henri Mitterand, Tome 9 : **Nana 1880**, présentation, notices, chronologie et bibliographie par Chantal Pierre-Gnassounou, op. cit. p. 370.

quelques jours avec eux avant d'en faire autant avec Gabrielle-Alexandrine, rue de Bruxelles. Son emploi du temps devint alors divisé en deux portions presque égales entre ces deux femmes jusqu'au moment de sa mort, en 1902. En effet, le 11 décembre 1898, depuis l'Angleterre, Zola écrivait à Jeanne pour confirmer son second ménage et lui rappeler le souvenir de la toute première fois qu'elle s'est donnée à lui : << *À ma bien-aimée Jeanne, mille bons baisers du fond de mon exil, en souvenir du 11 décembre 1888, et en remerciement de nos dix années d'heureux ménage, dont le lien a été pour jamais resserré par la venue de notre Denise et de notre Jacques* >>[989].

On sait aussi l'amour qui liait Zola à ses œuvres, fruits de son génie créateur et de sa puissance de travail. C'est au nom de cette passion qu'il les défendit avec acharnement, chaque fois que l'occasion s'y prêtait : préfaces et articles de presse furent mis à contribution à cette fin. Comme une mère poule, chaque fois qu'il trouvait la critique outrée ou non fondée, Zola montait au créneau, s'arrogeait le droit de défendre lui-même ses livres. En polémiste talentueux, il s'érigea en défenseur de son courant littéraire - le naturalisme - et aussi de romans particuliers ou de leur adaptation au théâtre.

Toujours dans la dynamique de l'analogie, on peut le comparer à un sujet sexuel dissipé. En effet Zola ne se contenta pas d'un seul genre littéraire - ce serait une certaine preuve de fidélité à un amour unique - ; au contraire il embrassa à la fois le roman, le conte, l'essai, la critique littéraire, la critique d'art, le journalisme, le théâtre, la correspondance et la photographie. Comme Don Juan, il ne saurait borner ses ambitions de conquêtes littéraires ; et son amour pour un genre ne saurait l'autoriser à faire injustice aux autres, car tous, semble-t-il, avaient le droit de le charmer. Comme on le voit, la sexualité n'est pas une impromptue dans **Les Rougon-Macquart**, puisqu'elle se conjugue si bien avec Zola de manière allégorique au point que l'auteur en devient un véritable théoricien de l'hérédité.

1.4. Le théoricien de l'hérédité

Dans le **Salut Public de Lyon** du 29 avril 1865, Zola concevait le romancier comme << *un créateur qui tente, après Dieu, la création d'une terre nouvelle [...] qui essaie de nous dire ce qu'il a vu, de nous montrer dans une synthèse le monde et ses habitants* >>[990]. S'opposant au grand Balzac dès 1868[991], à un moment où il était encore superbement méconnu, il définissait son originalité en ces termes : << *Ma grande affaire est d'être purement naturaliste, purement physiologiste* >>[992].

---

[989] Émile Zola : **Correspondance, IX : 1897-1899**, édition B. H. Bakker, H. Mitterand, O. Morgan, A. Pagès, Montréal/Paris, Les Presses de l'Université de Montréal/Éditions du CNRS, 1993, pp. 364-365.
[990] Émile Zola : *Article* reproduit partiellement par Colette Becker dans son article *Zola*, paru dans **Dictionnaire des Littératures de Langue Française**, op. cit. p. 2691.
[991] Ce qui rend impossible toute comparaison entre les deux auteurs selon Colette Becker, c'est que Balzac décrit des particularités individuelles là où Zola s'attaque à ce que renferme l'homme, et qui le produit encore, en un mot, sa vision globale de l'humanité, **ibidem**, p. 2693.
[992] Émile Zola : **R. M. V**, op. cit. p. 1737.

Cette vocation de biologiste qu'il voudrait concilier avec la littérature lui vint de l'enthousiasme que lui a procuré la lecture de Claude Bernard et de sa méthode expérimentale, sans oublier l'influence de Darwin[993] et des docteurs Lucas et Letourneau. De fait, pour Zola, il faut fouiller l'homme au plus profond de lui-même, non plus en le décrivant de l'extérieur - vision du dehors - mais de l'intérieur - vision du dedans - ; pénétrer la psychologie et la physiologie, c'est-à-dire le fonctionnement biologique du personnage. L'écrivain qui ne serait plus un simple homme de lettres, deviendrait un << savant >> : << *Je ne puis que répéter ce que j'ai dit : si nous mettons la forme, le style à part, le romancier expérimental n'est qu'un savant spécial qui emploie l'outil des autres savants, l'observation et l'analyse* >>[994], écrivait-il, euphorique. Comme un médecin légiste, le romancier naturaliste, aux dires de Zola, devait << *disséquer* >>[995] le personnage par la profondeur de son analyse psychologique et physiologique, c'est-à-dire aller << *jusqu'au fond du cadavre humain* >>[996]. Pour ce faire, le romancier ferait pousser ses personnages sur différents fumiers - à la campagne ou à la ville -, le ferait vivre dans des espaces autres que son terroir. Enfin le personnage connaîtrait diverses fortunes et le romancier tirerait à partir de toutes ces données de la phase d'expérimentation, les conclusions qui s'imposeraient. Si l'observation devait partir d'hypothèses formulées au préalable, les conclusions seraient exclusivement l'interprétation des observations faites.

L'hypothèse de base est le déterminisme fondé sur l'hérédité, car pour Zola, l'homme devient ce que ses ascendants ont inscrit dans sa destinée, par le biais des transmissions génétiques[997]. Tout son parcours est motivé par les gènes qu'il a reçus à sa conception et s'il doit payer de lourds tributs, c'est par la faute de ses ascendants. Aussi les Rougon et les Macquart partiront-ils tous avec un handicap initial : celui de la fêlure - ou tare originelle - dont ils ont hérité de leur aïeule, Adélaïde Fouque dite Tante Dide[998]. Est-elle *laide* ou *folle à délai* ? Philippe Hamon reconnaît en tout cas la folie dans le nom Fou/que et fait remarquer que le

---

[993] Dans l'article ci-dessus, Colette Becker écrit : << *Zola se fait une conception darwinienne de la société, combat des gras contre les maigres, des fauves contre les idéalistes* >>, p. 2693.
    Cependant, ainsi que Roger Ripoll l'a révélé à juste titre, dans **Réalité et Mythe chez Zola**, op. cit. p. 160, la référence directe à Darwin est très brève et anecdotique dans **La Débâcle**, et rien ne prouve qu'il ait lu l'intégralité de **De L'Origine des Espèces**, contrairement au **Traité Philosophique et Physiologique de l'Hérédité Naturelle** du Dr Prosper Lucas, qu'il a lu et résumé, chapitre par chapitre, pp. 165-170.

[994] Émile Zola : **Le Roman Expérimental** in **Œuvres Complètes**, sous la direction de Henri Mitterand, Tome 9 : **Nana 1880**, présentation, notices, chronologie et bibliographie par Chantal Pierre-Gnassounou, op. cit. p. 346.

[995] **Ibidem**, article *Les Documents Humains*, paragraphe consacré au roman **Les Frères Zemganno** d'Edmond de Goncourt, p. 443.

[996] Émile Zola : article *Les Documents Humains*, chapitre consacré au roman **Les Frères Zemganno** d'Edmond de Goncourt, repris dans **Le Roman Expérimental** in **Œuvres Complètes**, sous la direction de Henri Mitterand, Tome 9 : **Nana 1880**, présentation, notices, chronologie et bibliographie par Chantal Pierre-Gnassounou, op. cit. p. 443.

[997] Roger Ripoll reconnaît que ce qui les caractérise n'est autre que la fatalité, dans **Réalité et Mythe chez Zola**, op. cit. p. 479.

[998] Pour Jean Borie, dans **Zola et les Mythes, ou de la Nausée au Salut**, l'hérédité est le plus grand mythe zolien, op. cit. p. 69.

hiatus A/I - dans Adélaïde - redouble la folie et la fêlure chez Tante Dide[999]. Toujours est-il que ce personnage énigmatique ayant hérité des gènes d'un père mort fou, allait également et fatalement manifester des signes de folie, tantôt lucide, tantôt rageuse, dès le roman des origines, **La Fortune des Rougon**. Quant à sa progéniture, chacun des individus qui la composent devait emprunter un peu de sa folie[1000]. Bien entendu, l'expérimentation, selon les milieux sociaux dans lesquels ils évolueraient, devrait montrer quelques différences dans la manifestation de leur folie et même dans leurs types de folie. Mais comme une constante, il devrait y avoir un lien intime entre eux qui montrerait leur grande unité au-delà de leurs divergences apparentes. Cette unité serait vue comme le signe du jeu de la race, de la transmission héréditaire des caractères physiques et moraux.

Mais pour *le romancier savant*, la génétique est simple, rigide, <<*mathématique*>>[1001]. Tous les enfants issus de la même lignée doivent tous, nécessairement - quoique à des degrés divers -, subir le poids de la tare avec plus ou moins de gravité[1002]. Tous devaient avoir la boulimie d'une passion rageuse, soit pour la politique ou la fortune, soit pour des choses plus triviales telles que la jouissance, l'alcool, le sexe, etc. Les enfants devaient emprunter forcément soit à leur père, soit à leur mère ou aux deux concomitamment, voire aux collatéraux. Non seulement cette loi est valable pour les personnages anaphores mais aussi pour les embrayeurs qui gravitent autour d'eux. Et comme toute transmission héréditaire est impossible sans passer par la sexualité, il y a que cette sexualité est frappée du sceau de la fatalité, puisque l'enfant ne sélectionne guère ses parents et qu'il doit assumer, bon gré mal gré, le poids d'une hérédité à laquelle il n'entend rien. Par exemple, la pulsion impérieuse du meurtre chez Jacques Lantier fonctionne comme une velléité de jouissance rare et complète et qui le martyrise sans cesse. Sa conscience douloureuse ne peut rien contre la puissance de son *ça* auquel il doit obéir, vaille que vaille[1003]. Voilà donc en grands traits, en quoi consiste la génétique pour Zola. On peut se demander si le

---

[999] Philippe Hamon : **Le Personnel du Roman. Le Système des Personnages dans Les Rougon-Macquart d'Émile Zola**, op. cit. p. 114 et p. 121.

[1000] Rappelons que Maarten Van Buuren a suffisamment montré la désuétude de cette conception ''scientifique'' que Zola a empruntée du reste à Broussais, à Auguste Comte et à Lucas, voir **Les Rougon-Macquart d'Émile Zola. De la Métaphore au Mythe**, op. cit. pp. 190-191.

[1001] Émile Zola : **R. M. I**, op. cit. p. 3.

[1002] Dans **Les Rougon-Macquart d'Émile Zola. De la Métaphore au Mythe**, Van Buuren assume que le mythe végétal de l'arbre généalogique des Rougon-Macquart ne repose sur aucune base solide, op. cit. p. 140.

Dans **Le Romancier et la Machine, I : L'Univers de Zola**, Jacques Noiray affirme qu'il serait plus opportun de parler de <<*légendes modernes de la machine*>>, en lieu et place d'histoires naturelles et sociales, surtout en ce qui concerne **La Bête Humaine, Germinal** et **Travail**, op. cit. p. 299.

[1003] Émile Zola évoque la fuite du *moi* chez Jacques Lantier en ces termes : << *[...] mais c'étaient, dans son être, de subites pertes d'équilibre, comme des cassures, des trous par lesquels son moi lui échappait, au milieu d'une sorte de grande fumée qui déformait tout Il ne s'appartenait plus, il obéissait à ses muscles, à la bête enragée* >>, dans **R. M. V**, op. cit. p. 1043.

scientisme de l'auteur était fondé ou s'il s'agissait tout simplement d'une fantaisie d'artiste, d'une mystification.

II. LA CRITIQUE DE ZOLA

Les détracteurs de Zola étaient aussi véhéments que ses admirateurs étaient laudateurs. Dans un souci d'organisation rigoureuse, on dissociera les détracteurs de son scientisme, c'est-à-dire du naturalisme façon Zola, des détracteurs de son œuvre littéraire vue comme un recueil de scatologie, une poubelle pullulante d'immondices. On aura donc les détracteurs *scientifiques* puis les *moralistes*.

2.1. Un scientisme approximatif

Dès l'éclosion du mouvement littéraire naturaliste, il était à craindre un hiatus entre le littéraire et le biologique, en d'autres termes, un divorce entre la rigueur scientifique et la subjectivité littéraire. Il a été montré par exemple à travers cette étude que Zola truffait son récit de fiction dit << *scientifique* >> et << *expérimental* >> de mythes - anciens et nouveaux. Son expression fortement imagée[1004], faite de métaphores[1005] et de métonymies, fait de lui aussi un poète[1006]. Par contre, son imagination très féconde et sa puissante d'évocation - notamment en ce qui concerne l'hystérie des foules - font de lui également un auteur épique[1007]. Au total, son naturalisme devient un brassage culturel et littéraire qui perd ainsi de son caractère naturel pour s'égarer fréquemment dans le domaine du surnaturel et de la vision[1008]. Il y a chez lui une transgression fatale qui fait dire à Thomas Mann que : *<< Zola transcende la doctrine simplificatrice par une imagination puissante et un souffle épique servis par une prose lyrique et un vocabulaire foisonnant ; comment méconnaître dans l'épopée de Zola, le symbolisme et le penchant au mythe, qui hausse son univers jusqu'au surnaturel ? >>*[1009].

Même ses anciens *disciples*, auteurs du *Manifeste des cinq*, avaient eux aussi dénoncé ce qu'ils considéraient comme l'ignorance de Zola en matière médicale et scientifique et partant, la fausseté des **Rougon-Macquart** : *<< Puis, les moins perspicaces* [des lecteurs de Zola] *avaient fini par s'apercevoir du ridicule de cette soi-disant <<Histoire naturelle et sociale d'une famille sous le Second Empire >>, de la fragilité*

[1004] Jean Kaempfer est d'avis que les images constituent une menace pour le naturalisme, dans **D'Un Naturalisme Pervers : L'Esthétique de Zola**, op. cit. p. 168.

[1005] Pareillement, dans **Les Rougon-Macquart d'Émile Zola. De la Métaphore au Mythe**, Maarten Van Buuren pense que la métaphore constitue une entorse au naturalisme zolien, op. cit. p. 29. L'objectivité des **Rougon-Macquart** serait ainsi contestée par les métaphores, p. 272.

[1006] On peut le dire quand bien même Zola se classait lui-même dans la catégorie des travailleurs, et non dans celle des musiciens, c'est-à-dire des poètes, voir note 989.

[1007] Jacques Noiray : **Le Romancier et la Machine, I : L'Univers de Zola**, op. cit. p. 183 et p. 508 et Claude Seassau : **Émile Zola, Le Réalisme Symbolique**, op. cit. p. 8 et p. 15, p. 19 et p. 190, p. 215 et p. 326.

[1008] Claude Seassau : **Émile Zola, Le Réalisme Symbolique**, op. cit. p. 183 et pp. 297-298.

[1009] Thomas Mann : *Zola* dans **Le Robert : Dictionnaire Universel des Noms Propres**, Paris, Robert, 1989, pp. 3397 à 3398.

251

du fil héréditaire, de l'enfantillage du fameux arbre généalogique, de l'ignorance médicale et scientifique profonde du Maître »[1010].

Bien que la science et la littérature aient difficilement réussi leur ménage dans **Les Rougon-Macquart**, le scientisme approximatif[1011] de Zola n'a pas empêché d'éminents esprits contemporains et ultérieurs[1012] de louer les mérites de cette œuvre novatrice à bien des égards, tandis que d'autres n'ont cessé de vilipender l'auteur et l'œuvre dans les termes les plus grossiers et les plus excessifs.

2.1.1. Les détracteurs du naturalisme

Pour ce qui est des premiers, on peut citer tout de suite Louis Ulbach qui, le 23 janvier 1868, dans **Le Figaro**, attaquait avec une rare virulence et un sarcasme outrancier, la nouvelle école littéraire dont Zola ébauchait une définition dans **Thérèse Raquin**. Pour lui : « *Il s'est établi depuis quelques années, une école monstrueuse de romanciers, qui prétend substituer l'éloquence du charnier à l'éloquence de la chair, qui fait appel aux monstruosités les plus chirurgicales, qui groupe les pestiférés pour nous en faire admirer les marbrures, qui s'inspire directement du choléra, son maître, et qui fait jaillir le pus de la conscience »*[1013].

Pour Ulbach donc, ce qui choque le plus chez Zola, c'est l'horreur. Quand bien même cette position serait compréhensible, elle ne paraît pas totalement recevable, car la morale est fondamentalement du domaine des moralistes, des religieux et autres philosophes, tandis que la littérature reste du domaine des hommes de lettres. Juger le littéraire en tenant seulement compte de l'aspect moral[1014], c'est donc faire un amalgame dangereux et se jeter dans un faux procès. En effet, un auteur romancier ne peut s'offrir le luxe de ne livrer à ses lecteurs que des sermons et autres litanies, production après production, au risque de les irriter[1015]. La littérature est un art qu'il convient de considérer comme tel, son

---

[1010] P. Bonnetain, J.-H. Rosny, L. Descaves, P. Margueritte et G. Guiches : *Le Manifeste des Cinq* dans *Le Figaro* du 18 août 1887, repris dans les **R. M. IV** d'Émile Zola, op. cit. p. 1526.

[1011] Pour Maarten Van Buuren, dans **Les Rougon-Macquart d'Émile Zola. De la Métaphore au Mythe**, les prétentions scientifiques de Zola ne sont tout simplement pas prises au sérieux (p. 15), car la naïveté scientifique de Zola serait une évidence, op. cit. p. 257.

[1012] On peut citer parmi ces admirateurs contemporains, Flaubert et Mallarmé puis, parmi les admirateurs de notre temps, Philippe Hamon, Henri Mitterand, Auguste Dezalay, Colette Becker, Robert Lethbridge, David Baguley et bien d'autres.

[1013] Louis Ulbach : article rapporté par Carles et Desgranges dans **Zola**, op. cit. p. 112.

[1014] David Baguley rappelle, dans **Naturalist Fiction. The Entropic Vision**, qu'une définition ancienne réduisait le naturalisme aux sujets scandaleux, à la laideur morale et à la peinture des classes sociales inférieures, op. cit. pp. 42-43.

[1015] Mais pour Émile Zola, le choix est vite fait : « *Un romancier qui éprouve le besoin de s'indigner contre le vice et d'applaudir à la vertu, gâte également les documents qu'il apporte, car son intervention est aussi gênante qu'inutile ; l'œuvre perd de sa force, ce n'est plus une page de marbre tirée d'un bloc de la réalité, c'est une matière travaillée, repétrie par l'émotion de l'auteur, émotion qui est sujette à tous les préjugés et à toutes les erreurs. Une œuvre vraie sera éternelle, tandis qu'une œuvre émue pourra ne chatouiller que le sentiment d'une époque* »*, Le Naturalisme au Théâtre*, article paru pour la

champ d'action étant moins celui de l'utilité immédiate que celui du beau et du sensitif.

En effet, si l'on peut comprendre le courroux des moralistes au regard de certaines scènes sexuelles incestueuses ou morbides dans **Les Rougon-Macquart**, ou celles qui sont simplement perverses ou aberrantes, leur appréciation éthique de l'œuvre - donc extralittéraire *a priori* - ne peut justifier en soi un rejet sentencieux du naturalisme. Cette école littéraire n'est pas à noyer comme un chien que l'on accuserait de rage. Elle a ses forces et ses faiblesses comme toute œuvre humaine et il convient de l'accepter avec elles. Malheureusement, certains ont choisi le raccourci en oblitérant les premières et en se ruant sur les secondes pour faire un procès partiel et partial au chef de file des romanciers naturalistes[1016]. On a beaucoup ironisé sur << *la charcuterie* >>, << *l'immondice* >>, << *la scatologie* >> et << *la gauloiserie* >> dans les romans de Zola[1017]. Un exemple patent sur ce point est offert par Colombine qui, dans **Le Gil Blas** du 6 février 1882, s'insurgeait contre les bourgeois qui auraient fait le succès de Zola. Il s'interrogeait également sur la prétendue << *exactitude* >> de l'auteur, au lendemain de la publication de **Pot-Bouille**. Avec le plus grand mépris, il lança : << *Cette fois, êtes-vous contents, ô bourgeois qui avez fait le succès de M. Zola lorsqu'il dépeignait le peuple ou le monde des filles ? Croyez-vous encore à sa soi-disant exactitude ? Est-ce vrai que vous êtes un ramassis d'imbéciles, parfois monstrueux, toujours ignobles, et grotesques même dans l'ignoble ? Est-ce bien votre maison cette maison de* **Pot-Bouille** *qui ressemble à un quartier de Bicêtre, pleine de femmes hystériques ou détraquées, avec son idiot, ses gâteux, ses crétins, ses ramollis ?* >>[1018].

Pour Zola cependant, le débat était ailleurs. En effet, il pensait que le naturalisme imposait cette nouvelle façon de faire le roman, c'est-à-dire empêcher que l'auteur se transforme en moralisateur. Établissant les trois critères fondamentaux du roman contemporain, il les rangeait comme suit : peindre la vie exactement telle qu'elle est - sans maquillage romanesque -, ensuite tuer le héros - personnage grandi outre mesure - et enfin, effacement et neutralité du narrateur : <<*Le romancier affecte de disparaître complètement derrière l'action qu'il raconte. Il est le metteur en scène caché du drame. Jamais il ne se montre au bout d'une phrase. On ne l'entend ni rire ni pleurer avec ses personnages, pas plus qu'il ne se permet de juger leurs actes. C'est même cet apparent désintéressement qui est le trait le plus distinctif. On chercherait en vain une conclusion, une moralité, une leçon quelconque tirée des faits. Il n'y a d'étalés, de mis en lumière, uniquement que les faits, louables ou condamnables.*

---

première fois dans *Le Messager de l'Europe*, revue saint-pétersbourgeoise, en janvier 1879, puis repris dans **Le Roman Expérimental** in **Œuvres Complètes**, sous la direction de Henri Mitterand, Tome 9 : **Nana 1880**, présentation, notices, chronologie et bibliographie par Chantal Pierre-Gnassounou, op. cit. pp. 378-379.
[1016] Selon Claude Seassau, bien que Zola fût critiqué comme étant un écrivain mineur, il n'en demeure pas moins un créateur, voir **Émile Zola, Le Réalisme Symbolique**, op. cit. p. 7.
[1017] David Baguley: **Naturalist Fiction. The Entropic Vision**, op. cit. pp. 42-43.
[1018] Patricia Carles et Béatrice Desgranges citant Colombine, dans **Zola**, op. cit. p. 112.

L'auteur n'est pas un moraliste, mais un anatomiste qui se contente de dire ce qu'il trouve dans le cadavre humain»[1019].

La condamnation de Zola s'amplifia jusqu'à la publication de **La Terre** où elle atteignit des proportions jusque-là insoupçonnées. La situation devint telle que de jeunes admirateurs et disciples de Zola, qui se réclamaient eux-aussi du naturalisme, durent le renier publiquement, l'accusant de verser dans un extrémisme outrageant.

2.1. 2. Un naturalisme extrémiste ou la curiosité d'un voyeur

Les premiers à lâcher *le Maître* furent Paul Bonnetain, Rosny, Lucien Descaves, Paul Marguerite et Gustave Guiches, connus pour leur désormais célèbre et regrettable *Manifeste des cinq*, publié le 18 août 1887 dans **Le Figaro**. Pour ces derniers, la publication de **La Terre** marqua leur rupture d'avec Zola. Devenus pourfendeurs, ils attaquèrent à la fois et avec une violence verbale d'une rare intensité, l'œuvre et son auteur. Ils accusaient entre autres l'auteur d'imposture, récusaient toutes ses conceptions littéraires - ultime reniement - et s'attaquaient surtout à sa personne. Retenons rapidement quelques phrases poignantes de leur pamphlet : *« Le Maître est descendu au fond de l'immondice [...]. Nous répudions énergiquement cette imposture de la littérature véridique, cet effort vers la gauloiserie mixte d'un cerveau en mal de succès. Nous répudions ces bonshommes de rhétorique zoliste, ces silhouettes énormes, surhumaines et biscornues, dénuées de complication, jetées brutalement en masse lourde, dans des milieux aperçus au hasard des portières d'express »*[1020]. Bien que Zola eût affirmé longtemps auparavant : *« Pour moi, la question du talent prime tout en littérature »*[1021] et non le critère moral, il fut abandonné par ses pairs à cause du second critère et malgré le premier auquel il satisfaisait assurément.

Il est paradoxal à la limite de constater que pendant plus de vingt ans, on continua d'attaquer les romans de Zola bien qu'il eut anticipé - dès la préface de **Thérèse Raquin** en 1867 - sur toutes les critiques que l'on pourrait lui faire et touchant précisément au critère moral : *« Je ne sais si mon roman est moral ou immoral ; j'avoue que je ne me suis jamais inquiété de le rendre plus ou moins chaste. Ce que je sais, c'est que je n'ai jamais songé à y mettre les saletés qu'y découvrent les gens moraux ; c'est que j'en ai décrit chaque scène, même les plus fiévreuses, avec la seule curiosité du savant »*[1022].

Cette citation de Zola permet d'affirmer à nouveau que l'œuvre trahit l'inconscient de son auteur - du moins si Zola est de bonne foi - puisqu'il y glisse, de façon

---

[1019] Émile Zola : *Flaubert, L'Écrivain*, article sur Gustave Flaubert, paru dans *Le Messager de l'Europe* en novembre 1875, puis repris dans **Documents Littéraires** (1881) et dans **Le Roman Naturaliste**, Henri Mitterand (éd.), op. cit. pp. 55-57.
[1020] Émile Zola : **R.M. IV.**, op. cit. p. 1526.
[1021] Émile Zola : **Documents Littéraires** puis dans **Le Roman Naturaliste**, Henri Mitterand (éd.), op. cit. p. 71.
[1022] Émile Zola : **Thérèse Raquin**, Paris, Fasquelle, 1983, p. 5.

redondante, des éléments signifiants qui échappent à sa volonté et au contrôle de sa conscience. Néanmoins, cette mise au point ne semble pas avoir atteint ses objectifs, car le romancier dut faire face à ses nombreux détracteurs qui ne cessèrent de crier au scandale jusqu'à la fin de la publication des **Rougon-Macquart**, soit vingt-six ans après ses excuses anticipées dans **Thérèse Raquin**. Comme on le voit, l'extrémisme du naturalisme de Zola lui aura coûté beaucoup, et principalement parmi ses amis lettrés, ses jeunes *élèves,* sans compter les diatribes des journalistes qu'il essuya des années durant. Mais convaincu d'avoir raison sur ses détracteurs, Zola avait affirmé, dès la préface de **L'Assommoir**, << *Je ne me défends pas, d'ailleurs. Mon œuvre me défendra* >>[1023]. On peut affirmer aujourd'hui que c'était là une prédiction juste, au vu de l'intérêt toujours grandissant de la critique pour cette œuvre gigantesque, diversifiée et riche, qu'il a léguée à la postérité. Comme disait Zola : << *Le plus difficile est de faire comprendre l'originalité dans l'art. Le temps seul peut forcer les gens à rendre justice aux artistes originaux* >>[1024].

Pour tout dire, l'extrémisme du narrateur zolien ressemble fort à la curiosité d'un voyeur. Comme tel, il épie les comportements sexuels de ses personnages, spectacles auxquels il semble s'adonner avec tant de plaisir, comme le berger Soulas dans **La Terre,** qui prend plaisir à toujours se retrouver dans les espaces où il est certain de voir La Cognette dans les bras de ses amants. En effet, le narrateur zolien est un voyeur indiscret qui expose sur la place publique, en l'occurrence l'espace livresque, tous les détails indûment observés. Comment ne pas voir alors la ressemblance entre lui et Soulas ? C'est un narrateur particulièrement soucieux de contempler et de rendre compte des nudités sublimes de Renée dans **La Curée**, ou encore celles de Nana dans **Nana**, d'Albine dans **La Faute de l'Abbé Mouret** et de Clotilde dans **Le Docteur Pascal**. Rien ne lui échappe, depuis << *leur chevelure d'or* >> - car elles sont toutes blondes, comme par coïncidence - jusqu'aux << *courbes parfaites* >> de leurs hanches, en passant par leurs << *bouches délicieuses* >>, << *la fermeté et la rondeur* >> de << *leur gorge* >> et le << *satin* >> de leur peau[1025]. Cette description corporelle des héroïnes intervient à deux moments précis ; d'abord lorsqu'elles se trouvent nues[1026] devant leur miroir et ensuite, lorsqu'elles sont dans les bras de leurs partenaires.

Le voyeur étant intrinsèquement un pervers, il reste entendu que le narrateur zolien l'est aussi[1027]. N'empêche qu'il faille le distinguer du voyeur ordinaire sur

---

[1023] Émile Zola : **R. M. II**, op. cit. p. 373.
[1024] Émile Zola : *Le Salon de 1875,* article paru dans *Le Messager de l'Europe* en juin 1875 et repris dans **Le Roman Naturaliste**, Henri Mitterand (éd.), op. cit. p. 114.
[1025] Voir **Les Rougon-Macquart d'Émile Zola. De la Métaphore au Mythe** de Maarten Van Buuren pour de plus amples informations sur les charmes féminins rendus en termes textiles, op. cit. p. 280.
[1026] Pour Roger Ripoll, la nudité a un rapport direct avec la mythologie dans le corpus, sans compter qu'elle est aussi un thème obsédant chez Zola, voir **Réalité et Mythe chez Zola**, op. cit. pp. 80-81.
[1027] Sans aller aussi loin, Jean Kaempfer assume que Zola est un << *pervers* >>, dans **D'Un Naturalisme Pervers : L'Esthétique de Zola**, op. cit. p. 193.
Voir aussi l'ouvrage de Maarten Van Buuren, ci-dessus, où il reconnaît vaguement que Zola avait *un goût dépravé*, p. 271.

au moins un plan, celui des motivations. En effet, le voyeur que je nomme ordinaire, est guidé par le seul souci de satisfaire sa pulsion sexuelle par le plaisir scopique. Cette forme de jouissance est la résultante d'une forme de névrose antérieure qui se caractérise par une sorte d'inhibition du sujet voyeur, incapable d'oser aller plus loin dans la satisfaction de sa pulsion sexuelle : il ne consomme pas l'acte sexuel. Il se limite donc à une étape préliminaire du processus de la sexualité, comme s'il craignait de n'être pas à la hauteur.

Certes, le voyeurisme du narrateur zolien est d'ordre épistémologique, ainsi qu'il a été montré dans le chapitre des fondements de la sexualité - première partie, chapitre I. Car *le credo* scientifique du naturalisme étant fondé sur la théorie de l'hérédité, Zola était donc tenu de faire une place de choix au phénomène de la sexualité, puisque sans sexualité, il n'y a point de reproduction humaine, et partant, point d'hérédité. Sa perversion, si tant est que perversion il y a, se justifie donc prioritairement par une nécessité d'ordre scientifique et méthodologique. Tout en reconnaissant tenir un discours sur la sexualité, Zola se défendait par exemple de pratiquer ce qu'il décrivait, non sans dénoncer l'hypocrisie de ceux qui le fustigeaient mais qui, certainement, faisaient ces choses immorales : << *On fait la chose, mais on n'en rit plus ; on en rougit et on se cache. La morale ayant été mise à dissimuler le sexe, on a déclaré le sexe infâme. Il s'est ainsi formé une bonne tenue publique, des convenances, toute une police sociale qui s'est substituée à l'idée de vertu. Cette évolution a procédé par le silence : il est des choses dont il est devenu peu à peu inconvenant de parler, voilà tout ; de telle sorte que l'homme distingué, l'honnête homme est celui qui fait ces choses sans en parler, tandis que celui qui en parle sans les faire, comme certains romanciers de ma connaissance, sont traités de gens orduriers et traînés journellement dans le ruisseau*>>[1028].

Le pire restait à venir, car certains critiques sont allés jusqu'à nier à Zola, tout talent de romancier.

2.1.3. Zola, romancier sans talent ?

En 1887, Anatole France, déçu par la toute récente publication de Zola, en l'occurrence **La Terre**, avait renié en bloc toute la production de l'auteur : << *Son œuvre est mauvaise et il est un de ces malheureux dont on peut dire qu'il vaudrait mieux qu'ils ne fussent pas nés* >>[1029].

Sans blâmer l'œuvre dans toute sa dimension, Émile Foulget avait férocement attaqué la niaiserie de la peinture des sentiments dans le roman zolien. Après **Le Docteur Pascal**, en censeur impitoyable, il avança : << *M. Zola [...] n'a aucun talent pour peindre, même pour comprendre, les sentiments qui font qu'un homme aime une femme et est aimé d'elle. La vie intérieure lui est aussi fermée qu'il est possible. Dans*

[1028] Émile Zola : **Documents Littéraires :** *De la moralité en littérature* (1882) puis dans **Le Roman Naturaliste**, Henri Mitterand (éd.), op. cit. p. 111.
[1029] Marcel Girard citant l'article d'Anatole France paru dans *Le Temps* du 28 août 1887, dans ''*Les Archives de l'œuvre*'' in **La Terre** d'Émile Zola, op. cit. p. 501.

tous ses romans, sauf (et en une faible mesure) dans **Une Page d'Amour***, tout ce qui est psychologique lui est absolument étranger* »[1030].

Offusqué par la manière dont Zola fait séduire Clotilde par Pascal, Foulget ironisa : « *[...] je crois bien qu'il n'y a que M. Zola au monde pour croire que le plus grand moyen pour séduire une vierge soit de lui raconter* **Les Rougon-Macquart** »[1031]. Il ne se priva pas alors de montrer Zola sous un jour << *médiocre* >>, << *gauche* >> et << *faux* >> lorsqu'il est question de roman psychologique[1032]. Pour Foulget, la solution existe cependant, et il se propose de l'indiquer à Zola, non sans paternalisme : « *Donc, maintenant que* **Les Rougon-Macquart** *sont finis, plus de romans intimes, plus un seul ! Si M. Zola reconnaissait, et s'il avait des amis au lieu de flatteurs, il se convaincrait de cette vérité. Elle est éclatante.* **Le Docteur Pascal** *ne fait que la confirmer douloureusement* »[1033].

Zola avait une réponse pour tous ses détracteurs, aussi bien les moralistes que les apôtres du talent, car non sans ironie, il leur lançait le défi suivant : << *En somme, on accuse tout un groupe d'écrivains de spéculer sur l'obscénité. On les hue, on ramasse la boue des ruisseaux pour la leur jeter à la face ; et non content de les salir, on tâche de les attaquer dans leur talent, en jurant que leurs livres sont tout ce qu'il y a de plus facile à faire, qu'il suffit d'y entasser des horreurs. Eh bien ! essayez, ce sera drôle !* >>[1034].

Mais il faudra laisser Foulget et autres détracteurs de Zola assumer l'entière responsabilité de leurs critiques acerbes et s'intéresser un tant soit peu à ses admirateurs.

2.2. Les hommages à l'œuvre

Ils furent et ils demeurent nombreux de nos jours. On n'en retiendra que quelques-uns. À propos de **L'Assommoir**, Stéphane Mallarmé notait, dans une correspondance à Zola : « *Voilà une bien grande œuvre ; et digne d'une époque où la vérité devient la forme populaire de la beauté !* »[1035]. Cet hommage rend à l'œuvre le mérite de dire vrai. Par conséquent, le scientisme approximatif de Zola ne signifiait pas peinture complaisante de la société ou du peuple, si l'on préfère.

[1030] Gérard Gengembre citant Émile Foulget dans son *Dossier* in **Le Docteur Pascal** d'Émile Zola, op. cit. p. 463.
[1031] **Ibidem**, p. 461.
[1032] Gérard Gengembre citant Émile Foulget dans son *Dossier* in **Le Docteur Pascal** d'Émile Zola, op. cit. p. 463.
[1033] **Ibidem**, p. 463.
[1034] Émile Zola : *La Littérature Obscène* dans **Le Roman Expérimental**, in **Œuvres Complètes**, sous la direction de Henri Mitterand, Tome 9 : **Nana 1880**, présentation, notices, chronologie et bibliographie par Chantal Pierre-Gnassounou, op. cit. p. 486.
[1035] Patricia Carles et Béatrice Desgranges citant une *Lettre* de Stéphane Mallarmé à Zola, dans **Zola**, op. cit. p. 113.

Mieux, un scientifique avéré et ayant autant d'autorité que Sigmund Freud, médecin et philosophe de son état, disait de Zola qu'il était un << *parfait connaisseur de l'âme humaine* >>[1036], eu égard à la compréhension et à la description des comportements humains face à la libido. Zola, en effet, offre dans **Les Rougon-Macquart**, un large éventail de comportements de sujets sexuels allant du noble sacrifice de soi au nom du bonheur de l'autre - comme le fait Pauline Quenu - au meurtre passionnel - comme le meurtre de Chaval par Étienne Lantier -, en passant par le voyeurisme de Soulas, la thésaurisation des objets ayant appartenu à l'objet sexuel désiré - cas de Cabuche -, le viol brutal -cas de Buteau -, l'inceste - cas de Palmyre et Hilarion-, la prostitution - cas de Nana -, la pédérastie - cas de Baptiste -, la pédophilie - cas de Grandmorin -, etc. C'est que Zola a montré que l'homme est d'abord un animal aux instincts exacerbés lorsqu'il est question de libido et non plus simplement cet être doué de raison, et qui est animé de nobles sentiments amoureux ainsi que la littérature en a trop longtemps présenté avant lui. Avec Zola, prend fin le lyrisme des poètes romantiques et autres romanciers qui les rejoignent, tels Alexandre Dumas fils et **La Dame aux Camélias**, ou l'Abbé Prévost et **Manon Lescaut**. Aux yeux de Freud, le sombre tableau zolien semblait refléter davantage la réalité des choses que tout autre tableau préexistant.

Au plan humain - ou plus exactement humaniste -, Maupassant rend hommage à **Germinal** dans ces mots dithyrambiques : << *Vous avez remué là-dedans une telle masse d'humanité attendrissante et bestiale, fouillé tant de misère et de bêtise pitoyable, fait grouiller une telle foule terrible et désolante au milieu d'un décor admirable, que jamais livre assurément n'a contenu tant de vie et de mouvement, une telle somme de peuple* >>[1037].

À partir de ces deux hommages, provenant d'une part de quelqu'un qui avait une si haute idée de la science et, d'autre part, de quelqu'un qui avait une si haute idée de la littérature, on peut convenir du mérite de l'œuvre zolienne dans sa globalité. Son mérite aura surtout été d'avoir osé concilier ces deux domaines du savoir - science et littérature - entre lesquels d'autres avaient érigé une cloison étanche quasiment infranchissable. Il les aura conciliés avec un certain succès au point de récolter des *satisfecit* de part et d'autre.

Aussi, Zola n'avait-il pas trop tort, dans son combat solitaire, d'user sans exclusive, de toutes les armes dont il pouvait disposer. On peut comprendre que, pour parvenir à ses fins, il n'eut pas reculé devant la sexualité et toutes ses composantes étudiées plus haut. À propos de **La Terre**, un des romans qui traitent de la question de la sexualité avec le maximum de perversions, Stéphane Mallarmé écrivit, dans une correspondance à Zola : << *Vous n'avez eu garde d'omettre rien de ce qui se fait bas, contre terre, l'amour divers et si épars, ou l'acte*

[1036] Sigmund Freud : **Trois Essais sur la Théorie de la Sexualité**, op. cit. p. 169.
[1037] Patricia Carles et Béatrice Desgranges citant une *Lettre* de Guy de Maupassant à Zola, dans **Zola**, op. cit. p. 113.

générateur : voilà qui est d'une philosophie perspicace et d'une vraie poésie »[1038]. C'est qu'avec du talent, on peut réussir la prouesse de tirer du beau et du haut de ce qui renferme le risque de la bassesse et du vil : la sexualité. Zola rejoint ainsi Baudelaire qui avait su faire autant à partir des prostituées et des chats dans ses fameuses fleurs maladives dites **Fleurs du Mal**. Alors, Zola immoral ? Je pense que non et, si d'aventure il l'était, il faudrait nuancer son *immoralité*. Ce qui est immoral, c'est plutôt ce que Zola décrit mais qu'il n'encourage nullement ; qu'il condamne même avec une rare sévérité. L'auteur rendait compte de la société impériale qui était immorale à ses yeux - quand bien même ce parti pris reste très subjectif. Faut-il alors le blâmer si le compte-rendu qu'il livre, donne à voir à l'œuvre un monde vicieux et corrompu, ou faut-il blâmer au contraire, la société française de cette époque ? Se prononçant sur la moralité de l'œuvre zolienne et en prenant notamment appui sur **La Curée**, Philippe Berthier s'est fait très catégorique : «*Décidément,* **La Curée**, *roman à ne pas mettre entre toutes les mains, est d'une irréprochable moralité* »[1039].

On ne peut pas oublier dans ce paragraphe les railleurs de Zola qui se sont beaucoup gaussé de sa prétendue méthode expérimentale. Aujourd'hui en effet, beaucoup de paramètres nouveaux permettent de démentir sa façon de concevoir la question de l'hérédité - qui se manifeste par une fatalité rigide frappant inéluctablement ses personnages -. Émile Foulget fait partie de ces irréductibles pourfendeurs de la théorie de l'hérédité telle que présentée par Zola. Dans le **Courrier Littéraire** du 1er juillet 1893, faisant allusion au docteur Pascal et au-delà, à Zola, il écrivait : «*Ses théories sur l'hérédité sont le capharnaüm le plus ténébreux qui se puisse rencontrer* »[1040].

Cependant, nombreux sont les critiques qui en rient sans tenir compte des connaissances scientifiques de l'époque de Zola. Zola a sans aucun doute *tort* aujourd'hui en termes de scientificité, mais avait sans doute *raison* hier, car sa conception de la génétique était conforme à la somme des connaissances disponibles à son époque. C'est du moins ce qu'a révélé Michel Serres qui écrit : «*Je ne dis pas que la série des* **Rougon-Macquart** *munie de son texte réflexif, constitue un ensemble de résultats purement scientifiques. Je dis seulement, mais c'est énorme, que les thèses, la méthode et l'épistémologie que je découvre ici sont fidèles à ce qu'il y a de meilleur, à ce que nous jugeons le meilleur, dans les travaux dits scientifiques de ce temps* »[1041].

Cette assertion qu'on ne peut valablement disputer à Serres, montre qu'il n'y aurait aucune honte pour Zola à être dépassé aujourd'hui scientifiquement, car la

---

[1038] Marcel Girard citant une *Lettre* de Stéphane Mallarmé à Zola, dans ses *Archives de l'œuvre,* in **La Terre** d'Émile Zola, op. cit. p. 503.
[1039] Philippe Berthier : *Hôtel Saccard : État des lieux* in **La Curée de Zola ou « la vie à outrance »**, op. cit. p. 117.
[1040] Gérard Gengembre citant Émile Foulget dans son '' D*ossier* '' in **Le Docteur Pascal** d'Émile Zola, op. cit. p. 459.
[1041] Michel Serres : **Feux et Signaux de Brume: Zola**, op. cit. p. 461.

science est évolutive et elle se développe si rapidement que des thèses en génétique tenues pour claires, justes et apodictiques en 1990, sont parfois savamment démenties aujourd'hui, en 2007. Le domaine de la recherche est ainsi fait et il faut s'y attendre et s'y adapter[1042]. Ce qui est inaliénable, c'est certainement la valeur littéraire du naturalisme, qui reste vivace au point qu'il s'agit peut-être aujourd'hui du mouvement littéraire auquel le plus grand nombre de spécialistes au monde s'intéressent, qu'ils étudient et qu'ils décortiquent, depuis la Californie jusqu'en France en passant par le Canada, la Grande-Bretagne, l'Allemagne, la Suisse, l'Europe de l'Est et l'Afrique.

L'académicien Jean Rostand, dans sa communication *L'œuvre de Zola et la pensée scientifique*, insistait sur le caractère prospectif de l'entreprise zolienne, en ce sens qu'il sondait la vérité positive de demain. Il affirmait, entre autres choses, que de grandes découvertes en psychanalyse n'ont été rendues possibles que grâce à la prospection des Zola, Tolstoï et Dostoïevski, auxquels Freud lui-même a rendu hommage[1043]. Tout en concédant le fait que Zola ait pu abuser de la notion d'hérédité et qu'il se soit fait illusion sur la portée novatrice de son œuvre, Rostand insiste sur le fait que la documentation scientifique dont disposait Zola était très à jour et parmi celle-ci, il cite **L'Hérédité naturelle** de Prosper Lucas - 1868 - qui << *faisait autorité à l'époque et passait pour faire la somme de tout ce qu'on savait alors sur la transmission des caractères* >>. Il rappelle également les docteurs J.-L. Brachet, Déjerine et Darwin[1044], notamment la pangenèse de Darwin, la périgenèse de Haeckel, les stirpes de Galton et les déterminants de Weismann[1045]. Il affirmait ensuite que l'information dont disposait Zola était correcte à l'époque et que certaines théories développées par Pascal, dans **Le Docteur Pascal**, sont confirmées aujourd'hui par la biologie moléculaire[1046]. Il citait en exemple l'éminent biologiste français, Lucien Cuénot, qui, frappé par les théories de Pascal, devait écrire à Zola en 1894 pour lui demander quels furent

---

[1042] Émile Zola avait compris cela dans une interview qu'il accorda au **Journal** du 20 août 1894 lorsqu'il jetait un regard critique rétrospectif sur le naturalisme : << *Oui, j'ai appliqué à la littérature les principes positivistes. Je l'ai fait avec l'enthousiasme d'une conviction récente. Je ne crois peut-être plus à ces principes aussi violemment que j'y croyais jadis. Je n'en suis pas moins sûr d'avoir eu raison à mon instant. Il y a de la vérité relative, même dans l'erreur d'une réaction. Je fus un peu sectaire. Le naturalisme, s'il doit se juger au passé, sera le premier à se reprocher d'avoir limité, fermé l'horizon* >>, interview de Zola dans le **Journal** du 20 août 1894 et reprise dans **Le Roman Naturaliste**, Henri Mitterand (éd.), op. cit. p. 146.

[1043] Jean Rostand : *L'œuvre de Zola et la pensée scientifique*, in **Europe : Zola**, no. 468-469, op. cit. p. 363.

[1044] Émile Zola s'est modérément inspiré de Darwin en effet, puisqu'il déclare : << *Je donne aussi une importance considérable au milieu. Il faudrait aborder les théories de Darwin ; mais ceci n'est qu'une étude générale sur la méthode expérimentale appliquée au roman, et je me perdrais, si je voulais entrer dans les détails. Je dirai simplement un mot des milieux* >>, *Le roman expérimental*, article paru dans *Le Messager de l'Europe* en août 1879, puis dans *Le Voltaire* du 16 au 20 octobre 1879, et enfin dans **Le Roman Expérimental** (1880) et dans les **Œuvres Complètes**, sous la direction de Henri Mitterand, Tome 9 : **Nana 1880**, présentation, notices, chronologie et bibliographie par Chantal Pierre-Gnassounou, op. cit. p. 332.

[1045] Jean Rostand : article cité ci-dessus, p. 364.

[1046] **Ibidem**, p. 365.

les modèles de ce personnage[1047]. Cuénot ayant fait publier en 1902 un traité sur l'hérédité de la pigmentation chez les souris, Jean Rostand s'est interrogé - sans y répondre - si Zola l'avait influencé, ou tout simplement inspiré. Il prenait aussi l'exemple de Mantegazza, brillant anthropologue italien, auteur de la **Physiologie de la douleur** - 1880 - qui écrivit à Zola pour lui dire qu'il était << *non seulement un des plus grands écrivains de notre siècle, mais aussi un grand physiologiste* >>[1048]. Ce commentaire, d'un homme avisé comme Mantegazza, ne serait pas fortuit, puisque ce dernier aurait, le premier, suggéré la conservation des semences humaines à très basse température, ce qui permet aujourd'hui les fécondations in-vitros. Rostand, constatant que la fêlure chez Zola ressemble au plasma germinatif dont il est prouvé aujourd'hui qu'il se transmet invariablement et immuablement de génération en génération, loue alors la vision prophétique de Zola qui affirmait que l'hérédité ayant ses lois comme la pesanteur, la science pénètrerait lesdites lois. De fait, ce que Zola ignorait, c'est que Johan Mendel en avait déjà fixé les lois essentielles[1049].

Henri Mitterand confirme certaines de ces sources scientifiques de Zola dans sa *préface* au **Docteur Pascal** de Zola et y ajoute : << *Il y* [dans le livre de Jules Déjerine] *trouve des données qu'il connaît déjà plus ou moins, sur les différentes lois de l'hérédité selon Darwin ; la loi de l'hérédité directe et immédiate, la loi de la prépondérance dans la transmission des caractères, la loi de l'hérédité en retour (qui donne à l'individu des traits de ses ancêtres), la loi de l'hérédité d'influence (par imprégnation du premier époux sur les enfants nés d'un second mariage)* >>[1050]. Il serait donc maladroit de nier toute scientificité à l'œuvre romanesque de Zola, puisqu'il l'a conçue à la lumière des connaissances scientifiques de son temps, sans pour autant les faire passer pour des traités physiologiques et biologiques à part entières[1051]. Il s'agissait simplement d'une littérature qui épousait son temps, une époque marquée par une large diffusion des idées scientifiques : << *Nous ne sommes ni des chimistes, ni des physiciens, ni des physiologistes ; nous sommes simplement des romanciers qui nous appuyons sur les sciences* >>[1052], reconnaissait-il déjà en 1880.

D'un autre côté, la sexualité, malgré son pendant ordurier, est le moteur du naturalisme. C'est en tout cas ce que le critique Guy Robert semblait confirmer lorsqu'il écrivit en 1952 : < *<La vie ne se prolonge que par et dans l'ordure ; tout enfantement s'accomplit dans les déchirements et les impuretés. On comprend mieux*

[1047] Jean Rostand : *L'œuvre de Zola et la pensée scientifique*, in **Europe : Zola**, no. 468-469, op. cit. p. 365.
[1048] **Ibidem**, p. 365.
[1049] Jean Rostand : *L'œuvre de Zola et la pensée scientifique*, in **Europe : Zola**, no. 468-469, op. cit. p. 365.
[1050] Henri Mitterand: *Préface* du **Docteur Pascal** d'Émile Zola, Paris, Édition Folio Classique, 1991, p. 4.
[1051] Émile Zola reconnaît : << *Je le répète, je ne suis pas un savant, je ne suis pas un historien, je suis un romancier* >>, **Nouvelle Campagne** (1897), puis dans **Le Romancier Naturaliste**, Henri Mitterand (éd.), op. cit. p. 153.
[1052] Émile Zola : **Le Roman Expérimental** (1880) et dans les **Œuvres Complètes**, sous la direction de Henri Mitterand, Tome 9 : **Nana 1880**, présentation, notices, chronologie et bibliographie par Chantal Pierre-Gnassounou, op. cit. p. 340.

ainsi pourquoi Zola a si souvent et si crûment évoqué tout ce qui concerne l'acte de génération [...]. Mais il faut voir dans cette obsession de l'acte sexuel la manifestation d'une des forces essentielles qui animent son univers ; un seul et éternel combat s'y déroule, celui que mène la vie aux prises avec la mort. Tel est l'aspect épique des **Rougon-Macquart** *[...]. Le mot* Naturalisme *en s'appliquant à Zola pourrait reprendre quelque chose de son premier sens, puisque c'est bien la Nature qui est le principe suprême >>*[1053].

On doit admettre, en définitive, que Zola fut un romancier qui ne laissait pas indifférent, à en juger par les nombreuses attaques dont il fit l'objet et les nombreux hommages qu'on lui rendit au cours des siècles derniers. À partir de là, il faut confesser sa grandeur, même si son œuvre manifeste des imperfections supposées ou avérée. L'acharnement de la critique littéraire sur son œuvre est sans aucun doute la preuve implicite de son talent[1054] et de son audience à travers les siècles. Une question ultime m'intéressera ici, à savoir si le naturalisme fut une esthétique propre à Zola, ou s'il fut un courant littéraire à part entière.

III. ZOLA, ÉCRIVAIN SOLITAIRE OU CHEF D'ÉCOLE LITTÉRAIRE ?

Cette question, pour quelque curieuse qu'elle paraisse, n'a pas moins d'intérêt que les autres. En effet, la première chose qui vient à l'esprit lorsqu'on parle d'école ou de courant littéraire, c'est l'idée d'un groupe d'auteurs appartenant à une même époque et qui partagent les mêmes idées esthétiques et les mêmes formes d'expression ; la production de chacun d'eux étant comme une des manifestations de leur art commun. Ainsi, les romantiques furent essentiellement des poètes exprimant l'épanchement de leur cœur là où les adeptes du classicisme ne trouvaient leurs sujets que dans l'imitation des anciens. Cependant, lorsqu'on est en face du naturalisme, on bute tout de suite sur l'écrasante domination de Zola, au point qu'on a du mal à citer ne serait-ce qu'un autre auteur qu'on puisse identifier comme naturaliste, sans le moindre doute.

David Baguley, en prenant position sur la question, parlait de << *la malédiction du genre* >>, en ce sens que Zola lui-même fut contre les genres, les courants littéraires et toutes formes canoniques préétablies[1055]. De fait, Baguley va plus loin en définissant le naturalisme comme une méthode et non un genre, une formule et non une poétique, alliant l'abstrait - la méthode - au concret - la réalité -, le général allié au spécifique, le culturel au naturel, l'universel à l'historique[1056]. Le débat serait clos si l'on admettait que le naturalisme n'était en fait qu'une méthode d'écriture qui tentait d'assujettir le roman à la rigueur de la méthode expérimentale. La position ambiguë de Zola lui-même en rajoutait à la confusion :

[1053] Guy Robert : **Émile Zola, Principes et Caractères Généraux de son Œuvre**, Paris, Belles Lettres, 1952, p. 193.
[1054] Dans l'article *Le Naturalisme*, paru dans **Une Campagne** (1882) et repris dans **Le Romancier Naturaliste**, Henri Mitterand (éd.), Émile Zola écrit : << *Quant au romancier, en moi, il ne croit absolument qu'au talent* >>, op. cit. p. 130.
[1055] David Baguley : **Zola et les Genres**, op. cit, p. 4.
[1056] **Ibidem**, p. 5.

<< C'est pourquoi j'ai dit tant de fois que le naturalisme n'était pas une école, que par exemple il ne s'incarnait pas dans le génie d'un homme ni dans le coup de folie d'un groupe, comme le romantisme, qu'il consistait simplement dans l'application de la méthode expérimentale à l'étude de la nature et de l'homme. [...] Donc, dans le naturalisme, il ne saurait y avoir ni de novateurs ni de chef d'école. Il y a simplement des travailleurs plus puissants que les autres >>[1057], écrivait-il dans **Le Roman Expérimental**.

Cependant, beaucoup de critiques continuent à le considérer comme un courant littéraire. Pris sous cet angle, il convient d'identifier les autres écrivains de la mouvance qui se grouperaient derrière Zola - si celui-ci en fut le chef. On a souvent cité les Goncourt, Maupassant et Huysmans, et même les auteurs du fameux *Manifeste des cinq* pour accréditer la thèse d'école littéraire à part entière.

3.1. Huysmans et le naturalisme.

Dans son très brillant article **Huysmans et Zola : le dialogue brisé**, publié pour la première fois en 1989, Halina Suwala, en s'interrogeant si au fond, Zola n'était pas le seul naturaliste, émet l'hypothèse qu'il faudrait convenir au moins de l'existence de plusieurs variantes du naturalisme[1058]. Elle constate que chez Zola, le naturalisme signifiait la croyance en la raison humaine, l'acceptation de la vie telle quelle et la condition humaine, le retour à la nature - ou au panthéisme - et le refus de la causalité surnaturelle, tandis que chez Huysmans, il signifierait esthétisme, recherche de l'art nouveau et refus de la théorie tainienne du milieu, à partir d'**À Rebours**[1059]. De fait, Joris-Karl Huysmans avait une approche assez différente de celle de Zola. À en croire Couty, à la sortie d'**À Rebours** de Huysmans en 1884, Zola aurait confessé que << *le roman portait un coup terrible au naturalisme* >>, et que son auteur << *faisait dévier l'école* >>[1060]. Pour Huysmans en effet, il fallait rompre avec la dialectique de la luxure qui seule semblait caractériser le naturalisme, façon Zola : << *Quoiqu'on inventât, le roman ne pouvait se résumer à ces quelques lignes : savoir pourquoi Monsieur Untel commettait ou ne commettait pas l'adultère avec Madame Une telle* >>[1061].

[1057] Émile Zola : **Le Roman Expérimental** (1880) et dans les **Œuvres Complètes**, sous la direction de Henri Mitterand, Tome 9 : **Nana 1880**, présentation, notices, chronologie et bibliographie par Chantal Pierre-Gnassounou, op. cit. p. 343.

[1058] David Baguley avoue, dans **Naturalist Fiction. The Entropic Vision**, qu'il n'y a pas de théorie naturaliste unifiée et que même certains naturalistes étaient contre les vues de Zola, d'où les terminologies divergentes chez les Goncourt, chez Huysmans, Maupassant et Zola, op. cit. p. 40.

[1059] Halina Suwala : **Autour de Zola et du Naturalisme**, article: *Huysmans et Zola : le dialogue brisé*, Paris, Honoré Champion Éditeur, 1993, p. 248.

[1060] Émile Zola cité par Couty dans son article *Naturalisme*, voir **Dictionnaire des Littératures de Langue Française**, op. cit. p. 1731.

[1061] Joris-Karl Huysmans : *Préface* de la seconde édition d'**À Rebours**, Paris, Édition Gallimard, 1977, p. 57.

En outre, en 1903, Huysmans mettait Zola à part et l'opposait quasiment aux autres naturalistes, dont lui-même : << *Zola, qui était un beau décorateur de théâtre, s'en tirait en tirant des toiles plus ou moins précises ; il suggérait très bien l'illusion du mouvement et de la vie ; ses héros étaient dénués d'âme, régis tout simplement par des impulsions et des instincts, ce qui simplifiait le travail de l'analyse. Il remuait, accomplissait quelques actes sommaires, peuplait d'assez franches silhouettes des décors qui devenaient les personnages principaux de ses drames. Il célébrait de la sorte les halles, les magasins de nouveautés, les chemins de fer, les mines, et les êtres humains égarés dans ces milieux n'y jouaient plus que le rôle d'utilités et de figurants ; mais Zola était Zola, c'est-à-dire un artiste un peu massif, mais doué de puissants poumons et de gros poings.*

Nous autres, moins râblés et préoccupés d'un art plus subtil et plus vrai, nous devions nous demander si le naturalisme n'aboutissait pas à une impasse et si nous n'allions pas bientôt nous heurter contre le mur >>[1062].

Huysmans alla jusqu'à taxer le naturalisme de littérature sans issue et dont il devait se libérer : <<*Je cherchais vaguement à m'évader d'un cul-de-sac où je suffoquais, mais je n'avais aucun plan déterminé et* **À Rebours,** *qui me libéra d'une littérature sans issue, en m'aérant, est un ouvrage parfaitement inconscient, imaginé sans idées préconçues, sans intentions réservées d'avenir, sans rien du tout* >>[1063].

Au-delà de ces motivations d'ordre esthétique et tempéramental, il faut signaler la découverte de la ferveur de la foi religieuse par Huysmans, dans les années 1880. Dès lors, il prônait un autre naturalisme, ce qu'il appela le naturalisme spirituel dans **Là-Bas**, paru en 1891. Cette nouvelle forme de naturalisme devait se manifester par l'absence d'idées préconçues dans la construction du roman. Dans **Là-Bas** donc, dès le premier chapitre, deux personnages sont présentés dont l'un, Durtal - Huysmans lui-même sans doute incarné dans celui-ci -, voudrait faire un roman. Seulement, il se trouve confronté au difficile choix de l'école littéraire à laquelle son livre doit appartenir. Cette question du choix esthétique le tourmente un moment et il finit par se résoudre à être spiritualiste : << *il lui suffirait peut-être d'être spiritualiste pour s'imaginer le supranaturalisme, la seule formule qui lui convînt* >>[1064].

Par ailleurs, comme l'écrit Suwala, Huysmans se reconnaîtrait davantage en Goncourt qu'en Zola ; car il fut un adepte de l'écriture artiste à l'instar de ce devancier. Dans une correspondance à Prins, il blâmait justement le succès commercial des romans de Zola comme étant la cause de la renonciation de ce dernier à tout art. Continuant de dresser une série d'oppositions entre les deux romanciers, Suwala rappelle la volonté zolienne d'enquêter sur l'homme, sur la société et de découvrir le déterminisme des phénomènes humains, en vue de régler la vie une fois la vérité découverte. Au contraire, pour Huysmans,

---

[1062] Joris-Karl Huysmans : *Préface* de la seconde édition d'**À Rebours,** op. cit. p. 59.
[1063] **Ibidem**, p. 59.
[1064] Joris-Karl Huysmans : **Là-Bas**, Paris, 1891, Édition Maxi Poche, Classiques français, 1984, p. 23.

<<*personne ne fait sa vie, on la subit*>>[1065]. En plus, Zola prônait la démocratie comme étant l'avenir et exaltait son public-lecteur comme partenaire de la démocratie en littérature alors que, pour Huysmans, la démocratie serait <<*l'adversaire le plus acharné du pauvre*>>[1066]. C'est pourquoi, il exaltait l'élitisme dans lequel on écrirait pour un groupuscule d'élus. Nonobstant toutes ces divergences, Huysmans s'est toujours proclamé naturaliste, jusqu'en 1883 où, avec **À Rebours**, il prit ses distances d'avec le mouvement, et pour de bon. À partir de cette date en effet, Huysmans fit preuve d'une duplicité criarde dans ses opinions envers Zola et le naturalisme, écrivant à Zola en termes laudateurs, à propos de ses romans, et à ses autres amis dont Prins, en termes très acerbes. À Prins, il écrivait et fustigeait << *la grossièreté de l'écriture* >>, le << *muflisme* >>, la << *renonciation à tout art* >>, la << *bassesse* >>, les << *idées abjectes* >>, le << *style nul* >> du << *parvenu* >>, et à Zola, il louait, à propos des mêmes livres, le << *flamboiement* >>, le << *joli tour* >>, le << *plus prodigieux manieur de foules de toutes les littératures* >>, la << *fresque immense* >>, les << *sacrés reins* >> et les << *épaules résistantes* >> de l'auteur[1067]. Suwala montre fort bien comment les seuls sentiments que Huysmans avait encore pour Zola étaient <<*haine, obsession, mépris, vomissement, méchanceté* >>[1068].

Ayant appris en effet la liaison de Zola avec Jeanne Rozerot, il aurait écrit à Prins encore <<*Vous ai-je dit qu'il* [Zola] *a enlevé la femme de chambre de sa femme et qu'il était père d'une fille ?* >>[1069], non sans se moquer des larmes de joie que Zola aurait versées.

Une autre source de discorde entre les deux hommes fut la question juive, et plus précisément l'affaire Dreyfus. Suwala démontre de façon irréfutable, le racisme violent et l'antisémitisme avéré et proclamé de Huysmans. Quand Zola se lance dans la campagne dreyfusarde, Huysmans l'attaque lorsqu'il écrit à ses amis et dénonce sa << *folie* >> et son << *orgueil* >>[1070]. À partir de 1896, le nom de Zola est totalement effacé des correspondances de Huysmans jusqu'en 1902, lorsqu'il écrira encore à Prins pour se féliciter de n'être pas allé aux obsèques de Zola. Cette absence totale de pitié pour la dépouille mortelle de Zola ne transparaît nulle part ailleurs mieux que dans cette grâce qu'il rend à la providence d'avoir mis fin au séjour terrestre du disparu : << *Son discrédit* [de Zola] *en France était énorme et il est mort à temps, car il eut connu, avec son train de vie, la misère. Il lui fallait avec son double ménage 100 000 francs par an. Il ne pouvait plus les gagner. La providence a donc été, en quelque sorte, très douce pour lui, en l'enlevant avant sa très prochaine et irrémédiable décadence* >>[1071].

[1065] Halina Suwala : **Autour de Zola et du Naturalisme**, op. cit. p. 249.
[1066] **Ibidem**, p. 249.
[1067] **Ibidem**, pp. 252-254.
[1068] **Ibidem**, p. 254.
[1069] **Ibidem**, p. 254.
[1070] **Ibidem**. p. 257.
[1071] **Ibidem**, p. 257 - l'auteur s'appuie sur J.-K. Huysmans : **Lettres inédites à Arij Prins : 1885-1907**, Genève, Droz, 1977.

On peut ajouter, pour terminer, qu'une des raisons de la cassure entre ces deux auteurs, fut la question religieuse. En effet, ainsi que Hemmings l'a rappelé dans sa communication, *Émile Zola et la religion. À propos de La Faute de l'Abbé Mouret*, on sait que Huysmans s'est converti au catholicisme vers la quarantaine et qu'il << *écrira à partir de **Là-Bas** toute une série de romans catholiques* >>[1072]. Zola, au contraire, n'allait jamais renoncer à attaquer le catholicisme[1073]. Qu'en fut-il des maîtres de Huysmans ?

3.2. Les Goncourt et le naturalisme

Jules et Edmond Huot de Goncourt furent les frères siamois de la littérature, écrivant ensemble, signant conjointement leurs œuvres où ils se désignèrent par le pronom *nous* - notamment dans les préfaces -, même lorsque l'aîné seul continua de penser et d'écrire pour deux, à la suite du décès de son frère cadet. Contemporains de Zola, ils eurent des rapports étroits avec lui.

3.2.1. Rapports avec Zola au plan humain

Les premiers contacts physiques entre eux eurent lieu en février 1865, année où Zola lut Balzac et Taine. Plus jamais, ils ne cesseront de se fréquenter, ni de dîner ensemble aussi souvent que possible. Après la mort précoce de Jules, Edmond poursuivit leurs relations avec Zola. Il est pourtant capital de signaler que ces relations très soudées et enthousiastes dès le départ, furent entachées au fur et à mesure de suspicion, voire d'animosité. Dans leur journal tenu au jour le jour, les Goncourt écrivirent le 14 décembre 1868 : << *Nous avons eu à déjeuner notre admirateur et notre élève Zola* >>[1074]. Puis le 27 août 1870, deux mois après le décès de Jules, Edmond nota sans aucune affection : << *Zola déjeune chez moi* >>[1075]. Cette évolution de l'amitié vers l'hostilité s'accentua au point qu'Edmond de Goncourt écrivait plus loin, le 25 janvier 1875, que son ancien << *élève* >> n'était qu'<< *un envieux* >> et << *un dominateur* >>[1076]. Néanmoins, les apparences furent sauvées et ils continuèrent de se voir assez souvent. Zola, pour sa part, témoigna jusqu'au bout une admiration inébranlable pour Edmond de Goncourt et pour sa littérature. D'ailleurs, ce dernier semble-t-il, s'étonna des éloges de Zola à la sortie de ses

---

[1072] F.W.J. Hemmings : *Zola et la religion. À propos de **La Faute de l'Abbé Mouret***, article publié dans **Europe**, no. 468-469, op. cit. p. 130.

[1073] Émile Zola s'offusquant de ce que l'on vole, ment et tue << *à visage découvert* >>, sans être inquiété, tandis que l'on est << *lapidé et hué* >>, si on aimait en plein soleil. Il blâmait la religion chrétienne pour cet état de fait : << *Il a fallu l'idée chrétienne de l'indignité du corps pour rendre le sexe honteux et mettre la perfection morale dans la chasteté. L'homme n'a plus été fait pour se reproduire, mais pour mourir* >>, dans **Documents Littéraires** : *De la moralité en littérature,* puis dans **Le Roman Naturaliste**, Henri Mitterand (éd.), op. cit. p. 109.

[1074] Edmond et Jules Huot de Goncourt : **Journal. Mémoires de la Vie Littéraire**, Robert Ricatte (éd.), tome 2, p. 96.

[1075] **Ibidem**, tome 3, p. 154.

[1076] **Ibidem**, tome 3, p. 155.

romans à travers la presse. Comment peut-on alors expliquer la progressive animosité des Goncourt envers leur *élève* et ami ?

3.2.2. Les conceptions littéraires ou la similitude source de conflits

Deux ans avant **Thérèse Raquin**, premier roman de Zola d'inspiration naturaliste, parut **Germinie Lacerteux** (1865) qui marqua le point de départ effectif de l'aventure dite précisément << *naturaliste* >>. Pour les uns, le roman des Goncourt n'était que de << *la littérature putride* >>[1077], pour d'autres, du << *petit roman* >>[1078]. Mais pour Flaubert : << *Cela est atroce d'un bout à l'autre et sublime. La grande question du réalisme n'a jamais été si carrément posée* >>[1079]. Dans **Le Salut Public** du 25 février, Zola trouva l'œuvre capitale. Pareillement, il loua **Madame Gervaisais** dans *Le Gaulois* du 9 mars 1869. Son enthousiasme devant les romans des Goncourt ne se démentit jamais et il tenait en plusieurs aspects.

Au plan stylistique : << *Ils sont les romanciers artistes, les peintres du vrai pittoresque, les stylistes élégants qui s'encanaillent par amour de l'art, les instrumentistes les plus remarquables dans le groupe des créateurs du roman naturaliste contemporain* >>[1080], écrivait Zola dans une envolée lyrique et enthousiaste.

Au niveau de la méthode de travail, les deux frères effectuaient des voyages d'enquête avant toute rédaction et accordaient beaucoup d'importance à leurs notes, trop à la limite. Cependant, leur réalisme féroce frisait la reproduction de la réalité. C'est par exemple Rose, leur ex-servante disparue en 1862, qui fut le modèle presque exact de Germinie Lacerteux dans le roman du même nom.

Au niveau thématique, presque toute leur production fut constituée de romans noirs où l'héroïne éponyme, hystérique et névrosée, était étudiée << *scientifiquement* >> dans son épiderme, ses nerfs et le mystère de son fonctionnement psychologique face aux passions[1081]. Voilà bien des idées qui présidèrent à la gestation des premiers romans de Zola, **Thérèse Raquin** (1867) et **Madeleine Férat** (1868) et même des **Rougon-Macquart**. Auteurs hantés par la femme omniprésente dans leurs œuvres, les Goncourt semblent n'être pourtant jamais tombés amoureux alors que Zola était, pour sa part, raillé par ses détracteurs sous le prétexte qu'il était impuissant. La bataille réaliste commune,

---

[1077] Bellet : article ''*Goncourt''*, dans le **Dictionnaire des Littératures de Langue Française**, tome 2, op. cit. p. 1032.
[1078] **Ibidem**, p.1032.
[1079] **Ibidem**, p.1032.
[1080] Émile Zola : **Les Romanciers Naturalistes** (1881) puis dans **Le Roman Naturaliste**, Henri Mitterand (éd.), op. cit. p. 62.
[1081] Dans *Germinie Lacerteux, par MM. Edmond et Jules de Goncourt*, article paru le 24 février 1865 dans *Le Salut Public*, et plus tard dans **Le Roman Naturaliste**, Henri Mitterand (éd.), Émile Zola défendait les Goncourt en ces mots : << *Un reproche fondé, qui peut être fait à **Germinie Lacerteux**, c'est celui d'être un roman médical, un cas curieux d'hystérie. [...] Certainement leur héroïne est malade, malade de cœur et malade de corps ; ils ont tout à la fois étudié la maladie de son corps et celle de son cœur. Où est le mal, je vous prie ?* >>, op. cit. p. 16.

l'impressionnisme et la dégradation[1082] devenue spectacle chez eux, puis récupérés par Zola, furent autant de motifs qui poussèrent Edmond à l'aigreur.

Il estimait en effet que Zola l'avait copié dès la parution de **L'Assommoir** en 1877 ; son aigreur allant jusqu'à nier tout talent de romancier à son rival et ami. Pour lui, depuis 1875, seuls Flaubert et lui demeuraient les romanciers dignes de ce nom ; affirmation péremptoire teintée de mauvaise foi évidente et de vantardise. Le précurseur était sans aucun doute chagriné de se voir éclipsé par la renommée sans cesse grandissante et envahissante de son jeune disciple, devenu désormais le fer de lance du naturalisme pendant que son nouveau roman à lui, **La Fille Élisa,** paru cette année-là, recevait un accueil beaucoup moins retentissant.

En tout état de cause, l'on doit convenir de ce que les Goncourt furent les vrais précurseurs du naturalisme, quand bien même ils furent beaucoup moins célèbres que Zola. Ils furent les premiers à aborder les héros littéraires sous un angle << *scientifique* >>, en ce sens qu'ils accordaient un intérêt particulier à la question de la névrose, de l'hystérie et des passions. À leur suite, Zola ne fit que saisir cette perche qui allait lui permettre de dominer la création romanesque en France un quart de siècle durant - de **Thérèse Raquin** en 1867 au **Docteur Pascal** en 1893. Comme il l'a toujours reconnu avec honnêteté, Zola admirait les Goncourt qui l'ont beaucoup influencé en guidant son choix esthétique. Un autre nom qui revient souvent lorsqu'on parle des naturalistes est celui de Maupassant.

3.3. Guy de Maupassant

Halina Suwala, dans sa communication **À propos de quelques techniques narratives du naturalisme,** lors du colloque international de Catania en 1988, avance, à propos de Maupassant, qu'<< *Il est convenu de le considérer comme un, voire le disciple de Flaubert, opinion dont il est d'ailleurs le premier responsable* >>[1083]. À ce point de vue qui lui est extérieur, Suwala situe volontiers Maupassant à équidistance de Flaubert et de Zola : << *Et l'on pourrait même risquer l'affirmation qu'il se situe à mi-chemin entre Flaubert et Zola* >>[1084]. Plus récemment, en 1992, dans son article **Maupassant et le naturalisme,** elle juge Maupassant d'<< *inclassable* >> et d'<< *indéfinissable* >> à l'analyse des critiques dont l'auteur fut la victime. En effet, traité d'égoutier des lettres comme Zola, après **Mademoiselle Fifi,** la critique lui accorde une place à part, après **Une Vie,** avant d'annoncer son divorce d'avec le naturalisme lorsqu'il publie **Miss Harriet.** Et lorsque Brunetière publia son article ***Les petits naturalistes*** - formule qui deviendra célèbre -, il y inclut à côté de Huysmans, Hennique, Daudet, Alexis et bien sûr, Maupassant[1085],

---

[1082] David Baguley évoque la poétique de la dissolution chez les Goncourt, dans **Naturalist Fiction. The Entropic Vision,** op. cit. p. 200. D'une manière générale, Baguley constate que les romans naturalistes distillent les destinées humaines dans des décors désintégrés, p. 201.
[1083] Halina Suwala : **Autour de Zola et du Naturalisme,** chapitre : *À propos de quelques techniques narratives du naturalisme,* op. cit. p. 208.
[1084] **Ibidem,** chapitre : *À propos de quelques techniques narratives du naturalisme,* op. cit, p. 208.
[1085] **Ibidem,** chapitre : *Maupassant et le naturalisme,* op. cit, p. 284.

bref tous les médanistes, c'est-à-dire tous les jeunes écrivains qui se regroupaient autour de Zola dans sa retraite de Médan, et dont les textes furent publiés dans le recueil **Les Soirées de Médan**. Le roman **Mont-Oriol** aurait achevé de faire considérer Maupassant comme un « *réformateur* », un « *dissident* », un « *indépendant* », quelqu'un qui n'« *appartient à aucune école* » ; le livre sonnant la « *fin du naturalisme* »[1086]. Argument de poids pour étayer la thèse de l'indépendance de Maupassant, sa lettre de 1876, adressée à Camille Mendès où il affirmait : « *Je veux n'être jamais lié à aucun parti politique [...], à aucune religion, à aucune secte, à aucune école [...], ne m'incliner devant aucun dogme, [...] et aucun principe* ». Pour être plus précis, il écrivait à Paul Alexis : « *Je ne crois pas plus au naturalisme et au réalisme qu'au romantisme* »[1087].

Traité par la presse de naturaliste après la publication des **Soirées de Médan**, en 1880, il aurait voulu couper court à toutes ces suppositions qu'il considérait comme des bêtises, lorsque son livre, **La Maison Tellier**, sortirait. Dans une lettre écrite en avril 1880, et adressé à Flaubert, il notait : « *C'est une préparation parfaite à mon volume de vers qui paraîtra mardi et qui coupera court, en ce qui me concerne, à ces bêtises d'école naturaliste qu'on répète dans les journaux. Cela est la faute du titre **Les Soirées de Médan**, que j'ai toujours trouvé mauvais et dangereux* »[1088]. Et à la faveur du fameux **Roman Expérimental** de Zola, dans une autre lettre à Flaubert, il traitait l'essayiste de « *fou* » : « *Que dites-vous de Zola ? Moi, je le trouve absolument fou !* »[1089].

Maupassant, à en croire Halina Suwala, différerait de Zola[1090] sur le concept fondamental de la vérité qui revient comme un leitmotiv dans le discours théorique de Zola. Pour Maupassant, il n'existerait point une seule et indiscutable vérité, et même il y aurait autant de vérités qu'il y a d'hommes sur la terre.

En définitive, Maupassant ne s'est jamais auto-défini comme étant un auteur naturaliste, même si on peut lui trouver des points communs avec Zola, notamment au niveau de l'impersonnalité de leurs œuvres, l'élimination du concept d'intrigue, l'occultation de la composition et de l'analyse psychologique du personnage, l'absence de toute conclusion et enfin la prépondérance de la description dans leurs textes. Ces convergences portent certes sur des points que Zola définissait comme critères naturalistes. Les points discordants entre eux sont cependant aussi nombreux au point que la question reste posée en ce qui concerne l'appartenance ou non de Maupassant au naturalisme. La situation de Maupassant n'est pourtant pas un cas isolé puisqu'elle est assez similaire à la position de Huysmans.

[1086] Halina Suwala : **Autour de Zola et du Naturalisme,**, chapitre : *Maupassant et le naturalisme*, op. cit p. 286.
[1087] **Ibidem**, p. 290.
[1088] **Ibidem**, p. 292.
[1089] **Ibidem**, p. 291.
[1090] Pour David Baguley, Maupassant était effectivement plus proche littérairement de Flaubert que de Zola, voir **Naturalist Fiction. The Entropic Vision**, op. cit. p. 49.

Contrairement à Zola, Maupassant est entré au séminaire d'Yvetot en 1863. Il n'en est cependant pas sorti plus catholique que son ami Zola. Au contraire, il y a cultivé sa haine de la soutane et y a observé l'hypocrisie et l'intolérance des prêtres. Très vite renvoyé du séminaire pour indiscipline, il se débaucha dès l'âge de seize ans et contracta la syphilis à l'âge de vingt-six ans. Maupassant ne fut pas qu'un auteur réaliste, car il écrivit des œuvres fantastiques, comme **Une Main Écorchée** en 1875, et **Le Horla** en 1887. Il fut aussi et surtout un conteur émérite et un nouvelliste. Sa première nouvelle, **Boule de Suif**, fut publiée dans **Les Soirées de Médan** en 1880, suivie en 1881 de son premier recueil de nouvelles, **La Maison Tellier** qui remporta un vif succès. Un autre recueil de nouvelles suivit en 1886, **Toine**. Au chapitre des contes, **Les Contes de la Bécasse** furent un chef-d'œuvre en 1884, suivi d'une trentaine de contes supplémentaires publiés en 1885. Maupassant mourut fou à la clinique du docteur Blanche le 6 juillet 1893, après de longs mois de délire et d'isolement. Malgré le succès indiscutable de ses romans, **Une Vie** (1883), **Bel Ami** (1885), **Mont-Oriol** (1887) et **Notre Cœur** (1890), on se souviendra toujours de lui davantage comme un conteur et un nouvelliste qu'un romancier. Il ne fait aucun doute en tout cas qu'aucune de ses œuvres n'entre dans le schéma canonique du roman expérimental tel que dressé par Zola, même s'il a observé les trois règles *regarder*, *observer* et *disséquer* du regard avant d'écrire. N'est-ce pas là d'ailleurs la caractéristique générale des auteurs réalistes que furent les Balzac, Flaubert, Goncourt, Zola[1091] et Daudet ?

3.4. Zola, un écrivain athée et solitaire

Il a déjà été montré que Zola était un nataliste, un adepte de la fécondité. Or, les principes prônés par le natalisme s'opposent au culte de la virginité - de Marie comme du profane - et du célibat des prêtres, prônés par l'église catholique. Certes, cette église s'oppose de nos jours avec véhémence à l'avortement et à la contraception, mais l'observation de ces deux dogmes - virginité et célibat - à une grande échelle, consacrerait la mort de l'espèce aux yeux de Zola. Il s'en suit que pour lui, le catholicisme est une << *religion de mort* >>[1092], pour emprunter le mot de F. Hemmings : << *or le chaste, n'est-il pas celui qui se refuse à engendrer la vie ? La vierge, celle qui se dérobe aux devoirs de la maternité ? Religion de mort aussi parce que, pour un Zola qui ne croyait pas à la résurrection, c'est un dieu mort que semble glorifier le catholicisme en la personne du crucifié* >>[1093]. À partir d'une analyse de **La Faute de l'Abbé Mouret**, Hemmings finit par trouver le paganisme comme l'unique religion de Zola : << *Oui, Zola, [...] a été un grand païen [...] culte secret, enfoui dans son inconscient, et dont il avait un peu honte* >>[1094]. Pour Hemmings donc, il est

---

[1091] Dans **Naturalist Fiction. The Entropic Vision**, David Baguley établit que la description balzacienne, qui se caractérise par le sordide extrême, s'oppose à la description zolienne marquée par la bizarrerie et l'excentricité. La description huysmansienne serait marquée par l'étiolement et la liquéfaction, tandis que celle des Goncourt serait marquée par le gris et la dissolution, op. cit. pp. 198-200.
[1092] F.W.J. Hemmings : *Zola et la religion. À Propos de **La Faute de l'Abbé Mouret***, article paru dans **Europe : Zola**, op. cit. p. 132.
[1093] **Ibidem**, p. 132.
[1094] **Ibidem**, p. 135.

inexact de considérer ce roman comme antireligieux : « *Mais, pour en finir avec La Faute de l'Abbé Mouret, cet ouvrage prétendu antireligieux, ne faudrait-il pas conclure, au contraire, que c'est de tous ses livres, celui qui témoigne le plus clairement du sentiment religieux de l'auteur ?* »[1095]. Notons également que cette idée de paganisme zolien apparaît chez David Baguley, qui écrit à propos de **La Terre** que « *le culte païen de la fécondité domine ce roman* »[1096]. Ce paganisme implique la renonciation à l'ancienne **Bible**, puisque Baguley voit dans l'idylle romanesque de Clotilde et du docteur Pascal, une « *nouvelle Bible de l'Humanité* »[1097].

J'ai déjà relevé dans mon liminaire, le point de vue de Bertrand-Jennings en ce qui concerne le rejet de l'église dans le roman zolien, ainsi que celui de Jean Borie qui va dans le même sens. Cette idée de l'église négative et symbole de la mort, se trouve également présente chez Philippe Hamon[1098] et chez Jean-François Tonard[1099]. On convient donc, à partir de tout cela et de l'étude des personnages de prêtres et assimilés - telle que je l'ai faite dans cette étude -, ainsi que celle de l'épisode de la destruction de l'église de l'abbé Mouret, que Zola n'avait rien de chrétien et qu'il fut un adversaire acharné de l'église catholique en particulier. Dans sa biographie, aucune pratique religieuse[1100] ne lui est attribuée au point qu'on doit retenir son athéisme[1101], sa foi en l'homme et en la science comme garant du bonheur humain.

[1095] F.W.J. Hemmings : *Zola et la religion. À Propos de La Faute de l'Abbé Mouret*, article paru dans **Europe : Zola**, op. cit. p. 135.

[1096] David Baguley : **Zola et les Genres**, chapitre IX : *Le réalisme grotesque et mythique de La Terre*, op. cit. p. 95.

[1097] David Baguley : **Zola et les Genres**, chapitre XI : *Du naturalisme au mythe : l'alchimie du Docteur Pascal*, op. cit. p. 133.

[1098] Philippe Hamon : **Le Personnel du Roman. Le Système des Personnages dans les Rougon-Macquart d'Émile Zola**, op. cit. p. 228.

[1099] J.-F. Tonard : **Thématique et Symbolique de l'Espace Clos dans le Cycle des Rougon-Macquart d'Émile Zola**, op. cit. p. 299.

[1100] Roger Ripoll rappelle, que Zola fut marqué par l'enseignement chrétien - qu'il a reçu durant son enfance - et la menace de damnation éternelle, dans **Réalité et Mythe chez Zola**, op. cit. p. 98. Pour autant, Zola adulte n'aura pas été pratiquant.

[1101] Émile Zola écrit : « *De nos jours, le protestantisme est donc devenu, en morale et en littérature, un épouvantail bien autrement gênant que le catholicisme ; nous nous entendrons encore avec un catholique, tandis que je défie un artiste de jamais faire bon ménage avec un protestant. Il y a là une antipathie de cerveaux. Nous autres romanciers naturalistes, observateurs et expérimentateurs, analystes et anatomistes, nous sommes surtout en guerre ouverte avec le protestantisme, par notre enquête continuelle qui dérange les dogmes et les principes, qui passe outre aux axiomes de morale. Notre ennemi est là. Je le sens depuis longtemps* », dans **Documents Littéraires** : *De la moralité en littérature*, article paru pour la première fois dans *Le Messager de l'Europe* en octobre 1880, puis repris dans **Le Roman Naturaliste**, Henri Mitterand (éd.), op. cit. p. 110. Ce ménagement apparent du catholicisme ne doit abuser personne, Zola ne croyait tout simplement pas aux dogmes chrétiens dans leur ensemble et ce, quelle que fût la dénomination de l'église qui les véhiculait.

Enfin, au regard de tout ce qui précède, on peut affirmer que Zola fut un écrivain solitaire[1102] dont le parcours d'homme et de littérateur fut sanctionné par de nombreuses rencontres certes - ses centaines de correspondants en témoignent -, mais aussi et surtout, par des amitiés sincères - Paul Alexis - ou déçues - à l'instar de Cézanne qui a rompu avec lui au lendemain de la parution de **L'Œuvre**[1103] - ou éphémères - Huysmans - ou hypocrites - Goncourt[1104] - ou des amitiés carrément trahies - les auteurs du *Manifeste des cinq*. Il semble incontestable que Zola ait réalisé ce constat de solitude déjà, le 19 août 1897, lorsqu'il écrivait à Henry Bauër, depuis sa retraite de Médan : *« J'ai toujours été affamé de solitude et d'impopularité, à peine ai-je quelques amis, et je tiens à eux»*[1105].

En gros, on peut résumer la situation en disant qu'il fut accompagné, à un moment donné de son parcours naturaliste, puis abandonné en chemin par Huysmans, que Maupassant empruntait un chemin annexe au sien, allant souvent dans la même direction, mais refusant de marcher sur la même voie que lui[1106]. Quant à Goncourt, il préférait marcher parallèlement à lui, un peu au ralenti, refusant de suivre Zola sur la chaussée de dépassement que ce dernier affectionnait. Pour ce qui est des *cinq*, au dire de Zola lui-même, il les connaissait à peine : *«Heureusement, aucun des cinq signataires n'est de mon intimité, pas un n'est venu chez moi, je ne les ai jamais rencontrés que chez Goncourt et Daudet. Cela m'a rendu leur manifeste moins dur »*[1107]. Abandonné ou marginalisé par ceux qu'il croyait être ses amis littéraires, Zola apparaît tel Labdacus, immolé publiquement par ceux qui prétendaient être ses héritiers, ces Œdipes nouveaux. Zola n'atteint-il pas par là aussi, une grandeur tragique et mythique ?

[1102] Voir Colette Becker : *Introduction biographique* dans Émile Zola : **Correspondance, tome VII, juin 1890-septembre 1893,** Montréal/Paris, les Presses de l'université de Montréal/Éditions du CNRS, 1989, pp. 19-22.

[1103] Henri Mitterand : *Préface* dans Émile Zola : **Correspondance, tome VI, 1887-1890**, Montréal/Paris, Les Presses de l'université de Montréal, Éditions du CNRS, 1987, p.12.

[1104] **Ibidem**, p. 12.

[1105] Henri Mitterand : *Préface* dans Émile Zola : **Correspondance, tome VI, 1887-1890,**, p. 168.

[1106] Henri Mitterand écrit à ce propos : *«Il a été déçu par l'incapacité de ses premiers disciples les plus proches (Alexis, Céard, Hennique) à produire des œuvres nombreuses et fortes, et par l'éloignement de ses amis les plus talentueux (Huysmans, Maupassant) »*, voir **Le Roman Naturaliste** d'Émile Zola, Henri Mitterand (éd.), op. cit. p. 133.

[1107] Émile Zola : **Correspondance, tome VI, 1887-1890**, *Lettre du 19 août 1887 adressée à Henry Bauër*, op. cit. p. 168.

CONCLUSION

CONCLUSION

Avant de clore cette étude, il me sied de rappeler qu'elle s'est efforcée d'emblée de jeter un regard sur l'état actuel de la critique zolienne dans le cadre de la sexualité et de la fatalité. Cela a permis de situer la limite de ces études antérieures et l'enjeu de notre démarche actuelle.

La première partie du travail, en entrant dans le domaine de la superposition des textes de l'auteur, a prouvé que le choix de la sexualité comme thème unificateur des **Rougon-Macquart** ne procédait nullement d'une fantaisie d'artiste, ni d'un hasard. En effet, des motifs tant religieux, sociologiques, idéologiques, qu'épistémologiques justifient la place prépondérante qui lui revient dans le roman zolien. Par la suite, on a pu établir que chez Zola la sexualité se présente sous un jour généralement mauvais, voire morbide. Les approches animales, perverses, mythiques et apocalyptiques[1108] que l'auteur fait siennes dans le traitement romanesque de ladite thématique, viennent consolider l'idée d'une catastrophe sociale aussi inéluctable qu'imminente[1109]. Telle est en tout cas la sentence du *dieu* Zola à l'encontre du Second Empire - dont le cycle romanesque étudie << *l'histoire naturelle et sociale* >> à partir du microcosme << *d'une famille* >>, en l'occurrence celle des Rougon-Macquart.

Pour sa part, la deuxième partie s'est consacrée à l'étude des actants sexuels face à la question de la fatalité. Les personnages, premiers éléments de lisibilité du texte littéraire, ont été appréhendés dans leur être intrinsèque et leurs différents faires dans le cadre strict de la sexualité. De fait, l'être des personnages s'est avéré à même de constituer un programme narratif en soi, tant la transparence onomastique était parfois manifeste[1110]. Le schéma actantiel dégagé, la trame du récit se dégageait d'elle-même, du moins en ce qui concerne le faire et le devenir des personnages. C'est alors que je me suis intéressé à leurs sanctions faites de fêlure, de maladies héréditaires, de folies, de morts précoces et/ou atroces. En gros, le fatum qui frappe les personnages zoliens n'a rien du fatum dont sont victimes les héros tragiques ovidiens ou raciniens par exemple. Ici, la fatalité est plutôt d'ordre scientifique, littéraire et artistique[1111] et non plus d'ordre divin. On a apprécié en cela l'originalité de la fatalité du naturalisme conscient de Zola, qui n'est plus celle des dieux antiques grecs.

[1108] Voir Jacques Noiray : **Le Romancier et la Machine, I : L'Univers de Zola**, op. cit. p. 508 et Roger Ripoll : **Réalité et Mythe chez Zola**, op. cit. p. 101.
[1109] Voir Maarten Van Buuren : **Les Rougon-Macquart d'Émile Zola. De la Métaphore au Mythe**, op. cit. p. 187.
[1110] Se référer à Philippe Hamon : **Le Personnel du Roman. Le Système des Personnages dans Les Rougon-Macquart d'Émile Zola**, op. cit. p. 108 et p. 116, et à Claude Seassau : **Émile Zola, Le Réalisme Symbolique**, op. cit. pp. 37-61
[1111] Voir **Réalité et Mythe chez Zola** de Roger Ripoll, op. cit. p. 78.

La découverte du mythe personnel de Zola s'est faite à partir de l'étude des fonctions métalinguistique et poétique, notamment en interrogeant les figures mythiques, métaphoriques et synecdochiques obsédantes. J'ai pu admettre, au sortir de cette analyse, que Zola était un obsédé sexuel, un obsédé de la reproduction, du néant et de la mort. J'ai été conforté dans cette position par la récurrence et la convergence des mêmes figures vers ces mêmes finalités fatales, aussi bien à l'intérieur d'un roman donné qu'à l'échelle des autres romans du cycle.

La troisième partie a traité exclusivement du problème de la pertinence de la composante spatio-temporelle immanente dans la fatalité liée à la sexualité. Les rapports entre cette composante et les actants anthropomorphes m'ont convaincu de ce que la littérarité d'un texte, romanesque de surcroît, dépendait pour beaucoup du traitement de la temporalité d'une part, et d'autre part, de celui de la notion d'espace. En effet, le personnage et son espace spatio-temporel sont indissociables tant ils influent l'un sur l'autre, se reflètent et s'incarnent mutuellement. À preuve, dans **Les Rougon-Macquart**, l'étude des temps externes puis des temps internes - les temps verbaux de l'énonciation et la symbolique temporelle - montre que le temps traduit diverses situations sexuelles allant de la convergence à la divergence, en passant par l'ambivalence. Alors, à la fois complice et dénonciateur de la débauche qui caractérise les personnages, le temps se conjugue avec l'espace qui se montre tantôt protecteur, tantôt persécuteur des sujets sexuels. Ces derniers, agressés puis défaits par l'espace, finissent par se venger de lui en s'érigeant en pyromanes nihilistes, confirmant ainsi l'obsession du néant chez Zola. On a pu regretter à ce niveau, le peu d'intérêt que les critiques ont accordé jusqu'ici au traitement du temps chez les naturalistes en général, et chez Zola en particulier.

Mais on n'a pu en rester là puisqu'en quatrième partie, on a vu que la thématique de la sexualité, telle que je l'ai abordée, paraît très féconde et c'est tout naturellement donc que j'ai jugé bon de m'investir de la mission qui consiste à mettre cette fécondité sous la rampe des projecteurs, en vue de l'éclairer du mieux que je pouvais humblement et avec concision. J'ai réussi de la sorte à découvrir ce en quoi la sexualité autorisait un renouvellement de l'écriture romanesque, eu égard à sa spécificité. Aussi, l'allusion et les demi-mots, la mise en abyme ou la redite, l'opulence des anachronismes discursifs et *l'hypertrophie du détail vrai* et signifiant, constituent-ils les fondamentaux catégoriques de cette écriture nouvelle, du moins dans l'entendement du *maître* du naturalisme.

Au delà de cet aspect purement esthétique, j'ai abordé en même temps que l'autobiographie de Zola, la critique de l'auteur. Cela, il faut le dire nettement, m'a conduit à préciser les forces et les faiblesses d'un homme, d'un auteur au talent prodigieux, mais fort controversé. Idéologiquement, Zola était un nataliste et un républicain[1112] épris de justice. Toute sa production journalistique et littéraire peut

---

[1112] Émile Zola insiste : << *Je suis un républicain de la veille. Je veux dire que j'ai défendu les idées républicaines dans mes livres et dans la presse, lorsque le Second Empire était*

se résumer du reste en un seul mot : *lutte*. Ce fut un lutteur obnubilé par la dénonciation des privilèges dus aux élites de la société impériale et les injustices diverses dont les petites gens étaient les victimes résignées[1113]. Son inlassable combat contre ces deux fléaux insupportables à ses yeux, avait pour seule finalité d'y mettre fin afin que le progrès et le bien-être social échussent à tous ses concitoyens, ses contemporains, sans exclusive.

Travailleur passionné et infatigable, il fut surtout un théoricien de l'hérédité dont il fit *son credo*, se substituant pour ainsi dire au biologiste et plus particulièrement au généticien. Cette transgression disciplinaire - de la littérature à la science - ne s'est pas faite cependant sans encombre à cause de la nature différente des deux domaines[1114]. En conséquence, le scientisme du naturalisme zolien fut approximatif surtout au regard des développements nouveaux qu'a enregistrés cette science génétique de nos jours. À l'époque de Zola déjà, tant de voix s'étaient élevées pour attaquer l'auteur sur ce point sensible et la polémique s'était vite installée entre les détracteurs et les défenseurs du naturalisme. Zola se retrouva à l'avant-garde des apologistes de son mouvement pour défendre ses idées et se défendre contre les attaques dont il était la cible. Les pourfendeurs, eux, condamnaient catégoriquement l'extrémisme d'un courant littéraire tout entier porté sur le sexe, la saleté et l'immoralité, tandis que les défenseurs louaient le génie puissant et l'analyse perspicace de l'auteur des **Rougon-Macquart**. Cette partie aura mis en lumière également le paganisme et la solitude de Zola, ce lettré qui ne croyait guère aux dogmes catholiques et dont les amitiés littéraires se sont effritées en cours de chemin. Je n'ai pas omis, à ce stade, de louer la tentative courageuse de l'auteur en ce qui concerne la conjugaison des deux domaines - la littérature et la science[1115] - pour analyser et expliquer le monde.

---

encore debout. J'aurais pu être de la curée, si j'avais eu la moindre ambition politique. Il me suffisait de me baisser pour ramasser les épis, après les avoir fauchés.

Ainsi donc, ma situation est nette. Je suis un républicain qui ne vit pas de la République. Eh bien ! l'idée m'est venue que cette situation est excellente pour dire tout haut ce que je pense >>, dans *La République et la littérature*, article paru en août 1879, dans **Le Messager de l'Europe**, puis repris dans **Le Roman Expérimental**, et enfin dans les **Œuvres Complètes**, sous la direction de Henri Mitterand, **Tome 9 : Nana 1880**, présentation, notices, chronologie et bibliographie par Chantal Pierre-Gnassounou, op. cit, p. 488.

[1113] Colette Becker écrit à propos de Zola : << *Très tôt deux images apparaissent sous sa plume : celle d'une meute lancée à la curée, et celle, consécutive, de la pourriture, de la gangrène, qui gagne le corps social promis à la débâcle* >>, dans *Zola*, article paru dans le **Dictionnaire des Littératures de Langue Française, tome 4**, op. cit. p. 2693.

[1114] Voir Roger Ripoll, dans **Réalité et Mythe chez Zola**, tome II, op. cit. p. 922.

[1115] Dans **Naturalist Fiction. The Entropic Vision**, David Baguley affirme que le naturalisme pourrait se définir comme la somme d'un scientisme rigoureux et du génie individuel de l'auteur, op. cit. p. 57.

Dans le même ordre d'idées, en opposant les poètes romantiques - considérés comme des déistes et des idéalistes - aux naturalistes, Émile Zola postule : << *Les naturalistes, au contraire, vont jusqu'à la science ; ils nient tout absolu, et l'idéal n'est pour eux que l'inconnu qu'ils ont le devoir d'étudier et de connaître ; en un mot, loin de refuser Dieu, loin de l'amoindrir, ils le réservent comme la dernière solution qui soit au fond des problèmes humains. La bataille est là* >>, dans *Le Naturalisme*, article publié pour la première fois dans **Le Voltaire** du 17 janvier 1881, puis dans **Une Campagne** (1882), et enfin dans **Le Roman Naturaliste**, Henri Mitterand (éd.), op. cit. p. 128.

Quoi qu'il en soit, Zola fut et demeure un auteur capital qu'il importe de connaître pour qui s'intéresse au roman moderne en général, et au roman français en particulier. Zola fut, en effet, un grand auteur, un auteur incontournable même et qui mérite respect. Il ne serait donc pas honnête, à partir des caractéristiques sexuelles découvertes dans cette étude, d'avancer de façon péremptoire qu'il ne fit que de la littérature putride, car cet homme avait bel et bien un idéal de beauté, un idéal de justice et d'humanisme ; idéaux qu'il s'est efforcé de défendre jusqu'à sa mort, accidentelle ou criminelle, le 28 septembre 1902. Dans ses combats épiques, il n'aura épargné aucune arme : partis pris romanesques avec **Les Rougon-Macquart**, **Les Quatre Évangiles**, **Les Trois Villes** ; et partis pris journalistiques avec les nombreux articles de presse contre la société impériale et surtout son fameux *J'accuse !* dans l'Affaire Dreyfus.

Évidemment ces partis pris témoignent de son engagement total dans toutes les luttes de son temps et justifient sa célébrité auprès du peuple et sa réputation de polémiste irréductible. Aujourd'hui, Zola est sans doute l'un des romanciers français les plus lus et qui vendent le plus de livres. Certes, chacun de ses textes a son propre destin. Par exemple, **Germinal** est le second roman français le plus lu, après **Le Rouge et le Noir** de Stendhal, tandis que certains autres titres sont tirés à plus d'un million d'exemplaires, selon le professeur Colette Becker, dans son **Audience d'Émile Zola** [1116]. Une performance pareille n'est que justice rendue à un grand serviteur de l'humanité ; un homme qui, fondamentalement, << *était bon* >>, selon le mot d'Anatole France[1117]. Ce propos est d'importance dans la bouche de quelqu'un qui fut, en 1887, l'un des plus ardents détracteurs de Zola.

Il convient de reconnaître également en Zola, un des auteurs qui ont particulièrement contribué à la réhabilitation du roman et à son émancipation[1118]. L'on pourrait toutefois s'interroger sur l'intérêt particulier qui m'a conduit à entreprendre cette étude sur la sexualité dans l'œuvre de Zola, c'est-à-dire sur l'originalité de ce travail dans le concert des innombrables études zoliennes. C'est que, pour moi, les travaux sur Zola, au lieu de s'attaquer à la racine du naturalisme, l'abordent très souvent sous un angle fragmentaire - et c'est de bonne guerre. En effet, alors que les spécialistes tels Lethbridge, Hamon, Serres et Todorov - pour ne citer que ceux-là - s'attaquent, qui, à la composition de certains romans de l'auteur, qui au système des personnages, qui au mythe dans son œuvre romanesque, pratiquement aucun d'entre eux n'étudie le mouvement littéraire qu'est le naturalisme dans ce qu'il a de fondamental : la Nature, la sexualité. Ceux des spécialistes qui, comme Bertrand-Jennings, se sont intéressés à la question épineuse de la sexualité, l'ont fait sous un angle partisan, en partant du principe

---

[1116] Colette Becker : *Zola* dans **Dictionnaire des Littératures de Langue Française**, tome 4, op. cit. p. 2714.
[1117] Anatole France : *Discours* prononcé aux obsèques de Zola en 1902, rapporté par Marcel Girard dans *Archives de l'œuvre,* **La Terre** de Zola, op. cit. p. 502.
[1118] Émile Zola : *Le Naturalisme au théâtre*, article paru dans *Le Messager de l'Europe* en juin 1879, puis dans **Le Roman Expérimental** et **Le Roman Naturaliste**, Henri Mitterand (éd.), op. cit. p. 76.

ségrégationniste que la sexualité est d'abord et surtout une affaire de femme. Cette assertion peut conduire à une étude insuffisante qui marginaliserait tous les personnages masculins[1119], de même que les non anthropomorphes[1120] qui ont pourtant une sexualité aussi avérée que variée dans l'œuvre de Zola, et dont l'étude est une nécessité incontournable. Je pense donc qu'il convient de rétablir **Les Rougon-Macquart** dans leur contexte initial, celui du naturalisme fondamental. Chez Zola, le naturalisme résulte en effet de la concomitance de deux aspects fondamentaux : la sexualité - qui permet la reproduction des êtres humains avec son corollaire de transmissions génétiques héréditaires - et le milieu naturel - spatio-temporel et social. L'homme est fatalement et doublement victime de son héritage héréditaire - qu'il n'a pas le loisir de choisir - et de l'omnipotence du temps et de l'espace naturels - qu'il ne parvient guère à dompter -.

En plus de toutes ces pesanteurs, il éprouve du mal à se débarrasser du corps social auquel il appartient à l'origine. Notre propos avait donc pour ambition d'étudier l'œuvre maîtresse du naturalisme, **Les Rougon-Macquart**, non plus en me fondant sur un roman particulier - un tel choix serait forcément arbitraire -, encore moins en m'attaquant à un thème particulier que l'auteur y aurait abordé, mais d'en étudier la pierre angulaire qu'est la sexualité, source de toutes les fatalités. Qu'on ôte la sexualité de ce cycle romanesque et l'on dissout aussitôt la famille des Rougon-Macquart. Pareille démolition me ferait perdre le fil conducteur et sans doute, Zola ne parviendrait plus à écrire un seul des vingt romans que cette thématique a engendrés.

Contrairement donc aux études antérieures ayant touché aux thèmes de la fatalité et de la sexualité chez Zola, j'ai pris le pari, non seulement de les unifier, mais aussi de les appréhender sous un angle plus large. En effet, j'ai pris soin de m'intéresser autant aux actants sexuels dans leur ensemble qu'aux mythes et métaphores qui leur sont attachés. Ensuite, j'ai prêté un intérêt tout particulier aux temps et espaces de la sexualité, qui sont parfois extrêmement signifiants. Il se trouve que jusqu'ici, les critiques avaient négligé ces deux dernières composantes dans l'explication de la thématique de la sexualité. Cette contribution répare cette injustice tout en fédérant les études antérieures, parfois très brillantes mais souvent sectaires. C'est pourquoi, cette étude arrive à point nommé, pour montrer que la thématique de la sexualité est unificatrice et qu'il convient de la considérer sous un angle fédérateur. Mais le fait que, globalement, les critiques aient passé presque sous silence la sexualité qui est pourtant si éclatante dans le roman zolien, est sans aucun doute étonnant, vu le caractère itératif et l'importance particulière que le thème revêt dans l'œuvre. Mais il faut sans doute le mettre au compte de ce que la sexualité demeure encore aujourd'hui, un thème tabou, sinon empreint de bassesse pour beaucoup. Les préconçus qui en découlent ont sans doute eu raison des chercheurs, consciemment ou inconsciemment. Je refuse,

---

[1119] C'est le reproche principal que l'on peut faire à Bertrand-Jennings.
[1120] On se souvient que Philippe Hamon avait fait cette erreur en affirmant que les entités non anthropomorphes sont asexuées, voir note 293.

pour ma part, d'entrer dans cette *conspiration du silence*[1121] et je me suis engagé à faire la lumière sur le naturalisme. Et tant mieux si la sexualité, qui en est l'élément fondamental, s'en trouve enfin éclairée d'un jour nouveau et que l'on peut l'apprécier dans toute sa nudité.

[1121] L'expression est de Robert Lethbridge : *Une ''conspiration du silence''? Autour de la publication de La Curée*, article publié dans les **Lettres Romanes, XXXI, no. 3**, août 1977.

BIBLIOGRAPHIE

BIBLIOGRAPHIE SÉLECTIVE[1122]

I. CORPUS DE LA THÈSE

ZOLA, ÉMILE : **Les Rougon-Macquart, Tome I**, édition dirigée par Armand Lanoux et Henri Mitterand, Paris, Éditions Fasquelle et Gallimard, 1961, comprenant :
La Fortune des Rougon, pp. 1-315.
La Curée, pp. 317-600.
La Faute de l'Abbé Mouret, pp. 1213-1527.

ZOLA, ÉMILE : **Les Rougon-Macquart, Tome II**, édition dirigée par Armand Lanoux et Henri Mitterand, Paris, Éditions Fasquelle et Gallimard, 1961, comprenant :
Nana, pp. 1092-1485.

ZOLA, ÉMILE : **Les Rougon-Macquart, Tome III**, édition dirigée par Armand Lanoux et Henri Mitterand, Paris, Éditions Fasquelle et Gallimard, 1964.

ZOLA, ÉMILE : **Les Rougon-Macquart, Tome IV**, édition dirigée par Armand Lanoux et Henri Mitterand, Paris, Éditions Fasquelle et Gallimard, 1966, comprenant :
L'Œuvre, pp. 9-363.
La Terre, pp. 365-811.
La Bête Humaine, pp. 995-1331.

ZOLA, ÉMILE : **Les Rougon-Macquart, Tome V**, édition dirigée par Armand Lanoux et Henri Mitterand, Paris, Éditions Fasquelle et Gallimard, 1967.

II. AUTRES ŒUVRES DE ZOLA

2.1. Le Roman :

ZOLA, ÉMILE : **La Confession de Claude**, Paris, Lacroix, 1865.
ZOLA, ÉMILE : **Le Vœu d'une Morte**, Paris, 1866.
ZOLA, ÉMILE : **Thérèse Raquin**, Paris, Fasquelle, 1867.
ZOLA, ÉMILE : **Madeleine Férat**, Paris, Librairie Internationale, 1868.

2.2. Le conte :

ZOLA, ÉMILE : **Contes à Ninon**, Paris, Hetzel et Lacroix, 1864.
ZOLA, ÉMILE : **Les Mystères de Marseille**, Paris, Arnaud, 1867

2.3. Le Théâtre

ZOLA, ÉMILE : **Thérèse Raquin**, Paris, Charpentier, 1873.
ZOLA, ÉMILE : **Les Héritiers Rabourdin**, Paris, Charpentier, 1874.
ZOLA, ÉMILE : **Le Bouton de Rose**, Paris, Charpentier, 1878.
ZOLA, ÉMILE : **L'Assommoir**, Paris, Charpentier, 1879.
ZOLA, ÉMILE : **Lazare**, Paris, Charpentier, 1893.

[1122] Pour la bibliographie complète des études zoliennes, voir Baguley, David: **Bibliographie de la Critique sur Émile Zola : 1864-1970**, Toronto, University of Toronto Press, 1976 et **Bibliographie de la Critique sur Émile Zola : 1971-1980**, Toronto, Buffalo, London, University of Toronto Press, 1982. Pour la période allant de 1981 à 2000, visiter le site Web: http://www.dur.ac.uk/SMEL/depts/french/Baguley/Bibliog/index.htm

2.4. Les Essais :

ZOLA, ÉMILE :	**Mes Haines**, Paris, Lacroix, 1865.
ZOLA, ÉMILE :	**Mon Salon**, Paris, Librairie Internationale, 1866.
ZOLA, ÉMILE :	**Édouard Manet**, Paris, Dentu, 1867.
ZOLA, ÉMILE :	**Le Roman Expérimental**, Paris, Charpentier, 1880.
ZOLA, ÉMILE :	**Les Romanciers Naturalistes**, Paris, Lacroix, 1881.
ZOLA, ÉMILE :	**Les Auteurs Dramatiques**, Paris, Charpentier, 1881.
ZOLA, ÉMILE :	**Le Naturalisme au Théâtre**, Paris, Charpentier, 1881.
ZOLA, ÉMILE :	**Le Roman Naturaliste**, édité par Henri Mitterand, Paris, Librairie Générale Française, collection classiques de poche, 1999.

2.5. Les Cycles Romanesques :

2.5.1. Les Trois Villes :

ZOLA, ÉMILE :	**Lourdes**, Paris, Charpentier, 1894.
ZOLA, ÉMILE :	**Rome**, Paris, Charpentier, 1896.
ZOLA, ÉMILE :	**Paris**, Paris, Charpentier, 1898.

2.5.2. Les Quatre Évangiles :

ZOLA, ÉMILE :	**Fécondité**, Paris, Charpentier, 1899.
ZOLA, ÉMILE :	**Travail**, Paris, Charpentier, 1901.
ZOLA, ÉMILE :	**Vérité**, Paris, Charpentier, 1902.
ZOLA, ÉMILE :	**Justice**, inachevé et non édité.

2.5.3. Les Correspondances :

ZOLA, ÉMILE :	**Correspondance, Tome 1 : 1858-1867**, Édition Bakker, Becker, Mitterand, Presses de l'université de Montréal, Éditions du CNRS, 1978.
ZOLA, ÉMILE :	**Correspondance, Tome II : 1868-mai 1877**, Édition Bakker, Becker, H. Mitterand, Presses de l'université de Montréal, Éditions du CNRS, 1980.
ZOLA, ÉMILE :	**Correspondance, Tome III : juin 1877-mai 1880**, Édition Bakker, Becker, H. Mitterand, A. Pagès, Albert Salvan, Presses de l'université de Montréal, Éditions du CNRS, 1982.
ZOLA, ÉMILE :	**Correspondance, Tome IV : juin 1880-1888**, Édition Bakker, Becker, H. Mitterand, D. Speirs, J. Walker, Presses de l'université de Montréal, Éditions du CNRS, 1983.
ZOLA, ÉMILE :	**Correspondance, Tome V : 1884-1886**, Édition Bakker, Becker, H. Mitterand, O. Morgan, A. Pagès, Presses de l'université de Montréal, éditions du CNRS, 1985.
ZOLA, ÉMILE :	**Correspondance, Tome VI : 1887-mai 1890**, Édition B.H. Bakker, O. Morgan, B. Sanders, Dorothy Speirs, H. Mitterand, Presses de l'université de Montréal, Éditions du CNRS, 1987.
ZOLA, ÉMILE :	**Correspondance, Tome VII : juin 1890- septembre 1893**, Édition B.H. Bakker, Owen Morgan, H. Mitterand, Presses de l'université de Montréal, Éditions du CNRS, 1989.

ZOLA, ÉMILE : **Correspondance, Tome VIII : octobre 1893-septembre 1897**, Édition B.H. Bakker, O. Morgan, D. Speirs J. Walker, H. Mitterand, Presses de l'université de Montréal, Éditions du CNRS, 1991.

ZOLA, ÉMILE : **Correspondance, Tome IX : octobre 1897-1899**, Édition B.H. Bakker, O. Morgan, A. Pagès, H. Mitterand, Presses de l'université de Montréal, Éditions du CNRS, 1993.

ZOLA, ÉMILE : **Correspondance, Tome X : octobre 1899-septembre 1902**, Presses de l'université de Montréal, Éditions du CNRS, Édition B.H. Bakker, O. Morgan, J. Walker, D. Speirs, H. Mitterand, 1995.

2.5.4. Les Œuvres Complètes

ZOLA, ÉMILE : **Œuvres Complètes**, Paris, Tchou, Cercle du Livre Précieux, édition Henri Mitterand, 15 volumes, 1966-1970.

ZOLA, ÉMILE : **Œuvres Complètes,** sous la direction de Henri Mitterand, **Tome 1 : Les Débuts**, Henri Mitterand (éd.), Paris, Nouveau Monde Éditions, 2002.

ZOLA, ÉMILE : **Œuvres Complètes,** sous la direction de Henri Mitterand, **Tome 2 : Le Feuilletoniste (1866-1867)**, Colette Becher (éd.), Paris, Nouveau Monde Éditions, 2002.

ZOLA, ÉMILE : **Œuvres Complètes,** sous la direction de Henri Mitterand, **Tome 3 : La Naissance du Naturalisme (1868-1869)**, Jean-Louis Cabanès, Colette Becher (éds.), Paris, Nouveau Monde Éditions, 2003.

ZOLA, ÉMILE : **Œuvres Complètes,** sous la direction de Henri Mitterand, **Tome 4 : La Guerre et La Commune (1870-1871)**, Patricia Carles, Béatrice Desgranges (éds.), Paris, Nouveau Monde Éditions, 2003.

ZOLA, ÉMILE : **Œuvres Complètes,** sous la direction de Henri Mitterand, **Tome 5 : Thiers au Pouvoir 1871-1873**, Patricia Carles, Béatrice Desgranges (éds.), Paris, Nouveau Monde Éditions, 2003.

ZOLA, ÉMILE : **Œuvres Complètes,** sous la direction de Henri Mitterand, **Tome 6 : L'Ordre Moral 1873-1874**, Daniel Compère, Jean-Pierre Leduc-Adine (éds.), Paris, Nouveau Monde Éditions, 2003.

ZOLA, ÉMILE : **Œuvres Complètes,** sous la direction de Henri Mitterand, **Tome 7 : La République en Marche (1875-1876)**, Jean-Pierre Leduc-Adine, Marie Scarpa (éds.), Paris, Nouveau Monde Éditions, 2004.

ZOLA, ÉMILE : **Œuvres Complètes,** sous la direction de Henri Mitterand, **Tome 8 : Le Scandale de l'Assommoir (1877-1879)**, Marie-Ange Voisin-Fougère, Paris, Nouveau Monde Éditions, 2004.

ZOLA, ÉMILE : **Œuvres Complètes,** sous la direction de Henri Mitterand, **Tome 9 : Nana - 1880**, Chantal Pierre-Gnassounou (éd.), Paris, Nouveau Monde Éditions, 2004.

ZOLA, ÉMILE : **Œuvres Complètes,** sous la direction de Henri Mitterand, **Tome 10 : La Critique Naturaliste - 1881**, François Marie Mourad, Paris, Nouveau Monde Éditions, 2007.

ZOLA, ÉMILE : **Œuvres Complètes,** sous la direction de Henri Mitterand, **Tomes 11-20**, (*à paraître à Paris, chez le Nouveau Monde Éditions*).

III. ŒUVRES CRITIQUES SUR ÉMILE ZOLA ET SUR LES ROUGON-MACQUART DANS LEUR ENSEMBLE

ALEXIS, PAUL :	**Émile Zola, Notes d'un Ami**, Paris, Charpentier, 1882.
BAGULEY, DAVID:	**Naturalist Fiction. The Entropic Vision**, Cambridge, Cambridge University Press, 1990.
BECKER, COLETTE :	**Les Critiques de Notre Temps et Zola**, Paris, Garnier, 1972.
BECKER, COLETTE :	*Zola* dans **Dictionnaire des Littératures de Langue Française**, Paris, Bordas, pp. 2685-2715, 1987.
BECKER, COLETTE :	*Introduction Biographique* dans la **Correspondance** de Zola, tome VII, Montréal/Paris, Les Presses de l'Université de Montréal/Éditions du CNRS, 1989.
BECKER, COLETTE :	**Les Apprentissages de Zola**, Paris, PUF, 1993.
BERNARD, MARC	**Zola par Lui-même**, Paris, Seuil, 1952.
BERTRAND-JENNINGS, CHANTAL :	**L'Éros et la Femme chez Zola**, Paris, Klincksieck, 1977.
BONNEFIS, PHILIPPE :	**L'Innommable, Essai sur l'Œuvre de Zola**, Paris, SEDES, 1984.
BORIE, JEAN :	**Zola et les Mythes**, Paris, Seuil, 1971.
BRUNET, ÉTIENNE :	**Le Vocabulaire de Zola**, Genève-Paris, Slatkine-Champion, 3 Volumes, 1985.
CARLES, PATRICIA et DESGRANGES, BEATRICE :	**Zola**, Paris, Nathan, 1991.
COGNY, PIERRE :	**Zola et son Temps**, Paris, Larousse, 1976.
COLIN, R.P. :	**Zola et le Coup de Force Naturaliste**, Tusson, Charente, Édition du Lérot, 1991.
COLLECTIF :	**Cahiers de l'U.E.R. Froissart, no 5 : Zola**, Paris, 1980.
COLLECTIF :	**Europe : Zola**, 46ème Année, **no. 468-469**, Europe et les Éditeurs Français Réunis, Avril-Mai, 1968.
COLLOT, SYLVIE :	**Les Lieux du Désir. Topologie Amoureuse de Zola**, Paris, Hachette, collection Université, recherches littéraires, 1992.
DECAUDIN, MICHEL et LEUWERS, DANIEL :	**Littérature Française, T 8 : De Zola à Apollinaire**, Paris, Arthaud, 1968.
DELEUZE, GILLES :	**La Logique du Sens**, Paris, Édition de Minuit, 1969.
DEZALAY, AUGUSTE :	**Lectures de Zola**, Paris, Armand Colin, 1973.
DEZALAY, AUGUSTE :	**L'Opéra des Rougon-Macquart**, Paris, Klincksieck, 1983.
DEZALAY, AUGUSTE (Éd.) :	**Zola sans Frontières. Actes du Colloque International de Strasbourg (mai 1994)**, Strasbourg, Presses Universitaires de Strasbourg, 1994.
EVRARD, MICHEL :	**Émile Zola**, Paris, Éditions Universitaires, 1967.
DE FARIA, NEIDE :	**Structure et Unité dans Les Rougon-Macquart, (La poétique du cycle)**, Paris, Nizet, 1977.
GUILLEMIN, HENRI :	**Présentation des Rougon-Macquart**, Paris, Gallimard, 1964.
HAMON, PHILIPPE :	**Le Personnel du Roman. Le Système des Personnages dans Les Rougon-Macquart de Zola**, (seconde édition) Genève, Droz, 1998.
HEMMINGS, F.W.J.:	**Émile Zola**, London-Oxford, Blackwell, 1966.
HEMMINGS, F.W.J. :	**Zola**, Paris, Hachette, 1969.
HUYSMANS, JORIS-KARL :	**Émile Zola et L'Assommoir**, Bruxelles, **L'Artiste** du 18 et du 27 mars, 1877.

KAEMPEER, JEAN :	**Émile Zola. D'un Naturalisme Pervers**, Paris, Corti, 1989.
LANOUX, ARMAND :	**Bonjour Monsieur Zola**, Paris, Amiot-Dumont, 1931.
LEBLOND-ZOLA, DENISE :	**Zola Raconté par sa Fille**, Paris, Fasquelle, 1931.
LEPELLETIER, EDMOND :	**Émile Zola, sa Vie, son Œuvre**, Paris, Mercure de France, 1908.
MITTERAND, HENRI :	**Zola Journaliste**, Paris, Armand Colin, 1973.
MITTERAND, HENRI :	**Zola et le Naturalisme**, Paris, PUF, 1986.
MITTERAND, HENRI :	**Zola : l'Histoire et la Fiction**, Paris, PUF, 1990.
MITTERAND, HENRI :	**Zola. Tome 1. Sous le Regard d'Olympia (1840-1871)**, Paris, Fayard, 1999.
MITTERAND, HENRI :	*Préface* de la **Correspondance** de Zola, tome VI, Montréal/Paris, Les Presses de l'Université de Montréal/Éditions du CNRS, 1987.
MORGAN, OWEN et SANDERS, JAMES :	*Introduction Biographique* dans la **Correspondance** de Zola, tome VI, Montréal/Paris, Les Presses de l'Université de Montréal/Éditions du CNRS, 1987.
NELSON, BRIAN:	**Zola and the Bourgeoisie**, London, MacMillan, 1983.
NOIRAY, JACQUES :	**Le Romancier et la Machine : L'Image de la Machine dans le Roman Français (1850-1900), T. 1 : L'Univers de Zola**, Paris, José Corti, 1981.
PAGÈS, ALAIN :	**Émile Zola, Bilan Critique**, Paris, Nathan, collection université, 1993.
PIERRE-GNASSOUNOU, C. :	**Zola. Les Fortunes de la Fiction**, Paris, Nathan, collection Le Texte à l'Œuvre, 1999.
POLLARD, PATRICK (Éd.) :	**Émile Zola Centenary Colloquium 1893-1993**, London, The Émile Zola Society, 1995.
PROULX, A. :	**Aspects Épiques des Rougon-Macquart**, Paris, Mouton, 1966.
RIPOLL, ROGER :	**Réalité et Mythe chez Zola**, Paris, Champion, 1981.
ROBERT, GUY :	**Émile Zola, Principes et Caractères Généraux de son Œuvre**, Paris, Belles Lettres, 1952.
SAMAKÉ, FAMAHAN :	**Fondements, Caractéristiques et Fatalité de la Sexualité dans Les Rougon-Macquart d'Émile Zola**, Abidjan, Université de Cocody, D.E.A., 1996.
SCHOR, NAOMI:	**Zola's Crowds**, Baltimore and London, The Johns Hopkins University Press, 1978.
SEASSAU, CLAUDE :	**Émile Zola, Le Réalisme Symbolique**, Paris, José Corti, 1989.
SERRES, MICHEL :	**Feux et Signaux de Brume : Zola**, Paris, Grasset, 1975.
SIGNORI, D.A. et SPEIRS, D.E. :	**Émile Zola dans la Presse Parisienne (1882-1902)**, Toronto, University of Toronto Press, 1985.
TERNOIS, RENÉ :	**Zola et son Temps**, Paris, Belles Lettres, 1961.
TONARD, JEAN-FRANÇOIS :	**Thématique et Symbolique de l'Espace Clos dans le Cycle des Rougon-Macquart d'Émile Zola**, Frankfurt, Berlin, Bern, New York, Paris, Wien, Peter Lang, collection Publications Universitaires Européennes, 1994.
VAN BUUREN, MAARTEN :	**Les Rougon-Macquart d'Émile Zola : De la Métaphore au Mythe**, Paris, José Corti, 1986.
VAN DER BEKEN, M. :	**Zola, le dessous de la femme. Essai**, Bruxelles, Le Cri, 2000.
WARREN, PAUL (Éd.) :	**Zola et le Cinéma**, Laval/Paris, Presses de l'université de Laval/Presses de la Sorbonne Nouvelle, 1995.

IV. ŒUVRES ET ARTICLES CRITIQUES PORTANT SUR LE NATURALISME

BAGULEY, DAVID : **Zola et les Genres**, Glasgow, University of Glasgow French and German Publications, 1993.

BAGULEY, DAVID : **Le Naturalisme et ses Genres**, Paris, Nathan, 1995. (version française de **Naturalist Fiction : The Entropic Vision**, Cambridge, Cambridge University Press, 1990).

CHEVREL, YVES : **Le Naturalisme**, Paris, PUF, 1982.

COLLECTIF : **La Revue des Sciences Humaines no. 4,** *Le Naturalisme*, Paris, 1976.

COUTY, P. : *Naturalisme* **dans Dictionnaire des Littératures de Langue Française,** Paris, Bordas, 1987.

DE LATTRE, ALAIN : **Le Réalisme selon Zola**, Paris, PUF, 1975.

HUYSMANS, JORIS-KARL : *Préface* d'**À Rebours**, pp. 55-77, Paris, Gallimard, 1977.

MARTINO, PIERRE : **Le Naturalisme Français**, Paris, Armand Colin, 1973.

MITTERAND, HENRI : **Zola et le Naturalisme**, Paris, PUF, collection Que-Sais-Je ? (Seconde édition) 1999.

PAGÈS, ALAIN : **Le Naturalisme**, Paris, PUF, 1989.

SUWALA, HALINA : **Naissance d'une Doctrine. Formation des Idées Esthétique de Zola (1859-1865)**, Varsovie, Thèse de l'université de Varsovie, no. 109, 1976.

SUWALA, HALINA : **Autour de Zola et du Naturalisme**, Paris, Honoré Champion Editeur, 1993.

V. ŒUVRES ET ARTICLES CRITIQUES PORTANT SUR LES DIFFÉRENTS ROMANS DU CYCLE DES ROUGON- MACQUART

1. Sur La Fortune des Rougon

ARMSTRONG, MARIE-SOPHIE : *Une Lecture << Hugo-centrique >> de La Fortune des Rougon* dans **The Romanic Review, LXXXVII, no. 2**, mars 1996, pp. 271-283.

CHAITIN, GILBERT : *The Voices of the Dead : Love, Death and Politics in Zola's La Fortune des Rougon* dans **Literature and Psychology, XXVI**, no. 3 et 4, Fairleigh Dickinson University, 1976, pp. 131-144 ; et pp.148-158.

DEZALAY, AUGUSTE : *Ordre et Désordre* dans *Les Rougon-Macquart ; l'exemple de La Fortune des Rougon* dans **Travaux de Linguistique et de Littérature XI, no. 2**, 1973, pp.71-81.

DEZALAY, AUGUSTE : *Commentaires* dans **La Fortune des Rougon** de Zola, Paris, Fasquelle, 1985.

GERHARDI, G. C. : *Zola's Biological Vision of Politics : Revolutionary Figures in La Fortune des Rougon and Le Ventre de Paris* dans **Nineteenth Century French Studies II, no. 3 et 4**, printemps-été 1974, pp. 164-180.

GOT, OLIVIER : *L'Idylle de Miette et de Silvère* dans *La Fortune des Rougon, Structure d'un mythe* dans **Les Cahiers Naturalistes, XIX, no. 46**, 1973, pp.146-164.

MITTERAND, HENRI : **Le Discours du Roman**, Paris, PUF, 1980.

PETREY, SANDY : *From Cyclical to Historical Discourse : The Contes à Ninon and La Fortune des Rougon* dans **Revue de l'Université d'Ottawa XLVIII, no. 4**, octobre-décembre, 1978, pp. 371-381.

SCHOR, NAOMI : *Mythes des Origines, Origine des Mythes : La Fortune des Rougon* dans **Les Cahiers Naturalistes XXIV, no 52**, 1976, pp. 124-134.

2. Sur La Curée :

ALLAN, J. A. : *Narcissism and the Double in La Curée* dans **Stanford French Review, V, no. 3, Winter 1981**, pp. 295-312.

ALCORN, CLAYTON : *La Curée : Les deux Renée Saccard* dans **Les Cahiers Naturalistes, XXIII, no 51**, 1977, pp. 49-55.

BERTA, MICHEL : *Une pièce dans un roman de Zola. << Les Amours du Beau Narcisse et de la Nymphe Écho >>* dans **Excavatio, VIII**, 1996, pp. 8-16.

BORIE, JEAN : *Préface* de **La Curée** de Zola, Paris, Gallimard, 1981.

COLLECTIF : *La Curée de Zola ou la Vie à Outrance*, Colloque du 10 janvier 1987, Paris, Sedes, 1987.

DEZALAY, AUGUSTE : *La << Nouvelle Phèdre >> de Zola ou les Mésaventures d'un Personnage Tragique* dans **Travaux de Linguistique et de Littérature IX, no. 2**, 1971, pp.121-164.

DUCHET, CLAUDE : *Préface* de **La Curée** de Zola, Paris, Garnier-Flammarion, 1970.

LAVIELLE, VERONIQUE
et BECKER, COLETTE : **Émile Zola. La Curée**, Rosny-sous-Bois, Bréal, collection : Connaissance de l'œuvre, 1999.

LETHBRIDGE, ROBERT : *Du Nouveau sur la Genèse de La Curée* dans **Les Cahiers Naturalistes XIX, no. 45**, 1973, pp. 23-30.

LETHBRIDGE, ROBERT : *La Préparation de La Curée : Mise au Point d'une Chronologie* dans **Les Cahiers Naturalistes XXXIII, no 51**, 1977, pp. 37-48.

LETHBRIDGE, ROBERT : *Autour de la Publication de La Curée : Une conspiration du Silence ?* dans **Les Lettres Romanes, XXXI, no. 3**, août 1977, pp. 203-219.

LUTAUD, CHRISTIAN : **Sur Émile Zola, La Curée**, Paris, Ellipses, collection : Résonances, 1999.

MITTERAND, HENRI : *Notes* et *Notice* dans **La Curée** de Zola, Paris, Gallimard, 1981.

NELSON, BRIAN: *Speculation and Dissipation: A Reading of Zola's La Curée* dans **Essays in French Literature, no. 14**, (University of Western Australia) novembre 1977, pp.1-33.

NELSON, BRIAN : *Zola's Metaphoric Language : A Paragraph round La Curée* dans **Modern Languages, LIX, no. 2**, juin 1978, pp. 61-64.

PETREY, SANDY : *Sociocriticism and Les Rougon-Macquart* dans **L'Esprit Créateur, XIV, no. 3**, automne 1974, pp. 219-235,

PETREY, SANDY : *Stylistics and Society in La Curée* dans **Modern Language Notes, LXXXIX, no. 4**, mai 1974, pp. 626-640.

RIPOLL, ROGER : *L'Histoire du Second Empire dans La Curée* dans **Revue d'Histoire Moderne et Contemporaine, XXI**, janvier-mars 1974, pp. 46-57.

SCARPA, MARIE : **Le Carnaval des Halles. Une Ethnocritique du Ventre de Paris de Zola**, Paris, CNRS Éditions, collections CNRS littérature, 2000.

VIA, SARA : *Une Phèdre Décadente chez les Naturalistes* dans **Revue des Sciences Humaines, XXXIX, NO. 153,** 1974, pp. 29-38.

3. Sur Le Ventre de Paris

BESSE, LAURENCE : *<< Le feu aux graisses >> : la chair sarcastique dans Le Ventre de Paris* dans **Romantisme, no. 91,** 1er trimestre 1996, pp. 35-42.

DEZALAY, AUGUSTE : *Les Mystères de Zola* dans la **Revue des Sciences Humaines, no. 160,** octobre-décembre 1975, pp. 475-487.

GAILLARD, JEANNE : *Zola et l'ordre moral,* dans **Les Cahiers Naturalistes, XXVI, no. 54, 1980,** pp. 25-32.

GURAL-MIGDAL, ANNA : *Représentation utopique et ironie dans Le Ventre de Paris* dans **Les Cahiers Naturalistes, XLVI, no. 74, 2000,** pp. 145-161.

NIESS, ROBERT : *Émile Zola : la femme au travail* dans **Les Cahiers Naturalistes, XXII, no. 50,** 1976, pp.40-58.

PETREY, SANDY: *Historical reference and Stylistic Opacity in Le Ventre de Paris* dans **Kentucky Romance Quarterly XXIV, no 3,** 1977, pp. 325-340.

4. Sur La Conquête de Plassans

BAGULEY, DAVID : *Les Paradis Perdus : Espace et regard dans La Conquête de Plassans* dans **Nineteenth Century French Studies, VII, no 1-2,** Autumn- Winter 1980, pp. 80-92.

DEZALAY, AUGUSTE : *Gobineau et Zola au rendez-vous de Stendhal* dans **Études Gobiniennes, VIII,** Paris, Klincksieck, 1975, pp. 165-176.

FERNANDEZ-ZOÏLA, ADOLFO : *Effets de Pouvoir et Espace de deux Folies à Plassans* dans **Les Cahiers Naturalistes, XXX, no 58,** 1984, pp. 43-62.

RIPOLL, ROGER : *La Vie Aixoise dans Les Rougon-Macquart* dans **Les Cahiers Naturalistes, XVIII, no. 43,** 1972, pp. 39-54.

SCHOR, NAOMI : *Le Délire d'Interprétation : Naturalisme et Paranoïa* dans **Le Naturalisme,** Colloque de Cerisy, Paris, U.G.E., 1978, pp. 237-255.

SLATER, J. A. : *Echoes of Balzac's Provincial scenes in La Conquête de Plassans* dans **Modern Language, IX, no. 3,** septembre 1979, pp. 156-161.

5. Sur La Faute de l'Abbé Mouret

BERTRAND-JENNINGS, CHANTAL : *Zola ou l'Envers de la Scène : De La Faute de l'Abbé Mouret au Docteur Pascal* dans **Nineteenth Century French Studies, IX, no. 1-2,** Automne-Hiver 1980, pp. 93-107.

BONNEFIS, PHILIPPE : *Le Descripteur Mélancolique* dans **La Description. Nodier, Sue, Flaubert, Hugo, Verne, Zola, Alexis, Fénélon.** Université de Lille III, Paris, Éditions Universitaires, 1974, pp. 103-151.

BONNEFIS, PHILIPPE :	*Intérieurs Naturalistes* dans **Intime, Intimité, Intimisme**, Université de Lille III, Paris, Éditions universitaires, 1976, pp. 163-198.
GENGEMBRE, GÉRARD :	*Préface* et *Au Fil du Texte* dans **La Faute de l'Abbé Mouret** de Zola, Paris, Éditions Pocket Classiques, 1993.
GREAVES, A.A. :	*Zola féministe : de la femme fatale à la femme libérée* dans **Les Cahiers de l'U.E.R. Froissart** (Valenciennes), **no. 5**, automne 1980, pp. 47-52.
HARDER, H. MARKLAND:	*The Woman Beneath: The femme de marbre in Zola's La Faute de l'Abbé Mouret* dans **Nineteenth-Century French Studies, XXIV, no. 3-4**, printemps-été, 1996, pp. 426-439.
LEMARIÉ, YANNICK :	*Jules Derville et Ovide Faujas : deux curés en enfer* dans **Cahiers Mirbeau, VI,** 1999, pp. 100-121.
LOVERSO, ROSABIANCA :	*Le Péché et la Divinité dans La Faute de l'Abbé Mouret* dans **Studies in Language and Literature,** Eastern Kentucky Universty, **1976,** pp. 347-351.
MINOGUE, VALÉRIE :	*Zola's Mythology : That Forbidden Tree* dans **Forum for Modern Languages Studies, XIV, no. 3**, juillet 1978, pp. 217-230.
ORMEROD, BEVERLEY:	*Zola's enclosed Gardens* dans **Essays in French Literature no. 11,** University of Western Australia, novembre 1974, pp. 35-46.

6. Sur Son Excellence Eugène Rougon

BAFARO, GEORGES :	*Quelques aspects du pouvoir dans Son Excellence Eugène Rougon* dans **Les Cahiers Naturalistes, XLIV, no. 72**, 1998, pp. 305-316.
BAGULEY, DAVID :	*Histoire et Mythe dans Son Excellence Eugène Rougon* dans **Les Cahiers Naturalistes, XXVIII, no. 56**, 1982, pp. 46-60.
CLAVERIE, MICHEL :	*La Fête Impériale* dans **Les Cahiers Naturalistes, XIX, no 45**, 1973, pp. 31-49.
LETHBRIDGE, ROBERT :	*Zola et la fiction du pouvoir, Son Excellence Eugène Rougon* dans **Les Cahiers Naturalistes, XLIV, no. 72**, 1998, pp. 291-304.

7. Sur L'Assommoir

ALLARD, JACQUES :	*Zola, le Chiffre du Texte. Lecture de L'Assommoir*, Montréal, Presses Universitaires de Grenoble, 1978.
BAGULEY, DAVID:	*Event and Structure: The Plot of Zola's L'Assommoir* dans **Publication of the Modern Languages Association of America, XC, no. 5,** octobre 1975, pp. 823-833,
BECKER, COLETTE :	*L'Assommoir*, Paris, Hatier, 1972.
BONNAFOUS, S. :	*Recherche sur le Lexique de L'Assommoir* dans **Les Cahiers Naturalistes, XXVII, no 55**, 1981, pp. 52-62.
CASSARD MARIE-JOSÉE et JOINVILLE, PASCALE :	*Le Thème de l'Eau dans L'Assommoir* dans **Les Cahiers Naturalistes, XXVII, no 55**, 1981, pp. 63-73.
DUBOIS, JACQUES :	*L'Assommoir de Zola, Société, Discours, Idéologie*, Paris, Larousse, 1973.
GUILLAUME, ISABELLE :	**Étude sur Zola. L'Assommoir**, Paris, Ellipses, collection : Résonances, 1999.

GROBE, EDWIN. P. :	*Narrative Technique in L'Assommoir* dans **L'Esprit Créateur, XI, no. 4**, hiver 1971, pp. 56-66.
LEDUC-ADINE, JEAN-PIERRE :	**L'Assommoir d'Émile Zola**, Paris, Gallimard, 1997.
MITTERAND, HENRI :	*Programme et Préconstruit Génétiques : Le Dossier de L'Assommoir* dans **Essais de Critique Génétique**, Paris, Flammarion, 1979, pp. 193-226.
NEWTON, JOY et SCHUMACHER, CLAUDE :	*Le Rouge et le Noir dans L'Assommoir* dans **Cahiers U.E.R. Froissart no. 5**, Valenciennes, automne 1980, pp. 59-64.
PLACE, DAVID:	*Zola and the Working Class: The Meaning of L'Assommoir* dans **French Studies XXVIII, no. 1**, 1974, pp. 39-49.

8. Sur Une Page d'Amour

KIMBALL, M. DOUGLAS :	*Zola's Une Page d'Amour. Pictures and Exhibitions* dans **Proceedings: Pacific, Northwest Conference on Foreign Languages 33 rd Annual Meeting**, (Oregon State University), April 28-29, 1972, pp. 123-126,
KRAKOWSKI, ANNA :	**Paris dans les Romans d'Émile Zola**, Paris, PUF, 1968.
MAX, S. :	**Les Métaphores de la Grande Ville dans Les Rougon-Macquart**, Paris, Nizet, 1966.
NELSON, BRIAN:	*Zola and the Ambiguities of Passion. Une Page d'Amour* dans **Essays in French Literature, no 10**, University of Western Australia Press, novembre 1973, pp. 1-22.
SCHOR, NAOMI :	*Le Sourire du Sphinx. Zola et l'Énigme de la Féminité* dans **Romantisme**, no. 13-14, 1976, pp. 183-195.

9. Sur Nana

BAFARO, GEORGES :	**Nana, Zola**, Paris, Ellipses, 2000.
BARTHES, ROLAND :	*La Mangeuse d'Hommes* dans **Guide du Livre,** XX, Paris, Seuil, 1955.
BERTRAND-JENNINGS, CHANTAL :	*La Symbolique de l'Espace dans Nana* dans **Modern Language Notes, LXXXVIII**, no. 4, mai 1973, pp. 764-774.
BESNIER, PATRICK :	*Lulu et Nana, Visage de la Femme Fatale* dans **Interférences**, Rennes, janvier-juin 1978, pp. 19-37.
CHEVREL, YVES :	*La Leçon d'Histoire de Nana : Structure Romanesque et Instruction du Lecteur* dans **Cahiers UER Froissart, no. 5**, Valenciennes, automne 1980, pp. 73-80.
CONROY, JUNIOR V.P.:	*The Metaphorical Web in Zola's Nana* dans **University of Toronto Quarterly, XLVII, no** 3, printemps 1978, pp. 239-258.
DANOW, DAVID:	*The Spirit of Carnival. Opening Remarks. Nana's World* dans **Excavatio, VIII**, 1996, pp. 194-204.
HOFMANN, WERNER:	**Nana: Mythos und Wirklichkeit**, Cologne, Schauberg, 1973.
LAPP, JOHN C.:	*The Jealous Window-Watcher in Zola and Proust* dans **French Studies, XXIX**, no. 2, avril 1975, pp. 166-176.
RIPOLL, ROGER :	*Introduction* dans **Nana** de Zola, Paris, Garnier-Flammarion, 1968.
ROBERTS, J. L. :	**Nana**, Lincoln, Nebraska, Cliffs, 1967.

10. Sur Pot-Bouille

ARMSTRONG, JUDITH:	**The Novel of Adultery**, London, Macmillian, 1976.
BACCARD, ALIA :	*Le Thème de l'Éducation de la Jeune Fille d'après les Romanciers du 19ème siècle et d'après Émile Zola en particulier* dans **Les Cahiers de Tunisie, XXII, no. 87-88**, 3ème et 4ème trimestre 1974, pp. 155-165.,
HAMON, PHILIPPE :	*Le Personnage de l'Abbé Mauduit dans Pot-Bouille : Sources et thèmes* dans **Les Cahiers Naturalistes, XVIII, no. 44**, 1972, pp. 201-211.
LAVIELLE, VERONIQUE Et BECKER, COLETTE :	**Émile Zola. Pot-Bouille**, Rosny-sous-Bois, Bréal, collection : Connaissance de l'œuvre, 1999.
NELSON, BRIAN:	*Black Comedy: Notes on Zola's Pot-Bouille* dans **Romance Notes, XVII, no. 2**, hiver 1976, pp. 156-161.
NELSON, BRIAN:	*Zola and the Bourgeoisie: A Reading of Pot-Bouille* dans **Nottingham French Studies, XVII, no. 1**, mai 1978, pp. 58-70.
NELSON, BRIAN :	*Pot-Bouille, Étude Sociale et Roman Comique* dans **Les Cahiers Naturalistes, XXVII,** no. 55, 1981, pp. 74-92.
MAROTTE, PIERRE :	*Commentaires* dans **Pot-Bouille** de Zola,
SPENSLEY, R.M. :	*Zola and Conrad : The influence of Pot-Bouille on The Secret Agent* dans **Conradiana**, Texas Technical University, XI, no. 2, 1979, pp. 185-189.
VOISIN-FOUGÈRE, M-A. :	*Ironie et intertextualité dans Pot-Bouille. Désirs, tendresses et haines zoliennes* dans **Les Cahiers Naturalistes, XLII**, no. 70, 1996, pp. 35-44.

11. Sur Au Bonheur Des Dames

BECKER, COLETTE et GAILLARD, J. :	**Au Bonheur des Dames, Profil d'une Œuvre**, Paris, Hatier, 1982.
BELGRAND, ANNE :	**Étude sur Zola. Au Bonheur des dames**, Paris, Ellipses, collection : Résonances, 2000.
CNOCKAERT, VÉRONIQUE :	*Denise, ou la vertu attentatoire dans Au Bonheur des Dames* dans **Excavatio, X,** 1997, pp. 40-47.
COUDERT, PIERRE-EMMANUEL :	*Le mythe dans Au Bonheur des Dames,* dans **Excavatio, X**, 1997, pp. 189-195.
LE BAIL, STÉPHANE :	*Au Bonheur des Dames,* dans **Les Cahiers Naturalistes, XLV, no. 73**, 1999, pp. 195-197.
KAMM, LEWIS :	*People and Things in Zola's Rougon-Macquart : Reification Re-humanized* dans **Philological Quarterly, LIII, no. 1**, janvier 1974, pp. 100-109.
NEWTON, JOY:	*Zola* dans **The Year's Work in Modern Language Studies, volume XXXIX**, année 1977, The Modern Humanities Research Association, pp. 208-211.
NIESS, ROBERT:	*Zola's Au Bonheur des Dames: The Making of a Symbol* dans **Symbolism and Modern Literature: Studies in Honor of Wallace Fowlie**, Edition M. Tétel, Durham, D.C. Duke University Press, 1978, pp. 130-150.

PIHAN, YVES :	*Étude de Texte. Émile Zola : l'Emprise d'un Grand Magasin*, dans **L'École des Lettres, LXIX,** no. 7, 1er janvier 1978, pp. 11-16.
SIMOUNET, A. :	**Au Bonheur des Dames**, Paris, Édition Pédagogique Moderne, 1977.
THOMPSON, HANNAH :	*Une perversion du désir, une névrose nouvelle : Female sexuality in Zola's Au Bonheur des Dames*, dans **Romance Studies,** no. 32, automne 1998, pp.81-92.
ZEISLER, MARIE-CLAUDE :	*Lecture Suivie et Dirigée. Zola : Au Bonheur des Dames* dans **L'École des Lettres, LXVII, no. 4,** 1er novembre 1975, pp. 19-27.

12. Sur La Joie de Vivre

BAGULEY, DAVID :	*De la Mer Ténébreuse à l'Eau Maternelle : Le Décor Symbolique de La Joie de Vivre* dans **Travaux de Littérature et de Linguistique, XII, no. 2**, 1974, pp. 79-91.
BORIE, JEAN :	**Le Tyran Timide**, Paris, Klincksieck, 1973.
COLIN, R. P. :	**Schopenhauer en France : Un Mythe Naturaliste**, Presses Universitaires de Lyon, 1979.
FRANZEN, N-O. :	**Zola et La Joie de Vivre. La Genèse du Roman, les Personnages, les Idées**, Stockholm, Almquist et Wicksell, 1958.
PREISS, AXEL :	*Aux Sources de La Joie de Vivre : une lettre inédite d'Émile Zola à Edmond Perrier* dans **Les Cahiers Naturalistes, XXV,** no. 53, 1979, pp. 132-137.

13. Sur Germinal

ABASTADO, CLAUDE :	**Germinal : Analyse Critique**, Paris, Hatier, 1970.
BECKER, COLETTE :	**Germinal**, Paris, PUF, Études Littéraires, 1984.
BECKER, COLETTE :	De nombreux articles sur **Germinal** dans **La Revue d'Histoire de la France** (mai-juin 1985, numéro spécial sur le Centenaire de l'œuvre) et dans **Les Valenciennes no. 10**, puis dans **Les Cahiers Naturalistes**, no. 59.
BERTRAND, DENIS :	**Germinal. Émile Zola**, Paris, Bertrand-Lacoste, 2000.
BONDARENCO, ANNA :	*Le Stéréotypé et l'Événementiel dans Germinal d'Émile Zola*, texte inédit, **New Approaches to Zola**, colloque international de l'Université de Cambridge, 17 avril 2002.
DUCHET, CLAUDE :	*Le Trou des Bouches Noires. Parole, société, révolution dans Germinal* dans **Littérature**, no. 24, décembre 1976, pp. 11-39.
FRANDON, I.-M. :	**Autour de Germinal. La Mine et les Mineurs**, Genève, Droz, 1955.
GIRARD, MARCEL:	**Germinal de Zola**, Paris, Hachette, 1973.
GRANET, E.M.:	**Zola's Germinal. A Critical and Historical Study**, Leicester, Leicester University Press, 1962.
MITTERAND, HENRI :	*Germinal et les Idéologies* dans **Les Cahiers Naturalistes, XVII,** no. 42, 1971, pp. 141-152.
MITTERAND, HENRI :	*Fonction Narrative et Fonction Mimétique. Les Personnages de Germinal* dans **Poétique, IV,** no. 16, Paris, Seuil, 1973, pp. 477-490.
MITTERAND, HENRI :	Deux Études sur **Germinal** dans **Le Discours du Roman**, Paris, PUF, Écriture, 1980.
MOREAU, P. :	**Germinal d'Émile Zola**, Paris, CDU, 1954.

PETREY, SANDY :	***Discours Social et Littérature dans <u>Germinal</u>*** dans **Littérature, no. 22**, mai 1976, pp. 59-74.
SMETHURST, COLIN :	**Émile Zola : Germinal**, London, Arnold, 1974.
VAN TIEGHEM, P.:	**Introduction à l'Étude d'Émile Zola : Germinal**, Paris, CDU, 1954.
VIAL, MARC-ANDRÉ :	**Germinal et le << Socialisme >> de Zola**, Paris, Éditions Sociales, 1975.

14. Sur L'Œuvre

BALIGAND, RENÉE :	***Lettres Inédites d'Antoine Guillemet à Émile Zola (1866-1870)*** dans **Les Cahiers Naturalistes, XXIV,** no. 52, 1978, pp. 173-205.
BARDET, GUILLAUME Et CARON, DOMINIQUE :	**Étude sur Émile Zola. L'Œuvre**, Paris, Ellipses, collection : Résonances, 1999.
BECKER, COLETTE :	***Un Ami de Jeunesse d'Émile Zola : Georges Pajot. Lettres Inédites*** dans **Les Cahiers Naturalistes, XXV,** no. 53, 1979, pp. 95-123.
BRADY, PATRICK :	**L'Œuvre d'Émile Zola**, Genève, Droz, 1967.
BRADY, PATRICK :	***Pour une Nouvelle Orientation en Sémiotique. À Propos de <u>L'Œuvre</u> d'Émile Zola*** dans **Rice University Studies, LXIII, no. 1**, hiver 1977, pp. 43-84.
GENDRAT, AURÉLIE :	**Zola. L'Œuvre**, Rosny-sous-Bois, Bréal, collection : Connaissance de l'œuvre, 1999.
NEWTON, JOY et FOL MONIQUE :	***L'Esthétique de Zola et de Rodin, Zola et la Sculpture*** dans **Les Cahiers Naturalistes XXV, no. 53**, 1979, pp. 75-80.
NIESS, ROBERT.J.:	**Zola, Cézanne and Manet. A Study of L'Œuvre**, University of Michigan Press, 1968.
OLRIK, HILDE :	***Œil Lésé, Corps Morcelé. Réflexions à Propos de <u>L'Œuvre</u> d'Émile Zola*** dans **Revue Romane, XI,** (Copenhague) **no. 2**, 1976, pp. 334-357.
PASCO, ALLAN :	***The Failure of <u>L'Œuvre</u>*** dans **L'Esprit Créateur, XI, no. 4**, hiver 1971, pp. 45-55.
SOLARI, JEAN :	***Philippe Solari*** dans **Les Cahiers Naturalistes, XXV, no. 53**, 1979, pp. 214-218.
STEINMETZ, JEAN- LUC :	***L'Œuvre*** dans **Le Naturalisme**, Colloque de Cerisy : Paris, UGE, série 10/18, 1978, pp. 415-431.

15. Sur La Terre

BRACHET, PIERRE :	***Zola et Hauptmann : <u>Rose Bernd</u> et <u>La Terre</u>,*** dans **Les Cahiers Naturalistes, XXI, no. 43**, 1975, pp.149-167.
CESBRON, GEORGES :	***<u>La Terre</u> de Zola : Capitalisme ou Socialisme ?*** dans **Les Humanités, XIV, no. 10**, juin 1971, pp. 18-23.
DONNARD, JEAN-HERVÉ :	***Les Paysans* et *La Terre*** dans **L'Année Balzacienne 1975**, Paris, Garnier, 1975, pp. 137-148.
GIRARD, MARCEL :	***Chronologie*** dans **La Terre** de Zola, Paris, Garnier-Flammarion, 1973.
GIRARD, MARCEL :	***Préface* et *Archives de l'œuvre*** dans **La Terre** de Zola, Paris, Garnier-Flammarion, 1973.

MITTERAND, HENRI :	*Étude* dans **Les Rougon-Macquart** de Zola, tome IV, édition Armand Lanoux/Henri Mitterand, Bibliothèque de la Pléïade, Paris, Gallimard, 1966.
OLORENSHAW, R. :	*Lisibilité, Structures Globales et Méta-discours Critique dans La Terre* dans **Les Cahiers Naturalistes, XXV, no. 53**, 1979, pp. 46-52.
ROBERT, GUY :	**La Terre d'Émile Zola, Étude Historique et Critique**, Paris, Les Belles-Lettres, 1952.
ZAKARIAN, RICHARD :	*Zola's La Terre* dans **The Explicator, XXXVI, no. 2**, hiver 1978, pp. 11-13.

16. Sur Le Rêve

BILODEAU, LOUIS :	*Le Rêve. Des Rougon-Macquart à la scène lyrique* dans **Les Cahiers Naturalistes, XLIII, no. 71**, pp. 239-250.
DALLENBACH, LUCIEN :	**Le Récit Spéculaire. Essai sur la Mise en Abyme**, Paris, Seuil, 1977.
DALLENBACH, LUCIEN :	*Le Rêve dans l'œuvre chez Zola* dans **Le Naturalisme**, colloque de Cerisy, édité par Pierre Cogny, Paris, Union Générale d'Éditions, 1978, pp. 125-139.
COUILLARD, MARIE :	*La "Fille-Fleur" dans Les Contes à Ninon et dans Les Rougon-Macquart*, Revue de l'Université d'Ottawa/University of Ottawa Quarterly, XLVIII, no. 4, 1978, pp. 398-406.
FERRAND, NATHALIE :	*Le Rêve de Zola à Weimar : des épreuves inédites* dans **Genesis, no. 11**, 1997, pp. 143-148.
GREAVES, A.A.:	*A Question of Life and Death: A Comparison of Le Rêve and La Faute de l'Abbé Mouret* dans **Nottingham French Studies, XIX, no. 2**, automne 1980, pp. 47-52.

17. Sur La Bête Humaine

BAROLI, MARC :	**Le Train dans la Littérature Française**, Paris, Éditions N. M., 1963.
BONNEFIS, PHILIPPE :	*L'Inénarrable même* dans **Les Cahiers Naturalistes, XX**, no. 48, 1974, pp. 125-140.
DELEUZE, GILLES :	*Zola et la Fêlure* dans **La Logique du Sens**, Paris, Éditions de Minuit, 1969.
DUCHET, CLAUDE :	*La Fille Abandonnée et La Bête Humaine : Éléments de Titrologie Romanesque* dans **Littérature**, no. 12, décembre 1973, pp. 49-73.
DUGAN, RAYMOND :	*La Psychologie Criminelle dans Thérèse Raquin et La Bête Humaine d'Émile Zola* dans **Travaux de Linguistique et de Littérature, XVII**, no. 2, 1979, pp. 131-137.
FRANCHI, DANIÈLE et RIPOLL, ROGER :	*Douceur et Intimité dans La Bête Humaine* dans **Les Cahiers Naturalistes, XXIII**, no. 51, 1977, pp. 80-90.
RIPOLL, ROGER :	*Originalité de l'œuvre* dans **La Bête Humaine** de Zola, Paris, Librairie Générale de France, 1984.
HAMON, PHILIPPE :	**Philippe Hamon Présente La Bête Humaine d'Émile Zola**, Paris, Gallimard, 1994.
JAGMETTI, A. :	**La Bête Humaine d'Émile Zola. Étude de Stylistique Critique**, Genève, Droz, 1955.

KANES, MARTIN :	**La Bête Humaine. A Study in Literary Creation**, University of California Press, Berkeley and Los Angeles, 1962.
LABESSE, JEAN :	**Étude sur Émile Zola. La Bête Humaine**, Paris, Ellipses, collection : Résonances, 1999.
NOIRAY, JACQUES :	***L'angoisse de la chair dans La Bête Humaine***, dans **Voix de l'Écrivain. Mélanges Offerts à Guy Sagnes**, Toulouse, Presses Universitaires du Mirail, 1996, pp. 163-177.
WOOLLEN, GEOFF (Éd.) :	**Zola, La Bête Humaine : Texte et Explication**, colloque du centenaire à Glasgow, University of Glasgow French and German Publications, 1990.
WOOLLEN, GEOFF:	***What's (in) a Bête humaine?*** dans **Bulletin of the Émile Zola Society, no. 13**, mars 1996, pp. 20-22.

18. Sur L'Argent

AHEARN, EDWARD J.:	***Monceau, Camondo, La Curée, L'Argent: History, Art, Evil*** dans **The French Review, LXXIV, no. 6**, 2000, pp. 1100-1115.
DUBOIS, JACQUES :	***Oxymores et Incestes : la Folie et les Crises dans Les Rougon-Macquart*** dans **Marche Romane, LXVII, no. 1-2**, 1977, pp. 67-73.
HENNESSEY, SUSAN :	***La maternité stérile : une analyse des mères spirituelles dans Au Bonheur des Dames, La Joie de Vivre, Le Rêve et L'Argent*** dans **Excavatio, II**, automne 1993, pp. 103-109.
JOHN, ELERIUS :	***L'Argent d'Émile Zola*** dans **Calabar Studies in Modern Languages, I, no. 1**, 1977, pp.1-10.
LEBRON, MONICA :	***Madame Caroline. Expéditions discursives dans L'Argent*** dans **Les Cahiers Naturalistes, XLV, no. 72**, 1999, pp.217-225.
McQUEEN, ANDREW :	***The Wild Child in Zola's L'Argent***, dans **Excavatio, XII**, 1999, pp.53-59.
MITTERAND, HENRI :	***Notes*** dans **L'Argent** d'Émile Zola, Paris, Gallimard, 1980.

19. Sur La Débâcle :

BAGULEY, DAVID :	***Le Récit de Guerre : Narration et Focalisation dans La Débâcle*** dans **Littérature, no. 50**, mai 1983, pp. 77-90.
BAGULEY, DAVID :	***Formes et Significations : sur le Dénouement de La Débâcle*** dans **Cahiers de l'U.E.R. Froissart, no. 5**, Valenciennes, automne 1980, pp. 65-72.
LUMBROSO, OLIVIER :	***Topologie d'un champ de bataille. L'exemple de La Débâcle*** dans **Poétique, no. 12**, novembre 1998, pp. 447-460.
McLYNN, PAULINE:	***The Franco-Prussian war in La Débâcle. An Examination of Zola's Method*** dans **Nottingham French Studies, XX, no. 2, 1981**, pp. 25-36.
PETREY, SANDY :	***La République de La Débâcle*** dans **Les Cahiers Naturalistes, XXVI, no. 54**, 1980, pp. 87-95.
SACKVILLE, WEST E.:	**Zola's La Débâcle, Inclinations**, London, Secker and Wartburg, 1949.
SAMINADAYAR, CARINNE :	***La Débâcle, roman épique*** dans **Les Cahiers Naturalistes, XLIII, no. 71**, 1997, pp. 203-219.

20. Sur Le Docteur Pascal :

BACHELARD, GASTON :	**La Psychanalyse du Feu**, Paris, Gallimard, 1938.
BUTOR, MICHEL :	*Émile Zola, romancier Expérimental et la Flamme Bleue* dans **Répertoire IV**, Paris, Éditions de Minuit, 1974, pp. 259-291.
FERNANDEZ-ZOÏLA, A. :	*Le Docteur Pascal et Lourdes : une transvaluation des imaginaires* dans **Les Cahiers Naturalistes, XLII, no. 2**, 1996, pp. 45-66.
GAILLARD, FRANÇOISE :	*Genèse et Généalogie ; le cas du Docteur Pascal* dans **Romantisme, no. 31**, 1981, pp. 181-196.
GENGEMBRE, GÉRARD :	*Préface* et *Dossier* dans **Le Docteur Pascal** de Zola, Paris, Éditions Pocket Classiques, 1995.
GRANET, MICHEL :	**Le Temps Trouvé par Zola dans son Roman Le Docteur Pascal. Nouvelle Lecture de l'Œuvre Zolienne**, Paris, Les Publications Universitaires, 1980.
KRUMM, PASCALE :	*Le Docteur Pascal : un (dangereux) supplément ? La problématique féminine dans le cycle zolien* dans **Les cahiers Naturalistes, XLV, no. 72**, 1999, pp. 227-240.
MITTERAND, HENRI :	*Préface* du **Docteur Pascal** de Zola, Paris, Édition Folio Classiques, 1991.
MOUCHARD, CLAUDE :	*Naturalisme et Anthropologie* dans **Le Naturalisme**, Colloque de Cerisy, Paris, UGE, série 10/18, 1978.
PETRONE, MARIO :	*Inceste et pureté dans Le Docteur Pascal. Remarques sur le personnage de Clotilde* dans **Les Cahiers Naturalistes, XLV, no. 72**, 1999, pp. 241-245.
PREISS, AXEL :	*Pascal ou la Biodicée Médicale* dans **Les Cahiers Naturalistes, XXIX, no. 57**, 1983, pp. 116-131.
SERRES, MICHEL :	**Feux et Signaux de Brume**, Paris, Grasset, 1975.
TOUBIN, CATHERINE. et MALINAS, YVES :	*Les Clés et les Portes : Essai sur la Symbolique du Docteur Pascal* dans **Les Cahiers Naturalistes, XVII, no. 41**, 1971, pp. 15-21.

VI. THÈSES ET MÉMOIRES PORTANT SUR LES ROUGON MACQUART

1. Les Thèses:

BAILES, J.M.:	**The Naturalist Novel: Realism, Irony or Myth? An Archetypal Study of Zola's La Curée**, Rice University, 1980.
BECKER, COLETTE :	**Pot-Bouille d'Émile Zola. Genèse du Roman, Édition et Commentaire du Dossier Préparatoire**, Paris, 1970.
BUVIK, PER :	**Mythe et Mythologie. Essai d'Analyse de Nana d'Émile Zola**, Université de Bergen, 1972.
CHAROZ, JEAN-CLAUDE :	**Les Rougon-Macquart et les Visages du Temps : Étude de l'Imaginaire Zolien**, Université de Grenoble III, 1977.
CHEHAYED, JAMAL :	**La Conscience Historique dans Les Rougon-Macquart d'Émile Zola et dans les romans de Nagib Mafuz**, Université de Paris III, 1974.
CHEVREL, YVES :	**Le Roman et la Nouvelle Naturalistes Français en Allemagne : 1870-1893**, Université de Paris, 1980.
COUSINS, F. RUSSELL:	**The Genesis of Zola's L'Argent**, Birmingham University, 1972-1973.

FINCH R, CLARENCE:	**The Genesis of Émile Zola's *Nana*,** Pennsylvania State University, 1974.
KELLNER, S. :	***Le Docteur Pascal*. Rétrospective des *Rougon-Macquart*, Livre de documents, Roman à Thèse,** Lund, 1980.
LETHBRIDGE, ROBERT:	**The Genesis of Émile Zola's *La Curée*,** University of Cambridge, 1974.
NAGDI, D. EL :	**Étude sur le Vocabulaire des Sensations dans *Le Ventre de Paris*,** Université de Paris IV, 1974.
NGUYEN, Q. :	**Étude Historique et Critique d'*Une Page d'Amour*,** Paris, Sorbonne, 1965.
OUVRARD, PIERRE :	**Le Personnage du Prêtre dans l'Œuvre Romanesque d'Émile Zola,** Université de Paris XII, Val- de- Marne, 1983
WALKER, P.D.:	**A Structural Study of Zola's *Germinal*,** Yale University, 1956.
ZAKARIAN, R.H.:	**Zola's *Germinal*. A Critical Study of its Primary Sources,** Genève, Droz, 1972.

2. Les Mémoires

RONDEAU, D. :	***Au Bonheur Des Dames*,** Paris, 1958
SAMAKE, FAMAHAN :	**Procès du Second Empire dans *La Curée* d'Émile Zola,** Université d'Abidjan Cocody, 1995.

VII. ŒUVRES ET ARTICLES CRITIQUES PORTANT SUR LES TROIS VILLES (LOURDES, PARIS, ROME)

BANCQUART, M.-C. :	***Un Adieu à Paris, Paris de Zola : un présent figé, un dynamisme tellurique, deux gravures décalées,*** dans **Les Cahiers du XX ème Siècle, no 2,** 1974, pp. 69-83.
NIESS, ROBERT:	***Zola's Paris and the Novels of the Rougon-Macquart series*** dans **Nineteenth Century French Studies IV, no. 1-2,** automne-hiver 1975-1976, pp. 89-104.
TORNOIS, RENÉ :	***Zola et son Temps : Lourdes, Rome, Paris,*** Paris, Les Belles-Lettres, 1961.
TISON-BRAUN, M. :	***La Crise de l'Humanisme [...] T 1,*** Paris, Nizet, 1958.
THEIS, RAIMUND :	***Paris, Rome bei Zola*** dans **Zur Sprache der Cité in der Dichtung Unterstudien zum Roman und zum Prosagedicht,** Frankfurt, Klostermann, 1972, pp. 74-93.
THOMSON, CLIVE :	***Discours Littéraire et Discours Idéologique*** dans **Les Cahiers Naturalistes, XXII, no. 50,** 1976, pp.202-212.
THOMSON, CLIVE :	***Une Typologie du Discours Idéologique dans Les Trois Villes*** dans **Cahiers Naturalistes, XXVI no. 54,** 1980, pp. 96-105.
THOMSON, CLIVE :	***Zola et la IIIème République, Étude Idéologique de Paris*** dans **Cahiers de l'U.E.R. Froissart, no. 5,** Valenciennes, automne 1980, pp. 19-26.

VIII. ŒUVRES ET ARTICLES CRITIQUES PORTANT SUR LES QUATRE ÉVANGILES (FÉCONDITÉ, VÉRITÉ, TRAVAIL)

BAGULEY, DAVID :	***Fécondité* d'Émile Zola. Roman à Thèse, Évangile, Mythe,** University of Toronto Press, 1973.

BAGULEY, DAVID :	*Du Discours Polémique au Discours Utopique. L'Évangile Républicain de Zola* dans **Les Cahiers Naturalistes, XXVI, no. 54**, 1980, pp. 106-121.
CASE, FREDERICK. I. :	**La Cité Idéale dans *Travail* de Zola,** University of Toronto Press, 1974.
GOT, OLIVIER :	**Le Paria et le Prophète ou l'Université selon Zola** dans **Les Cahiers Naturalistes, XXVI, no. 54**, 1980, pp, 127-137.
KACZYNSKI, M. :	**Les Quatre Évangiles de Zola : Entre la Vision Catastrophique et la Vision Utopique**, Paris, Lublin, 1979.
MITTERAND, HENRI :	*L'Évangile Social de Travail : un anti-Germinal* dans **Roman et Société**, Paris, Armand Colin, 1973.
PELLETIER, JACQUES :	*Zola Évangéliste* dans **Les Cahiers Naturalistes, XX, no. 48**, 1974, pp. 205-214.
ROSS, PETER:	*Émile Zola, the Teachers and the Dreyfus Affair* dans **Nottingham French Studies, XIV**, no. 2, octobre 1975, pp. 77-85.
SPEIRS, DOROTHY :	*État Présent des Études sur* Les Quatre Évangiles dans **Les Cahiers Naturalistes, XX, no. 48**, 1974, pp. 215-235.
STEINS, MARTIN :	*L'Épisode Africain dans* Fécondité *de Zola* dans **Les Cahiers Naturalistes, XX, no. 48**, 1974, pp. 164-181.

IX. THÈSES PORTANT SUR LES TROIS VILLES ET LES QUATRE ÉVANGILES

THOMPSON, CLIVE :	**Étude Critique de *Paris* d'Émile Zola,** Toronto, University of Toronto, 1970.
PELLETIER, JACQUES :	**Zola Évangéliste,** Aix-Marseille, 1972.
SPEIRS, DOROTHY :	**Étude Critique de *Travail,*** Toronto, University of Toronto, 1977.

X. ŒUVRES ET ARTICLES CRITIQUES PORTANT SUR LES CONTES DE ZOLA

COUILLARD, MARIE :	*La Fille-Fleur dans les Contes à Ninon et Les Rougon-Macquart* dans **Revue de l'Université d'Ottawa, Vol. 48, no. 4**, octobre-décembre 1980, pp. 398-406.
LAPP, JOHN :	**Les Racines du Naturalisme. Zola avant Les Rougon-Macquart,** Paris, Bordas, 1972.

XI. ŒUVRES ET ARTICLES CRITIQUES PORTANT SUR LA PHOTOGRAPHIE DE ZOLA

ÉMILE-ZOLA, FRANÇOIS et MASSIN :	**Zola Photographe**, Paris, Denoël, 1979.
MITTERAND, HENRI et VIDAL, JEAN :	**Album Zola**, Paris, Gallimard, 1963.
MITTERAND, HENRI :	**Images d'Enquête d'Émile Zola. De la Goutte-d'Or à l'Affaire Dreyfus,** Paris, Presses Pocket, Album Terre Humaine, 1987.

XII. ŒUVRES ET ARTICLES PORTANT SUR L'AUDIENCE DE ZOLA

ALLARD, JACQUES :	**Zola, le Chiffre du Texte**, Presses Universitaires de Grenoble, 1978.

BAGULEY, DAVID :	**La Bibliographie de la Critique sur Émile Zola : 1864-1970,** Toronto, University of Toronto Press, 1976.
BAGULEY, DAVID :	**La Bibliographie de la Critique sur Émile Zola : 1971-1980,** Toronto, Buffalo, London ; University of Toronto Press, 1982.
BECKER, COLETTE :	**Émile Zola et les Critiques de Notre Temps**, Paris, Garnier, 1972.
BECKER, COLETTE :	*L'Audience d'Émile Zola* dans **Les Cahiers Naturalistes, XX, no. 47**, 1974, pp. 40-69.
BECKER, COLETTE :	**Trente ans d'Amitié. Lettres de l'Éditeur Charpentier à Émile Zola**, Paris, PUF, 1981.
DEZALAY, AUGUSTE :	**Lectures de Zola**, Paris, Armand Colin, 1973.

XIII. ŒUVRES CRITIQUES PORTANT SUR LE THÉÂTRE DE ZOLA

GUIEU, JEAN-MAX :	**Le Théâtre Lyrique d'Émile Zola**, Paris, Librairie Fischbacher, 1983.

XIV. ŒUVRES CRITIQUES PORTANT SUR LE JOURNALISME DE ZOLA

MITTERAND, HENRI :	**Zola Journaliste**, Paris, Colin, 1963.

XV. OUVRAGES PORTANT SUR LES MÉTHODES ET THÉORIES LITTÉRAIRES

ARAGON, LOUIS :	**Je n'ai jamais appris à écrire, ou les incipits**, Genève, Skira, 1969.
AUEURBACH, FRANK :	**Mimésis : la Représentation de la Réalité dans la Littérature Occidentale**, Paris, Gallimard, 1946.
BACHELARD, GASTON :	**Psychanalyse du Texte Réaliste**, Paris, Vrin, 1947.
BAKTINE, MIKHAIL :	**Esthétique et Théorie du Roman**, Paris, Gallimard, 1978.
BARTHES, ROLAND :	**Le Degré Zéro de l'Écriture**, Paris, Gonthier, 1966.
BARTHES, ROLAND :	**S/Z**, Paris, Seuil, 1970.
BARTHES, ROLAND (Éd) :	**Essais Critiques**, Paris, Seuil, 1964.
BOURNEUF, ROLAND :	**L'Univers du Roman**, Paris, PUF, 1985.
BRECHT, B. :	**Sur le Réalisme**, Paris, L'Arche, 1970.
COLLECTIF :	**Communications, 4**, Paris, Seuil, 1964.
COLLECTIF :	**Théorie de la Littérature**, Paris, Seuil, 1966.
COLLECTIF :	**Littérature 1**, février 1970.
COLLECTIF :	**Communications 8**, Paris, Com, 1966, (seconde édition : Paris, Seuil, 1982).
COLLECTIF :	**Communications 19**, Paris, Seuil, 1972.
COLLECTIF :	**Poétique 12**, Paris, Seuil, 1972.
COLLECTIF :	**Sémiotique Narrative et Textuelle**, Paris, Larousse, 1974.
COLLECTIF :	**Poétique du Récit**, Paris, Seuil, 1977.
COLLECTIF :	**Littérature et Réalité**, Paris, seuil, 1972.
COLLECTIF :	**Poétique 49**, Paris, Seuil, 1982.
COLLECTIF :	**Esthétique et Poétique**, Paris, Seuil, 1992 (Textes réunis et présentés par Gérard Genette).
COLLECTIF :	**Pratiques no. 10**, Paris, Seuil, 1976.
FAYE, JEAN-PIERRE :	**Théorie du Récit**, Paris, UGE 10/18, 1978.
FLAUBERT, GUSTAVE :	**Correspondance**, Paris, Édition du Centenaire, Librairie de France, 1993.
GENETTE, GÉRARD :	**Figures 1**, Paris, Seuil, 1966.
GENETTE, GÉRARD :	**Figures 2**, Paris, Seuil, 1969.

GENETTE, GÉRARD :	**Figures 3**, Paris, Seuil, 1972.
GOLDENSTEIN, LUCIEN :	**Pour Lire le Roman**, Bruxelles, De Boeck-Duculot, 1989.
GREIMAS, ALGIRDAS JULIEN :	**Sémantique Structurale**, Paris, Larousse, 1966.
GREIMAS, A. J. :	**Maupassant : La Sémiotique du Texte**, Paris, Larousse, 1976.
GREIMAS, A. J. et COURTÈS, J. :	**Sémiotique. Dictionnaire Raisonné de la Théorie du Langage**, Paris, Hachette, 1979.
GREIMAS, A. J. :	**Du Sens II : Essais Sémiotiques**, Paris, Seuil, 1983.
GONCOURT, EDMOND et JULES HUOT DE :	**Journal. Mémoires de la Vie Littéraire**, édition Robert Ricatte, Paris, Fasquelle-Flammarion, 4 volumes, 1956.
GROUPE D'ENTREVERNES :	**Analyse Sémiotique des Textes**, Presses Universitaires de Lyon, 1984.
HAMON, PHILIPPE :	**Introduction à l'Analyse du Descriptif**, Paris, Hachette, 1981.
HENAULT, ANNE :	**Narratologie, Sémiotique Générale 2**, Paris, PUF, 1983.
JENNY, L. :	*La Stratégie de la Forme* dans **Poétique no. 27**, Paris, Seuil, 1976.
KRISTEVA, JULIA :	**Séméiotikè : Recherches pour une Sémanalyse**, Paris, Seuil, 1989.
LASOWSKI, PATRICK WALD :	**Syphilis. Essais sur la Littérature Française du XIXème Siècle**, Paris, Gallimard, 1980.
LUKACS, GEORGE :	**Balzac et le Réalisme Français**, Paris, Maspéro, 1967.
LUKACS, GEORGE :	**Problèmes du Réalisme**, Paris, L'Arche, 1975.
MARTINO, PIERRE :	**Le Naturalisme Français**, Collection U2, Paris, Armand Colin, 1969.
MITTERAND, HENRI :	**Le Discours du Roman**, Paris, PUF, Écriture, 1980.
POUILLON, JEAN :	**Temps et Roman**, Paris, Gallimard, 1946.
PROPP, VLADIMIR :	**Morphologie du Conte**, Paris, Seuil, 1970.
RAIMOND, MICHEL :	**Le Roman**, Paris, Armand Colin, 1989.
THIBAUDET, ALBERT :	**Réflexions sur le Roman**, Paris, Gallimard, 1968.
TODOROV, TZVETAN :	**Introduction à la Littérature Française**, Paris, Seuil, 1970.
VALÉRY, PAUL :	**Tel Quel T 2,** Paris, Gallimard, 1960.
WEINRICH, HARALD :	**Le Temps du Récit**, Paris, Seuil, 1979.

XVI. OUVRAGES GÉNÉRAUX

BENVENISTE, ÉMILE :	**Problème de Linguistique Générale**, Paris, Gallimard, 1966.
COLLECTIF :	**Pratiques, no 1**, Paris, 1976.
FREUD, SIGMUND :	**Trois Essais sur la Théorie de la Sexualité**, Paris, Gallimard, 1981, (I ère édition : Vienne, 1905).
FREUD, SIGMUND :	**Cinq Leçons de Psychanalyse**, Paris, Payot, 1966, 1 ère Édition : Vienne, 1909.
FOUCAULT, MICHEL :	**Histoire de la Sexualité : 1, La Volonté de Savoir**, Paris, Gallimard, 1976
JAKOBSON, ROMAN	**Essais de Linguistique Générale**, Paris, Minuit, 1968.
LALAIRE, LOUIS :	**Le Verbe et le Classement Syntaxique du Verbe**, collection Les Cahiers de Grammaire, Abidjan, ENS, 1990.

LIDSKY, PAUL :	**Les Écrivains contre La Commune**, Paris, François Maspero, 1982.
MAURON, CHARLES :	**Des Métaphores Obsédantes au Mythe Personnel**, Paris, José Corti, 1952.
METZ, CHRISTIAN :	**Essais sur la Signification au Cinéma**, Paris, Klincksieck, 1968.
SAUSSURE, FERDINAND DE :	**Cours de Linguistique Générale,** Paris, Payot, 1972.

XVII. HISTOIRE ET MYTHOLOGIE

BONIN-KERDON, BURLOT, NONJON, NOUSCHI et SUSSEL :	**Héritages Européens**, Paris, Hachette, 1981.
BOUILLON, SOHN et BRUNEL :	**1848-1914 : Histoire**, Paris, Bordas, 1978.
CARATINI, ROGER :	**Histoire de la France Urbaine, T4**, Paris, Seuil, 1983.
COLLECTIF :	**Histoire**, Collection GREHG / Seconde, Paris, Hachette, 1987.
COMMELION, P. :	**Mythologie Grecque et Romaine**, Paris, Garnier, 1960.
DUBY, GEORGES et MANDROU, ROBERT :	**Histoire de la Civilisation Française, T 2**, Paris, Armand Colin, 1968.
GRIGORIEFF, VLADIMIR :	**Mythologie du Monde Entier**, Belgique, Alleur, 1987.

XVIII. DICTIONNAIRES

CHEVALIER, JEAN et GHEERBRANDT, ALAIN :	**Dictionnaire des Symboles**, Paris, Laffont, 1982.
COLLECTIF :	**Dictionnaire des Littératures de Langue Française**, Paris, Bordas, 1987.
LITTRÉ, M. P. ÉMILE :	**Dictionnaire de la Langue Française, A-C**, Paris, Librairie Hachette et Cie, 1883.
LITTRÉ, M. P. ÉMILE :	**Dictionnaire de la Langue Française, D-H**, Paris, Librairie Hachette et Cie, 1883.
LITTRÉ, M. P. ÉMILE :	**Dictionnaire de la Langue Française, I-P**, Paris, Librairie Hachette et Cie, 1883.
LITTRÉ, M. P. ÉMILE :	**Dictionnaire de la Langue Française, Q-Z**, Paris, Librairie Hachette et Cie, 1883.
LAROUSSE, PIERRE :	**Grand Larousse de la Langue Française VI**, Paris, Librairie Larousse, 1977.
LAROUSSE, PIERRE :	**Grand Larousse de la Langue Française VII**, Paris, Librairie Larousse, 1978.
ROBERT, PAUL :	**Le Petit Robert 1**, Paris, Robert, 1979.
ROBERT, PAUL :	**Le Nouveau Petit Robert 1**, Paris, Robert, 1994.
ROBERT, PAUL :	**Dictionnaire Universel des Noms Propres**, Paris, Robert, 1989.
ROBERT, PAUL :	**Le Grand Robert de la Langue Française, Tome I**, Paris, Dictionnaires Robert, 1992.
ROBERT, PAUL :	**Le Grand Robert de la Langue Française, Tome II**, Paris, Dictionnaires Robert, 1992.
ROBERT, PAUL :	**Le Grand Robert de la Langue Française, Tome III**, Paris, Dictionnaires Robert, 1992.
ROBERT, PAUL :	**Le Grand Robert de la Langue Française, Tome IV**, Paris, Dictionnaires Robert, 1992.

ROBERT, PAUL :	**Le Grand Robert de la Langue Française, Tome V**, Paris, Dictionnaires Robert, 1992.
ROBERT, PAUL :	**Le Grand Robert de la Langue Française, Tome VI**, Paris, Dictionnaires Robert, 1992.
ROBERT, PAUL :	**Le Grand Robert de la Langue Française, Tome VII**, Paris, Dictionnaires Robert, 1992.
ROBERT, PAUL :	**Le Grand Robert de la Langue Française, Tome VIII**, Paris, Dictionnaires Robert, 1992.

XIX. TEXTES SACRÉS

Les Saintes Écritures :	Traduction du Monde Nouveau, Watch Tower Bible and Tract Society of Pennsylvania, 1974, Association des Témoins de Jéhovah, Boulogne-Billancourt, France, 1995.
La Sainte Bible :	Traduction de Louis Segond, Genève-Paris, Société Biblique de Genève, seconde édition, 1979.

TABLE DES MATIÈRES

	Pages
ABSTRACT	3
STATEMENT OF THE CANDIDATE	4
DÉDICACE	5
REMERCIEMENTS	6
PRÉAMBULE	7
SOMMAIRE	8
INTRODUCTION	10
LIMINAIRE : ÉTAT DE LA CRITIQUE ZOLIENNE PAR RAPPORT À LA SEXUALITÉ ET À LA FATALITÉ	18

PREMIÈRE PARTIE : FONDEMENTS ET CARACTÉRISTIQUES DE LA SEXUALITÉ DANS LES ROUGON-MACQUART — 29

CHAPITRE 1 : LES FONDEMENTS DE LA SEXUALITÉ DANS LES ROUGON-MACQUART	30
1. AU PLAN RELIGIEUX	30
2. AUX PLANS BIOLOGIQUE ET SOCIOLOGIQUE	31
3. LES FONDEMENTS LITTÉRAIRES ET IDÉOLOGIQUES	33
4. LES FONDEMENTS ÉPISTÉMOLOGIQUES	35
CHAPITRE 2 : LES CARACTÉRISTIQUES DE LA SEXUALITÉ DANS LE CORPUS	41
1. MALADIES HÉRÉDITAIRES ET GRAMMAIRE NARRATIVE	41
2. LES ABERRATIONS SEXUELLES	43

2.1. Les déviations par rapport à l'objet sexuel	44
2.1.1. Les inversions absolues	44
2.1.2. Les inversions amphigènes	46
2.1.3. Les inversions occasionnelles	49
2.2. Les déviations par rapport au but sexuel	50
2.2.1. Les transgressions anatomiques	50
2.2.2. Arrêts aux relations intermédiaires	51
3. UNE APPROCHE ANIMALE DE LA SEXUALITÉ	54
3.1. Les personnages féminins et l'animalisation	55
3.2. Les personnages masculins et l'animalisation	57
4. UNE APPROCHE SATANIQUE ET DIABOLIQUE DE LA SEXUALITÉ	60
5. UNE APPROCHE MYTHIQUE DE LA SEXUALITÉ	64
6. UNE APPROCHE APOCALYPTIQUE DE LA SEXUALITÉ	67

DEUXIÈME PARTIE : LES ACTANTS SEXUELS ET LA QUESTION DE LA SEXUALITÉ   71

Arbre généalogique des ROUGON-MACQUART	72

CHAPITRE 1 : L'ÊTRE DES PERSONNAGES OU LE FOISONNEMENT DES MARIONNETTES   73

1. LA MANIPULATION OU LE FAIRE-FAIRE	74
1.1. L'auteur et ses personnages	74
1.2. Identification et classification de l'actant sexuel	75
1.2.1. Les personnages anthropomorphes	75
1.2.1.1. Les personnages anaphores	75
1.2.1.2. Les personnages embrayeurs	78
1.2.1.2.1. *La bestialisation des personnages embrayeurs*	80
1.2.1.2.2. *La réification des personnages embrayeurs et anaphores*	81
1.2.1.3. Les personnages référentiels	82
1.2.2. Les personnages non anthropomorphes	83
1.2.2.1. Les non anthropomorphes naturels	84
1.2.2.1.1. *La terre*	84
1.2.2.1.2. *Les bois*	85
1.2.2.1.3. *Paris*	86
1.2.2.2. Les personnages non anthropomorphes non naturels	87
2. LA COMPÉTENCE DE L'ACTANT SEXUEL	87
2.1. La décomposition des lexèmes nominaux	88
2.1.1. Les noms propres absolus	88

2.1.2. Les noms accompagnés d'un article ou d'un adjectif	92
2.2. *Être versus paraître ou la catégorie de la véridication*	94
3. LE SCHÉMA ACTANTIEL SUR L'AXE DE LA SEXUALITÉ	95

CHAPITRE 2 : LE FAIRE ET LE DEVENIR DU PERSONNAGE OU SA PERFORMANCE ET SA SANCTION — 103

1. LE FAIRE-ÊTRE DU PERSONNAGE OU SA PERFORMANCE	103
1.1. Regard sur le système des opérations relatives à la sexualité	103
1.1.1. Conjonction et disjonction	103
1.1.2. Le don	104
1.1.3. L'échange ou le contrat	104
1.1.4. La virtualité	105
1.1.5. L'actualité	106
1.1.6. La réalité	106
1.2. Du système des modalités	108
1.2.1. L'obéissance passive	108
1.2.2. L'obéissance active	109
1.2.3. La résistance passive	109
1.2.4. La résistance active	110
1.3. Étude de quelques performances spécifiques	111
1.3.1. Les personnages ''vertueux et chastes''	111
1.3.2. Les personnages pervers	115
1.3.3. Les personnages vicieux	118
1.3.4. Les personnages incestueux	119
1.3.4.1. Le pseudo inceste ou l'inceste par allégorie	120
1.3.4.2. L'inceste véritable	121
2. LA RECONNAISSANCE ET LA SANCTION DU PERSONNAGE	123
2.1. Les naissances manquées	123
2.2. Les maladies héréditaires	125
2.3. Les enfants amorphes	126
2.4. Les personnages détraqués ou fous	128
2.5. Les personnages dépourvus d'intelligence	131
2.6. La mort précoce	133

CHAPITRE 3 : FONCTION MÉTALINGUISTIQUE ET FONCTION POÉTIQUE DANS LES ROUGON-MACQUART OU LA PRÉVISIBILITÉ DE LA FATALITÉ LIÉE À LA SEXUALITÉ — 137

1. LA FONCTION MÉTALINGUISTIQUE OU LES MYTHES ET LEURS SIGNIFIÉS DANS LA LOGIQUE DE LA SEXUALITÉ	137
1.1. Identification et classification des mythes	138
1.1.1. Les mythes chrétiens	138

1.1.1.1. Le jardin d'Éden et la Faute originelle	138
1.1.1.2. La punition ou le prix de la désobéissance à Dieu	141
1.1.1.3. La damnation du sujet sexuel	142
1.1.1.4. Le diable, la mort et l'enfer	144
1.1.1.5. L'opposition mythes chrétiens et nature	145
1.1.2. Les mythes païens	149
1.1.2.1. Les mythes romains	149
1.1.2. 2. Les mythes grecs	151
1.1.2.2.1. Les mythes de la sexualité inassouvie	154
1.1.2.2.2. Les mythes de la sexualité épanouie et triomphante	155
1.1.2.2.3. Les mythes de la sexualité vicieuse	155
1.1.2.2.4. Les mythes de la sexualité pervertie	156
1.2. Pertinence de ces mythes	156
1.2.1. La sacralisation du ''chimérique''	156
1.2.2. Un procédé d'intensification discursive et narrative	157
2. LA FONCTION POÉTIQUE OU LES FIGURES AU SERVICE DE LA SEXUALITÉ	160
2.1. Les Fonctions	161
2.1.1. La métonymie	161
2.1.2. La synecdoque	163
2.2. Les Indices	165
2.2.1. La métaphore	165
2.2.2. Les comparaisons	166
2.2.3. La périphrase	166
3. À LA DÉCOUVERTE DU MYTHE PERSONNEL DE L'AUTEUR	168

TROISIÈME PARTIE : LA PERTINENCE DE LA COMBINATOIRE SPATIO-TEMPORELLE DANS LA FATALITÉ DE LA SEXUALITÉ

172

CHAPITRE 1 : LE TEMPS DANS LES ROUGON-MACQUART : UNE SEXUALITÉ PROGRAMMÉE ET CHRONOMÉTRÉE   173

1. LES TEMPS EXTERNES	173
1.1. Le temps de l'auteur	173
1.1.1. L'époque où il vécut : 1840-1902	173
1.1.2. L'époque de la production des **ROUGON-MACQUART** : 1870-1893	174
1.2. Le temps de l'histoire ou temps de la fiction : 1852 -1870	174
1.3. Le temps du lecteur	174
2. LES TEMPS INTERNES	175
2.1. Le temps de l'énonciation narrative.	175

2.1.1. L'ordre dans **LES ROUGON-MACQUART**	175
2.1.2. La durée	177
2.1.3. La fréquence	179
2.1.4. Le mode	181
2.1.4.1. La distance	181
2.1.4.2. La perspective ou le point de vue	181
2.1.4.3. La voix	183
2.2. *Les temps verbaux de l'énonciation dans le roman zolien*	186
2.2.1. Le présent de l'indicatif	186
2.2.2. Le passé simple	188
2.2.3. L'imparfait et le plus- que- parfait	189
2.2.4. Le conditionnel	192
2.2.5. Le futur simple de l'indicatif	193
2.3. *La symbolique temporelle dans* **LES ROUGON-MACQUART**	194
2.3.1. La nuit ou le temps de la sexualité convergente	194
2.3.2. Le jour ou le temps de la sexualité divergente	196
2.3.3. La symbolique des couleurs (vives versus sombres)	197
2.3.4. L'opposition temps continus / temps discontinus	198
2.3.5. Les saisons et l'ambivalence sexuelle	199

CHAPITRE 2 : L'ESPACE DANS LES ROUGON-MACQUART : UNE SEXUALITÉ ÉCLATÉE MAIS DÉLIMITÉE — 202

1. LA CONFIGURATION SPATIALE ET LA MUTATION DE L'ACTANT SEXUEL	202 202
1.1. *Les espaces ouverts ou la sexualité non protégée*	203
1.2. *Les espaces clos ou la sexualité intense et protégée*	206
1.3. *Les espaces clos-ouverts ou la sexualité morbide*	211
1.4. *Le couple espaces de surface / espaces profonds : une descente aux enfers ?*	212
2. LA SITUATION DU CONFLIT ESPACE / PERSONNAGE	213
2.1. *Espace et agression de l'actant sexuel*	213
2.2. *La défaite de l'actant sexuel*	217
2.3. *La vengeance de l'actant sexuel sur l'espace ou l'émergence des pyromanes*	219 219
2.4. *La mise en lumière d'un autre mythe personnel de l'auteur et son interprétation psychanalytique*	220

QUATRIÈME PARTIE : FÉCONDITÉ DE LA THÉMATIQUE DE LA SEXUALITÉ DANS LES ROUGON-MACQUART — 225

CHAPITRE 1 : LA SEXUALITÉ ET LE RENOUVELLEMENT

DE L'ÉCRITURE ROMANESQUE 226

1. L'ALLUSION ET LES DEMI-MOTS 226

2. LA MISE EN ABYME OU LA REDITE 229

3. L'OPULENCE DES ANACHRONISMES DISCURSIFS 231

4. L'HYPERTROPHIE DU DÉTAIL VRAI 232

CHAPITRE 2 : ZOLA ET LE NATURALISME 236

1. L'AUTOBIOGRAPHIE DE ZOLA : UN AUTEUR PRÉOCCUPÉ PAR LA SEXUALITÉ 236
1.1. Un nataliste certes, mais un socialiste ? 236
1.2. Un anti-communard 242
1.3. Un infatigable travailleur ou le travail comme une libido 243
1.4 Le théoricien de l'hérédité 247

2. LA CRITIQUE DE ZOLA 250
2.1. Un scientisme approximatif 250
2.1.1. Les détracteurs du naturalisme 251
2.1.2. Un naturalisme extrémiste ou la curiosité d'un voyeur 253
2.1.3. Zola : un écrivain sans talent ? 255
2.2. Les hommages à l'œuvre 256

3. ZOLA, UN ÉCRIVAIN SOLITAIRE OU CHEF D'ÉCOLE LITTÉRAIRE ? 261
3.1. Huysmans et le naturalisme 262
3.2. Les Goncourt et le naturalisme 265
3.2. 1. Les rapports avec Zola au plan humain 265
3.2. 2. Les conceptions littéraires ou la similitude source de conflits 266
3.3. Guy de Maupassant 267
3.4. Zola, un écrivain athée et solitaire 269

CONCLUSION 272

BIBLIOGRAPHIE 279

TABLE DES MATIÈRES 302

www.ingramcontent.com/pod-product-compliance
Lightning Source LLC
Chambersburg PA
CBHW080024130526
44591CB00037B/2660